Hans-Christof Kraus

BISMARCK

Größe – Grenzen – Leistungen

Klett-Cotta

FRANK-LOTHAR KROLL
in freundschaftlicher und
kollegialer Verbundenheit

Klett-Cotta
www.klett-cotta.de
© 2015 by J. G. Cotta'sche Buchhandlung
Nachfolger GmbH, gegr. 1659, Stuttgart
Alle Rechte vorbehalten
Printed in Germany
Umschlag: Rothfos & Gabler, Hamburg
Unter Verwendung eines Fotos von © akg-images
Gesetzt von r&p digitale medien, Echterdingen
Gedruckt und gebunden von CPI – Clausen & Bosse, Leck
ISBN 978-3-608-94861-5

Bibliografische Information der Deutschen Nationalbibliothek
Die Deutsche Nationalbibliothek verzeichnet diese Publikation in der
Deutschen Nationalbibliografie; detaillierte bibliografische
Daten sind im Internet über <http://dnb.d-nb.de> abrufbar.

INHALT

I.
PERSÖNLICHKEIT

Vergangene Größe

Wie denkt und spricht man heute über die politischen Größen der Vergangenheit, über die sprichwörtlichen »großen Männer«, die nach früherer Auffassung »die Geschichte machen«? Das hängt, wird man hier einwenden müssen, in erster Linie von der jeweiligen politischen Kultur eines Landes oder eines Volkes ab. Wer es etwa wagen wollte, sich in den Vereinigten Staaten öffentlich geringschätzig über die berühmten »Founding Fathers« der USA oder über bestimmte Präsidenten wie Abraham Lincoln und Franklin D. Roosevelt zu äußern, müsste hierfür schon sehr gute Gründe haben – ebenso derjenige, der es sich in Großbritannien oder Frankreich erlaubte, die Integrität eines der großen englischen Nationalhelden, wie Horatio Nelson oder Winston Churchill, oder einen der französischen Heroen von Napoleon bis Charles de Gaulle in Zweifel zu ziehen.

In Deutschland ist dies, aus allzu bekannten Gründen, etwas anders. Nur manche Persönlichkeiten der jüngsten Vergangenheit erscheinen hier, jedenfalls bis auf Weiteres, öffentlich unangreifbar – und das, obwohl sie zu Zeiten ihrer politischen Wirksamkeit hochumstritten waren und scharfe Anfeindungen erfuhren. Das trifft auf die drei prägenden Nachkriegskanzler der Bundesrepublik Deutschland zu: Konrad Adenauer, Willy Brandt und Helmut Kohl – Denkmäler ihrer selbst und von vielen heutigen Zeitgenossen immer noch verehrt. Fällt in diesem Zusammenhang der Blick zurück auf den, mit dem die Reihe der deutschen Kanzler begann, Otto von Bismarck, dann ist zu bemerken, dass wohl keinem anderen deutschen Politiker so viel Verehrung entgegengebracht wurde wie gerade ihm; hiervon zeugen bis heute die in die Hunderte gehenden Bismarckdenkmäler und Bismarcktürme sowie die noch zahlreicheren Straßen und Plätze, die nach ihm, dem »eisernen Kanzler« der Deutschen, wie man einst sagte, benannt worden sind.

Doch im Bewusstsein der gegenwärtig lebenden, besonders der jüngeren Deutschen ist zwei Jahrhunderte nach Bismarcks Geburt von seinem einstigen Ruhm, von seiner früheren Verehrung offenkundig nicht mehr viel übrig. Das kann zwei Gründe haben: Zum einen mag es sich um einen mehr oder weniger »natürlichen« Prozess der sukzessiven und unaufhaltsamen Entstehung eines neuen Zeitbewusstseins handeln: Ältere Zeitschichten der Erinnerung versinken, je weiter sie zurückliegen, im Dämmerlicht und schließlich in der Nacht des allgemeinen Bewusstseins. Erinnern sich viele Deutsche an Bismarck also nicht mehr, weil sein Wirken, seine »Zeit« schon zu weit in der Vergangenheit liegen? Aber dann müsste ja auch – blicken wir noch einmal auf das amerikanische Beispiel – die Erinnerung an Lincoln und erst recht an die Gründerväter vergangen und vergessen sein, was nun allerdings ganz und gar nicht der Fall ist.

Erst auf den zweiten Blick wird der Unterschied deutlich: Die »Founding Fathers« und Lincoln gehören, obwohl ihr Wirken inzwischen mehr als zwei Jahrhunderte zurückliegt, zu den prägenden Persönlichkeiten der amerikanischen Nation, deren Denken und Handeln, deren zentrale Entscheidungen (die Loslösung vom britischen Mutterland im 18. Jahrhundert ebenso wie der Entschluss zum Bürgerkrieg gegen den Süden und zur Beendigung der Sklaverei) das Land und die Menschen bis heute fast unmittelbar prägen. Die amerikanische Verfassung ist bis zur Gegenwart mit nur wenigen Änderungen exakt dieselbe, die vor mehr als zwei Jahrhunderten die Gründerväter dem jungen Staat gaben. Die politische Legitimation des amerikanischen Verfassungsstaates gründet sich im Kern immer noch auf das Werk, auf die Taten und Worte dieser Männer, und genau deshalb ist es auch wenig verwunderlich, dass Lincolns berühmte Worte aus sei-

ner »Gettysburg Address« über die Regierung »des Volkes, durch das
Volk und für das Volk« als Grundprinzip der amerikanischen Demokratie bis heute sprichwörtlich geblieben sind.

Das ist es also nicht: Die Erinnerung an Bismarck, den ersten deutschen Kanzler, ist nicht etwa deshalb verblasst, weil seine Lebenszeit
vor mehr als einhundert Jahren endete und damit dem Bewusstsein
der Mitlebenden längst entschwunden ist. Dabei war die Erinnerung
an Bismarck noch vor zwei bis drei Generationen überaus lebendig –
im norddeutsch-protestantischen Milieu sicher noch stärker als in bestimmten katholisch geprägten Regionen West- und Süddeutschlands.
Bismarcks Memoiren waren einst fast so etwas wie ein »Kultbuch« des
deutschen Bürgertums; die *Gedanken und Erinnerungen*, in Riesenauf-
lagen gedruckt, fehlten in kaum einem deutschen Bücherregal und
wurden auch von denen gelesen, die sich mit vielen Aspekten, vor allem der Innenpolitik des einstigen Kanzlers, nicht identifizieren konnten. Die berühmten Eingangsworte der Bismarck'schen Erinnerungen
(»Als normales Produkt unsres staatlichen Unterrichts verließ ich 1832
die Schule als Pantheist …«[1]) konnten Generationen deutscher Bil-
dungsbürger auswendig hersagen, ganz abgesehen von den gängigen
Verballhornungen populärer Bismarck-Zitate, wie etwa: »Wir Deutschen fürchten Gott, aber sonst nichts in der Welt«, eine Äußerung in
einer Reichstagsrede aus dem Jahr 1888, von der fast stets die Fortsetzung unterschlagen wurde: »… und die Gottesfurcht ist es schon, die
uns den Frieden lieben und pflegen läßt«.[2]

Es ist wohl etwas anderes: Der zweite und eigentliche Grund für das
starke Zurücktreten der Erinnerung an Bismarck im kollektiven Ge-
dächtnis der Deutschen muss zuerst und vor allem in den Katastrophen der deutschen Geschichte des 20. Jahrhunderts und in den hiermit verbundenen tiefen Brüchen in unserer historischen Entwicklung
gesehen werden. Hierzu gehören nicht nur die bekannten politischen
Systemwechsel und inneren Zäsuren, die mit den Jahreszahlen 1918,
1933, 1945, 1949 und 1990 bezeichnet werden, sondern auch die damit
einhergehenden diversen Mentalitätsveränderungen. Der Zwang zum
»Umlernen«, zur Neuorientierung, zur Etablierung jeweils neuer »Ge-
schichtsbilder« oder auch zur Rehabilitierung bestimmter zu Unrecht

vergessener oder ignorierter Traditionen (etwa der des Jahres 1848) bestimmte das historische Bewusstsein der Deutschen im 20. Jahrhundert nachhaltig. Hinzu kam der nur ideologisch erklärbare propagandistische Missbrauch, der während des Nationalsozialismus mit der Erinnerung an Bismarck betrieben wurde und der etwa in jener fatalen konstruierten politischen »Ahnenreihe« gipfelte, die angeblich von Friedrich dem Großen über Bismarck und Hindenburg bis zu Hitler führte.

Nicht nur die Wandlungen, die sich seit Mitte des 20. Jahrhunderts im politischen Bewusstsein der Deutschen vollzogen, sondern auch ein Wechsel der Perspektive innerhalb der historischen Zunft selbst führten zur Abkehr von der Besinnung auf die Größen der Vergangenheit. Indem man sich der drängenden Frage zuwandte, wie es zu der eben nicht mehr nur militärischen und politischen, sondern vor allem auch *moralischen* Katastrophe von 1945 hatte kommen können, gerieten die längerfristigen geschichtlichen Strukturen und Prozesse in den Blick. Das Interesse richtete sich nun neben den politischen auch verstärkt auf die sozialen und wirtschaftlichen Veränderungen, die Deutschland seit Mitte des 19. Jahrhunderts geprägt hatten. Bismarck als Mensch und Politiker musste dabei notwendigerweise zurücktreten, weil sein Handeln, aus diesem Blickwinkel betrachtet, eher als ein Reagieren denn ein Agieren innerhalb großer säkularer Bewegungen erschien, die von dem Einzelnen nur noch in sehr begrenzter Weise gelenkt und bestimmt werden konnten.

Es ist an der Zeit, sich dem Gegenstand »Bismarck« etwas gelassener zu nähern. Nachdem die hagiographische Verehrung dieses Mannes heute endgültig vorbei ist (man denke an den verwahrlosten Zustand des Hamburger Bismarck-Denkmals), sollten auch die Anstrengungen zur Verteufelung oder Dämonisierung des ersten deutschen Kanzlers eigentlich der Vergangenheit angehören. Bismarck war weder »Übervater« und »deutscher Heros« noch »Dämon der Deutschen«, sondern zuerst einmal ein Mensch, eine Persönlichkeit, ein Mann mit Begabungen und Fehlern, mit hoher Intelligenz und Charakterstärke, aber auch mit einer Neigung zu kleinlicher Rachsucht, der in seinem privaten wie öffentlichen Leben die gesamte Gefühlsskala von heißer Liebe bis zu abgrundtiefem Hass durchlaufen hat – und dessen unbestreitbare Größe dennoch nicht in Frage gestellt werden kann.

Frühe Prägungen

Beginnen wir also mit einem Blick auf die frühe Entwicklung des Menschen Otto Eduard Leopold von Bismarck, der als zweites Kind seiner Eltern am 1. April 1815 auf dem Gut Schönhausen in der Altmark geboren wurde. Die Familie war sehr alt, sie gehörte zum altmärkischen Uradel und besaß demgemäß einen für Außenstehende nur schwer nachvollziehbaren Stolz – durchaus auch gegenüber den Hohenzollern. Denen wiederum waren die Bismarcks in der Vergangenheit nicht nur positiv aufgefallen: Gerade die altmärkischen Vasallen seien, hatte schon Friedrich Wilhelm I. im Jahr 1722 in einer an seinen Nachfolger gerichteten »Instruktion« (in charakteristischer Orthographie) erklärt, »schlimme ungehorsame leutte, die dar nichts mit guhten tun, sondern … rechte leicht fertige leutte gegen Ihren Landesherren sein. Mein lieber Successor mus sie den Daum auf die augen halten und mit Ihnen nicht guht umbgehen, den sie gahr zu leichtfertige gemüther unter sie seien. … Die Schullenburgische, Alvenslehbensche, Bismarck familien sein die vornehmste und schlimmeste.«[3]

Und Bismarck selbst, der diese erst später im Wortlaut veröffentlichten Formulierungen des »Soldatenkönigs« noch gar nicht kannte, konnte durchaus – vor allem dann, wenn es Konflikte mit dem König gab – die alten Vorbehalte gegenüber dem Herrscherhaus aktivieren. »Wie gerne ginge ich«, bemerkte er einmal im September 1870 zu seinem publizistischen Adlatus, dem Journalisten und Schriftsteller Moritz Busch: »Ich habe Freude am Landleben, an Wald und Natur«, um sogleich die rhetorische Frage anzufügen, warum er sich, »wenn es nicht göttliches Gebot ist«, denn ausgerechnet »diesen Hohenzollern« unterordnen solle? »Es ist eine schwäbische Familie, die nicht besser ist als meine, und die mich dann gar nichts angeht«.[4] – »Nicht besser als meine« – das bedeutete natürlich einen im Milieu des Adels stets wichtigen Hinweis auf das Alter und die Präsenz der Familie in einer bestimmten Region. In dieser Hinsicht konnten es die Hohenzollern, die, aus dem Schwäbischen und Fränkischen kommend, erst im 15. Jahrhundert die Herrschaft über die Mark Brandenburg ergriffen hatten, tatsächlich mit den Bismarcks nicht aufnehmen.

Die Verwurzelung im heimischen Adel bildete stets ein konstitutives Element von Bismarcks Selbstverständnis. Das begann schon mit den Realitäten und Gewohnheiten des täglichen Lebens einer solchen ländlichen Adelsfamilie in jener Zeit. Einer von Bismarcks Biographen, Ernst Engelberg, hat auf die unmittelbare Präsenz traditioneller Artefakte verwiesen: »Die Hinterlassenschaften in Gestalt von Gutshäusern, Möbeln, Ahnenbildern und Grabsteinen, Dorfkirchen unter gutsherrlichem Patronat, Urkunden und schriftlichen Zeugnissen aller Art vermittelten die feudalen Ursprünge in Fülle.« Hinzu kam die zumeist mündlich überlieferte und entsprechend ausgeschmückte Familientradition, die mit ihrer »merkwürdigen Mischung von Legendärem und Authentischem … in der Vorstellung der Adligen über Wert und Abfolge ihres Geschlechts noch lange Zeit eine große Rolle«[5] spielte. Der Ahnherr der ursprünglich aus Stendal stammenden Familie, Klaus von Bismarck, war einst im 14. Jahrhundert noch von den damals hier herrschenden Wittelsbachern mit Schloss Burgstall belehnt worden, später war die Familie nach Schönhausen übergesiedelt, wo auch Otto von Bismarck geboren wurde.

Bismarcks Urgroßvater und Großvater hatten Friedrich dem Großen als Offiziere gedient, worauf man in der Familie besonders stolz war; ersterer war 1742 gefallen, der zweite war, nachdem er in den Schlachten von Kolin, Leuthen und Hochkirch mitgefochten hatte, 1752 schwer verwundet aus dem militärischen Dienst ausgeschieden. Auch der Vater, Ferdinand von Bismarck (1771–1845), hatte seine Laufbahn, der Familientradition entsprechend, als Soldat und Offizier begonnen. Schon als zwölfjähriger Junker war er in die Armee eingetreten, hatte jedoch nach den ersten Feldzügen, an denen er teilnehmen musste, 1794 den Abschied erbeten und erhalten. Etwas weicher – und wohl auch bequemer – als seine Vorfahren, zog er es vor, sich auf seine Landgüter und ins Familienleben zurückzuziehen.

Wiederum ganz anders die Mutter und deren Familie: Wilhelmine Louise Mencken (1789–1839), die 1806, erst siebzehnjährig, den doppelt so alten märkischen Landjunker und ehemaligen Offizier Ferdinand von Bismarck heiratete, entstammte einer bürgerlichen Familie – eine solche Mischehe war Anfang des 19. Jahrhunderts zwar nicht mehr vollkommen ungewöhnlich, jedoch immer noch eher unüblich. Immerhin gehörten die ursprünglich aus Leipzig stammenden Menckens zu den angesehensten Berliner Bürger- und Beamtenfamilien. Bismarcks Großvater mütterlicherseits, der von seiner Tochter Wilhelmine bewunderte und verehrte Anastasius Ludwig Mencken, hatte seit Friedrich dem Großen drei preußischen Königen als Kabinettssekretär und später als Kabinettsrat gedient und war gegen Ende seines Lebens (er starb 1801) sogar zu einem gewissen politischen Einfluss gelangt. Mencken repräsentierte genau »jenen Typ des gebildeten, weltläufigen, amts- und lebenserfahrenen Beamten, wie ihn die absolute Monarchie in ihrer Spätzeit vornehmlich in Mitteleuropa hervorgebracht und wie er Prestige und Einfluß der Beamtenschaft in diesem Raum für ein ganzes Jahrhundert begründet hat«.[6]

Es ist im Grunde diese merkwürdige Mischung, die Bismarcks Selbstverständnis als Politiker und hoher Staatsbeamter seines Landes einerseits, als Angehöriger einer alten Adelsfamilie und passionierter Gutsherr andererseits geprägt hat. Vor einem ernsthaften Einstieg ins Berufsleben schreckte er als junger Mann zunächst zurück, um sich dem junkerlichen Landleben zu widmen, doch reichte ihm dies nach wenigen Jahren nicht mehr. Nachdem er jedoch in die Politik gegangen war und als Diplomat zuerst in Frankfurt am Main beim Deutschen Bund, später als Gesandter in Sankt Petersburg und Paris für seinen König und seine Regierung tätig war, sehnte er sich oft genug nach der ländlichen Idylle Hinterpommerns oder der Altmark zurück. Und wenn er sich in seinen späteren Jahren – bereits als Reichskanzler und weltbekannter Staatsmann – manchmal wochen-, ja zuweilen monatelang auf seine Landsitze in Varzin und Friedrichsruh zurückzog, dann durchaus nicht nur, wie er offiziell verlauten ließ, aus Gründen der Schonung seiner Gesundheit, sondern auch deshalb, weil er sich zwischen der aufreibenden, an strenge Formen gebundenen hohen

Politik und der im eigentlichen Sinne erdhaften, land- und boden-gebundenen, in diesem Sinne »freien« Existenz eines preußischen Landadligen hin- und hergerissen fühlte. Auch das kann sicherlich als ein Spezifikum seiner Existenz als Mensch und Politiker angesehen werden.

Um dies zu verstehen, muss man sich auch noch einmal seinen Eltern zuwenden. Als die erst siebzehnjährige Wilhelmine Mencken den fünfunddreißig Jahre alten, bislang nicht durch besondere Gaben oder auffallenden Eifer hervorgetretenen Landadligen Ferdinand von Bismarck heiratete, scheint seitens der jungen Frau eine Menge Ehrgeiz im Spiel gewesen zu sein. Dass sie ihrem Mann geistig und intellektuell überlegen war, ist ebenso überliefert wie ihr Bestreben, den gesellschaftlichen Aufstieg der eigenen Familie voranzutreiben. Aufgrund der politischen Stellung ihres Vaters hatte sie in ihrer Jugend Zutritt zum Berliner Hof gehabt, und sie hoffte nun auf eine Karriere ihrer Söhne im Staatsdienst, nachdem ihr Mann, den sie in ihrer Ehe zweifellos dominierte, leider allen Ehrgeiz vermissen ließ. Nachdem sie sich (mit offenbar sehr geringem Erfolg) zuerst an der Verwaltung der Bismarck'schen Güter in Schönhausen und Kniephof versuchte hatte, zog die Familie im Jahr 1822 endgültig nach Berlin, wo man eine Wohnung im Zentrum und in Schlossnähe, am Opernplatz, mietete. Die Vermutung liegt zumindest nicht fern, dass die inzwischen dreiunddreißig Jahre alte Junkersgattin bürgerlicher Herkunft das eintönige Landleben satt hatte und stattdessen in Berlin ihre gesellschaftliche Stellung erneuern und festigen sowie die Ausbildung ihrer beiden Söhne vorantreiben wollte.

Das Verhältnis zu ihren drei Kindern – dem 1810 geborenen Bernhard, Otto (geboren 1815) und der später (1827) geborenen Malwine – war jedoch wenig erfreulich. Denn Wilhelmine galt als gefühlskalt und unmütterlich, und wenn man den Erinnerungen trauen darf, die eine Cousine Bismarcks hinterlassen hat, dann empfanden schon ihre Verwandten und jene, die sie näher kannten, sie als »Fischnatur«, jedenfalls als »eine kalte, sich wenig an die Menschen um sie her anschließende Frau. Irgendeiner herzlichen Äußerung gegen einen von uns wüßte ich mich nicht zu erinnern. Anders Onkel Ferdinand! Der hatte für uns immer ein freundliches Wort oder einen heiteren Scherz, besonders wenn Otto und ich auf seinen Knien ritten. Wilhelmine Bismarck … war viel elend und dann teilnahmslos. … Allgemein sagte man, sie mache sich selbst durch Nervosität das Leben schwer und mehr noch ihrem Mann und den Kindern.«[7]

Vergeblicher Ehrgeiz, enttäuschte Hoffnungen und Verbitterung scheinen Wilhelmines Leben im Lauf der Jahre zunehmend verdüstert zu haben. Als sie 1839 an den Folgen eines Krebsleidens starb, war sie erst neunundvierzig Jahre alt.

Dass ihr zweiter Sohn Otto als Kind unter ihr litt, verwundert unter diesen Umständen nicht. Bekanntester Ausdruck hierfür ist ein Brief Bismarcks aus dem Jahr 1847 an seine Braut, der in seiner Schonungslosigkeit auf den ersten Blick erschreckend wirkt, weshalb dieser Text in den älteren Briefsammlungen nur gekürzt abgedruckt wurde (erst seit 1968 ist die vollständige Fassung bekannt):»Meine Mutter war eine schöne Frau, die äußre Pracht liebte, von hellem lebhaften Verstande, aber wenig von dem, was der Berliner Gemüth nennt. Sie wollte, daß ich viel lernen und viel werden sollte, und es schien mir oft, daß sie hart, kalt gegen mich sei. Als kleines Kind haßte ich sie, später hinterging ich sie mit Falschheit und Erfolg. Was eine Mutter dem Kind werth ist, lernt man erst, wenn es zu spät, wenn sie todt ist; die mittelmäßigste Mutterliebe, mit allen Beimischungen mütterlicher Selbstsucht, ist doch ein Riese gegen alle kindliche Liebe. Ich habe mich vielleicht nirgends schwerer versündigt als gegen meine Eltern, gegen meine Mutter über alles.«[8]

An dieser Stelle wird die doppelt problematische Beziehung zu seiner Mutter erkennbar: Der durchaus verständliche kindliche Hass gegen sie ruft nach ihrem frühen Tod wiederum belastende Schuldgefühle hervor; diesem seelischen Druck hat Bismarck später nur durch seine im Ganzen ausgesprochen glückliche Ehe entkommen können. Dem entspricht, dass er auch seinem Vater im Grunde nur wenig Achtung, wenn auch stärkere Zuneigung entgegenbrachte:»Meinen Vater liebte ich wirklich«, heißt es im schon zitierten Bekenntnisbrief an die Braut,»und wenn ich nicht bei ihm war, faßte ich Vorsätze, die wenig Stand hielten; denn wie oft habe ich seine wirklich maßlos uninteressirte gutmüthige Zärtlichkeit für mich mit Kälte und Verdrossenheit gelohnt. Und doch kann ich die Behauptung nicht zurücknehmen, daß ich ihm gut war im Grunde meiner Seele.«[9]

Gleichwohl scheint Bismarck nicht imstande gewesen zu sein, seinem trägen und in jeder Hinsicht ehrgeizlosen, mit zunehmendem Alter einem wohl angeborenen Phlegma verfallenden Vater wirkliche Achtung entgegenzubringen; das von dem Kind Otto vermutlich ersehnte männliche Vorbild konnte Ferdinand von Bismarck nicht bieten.

Und noch ein weiteres belastendes Faktum kam hinzu, denn der junge Otto wurde bereits mit sechs Jahren aus dem Haus in eine neu gegründete Schule gegeben, die »Plamannsche Lehranstalt«, in der die Zöglinge nach den neuen pädagogischen Grundsätzen Johann Heinrich Pestalozzis unterrichtet werden sollten. Dessen Ideen scheinen dort aber nur in eher eingeschränktem Maße angewandt worden zu sein; noch Jahrzehnte später, im April 1878, beklagte sich Bismarck gegenüber einem engen Mitarbeiter über die dortige harte Erziehung; eben sie sei für das »schroffe, empfindliche Element« in seinem Charakter hauptsächlich verantwortlich, das ihn stets veranlasst habe, »sich gegen erlittene Unbilden scharf zu wehren. Mit sechs Jahren sei er in jenes Institut gekommen, wo die Lehrer demagogische Turner gewesen seien, welche den Adel haßten, und mit Hieben und Püffen, anstatt mit Worten und Verweisen, erzogen hätten. So seien die Kinder Morgens mit Rapierstößen [mit dem Degen; H.-C. K.], welche blaue Flecken gaben, geweckt worden, weil es den Lehrern zu langweilig gewesen sei, es auf andere Weise zu tun.«

Die Eltern hätten ihn dieser ausgesprochen unerquicklichen Anstalt überlassen, fügte er hinzu, weil seiner »schöngeistigen Mutter … Kindererziehung unbequem gewesen« sei; »sie habe sich früh davon losgesagt, wenigstens in ihren Gefühlen«.[10] Seine spätere – sicher in starkem Maße auch durch die beruflichen Belastungen der hohen Politik hervorgerufene – Neigung zu Gereiztheit und Nervosität hat Bismarck also noch als dreiundsechzigjähriger Mann als direkte Folge eigener kindlicher Leiderfahrungen – heute würde man eher sagen: Traumatisierungen – gedeutet. Den Eltern scheint er die frühe Abschiebung in solch ein regelrechtes Kindergefängnis wohl lebenslang nicht verziehen zu haben.

Der amerikanische Bismarck-Biograph Otto Pflanze hat spätere Charakterzüge auch noch des berühmten und einflussreichen Politikers Bismarck hiermit in Zusammenhang gebracht. Pflanzes psychoanalytische Deutung erscheint – so problematisch vorschnelles Psychologisieren eines Biographen auch sein mag – in diesem Fall überzeugend.[11] Denkt man an Bismarcks spätere, sich gerade im Verlauf der 1870er-Jahre noch verschärfende Gesundheitsprobleme, an sein extremes, vielfach zu Gefräßigkeit neigendes Essverhalten, an seine Hypochondrie, Schlaflosigkeit und die hierdurch hervorgerufene Gereiztheit und Nervosität im Umgang mit anderen, dann liegt die Vermutung nahe, dass sich der ältere Bismarck mit seiner Völlerei »für die emotionalen Entbehrungen seiner Kindheit«[12] entschädigte und dass die hieraus entstandenen jahrelangen schweren Gesundheitsprobleme im Kern ebenfalls auf jene frühkindlichen Erfahrungen zurückzuführen sind. Es wirkt fast rührend, wenn man liest, auf welche Weise der junge Arzt Ernst Schweninger, der den alten Kanzler ab 1883 endlich erfolgreich behandelte, seinen Patienten wenigstens von einigen seiner schlimmsten Leiden, vor allem von der fast völligen Schlaflosigkeit, kurieren konnte – eben indem er den Mutterersatz simulierte: Nachdem er dem Kanzler einige Tropfen Baldrian gegeben hatte, habe er sich, so die Erinnerung des Arztes, im Lehnstuhl an Bismarcks Bett gesetzt und eine seiner Hände genommen – »wie die Mutter bei einem unruhigen Kind«.[13] Als der Kanzler am Morgen erwachte, saß Schweninger noch immer dort, und Bismarck wollte nicht glauben, dass er tatsächlich die ganze Nacht durchgeschlafen hatte. Seitdem vertraute er dem Arzt ohne Einschränkung.

Diese Erinnerungen vermitteln einen recht tiefen Einblick in die charakterliche Entwicklung des jungen Bismarck. Und sie zeigen zugleich, warum später der Politiker Bismarck seine Gegner immer dann mit besonderer Erbitterung verfolgte, wenn es sich um vermeintliche oder wirkliche abtrünnige alte Freunde, Weggefährten oder gar um Verwandte handelte. Als viele Angehörige der hinterpommerschen Adelskreise, in deren Umfeld sich sein eigener politischer Aufstieg einst vollzogen hatte, ihm in den 1870er-Jahren die Gefolgschaft aufkündigten und in der von Bismarck einst mitbegründeten konservativen *Kreuzzeitung* eine Protestadresse gegen den Kanzler veröffentlichten und als auch sein eigener langjähriger Förderer, der uralte Ernst Ludwig von Gerlach, öffentlich deutliche Kritik an der Bismarck'schen Innen- und Kirchenpolitik übte, da reagierte der Kanzler mit einer Gereiztheit und Schärfe, die über sein gewöhnliches Verhalten hinausging. Man wird Pflanzes Deutung dieser Vorgänge zustimmen müssen:»In psychoanalytischer Beleuchtung verrät Bismarcks Verhalten während der siebziger Jahre, daß der Bruch mit so vielen alten Freunden und Standesgenossen ihm schwer zu schaffen machte. Deren Ablehnung riß ein in ferner Vergangenheit erlittenes Trauma wieder auf, kränkte ihn so sehr, daß seine Gesundheit darunter litt, und nötigte ihn, am heimischen Herd und an der heimischen Tafel die nahrhaften Tröstungen zu suchen, deren sein verletztes Selbstgefühl bedurfte.«[14]

Die Kindheitserlebnisse verfolgten ihn also ein Leben lang und lassen bestimmte spätere Verhaltensmuster seines privaten wie seines politischen Handelns letztlich in einem anderen Licht erscheinen.

Unruhige Anfänge

Wenn der junge Otto von Bismarck – so die berühmten Anfangsworte seiner Memoiren – im Jahr 1832 die Schule »als normales Produkt unseres staatlichen Unterrichts« verließ, und zwar nach eigener Formulierung »als Pantheist, und wenn nicht als Republikaner, doch mit der Ueberzeugung, daß die Republik die vernünftigste Staatsform sei«[15], dann war dafür nicht nur der Einfluss liberaler, adelskritischer Lehrer verantwortlich, sondern wohl auch sein eigenes Bestreben, sich auch mit ostentativer »radikaler« Gesinnung von dem als belastend empfundenen Elternhaus, überhaupt von seiner Herkunftswelt abzusetzen, sich in gewisser Weise »abzunabeln«. Herausragende oder wenigstens überzeugende Leistungen konnte er jedenfalls nicht aufweisen; nach dem Abgang von der Plamannschen Lehranstalt hatte er seit 1827 das Friedrich-Wilhelm-Gymnasium und ab 1830 das namhafte Graue

Kloster in Berlin besucht, wo er im April 1832 das Abitur ablegte. Die Prüfungskommission des Gymnasiums entließ ihren Zögling mit einem Zeugnis, in dem es hieß, der Fleiß des Absolventen sei »zuweilen unterbrochen« gewesen, »auch fehlte seinem Schulbesuche unausgesetzte Regelmäßigkeit«. Immerhin besitze er »im Deutschen ... eine sehr erfreuliche Gewandtheit«, dazu habe er »von den neueren Sprachen ... die französische und englische Sprache mit besonderem Erfolge betrieben«, während er in den Fächern Geographie und Geschichte lediglich über »ein befriedigendes Maß von Kenntnissen«[16] verfüge.

Auf diese Weise vorbereitet, ging Bismarck im Sommersemester 1832 an die Universität Göttingen, um »Jura und Cameralia« zu studieren, wie es im Abiturzeugnis hieß. Der junge Student mietete sich in einem kleinen Häuschen am Stadtwall ein und begann auch sofort, die Annehmlichkeiten der neugewonnenen Freiheit und des Studentenlebens in vollen Zügen zu genießen; natürlich wurde er, den Bräuchen der Zeit entsprechend, Mitglied einer Verbindung: der Landsmannschaft »Hanovera«, die er der Burschenschaft, bei der er zuerst hospitiert hatte, vorzog. Die schlagende Verbindung, zu deren Mitgliedern in erster Linie Angehörige alter hannoverscher Adels- und Beamtenfamilien zählten, das studentische Imponiergehabe, das Leben zwischen Kneipe und Paukboden sagten ihm eine Zeitlang zu; mit seinem riesigen Hund erregte Bismarck bald Aufsehen, focht mehr als ein Duell aus, landete im Karzer und wurde in einschlägigen Kreisen bald als mächtiger Trinker bekannt. Das akademische Studium an der im damaligen Deutschland hoch angesehenen und auch international berühmten Universität, die einiges zu bieten hatte, scheint ihn recht schnell gelangweilt zu haben. Das Bedenklichste aber war: Der junge Mann häufte innerhalb nur kurzer Zeit erhebliche Schulden an.

Zum Wintersemester 1833/34 wechselte Bismarck nach Berlin, wo er sich, wohl auch unter dem Eindruck zunehmender strenger Ermahnungen seitens der Eltern, jetzt etwas intensiver seinen akademischen Studien widmete. Langsam begann er sich auch Gedanken über seine berufliche Zukunft zu machen; die mütterlichen Hoffnungen auf eine Beamtenkarriere der Söhne scheinen hierbei immer noch eine Rolle gespielt zu haben. Vielleicht musste Bismarck sich auch deshalb schon bald am Riemen reißen, weil es mittlerweile mit dem Vater zu schweren Auseinandersetzungen wegen der inzwischen angehäuften Schulden des Studenten gekommen war; schon im Herbst 1833 hatte er einem Studienfreund über »sehr unangenehme Szenen zwischen mir und meinem Alten …, der sich weigert, meine Schulden zu bezahlen«, berichtet; im Übrigen bringe er, heißt es dort weiter, noch immer einen nicht geringen Teil seiner Zeit »bei meiner alten Freundin der Flasche zu; des Abends betrage ich mich im ersten Range der Oper so flegelhaft als möglich«.[17] Als er sich eineinhalb Jahre später in Berlin auf seine Prüfungen vorzubereiten begann, schien ihm – vielleicht eher aus eigener Vorliebe denn den Wünschen der Mutter entsprechend – die diplomatische Laufbahn am attraktivsten zu sein.

Zunächst ließ sich alles überraschend gut an. Als er im Juni 1836 in Aachen, wo er im folgenden Jahr als Regierungsreferendar tätig sein sollte, sein erstes Staatsexamen abzulegen hatte, waren die Prüfer des Lobes voll: »Durchgängig zeigte Candidat eine vorzügliche Urtheilskraft, Schnelligkeit im Auffassen der ihm vorgelegten Fragen und Gewandtheit im mündlichen Ausdruck«, vermerkt das Prüfungsprotokoll, in dem es weiter heißt: »… da auch die vom Candidaten gelieferten schriftlichen Ausarbeitungen eine sehr günstige Censur erlangt haben, geht das einstimmige Urtheil der … Prüfungscommission dahin, daß der Kammergerichts-Auscultator Leopold Eduard Otto von Bismarck für *sehr gut befähigt* zu achten ist, um zum Regierungsreferendariat befördert zu werden«.[18] Dieses Zeugnis schien durchaus keine schlechte Voraussetzung für den baldigen Beginn einer Beamtenkarriere zu sein – doch ein Jahr darauf ging das Temperament des jungen Referendars mit diesem durch. Nach vielen Monaten eintönigen Verwaltungsdienstes im damals offenbar wenig aufregenden Aachen verliebte er sich in eine junge Engländerin mit dem klingenden Namen Isabella Loraine-Smith, Tochter eines wohlhabenden Landpfarrers, die sich zusammen mit ihrer Familie und Entourage auf Deutschlandreise befand.

Der verliebte junge Mann nahm Urlaub, fuhr Isabella nach Wiesbaden nach, schloss sich der Reisegesellschaft an und reiste anschließend

mehrere Monate, bis Ende Oktober – das Ende der eigenen Urlaubs-
zeit nicht achtend –, durch Deutschland, bis er endlich von seiner
neuen britischen »Familie«, die als nächstes Ziel München im Blick
hatte, Abschied nehmen musste – letztlich nur aufgrund von Passpro-
blemen (in Bayern ließ man ihn nicht einreisen). Bismarck, der bereits
in Briefen an seine Freunde recht großspurig von Verlobung gesprochen und gar für den kommenden Frühling eine Eheschließung »mit
einer jungen Brittin von blondem Haar und seltener Schönheit«[19] in
Leicestershire angekündigt hatte, musste Ende des Jahres recht kleinlaut vom Scheitern seiner kurzen Verbindung berichten, die in der Tat,
wie treffend gesagt wurde, wohl »mehr ein Ausbrechen aus einer zunehmend als unerträglich empfundenen Lebenssituation gewesen ist
als eine wirkliche große Leidenschaft, mehr Anlaß als Ursache«.[20]
Dass ihm in einer Beurteilung seiner Vorgesetzten schon im April 1837
attestiert worden war, er werde sich ungeachtet seiner Fähigkeiten
künftig »noch mehr an gewissenhafte Pünktlichkeit und die strenge
Ordnung des Dienstes gewöhnen müssen«[21], spricht Bände.

Noch einmal versuchte Bismarck, in Potsdam in den Referendar-
dienst zurückzukehren, was man ihm trotz seiner Aachener Eskapa-
den wohl auch ermöglicht hätte, doch als er schließlich seinen Militär-
dienst ableisten musste, nutzte er diese Gelegenheit, um sich endgültig
von seinem über mehrere Jahre angestrebten Berufsziel zu verabschieden. Im Sommer 1838 kam es zur Aussprache mit der bereits kranken
Mutter (sie starb ein halbes Jahr später), in deren Verlauf er ihr nach
einem Bericht des Vaters sein Herz aufschloss und ihr offenbarte,
»welchen Ekel er für die ganze Beschäftigung bei der Regierung hätte,
daß er dadurch sein Leben ganz überdrüssig wäre [sic], und wenn er
sich fast sein ganzes Leben gequält hätte, dann würde er vielleicht zuletzt Präsident mit 2000 Taler Einkommen, von Lebensglück wäre
aber nie etwas zu hoffen«.[22] Er erbot sich sogar, die Leitung einer Zu-
ckerfabrikation zu übernehmen, welche die Familie eventuell auf dem
Gut Kniephof einrichten wollte. Wie die Mutter reagierte, ist nicht bekannt, doch die Dinge blieben offenkundig nicht sehr lange in der
Schwebe, und nachdem Wilhelmine von Bismarck am 1. Januar 1849
ihrem Leiden erlegen war, konnten Bismarck und sein Bruder Bern-

hard, den es ebenfalls vom ungeliebten Beamtenberuf fort aufs Land zog, mit dem Einverständnis des Vaters die Leitung zweier Familiengüter übernehmen.

Erst später, im bereits zitierten Brief an die Braut aus dem Jahr 1847, offenbarte er das eigentliche Motiv für sein Handeln: seine Schulden. Bismarck hatte, als er im Sommer 1837 seiner Angebeteten Isabella Loraine-Smith nach Wiesbaden nachgereist war, dort am Spieltisch tatsächlich ein kleines Vermögen – mehr als 1700 Taler – verspielt.[23] Die Summe war – zuzüglich weiterer noch in der Potsdamer Zeit angehäufter Spielschulden – offenbar derart hoch, dass er sie dem Vater nicht bekennen mochte »und zu deren ehrenvoller Abwicklung«, wie er später zugab, »keinen Ausweg sah, als den ein selbständiges Vermögen zu erwerben«.[24] Und das war mit dem üblicherweise sehr schmalen preußischen Beamtengehalt nicht möglich. Insofern blieb letzten Endes nur das Landleben übrig, und Bismarck setzte sich denn auch, wie er später einem Studienfreund schrieb, »mit der vollen Unwissenheit eines schriftgelehrten Stadtkindes in eine sehr ausgedehnte und verwickelte Wirtschaft« – gemeint ist das von ihm übernommene Familiengut Kniephof bei Naugard in Hinterpommern. »Ich fand mich hinein, rettete den größten Theil meines zu erwartenden Vermögens, und die Beschäftigung gefiel mir … wegen ihrer Unabhängigkeit; ich habe nie Vorgesetzte vertragen können …«[25]

So blieb er vorerst auf dem, wie man damals sagte, »platten Lande« sitzen, meist einem merkwürdigen seelischen Schwebezustand ausgeliefert, schwankend zwischen Depression und mäßiger Zufriedenheit mit seinem Schicksal, mit dem er sich langsam abzufinden begann. Er sitze »hier, unverheirathet, sehr einsam, 29 Jahre alt«, berichtete er in einem berühmten (wegen seiner stilistischen Brillanz später viel zitierten) Brief an einen Studienfreund über sein Kniephofer Dasein, »… ohne besondere Theilnahme. … Des Vormittags bin ich verdrieslich, nach Tische allen milden Gefühlen zugänglich. Mein Umgang besteht in Hunden, Pferden und Landjunkern, und bei Letzteren erfreue ich mich einigen Ansehens, weil ich Geschriebenes mit Leichtigkeit lesen kann, mich zu jeder Zeit wie ein Mensch kleide, und dabei ein Stück Wild mit der Accuratesse eines Metzgers zerwirke, ruhig und dreist reite, ganz schwere Cigarren rauche und meine Gäste mit freundlicher Kaltblütigkeit unter den Tisch trinke«.[26]

Diese Eigenschaften trugen dazu bei, dass er bald weit über die Grenzen des heimatlichen pommerschen Landkreises hinaus nur noch als der »tolle Bismarck« bekannt war. Doch drei Dinge waren es, die ihn schon bald aus seinem bequemen ländlichen Dämmerdasein, in dem er sich nach einigen Jahren scheinbar leidlich eingerichtet hatte, herausreißen sollten: eine Frau, der Glaube – und die Politik.

Ehe und Familie

Der in Kniephof in Pommern Landwirtschaft treibende dreißigjährige Junker hatte, ob er wollte oder nicht, die gesellschaftlichen Pflichten zu erfüllen, die von der adligen Nachbarschaft erwartet wurden. Gerade unter dem Eindruck der seit mehr als einem halben Jahrhundert akuten revolutionären Bedrohung rückte der ländliche Adel näher zusammen; aber natürlich galt es auch, verwandtschaftliche Beziehungen und Nachbarschaften zu pflegen, den in dieser Schicht nun einmal eher begrenzten Heiratsmarkt in Gang zu halten und auch politische Verbindungen zu unterhalten und zu festigen; Preußen verfügte seit 1823 über Provinzialstände, in denen der Landadel (neben den Vertretern der Stadtbürger und der selbständigen Bauern) über eine eigene »Kurie« verfügte, deren Zusammensetzung die Adligen bestimmten. Viel hatten diese Provinzialstände im Rahmen des bestehenden politischen Systems nicht zu sagen; sie konnten nichts entscheiden, sondern durften lediglich Rat geben. Aber immerhin barg diese Institution gewisse Möglichkeiten einer Weiterentwicklung, etwa was die Zusammenfassung der einzelnen Stände zu einer gesamtstaatlichen ständischen Delegiertenvertretung betraf. Und hierüber wurde auch auf dem Lande diskutiert.

In Hinterpommern hatten sich seit den 1820er-Jahren in bestimmten Adelskreisen fromme Zirkel gebildet, die der neupietistischen »Erweckungsbewegung« in Preußen zuzurechnen waren. Hier war man besonders fromm, besuchte nicht nur regelmäßig die Gottesdienste, sondern traf sich auch zu Bibelstunden und frommen Konventikeln, mied den Alkohol sowie die – sonst auf dem Lande überaus beliebte – Jagd und besuchte auch weder Tanzgesellschaften noch Theateraufführungen. Historisch-politische Erfahrungen des Adels schlugen sich in dieser Hinwendung zu einer neuen »erweckten« Frömmigkeit nieder, vor allem die Erinnerung an die Revolutions- und Kriegszeit seit 1789, an die Katastrophe Preußens im Vierten Koalitionskrieg 1806/07, auch an die Befreiungskriege gegen Napoleon von 1813 bis 1815, deren Auswirkungen und Folgen von manchen Angehörigen dieser Schichten als eine »Strafe Gottes« für früher begangene Sünden, vor allem für die Abwendung vom traditionellen Christentum im Zeichen von Aufklärung und Vernunftglauben, begriffen wurden. Politisch war man hier natürlich streng konservativ und königstreu gesinnt.

Im ersten Jahrzehnt nach dem Ende der Befreiungskriege bildeten zwei damals noch junge Rittergutsbesitzer, Adolf Ferdinand von Thadden und Ernst Senfft von Pilsach, den Kern eines sich bald erweiternden Kreises religiös »erweckter« Adelsfamilien. Hinzu kamen neben Alexander von Below und Heinrich von Puttkammer bald auch zwei jüngere Landjunker, Hans Hugo von Kleist-Retzow und Thaddens künftiger Schwiegersohn, Moritz von Blankenburg. Wichtig für die politischen Verbindungen dieses Kreises nach Berlin wurde der enge verwandtschaftliche und persönliche Kontakt der Gruppe um Thadden zu seinem Schwager, dem Juristen und späteren Oberlandesgerichtspräsidenten Ernst Ludwig von Gerlach und dessen Bruder Leopold, einem engen persönlichen Freund und späteren Generaladjutanten des damaligen Kronprinzen und ab 1840 regierenden Königs Friedrich Wilhelm IV. Sie alle hatten ihre Güter in den hinterpommerschen Kreisen Belgard, Greifenberg und Naugard; man hielt untereinander engen Kontakt und traf sich häufig zu Gebet, Choralgesang und frommen Gottesdiensten, die gemeinsam mit dem Gesinde abgehalten wurden. Das Zentrum bildete das Gut der Thaddens in Trieglaff.[27]

Wohl über seinen Jugendfreund Moritz von Blanckenburg gelang es Bismarck, zunächst gesellschaftlichen, später auch engeren persönlichen Zugang zu diesem »Kreis protestantischer Spartaner«[28], wie er einmal ironisch, aber nicht unzutreffend genannt worden ist, zu finden. Und er fand hier noch mehr als nur neue Freunde und Gesinnungsgenossen – nämlich auch eine Lebensgefährtin. Diejenige, auf die er es wohl zuerst abgesehen hatte, Adolf von Thaddens ebenso kluge wie schöne Tochter Marie, war allerdings bereits vergeben und mit Moritz von Blanckenburg verlobt, den sie bald darauf heiratete. Im Einvernehmen mit ihrem Verlobten arrangierte Marie die Begegnung Bismarcks mit einer ihrer Freundinnen, Johanna von Puttkammer, deren Vater bereits seit Langem dem frommen Adelszirkel um die Thaddens angehörte. Die eher zurückhaltende, gleichwohl unverbildet-natürliche Johanna konnte zwar weder intellektuell noch äußerlich mit Marie mithalten, dafür verfügte sie über eine Glaubens- und Charakterstärke, die Bismarck imponierte. Hinzu kam ein gehöriges Maß an Nüchternheit und gesundem Menschenverstand, das sehr bald schon anziehend auf ihn wirkte. Doch erst nachdem er seine ihn lange quälenden Glaubenszweifel, seinen »Pantheismus«, wie er es nannte, überwunden und – unter dem Einfluss seiner neuen Freunde – zum Glauben zurückgefunden hatte, konnte Bismarck es überhaupt wagen, bei Heinrich von Puttkammer um die Hand seiner Tochter Johanna anzuhalten. Denn noch immer haftete ihm im Kreis des pommerschen Adels der Ruf des törichten, leichtsinnigen und zudem hoch verschuldeten »tollen Bismarck« an; der fromme Landjunker von Puttkammer dürfte also gerade von diesem Bewerber um die Hand seines einzigen Kindes alles andere als begeistert gewesen sein.

Tatsächlich ist der lange Brautwerbebrief, den Bismarck kurz vor Weihnachten 1846 an Puttkammer schrieb, ein Schlüsseldokument seiner Biographie, sehr sorgfältig, wie immer stilsicher formuliert und natürlich genau auf die Grundgesinnung sowie die Empfänglichkeit des Adressaten berechnet[29] – insofern fraglos, wie treffend gesagt wurde, »ein diplomatisches Meisterwerk«.[30] Darüber hinaus entblößte sich Bismarck hier in einer auch für ihn selbst ganz ungewohnten Weise und bot seinem zukünftigen Schwiegervater einen Einblick in die Entwicklung seiner Gedanken und seines Seelenzustandes, den er in dieser Form vorher wohl noch niemandem gewährt hatte. Aber er wusste um seinen noch immer schlechten Ruf und musste bestrebt sein, dem Adressaten durch radikale Ehrlichkeit und Aufrichtigkeit zu imponieren. Wenn er um die Hand von Puttkammers Tochter anhalte, könne er dem Vater, wie er gleich zu Anfang einräumt, keine Bürgschaft für die Zukunft geben; Puttkammer müsse in seinem Fall »durch Vertrauen auf Gott das ergänzen, was das Vertrauen der Menschen nicht leisten kann«. Er, Bismarck, könne nur eines tun, nämlich »Ihnen mit rückhaltloser Offenheit über mich selbst Auskunft gebe[n], soweit ich mir selber klar geworden bin«.

Die unglückliche familiäre Konstellation verschweigt Bismarck an dieser Stelle nicht: Er selbst sei, schreibt er, »meinem elterlichen Hause in frühester Kindheit fremd und nie wieder völlig darin heimisch geworden, und meine Erziehung wurde von Hause her unter den Gesichtspunkt gestellt, daß alles der Ausbildung der Verstandes und dem frühzeitigen Erwerb positiver Kenntnisse untergeordnet blieb«. Die seit der Konfirmation aufkeimenden Glaubenszweifel habe er stets mit sich selbst herumtragen und ausmachen müssen; im Elternhaus habe er keinerlei Orientierung erfahren, und auch später »blieben mir Rath und Lehre Andrer buchstäblich fern; der Zwang der Schule war gefallen, und die Stimme meines Gewissens, von keinem Glauben getragen, verhallte im Sturm ungezähmter Leidenschaften. So, mit keinem andern Zügel, als etwa dem der gesellschaftlich conventionellen Rücksichten, stürzte ich mich blind in das Leben hinein, gerieth, bald verführt, bald Verführer, in schlechte Gesellschaften jeder Art und hielt ... alle Sünden für erlaubt, sobald sie mir die Rechte Andrer ... nicht zu beeinträchtigen schienen.«

Hier beginnt – sieht man genauer hin – gleichwohl schon die Verteidigung des eigenen Tuns, denn immerhin habe er, flicht Bismarck ein, sich nicht nur blindlings seinem »sündhaften« Treiben überlassen, sondern auch weiter nach Orientierung gesucht. Es seien »Philosophen des Alterthums, unverstandene Hegelsche Schriften, und vor Allem Spinoza's anscheinend mathematische Klarheit« gewesen, »in denen ich Beruhigung über das suchte, was menschlichem Verstande nicht fasslich ist«; später sei die Lektüre radikalerer zeitgenössischer Autoren wie David Friedrich Strauß, Bruno Bauer und Ludwig Feuerbach hinzugekommen, die ihn jedoch nur noch »tiefer in die Sackgasse des Zweifels« geführt hätten. »An eine geoffenbarte Religion schien es mir unmöglich jemals Glauben zu gewinnen; der Bibel legte ich keine beweisende Kraft bei, sie war für mich ein Buch aus Menschenhänden, dessen Lesung mir nur stets neuen Stoff zu Kritik und Zweifel gab.« Er brauche kaum hinzuzufügen, dass er »bei diesem Glauben nicht Frieden fand … ich habe manche Stunde trostloser Niedergeschlagenheit mit dem Gedanken zugebracht, daß mein und andrer Menschen Dasein zwecklos und unersprießlich sei, vielleicht nur ein beiläufiger Ausfluß der Schöpfung, der entsteht und vergeht, wie Staub vom Rollen der Räder; die Ewigkeit, die Auferstehung, war mir ungewiß, und doch sah ich in diesem Leben nichts, was mir der Mühe werth schien, es mit Ernst und Kraft zu erstreben«.

Dann folgt der von Bismarck sehr geschickt gesetzte Kontrapunkt des inhaltsschweren Schreibens. Erst durch die mehr zufällige erneute Begegnung mit seinem alten Schulkameraden Moritz von Blankenburg habe er nicht nur einen neuen wahren Freund, sondern über ihn zugleich Zugang zu einer ihm bisher unbekannten Welt wahrer Gläubigkeit gefunden, auch wenn er, Bismarck, sich nicht sogleich den religiösen Überzeugungen des Freundes habe anschließen können; dennoch sei er durch Moritz mit dem Kreis um die Thaddens bekannt geworden und habe darin Menschen gefunden, »vor denen ich mich schämte, daß ich mit der dürftigen Leuchte meines Verstandes Dinge hatte untersuchen wollen, welche so überlegne Geister mit kindlichem Glauben für wahr und heilig annahmen«; er selbst habe bald erkannt, »daß die Angehörigen dieses Kreises, in ihren äußern Werken, fast durchgehend Vorbilder dessen waren, was ich zu sein wünschte«. Entscheidend ist letztlich, dass Bismarck in diesem Kreis, wie er anschließend zugab, genau das fand, was er seit früher Kindheit entbehrt hatte: Im Kreise der Thaddens, Blanckenburgs und ihres frommen Umfeldes habe er erstmals »ein Wohlsein« empfunden, »wie es mir bisher fremd gewesen war, ein Familienleben; daß mich einschloß, fast eine Heimath«.

Hierin bestand wohl vor allem die Brücke, über die ihn dann der Weg zurück zum Glauben führte: das innere Leben dieses Kreises, der ihn als »Ungläubigen«, aber eben auch als Suchenden und Irrenden akzeptierte und ihn wie selbstverständlich in das Familienleben integrierte. Hier sei er nun, nachdem er »bittre Reue über mein bisheriges Dasein« habe empfinden müssen, auf den Weg zurück zum Glauben gelangt, erst durch verstärkte, von Kundigeren angeleitete Bibellektüre, bald aber auch geprägt durch die tiefe Erschütterung über den tragischen Tod der jungen Marie von Thadden. Aufgeschreckt durch die Nachricht von ihrer tödlichen Erkrankung, habe er unter Tränen zum Gebet und damit auch zu Gott zurückgefunden: »Gott hat mein damaliges Gebet nicht erhört, aber er hat es auch nicht verworfen, denn ich habe die Fähigkeit ihn zu bitten nicht wieder verloren, und fühle, wenn nicht Frieden, so doch Vertrauen und Lebensmuth in mir, wie ich sie sonst nicht mehr kannte«, und dies, weil er selbst nun »Gott täglich mit bußfertigem Herzen bitten« könne, »mir gnädig zu sein um Seines Sohnes willen, und in mir Glauben zu wecken und zu stärken«.

Der auf diese Weise überrumpelte Puttkammer gab dem leidenschaftlichen Brautwerber, trotz des eindrucksvollen Werbebriefs, zunächst noch keine Zusage. Immerhin wurde Bismarck während der Feiertage am Jahresende 1846 zu einem Besuch auf dem Puttkammer'schen Gut Reinfeld eingeladen, und bei dieser Gelegenheit scheinen die sicher vorhandenen starken Bedenken der Eltern gegen den möglichen Schwiegersohn geschwunden zu sein; jedenfalls stimmte Heinrich von Puttkammer bereits am 12. Januar 1847 einer Verlobung seiner Tochter Johanna mit Otto von Bismarck zu. Es war – das zeigen nicht nur der Werbebrief, sondern auch die vielen Schreiben Bismarcks an seine Braut aus der Verlobungszeit – eine wahrhafte, echte und tiefe Zuneigung, die beide miteinander verband und schon bald auch in der Ehe zusammenführte. Die Verlobungsbriefe zeigen einen ganz anderen Bismarck als den bisherigen, gerade auch in seinen Briefen zu Ironie und Sarkasmus neigenden jungen Spötter, der die Schwächen seiner Mitmenschen und auch die Widersprüche der eigenen Existenz nur allzu gern und geschickt aufs Korn nahm.

Das Bedürfnis nach menschlicher Nähe und engster Gemeinschaft stand für Bismarck im Zentrum seiner Verbindung mit Johanna von Puttkammer, die den Unterschied zwischen ihr und der jüngst verstorbenen, auch von Bismarck verehrten Freundin Marie von Thadden gespürt haben mag. Wohl kaum eine Frau, die einen Liebesbrief von ihrem Verlobten erhält, dürfte von Formulierungen, wie Bismarck sie bei dieser Gelegenheit wählte, unbeeindruckt bleiben. »Meine liebe Johanna«, schrieb er ihr etwa am 21. Februar 1847, kurz nach der Verlobung, »muß ich Dir nochmals sagen, daß ich Dich liebe; *sans phrase*, daß wir Freud und Leid mit einander theilen sollen, ich Dein Leid, Du das meine, daß wir nicht vereinigt sind, um einander nur zu zeigen und mitzutheilen, was dem andern Freude macht, sondern daß Du Dein Herz zu jeder Zeit bei mir ausschütten darfst und ich bei Dir, es mag enthalten, was es wolle, daß ich Deinen Kummer, Deine Fehler, Deine Unarten, wenn Du welche hast, tragen muß und will und Dich liebe, wie Du bist, nicht, wie Du sein solltest oder könntest? … vertraue mir rückhaltlos, in der Überzeugung, daß ich Alles, was von Dir kommt, mit inniger Liebe, mit freudiger oder geduldiger, aufnehme. Behalte nicht Deine trüben Gedanken für Dich und blicke mich mit heiterer Stirn und fröhlichen Augen an dabei, sondern theile mir in Wort und Blick mit, was Du im Herzen hast, mag es Segen oder Leid sein«.[31]

Kurz: Er akzeptierte Johanna so, wie sie war – und umgekehrt; dies war und blieb die feste Basis ihrer am 28. Juli 1847 geschlossenen Ehe, die erst am 27. November 1894 mit Johannas Tod enden sollte.

Bismarck hatte gefunden, was er so lange gesucht hatte – eine Familie, und zwar eine im doppelten Sinne, nicht nur die gewissermaßen »erweiterte« Familie des Freundes- und Bekanntenkreises der pietistischen pommerschen Adelsfamilien, sondern auch seine eigene, ganz persönliche Familie. Johanna war vor allem eine gute Mutter, die sich liebevoll um die bald zur Welt kommenden drei Kinder des Paares kümmerte: Herbert (geboren 1848), Wilhelm (1949) und Marie (1852). Überhaupt erwies sich Johanna als eine »häusliche« Frau; jeder soziale, gesellschaftliche oder gar politische Ehrgeiz lag ihr vollkommen fern, kurz: Sie scheint in allem das Gegenteil Wilhelmines von Bismarck gewesen zu sein. Die spätere politische und diplomatische Karriere ihres Mannes begleitete Johanna stets mit eher gemischten Gefühlen.

Als sehr bezeichnend erscheint in diesem Zusammenhang ein Brief Bismarcks an sie aus der Anfangszeit seiner Laufbahn als preußischer

Gesandter in Frankfurt am Main, in dem er ihre offenkundigen Selbstzweifel bezüglich ihrer Eignung als künftige Diplomatengattin mit gesellschaftlichen Verpflichtungen aller Art auszuräumen versucht: Er habe sie geheiratet, um sie zu lieben »und um in der fremden Welt eine Stelle für mein Herz zu haben, die all ihre dürren Winde nicht erkälten und an der ich die Wärme des heimathlichen Kaminfeuers finde, an das ich mich dränge, wenn es draußen stürmt und friert; nicht aber, um eine Gesellschaftsfrau für Andre zu haben, und ich will Dein Kaminchen hegen und pflegen und Holz zulegen und pusten, und schützen und schirmen gegen alles Böse und Fremde«.

Jedenfalls hänge sein Herz »nicht, wenigstens nicht fest, an irdischer Ehre; ich gebe sie mit Leichtigkeit auf, wenn je unser Friede mit Gott oder unsere Zufriedenheit dadurch gefährdet sein könnte«.[32] Zwar hat er viele Jahre später einmal zu einer seiner Schwiegertöchter gesagt, es sei nicht eben leicht gewesen, »aus einem Fräulein von Puttkammer eine Frau von Bismarck zu machen«[33], doch die Familie blieb auch in Zeiten angespanntester politischer Tätigkeit das unbestrittene Zentrum seines Lebens, der stets vorhandene Rückzugsort in schwieriger Zeit, eine für ihn vollkommen unentbehrliche Kraftquelle für seine Existenz als Mensch wie als Politiker.

Die Frage nach der Eigenart der Bismarck'schen Religiosität und damit auch nach der Echtheit seines Glaubens ist oft gestellt und sehr unterschiedlich beantwortet worden. Doch viele Quellenzeugnisse belegen, dass Bismarcks »Bekehrung«, wie er selbst sie empfunden hat, echt war, weil sie auf einem ehrlichen Empfinden beruhte und zugleich einem wirklichen Bedürfnis entsprach. Sie war, wie ein kundiger evangelischer Theologe, Wilhelm Lütgert, es einmal formulierte, »nicht nur ein intellektueller Vorgang, sondern eine Erweckung des Gebets«.[34] Von den Lebens- und Umgangsformen, den Glaubenspraktiken der pietistischen Erweckungsbewegung hat Bismarck sich hingegen, obwohl er ihr zeitweilig sehr nahestand, bald wieder entfernt. Gleichwohl behielt er Gebet, Andacht und – wenigstens zu Anfang – den regelmäßigen Besuch des Gottesdienstes bei; die innere Distanz zur Amtskirche, die den Neupietisten letztlich eigen war, hat er ebenfalls niemals überwinden können und wollen, auch wenn er die bestehende althergebrachte Form des landesherrlichen Kirchenregiments in Preußen niemals in Frage stellte.

Die Deutung dieser Vorgänge ist bis heute umstritten. Ein früherer Bismarckforscher, Arnold Oskar Meyer, vertrat die These, Bismarcks Religion habe vor allem »im Gefühl der Abhängigkeit von einer höheren Macht« bestanden, sodann »im Glauben an einen Sinn des Lebens dank einer göttlichen Vorsehung, in der Überzeugung eines tiefen Zusammenhanges zwischen geoffenbarter Religion und Sittlichkeit, endlich in der Unterwerfung unter das göttliche Sittengesetz«.[35] Dies trifft jedoch nur auf den privaten, *nicht* auf den politischen Bereich zu. Von den Vorstellungen seiner in den 1840er-Jahren gewonnenen christlich-konservativen Freunde, die aus den Moralvorstellungen der Bibel eine politische Ethik abzuleiten versuchten, hat sich Bismarck rasch wieder verabschiedet. Die Welt des Politischen folgte, wie er sehr bald selbst erfahren musste, ganz anderen Gesetzen. Nach seiner Überzeugung hatte er von Gott keine Anleitung zum politischen Handeln, sondern das Pflichtgefühl empfangen, seinem Gewissen gemäß zu agieren und das, was von ihm als richtig erkannt worden war, auch durchzusetzen.

Wenn von durchaus kundiger Seite bemerkt wurde, »daß für Bismarck die Religion vornehmlich dazu da war, das innere, rein persönliche Problem zu meistern, das ihm aus den emotionalen Entbehrungen seiner Kindheit erwachsen war«, dass sie ihm also »ein Gefühl der Sicherheit« gab, »das Gefühl, einer zusammenhängenden, sinnvollen und zweckdienlich regierten Welt anzugehören«[36], dann ist das nur die eine Seite der Medaille. Die seit Längerem bekannten und ausgewerteten Hefte der »Täglichen Loosungen und Lehrtexte der Brüder-Gemeine« zu Herrnhut, die Bismarck jahrzehntelang täglich las und gelegentlich intensiv mit eigenen Randbemerkungen und Annotationen versah, zeugen zweifelsfrei von einer tiefen inneren Anteilnahme an Glaubensdingen und Glaubenswahrheiten auch in späterer Zeit. Wenn er während des Deutsch-Französischen Krieges von 1870/71 einmal bemerkte: »Wie man ohne Glauben an eine geoffenbarte Religion, an Gott, der das Gute will, an einen höhern Richter und ein zukünftiges Leben zusammenleben kann in irgendeiner Weise – das

Seine thun und jedem das Seine lassen, begreife ich nicht«[37], dann spricht diese Äußerung jedenfalls für sich.

An ein direktes Eingreifen Gottes in die Geschichte im Allgemeinen oder in die Welt des Politischen im Besonderen glaubte Bismarck nicht. Die Dinge der Welt werden – so sah er es – grundsätzlich von den Menschen selbst bestimmt und gestaltet; jeder Politiker verfügt über die Freiheit zum Handeln, über die Möglichkeit der guten oder schlechten Entscheidung. Die Maßstäbe hierfür sind ihm freilich vorgegeben; er muss sich nur in vernünftiger Weise und vor allem zum richtigen Zeitpunkt zum Handeln entschließen. Das jedenfalls könnte Bismarck mit einer seiner berühmtesten (wenn auch nicht zweifelsfrei überlieferten) Feststellungen gemeint haben: »Politik ist, daß man Gottes Schritt durch die Weltgeschichte hört, dann zuspringt und versucht, eine Zipfel seines Mantels zu fassen.«[38]

Eintritt in die Politik

Bismarcks Eintritt in das politische Leben Preußens erfolgte über ein Verbindungsnetz aus einflussreichen christlich-konservativen Politikern, hohen Staatsbeamten und Militärs, mit denen er im Umfeld der pietistisch geprägten pommerschen Adelskreise in Kontakt gekommen war. Die führenden Persönlichkeiten dieses Zirkels, knapp eine Generation älter als Bismarck, waren geprägt durch das von ihnen erlebte Zeitalter der Französischen Revolution, durch die Napoleonzeit, die Niederlage Preußens von 1806/07 und endlich durch die siegreichen Befreiungskriege. Die meisten von ihnen waren ebenfalls beeinflusst von den Ideen der politischen Romantik und von dem strikt antirevolutionären Gedankengut des Schweizer Denkers Carl Ludwig von Haller, der mit seinem sechsbändigen Werk *Die Restauration der Staatswissenschaft* der Epoche nach 1815 ihren Namen gegeben hatte. Haller'sche Revolutions- und Liberalismus-Kritik, politische Romantik und ein streng aufgefasstes pietistisches Christentum flossen hier zusammen zu einem christlich-konservativen Ordnungsdenken, das auch den jungen Bismarck seit etwa 1845/46 für einige Jahre stark geprägt hat.

Zu dieser Ideenwelt gehörte die unbedingte Gegnerschaft zu den – vermeintlich unchristlichen – Ideen der Aufklärung und zu den hierin wurzelnden diversen Erscheinungsformen des Liberalismus ebenso wie das Festhalten an einem patriarchalischen, vom Dienstgedanken bestimmten Adelsverständnis: Der Adel verfüge nur deshalb über bestimmte Vorrechte und Privilegien, weil er verpflichtet sei, dem Staat zu dienen; gleichzeitig sei es Aufgabe jedes Landadligen, als Patron für seine Untergebenen zu sorgen. Die gutsherrliche Gerichtsbarkeit und die ländliche Polizeigewalt, bis 1848 in Preußen noch geltendes Recht, wurden von diesen Adligen deshalb zäh verteidigt. Dem König stand man in unbedingter Treue zur Seite, lehnte jedoch den aus dem 17. Jahrhundert kommenden »Absolutismus«, die Alleinherrschaft eines Monarchen, strikt ab. »Absolutismus« wurde in dieser Perspektive deshalb als etwas prinzipiell Revolutionäres empfunden, weil eine solche Regierungsweise die alten adligen Zwischengewalten, die Stände und auch die Kirche von der politischen Entscheidungsfindung ausschloss, dafür aber der Bürokratie zu viel Macht gab. Das Ideal der pietistisch-konservativen Politiker war hingegen der »christliche Staat«, wie er unter anderem von dem Rechtsphilosophen Friedrich Julius Stahl propagiert wurde, einem konservativen, vom Judentum zum evangelischen Glauben konvertierten Juristen, der seit 1841 an der Universität Berlin lehrte.

Die meisten Angehörigen dieser Gruppe hatten schon vor 1840 dem Kronprinzen nahegestanden, der seit diesem Jahr als König Friedrich Wilhelm IV. das Land regierte; einige Persönlichkeiten, darunter die Brüder Gerlach, waren seitdem in hohe Staatsstellungen eingetreten und übten dementsprechend einen nicht zu unterschätzenden politischen Einfluss aus, der nicht zuletzt auf dem direkten persönlichen Zugang zum Monarchen beruhte. In diesen Kreis war Bismarck im Jahr 1845 eingetreten[39], und bald schon – genauer gesagt: nach seiner Bekehrung und der Rückkehr zum Glauben – gehörte er zu den von den Gerlachs besonders geförderten jungen »politischen Talenten«, die einmal für Höheres vorgesehen waren. Mit sicherem Blick hatten sie nicht nur die auffallende Bildung und Intelligenz, sondern auch die ausgeprägten politischen Interessen des jungen Mannes erkannt; hierbei ließen sie sich durch den eher zweifelhaften Ruf des »tollen Bismarck« und durch die nicht besonders ansehnliche Berufskarriere das abgebrochenen Rechtsreferendars nicht täuschen.

Als in Preußen im Jahr 1847 – bereits sichtbar unter dem Druck der Ereignisse, die ein Jahr später zum Ausbruch der Revolution führten – endlich das von vielen Bürgern des Landes seit Langem ersehnte Gesamtparlament zusammentrat, gehörte Bismarck zu den gewählten Delegierten; die hinterpommerschen Adelsnetzwerke und seine neuen politischen Freunde hatten es ermöglicht. Der erste »Vereinigte Landtag«, der im April 1847 in Berlin zusammentrat, war jedoch noch immer keine von allen Bürgern frei gewählte parlamentarische Versammlung, sondern eine kompliziert zusammengesetzte ständische Vertretung aller preußischen Provinzen, weiterhin getrennt nach den Vertretern der Städte, der Landgemeinden und der adligen Ritterschaft. Im ersten Vereinigten Landtag gehörte Bismarck, kaum verwunderlich, zu den etwa sechzig Vertretern der von ihren liberalen Gegnern als »Reaktionäre« bezeichneten äußersten politischen Rechten.[40]

Sein Auftreten wirkte denn auch sofort provozierend, ob er das nun geplant hatte oder nicht. Jedenfalls erregte schon eine seiner ersten Reden bei den Bürgerlich-Liberalen scharfen Widerspruch, weil er es gewagt hatte, die Bedeutung der liberal-freiheitlichen preußischen Reformen von 1807 für den Freiheitskampf gegen Napoleon im Namen der preußischen »Nationalehre«[41] ausdrücklich zurückzuweisen. Seine, wie das Protokoll verzeichnete, durch »Murren und lautes Rufen«, später durch »großen Lärm« mehrmals unterbrochene Rede wurde vom Gegner wütend kritisiert, doch Bismarck hatte sofort erreicht, was er offensichtlich gewollt hatte: Er war mit einem Schlag ein nicht nur in der Hauptstadt bekannter Mann geworden. Seine politischen Mentoren, darunter der ebenfalls dem Landtag angehörende Adolf von Thadden, aber auch die Gerlachs waren mit dem ersten Auftritt ihres Schützlings zufrieden.

In welch starkem Maße sich Bismarck am Beginn seiner parlamentarisch-politischen Laufbahn noch mit dem Gedankengut der christlichen Konservativen identifizierte, zeigte sich auch in seinen weiteren Debattenbeiträgen. In der Auseinandersetzung mit einigen prominenten Liberalen bekannte Bismarck unumwunden und mit vollendeter Ironie, dass er einer Richtung angehöre, die von gegnerischer Seite als »finster und mittelalterlich bezeichnet« worden sei, damit also »dem großen Haufen, welcher noch an Vorurteilen klebt, die er mit der Muttermilch eingesogen hat, dem Haufen, welchem ein Christentum, das über dem Staate steht, zu hoch ist«.[42] Im Streit um die Zuerkennung politischer Rechte, die Bismarck (wie die anderen christlichen Konservativen) nur Staatsbürgern christlichen Bekenntnisses zuerkennen wollte, trat er entschieden für das – von den Liberalen indessen heftig bekämpfte – Prinzip des »christlichen Staates« und für das monarchische Gottesgnadentum ein: Jeder auf Dauer angelegte Staat müsse, so Bismarck, »auf religiöser Grundlage« stehen, und er fügte hinzu: »Für mich sind die Worte: ›Von Gottes Gnaden‹, welche christliche Herrscher ihrem Namen beifügen, kein leerer Schall, sondern ich sehe darin das Bekenntnis, daß die Fürsten das Zepter, welches ihnen Gott verliehen hat, nach Gottes Willen auf Erden führen sollen. Als Gottes Willen kann ich aber nur erkennen, was in den christlichen Evangelien offenbart worden ist, und ich glaube, in meinem Rechte zu sein, wenn ich einen solchen Staat einen christlichen nenne, welcher sich die Aufgabe gestellt hat, die Lehre des Christentums zu realisieren, zu verwirklichen.«[43]

Mit diesen Formulierungen, die wiederum auf scharfe Kritik seitens der Liberalen stießen, hatte sich Bismarck vor der politischen Öffentlichkeit Preußens als standfester christlich-konservativer Ultra und als ebenso prinzipienfester wie eloquenter Angehöriger des Gerlach-Kreises etabliert.

Das sollte auch in den folgenden Jahren erst einmal so bleiben. Die schon ein Jahr später, im März 1848, ausbrechende Revolution fand Bismarck denn auch auf der Seite ihrer konsequentesten und entschiedensten Feinde. Doch seine Gegenaktionen, die ihn erneut als ultrakonservativen Heißsporn auswiesen, scheiterten kläglich: der Versuch, mit einer kleinen Truppe königstreuer Bauern nach Berlin zu ziehen, um den König vor der revolutionären Bedrohung zu schützen, ebenso wie eine weitere (im Kern bis heute nicht geklärte) Aktion, die ebenfalls von Bismarck ausging. Enttäuscht über das vermeintlich unschlüssige, ja nachgiebige Verhalten König Friedrich Wilhelms IV. in den Tagen nach dem 18. März, hatte Bismarck die Gemahlin des königlichen Bruders, des Prinzen Wilhelm (der infolge der Kinderlosigkeit des Königs bereits als Thronfolger vorgesehen war) aufgesucht, um mit ihrer Hilfe, nach Möglichkeit im Namen ihres bereits geflüchteten Gatten, die aristokratische Gegenrevolution auf den Weg zu bringen – wenn nötig eben auch gegen den Willen des noch regierenden Monarchen. Prinzessin Augusta hat diesen Bismarck'schen Versuch vom 23. März, den sie als schwere Anmaßung empfunden haben muss, niemals vergessen; sie blieb seitdem seine Todfeindin. Bismarck hatte einen schweren Missgriff begangen.

Nach dem Scheitern aller gegenrevolutionären Bemühungen entsprechend kleinlaut geworden, geriet der zuerst so heißblütig agierende Kämpfer für Monarchie, Gottesgnadentum und Legitimität recht bald schon in die Defensive. Als sein politischer Mentor Ernst Ludwig von Gerlach Ende März 1848 in Adelskreisen einen Aufruf zur Gegenrevolution verbreitete, in dem es unter anderem hieß, es sei höchste Zeit »dem Thron und dem Vaterlande zu Hilfe zu kommen«, und hierzu bedürfe es »der Verbindung des gemeinsamen Handelns aller derer aus allen Ständen, welche deutsches Recht und deutsche Freiheit, welche insbesondere den preußischen Staat … gegen revolutionäre Tyrannei zu vertheidigen entschlossen sind«, da zeigte sich Bismarck plötzlich ungewohnt verzagt. Den an Deutlichkeit nicht zu überbietenden konservativen Aufruf, in dem vor der Herrschaft »tobende[r] Pöbelmassen« und vor »wüstem Radikalismus«[44] gewarnt und entschlossene Gegenaktionen angemahnt wurden, wollte er nur mit dem Zusatz »keine Reaction und Bereitschaft zu Opfern« unterzeichnen, was Gerlach indessen strikt ablehnte.[45] Am Ende blieb das konservative Manifest zum Ärger seines Verfassers auch noch unpubliziert, da sich zu wenige Unterstützer gefunden hatten.

Auch die nach Gerlachs Einschätzung »*sehr* matte Rede«[46], die Bismarck nur wenige Tage später, am 2. April, in einer der letzten Sitzungen des in Berlin nochmals zusammengetretenen, jetzt vor der Auflösung stehenden Vereinigten Landtags hielt, ließ vom kämpferischen Temperament, das noch die Reden des vergangenen Jahres bestimmt hatte, nichts mehr verspüren. Als der Landtag eine Dankadresse an den König wegen der von diesem unter dem Druck der Ereignisse angekündigten liberalen Verfassungsreformen beschließen wollte, verweigerte sich der Abgeordnete Bismarck-Schönhausen: Was ihn veranlasse, so bemerkte er, »gegen die Adresse zu stimmen, sind die Äußerungen von Freude und Dank für das, was in den letzten Tagen geschehen ist. Die Vergangenheit ist begraben, und ich bedaure es schmerzlicher als viele von Ihnen, daß keine menschliche Macht imstande ist, sie wieder zu erwecken, nachdem die Krone selbst die Erde auf ihren Sarg geworfen hat. Aber wenn ich dies, durch die Gewalt der Umstände gezwungen, akzeptiere, so kann ich doch nicht aus meiner Wirksamkeit auf dem vereinigten Landtage mit der Lüge scheiden, daß ich für das danken und mich freuen soll über das, was ich mindestens für einen irrtümlichen Weg halten muß«.[47]

Dieses Verhalten hatte für Bismarck einige Monate später noch ein Nachspiel: Als sich im Sommer des Revolutionsjahres die Verhältnisse langsam zu beruhigen begannen, musste er einsehen, dass die heftigen Vorhaltungen, die ihm Gerlach seinerzeit gemacht hatte, berechtigt gewesen waren: »Was Sie mir«, schrieb er am 7. Juli seinem Mentor, »über den letzten Sterbe-Landtag wieder vorrücken, trifft eine wunde Stelle. Ich habe mir noch über keine Handlung meines Lebens soviel Vorwürfe gemacht, als über meine damaligen Unterlassungen. Ich wollte, wie Sie mir sehr richtig … sagten, zu klug sein, u. was noch schlimmer war, ich ließ mich von Freunden, theils klugen, theils feigen influenzieren … Der Moment bleibt verloren, aber die Lehre für mich nicht, u. der bittere Sporn, den Rest von bescheidener oder blöder Unselbständigkeit abzuschütteln, in welche 10 Jahre geistig trägen Landlebens mich eingeschlämmt haben.«[48]

Die politische Lehre, die Bismarck aus seinem Verhalten im April 1848 ziehen konnte, nämlich, dass eine gegebene Lage niemals zu früh als endgültig angesehen werden darf, hat er nicht mehr vergessen. Lagen und Situationen sind prinzipiell offen, sie können, wenn man es geschickt anstellt, beeinflusst werden und sind stets raschem Wandel unterworfen – das hatte Bismarck nun gelernt.

Und noch eine andere, nicht wenige bedeutsame Lehre wurde ihm in diesen Wochen zuteil; sie betraf seine Einschätzung König Friedrich Wilhelms IV., der selbst schon vor geraumer Zeit auf den konservativen Junker aufmerksam geworden war, nachdem er ihn zufälligerweise im Herbst 1847 in Venedig – wo sich die Bismarcks seinerzeit auf Hochzeitsreise befanden – persönlich kennengelernt hatte.[49] Am 20. Juni des Revolutionsjahres – Bismarck befand sich gerade in Potsdam – erreichte ihn eine Einladung des Königs zu einem Gespräch. Bismarck wagte es tatsächlich, dem König, immerhin seinem Landesherrn, »unter dem Eindruck meiner frondirenden Gemüthsstimmung«, wie er es später ausdrückte, eine Absage zu erteilen. Doch der Monarch blieb beharrlich und ließ noch einmal, nun durch seinen persönlichen Adjutanten, eine »Einladung zur Tafel« nach Sanssouci überbringen. Nun blieb Bismarck natürlich nichts anderes übrig als dem Ruf des Königs Folge zu leisten.

»Nach der Tafel führte mich der König«, so Bismarcks Bericht in seinen Memoiren, »auf die Terrasse und fragte freundlich: ›Wie geht es Ihnen?‹ In der Gereiztheit, die ich seit den Märztagen in mir trug, antwortete ich: ›Schlecht‹. Darauf der König: ›Ich denke, die Stimmung ist gut bei Ihnen.‹ Darauf ich …: ›Die Stimmung war sehr gut, aber seit die Revolution uns von den königlichen Behörden unter königlichem Stempel eingeimpft worden ist, ist sie schlecht geworden. Das Vertrauen zu dem Beistande des Königs fehlt‹.«

Erstaunlicherweise nahm der König ihm diese ungewohnt offene Sprache anscheinend nicht übel, sondern bat ihn, seine Vorwürfe zu konkretisieren: »»Was werfen Sie mir denn eigentlich vor?‹ – ›Die Räumung Berlins.‹ – ›Die habe ich nicht gewollt‹, erwiderte der König. Und die Königin, die … in Gehörsweite geblieben war, setzte hinzu: ›Daran ist der König ganz unschuldig, er hatte seit drei Tagen nicht geschlafen.‹ – ›Ein König muß schlafen können‹, versetze ich. Unbeirrt durch diese schroffe Äußerung sagte der König: ›Man ist immer klüger, wenn man von dem Rathhause kommt; was wäre denn damit gewonnen, daß ich zugäbe, ›wie ein Esel‹ gehandelt zu haben? Vorwürfe sind nicht die Mittel, einen umgestürzten Thron wieder aufzurichten, dazu bedarf ich des Beistandes und thätiger Hingebung, nicht der Kritik.‹ Die Güte, mit der er dies und Aehnliches sagte, überwältigte mich.

Ich war gekommen in der Stimmung eines Frondeurs, dem es ganz recht sein würde, ungnädig weggeschickt zu werden, und ging, vollständig entwaffnet und gewonnen.«[50] Wieder eine Schlüsselszene aus Bismarcks politischen Anfängen. Er lernte im Gespräch nicht nur, dass er dem König Unrecht getan, dass er dessen Offenheit und Freundlichkeit, vor allem dessen eindrucksvolle Fähigkeit zur Selbstkritik bisher unterschätzt hatte, sondern der Landjunker wurde ebenfalls noch einmal über die Komplexität und Unüberschaubarkeit politischer Lagen und über die Unberechenbarkeit bestimmter Konjunkturen aufgeklärt. Auch in menschlicher Hinsicht lernte er den – von ihm offenkundig zu Unrecht falsch eingeschätzten und wegen seines Verhaltens in den Märztagen fast verachteten – Monarchen neu zu würdigen. Dass ein König sich tatsächlich herablassen konnte, sein politisches Verhalten gegenüber einem nicht einmal zum Hof gehörenden Landadligen offen, sachlich und unprätentiös zu rechtfertigen, beeindruckte ihn. Aus der gegenteiligen Perspektive scheint der Eindruck jedoch nicht mehr ganz so günstig gewesen zu sein. Bismarck selbst hat in seinen *Gedanken und Erinnerungen* mitgeteilt, der König habe nur wenig später an den Rand einer Liste mit potenziellen Ministerkandidaten neben den dort ebenfalls verzeichneten Namen Bismarck die Worte geschrieben: »Nur zu gebrauchen, wenn das Bayonett schrankenlos waltet« – nach anderer Überlieferung sollen die Worte gelautet haben: »Rother Reactionär, riecht nach Blut, später zu gebrauchen«.[51]

Diese Einschätzung änderte sich in den folgenden Jahren jedoch, und auch Friedrich Wilhelm IV. lernte seinen treuen »Vasallen« Bismarck bald auf eine Weise schätzen, die im Revolutionsjahr noch nicht absehbar gewesen war. Als der König sich im Sommer 1852 entschloss, Bismarck (der zu dieser Zeit bereits Bundestagsgesandter in Frankfurt am Main war) auf eine Sondermission nach Wien zu entsenden, »auf die hohe Schule der Diplomatie«, wie der Monarch sagte, verfasste er persönlich ein Empfehlungsschreiben an Kaiser Franz Joseph, in dem er den Berliner Sondergesandten als Angehörigen eines »Ritter-Geschlecht[s]« vorstellte, »welches, länger als mein Haus in unseren Marken seßhaft, von jeher und besonders in ihm seine alten

Tugenden bewährt hat. Die Erhaltung und Stärkung der erfreulichen Zustände unseres platten Landes verdanken wir mit seinem furchtlosen und energischen Mühen in den bösen Tagen der jüngst verflossenen Jahre.« Und der preußische König fügte ausdrücklich noch an, der Adressat des Schreibens, der Kaiser, werde mit Bismarck »einen Mann kennen lernen, der bei uns im Lande wegen seines ritterlich-freien Gehorsams und seiner Unversöhnlichkeit gegen die Revolution bis in ihre Wurzeln hinein von Vielen verehrt, von Manchen gehaßt wird. Er ist mein Freund und treuer Diener …«[52]

Doch zurück zu den »bösen Tagen« der Revolution: Tatsächlich machte Bismarck in der zweiten Hälfte des Jahres 1848 seinem Ruf als besonders radikaler Reaktionär alle Ehre, indem er in der von adligen Revolutionsgegnern im Sommer gegründeten *Neuen Preußischen Zeitung* einen scharfen Artikel nach dem anderen publizierte. Die Zeitung, die das Eiserne Kreuz (mit der Umschrift »Vorwärts mit Gott für König und Vaterland«) im Titelkopf trug, wurde von Hermann Wagener, einem Studienfreund Bismarcks und Schüler Ernst Ludwig von Gerlachs, geleitet; alle Zusendungen aus Schönhausen oder Varzin fanden nicht nur aus diesem Grund sofortige Aufnahme, sondern auch wegen ihres zumeist frischen und zupackenden, typisch Bismarck'schen Stils und wegen ihrer an Entschiedenheit kaum zu überbietenden Formulierungen. Fast scheint es, als sei Bismarck intensiv bestrebt gewesen, sich vor den kritischen Augen seiner bisherigen politischen Förderer erneut zu bewähren, so etwa, wenn er die preußische Nationalversammlung in Berlin – deren Zusammensetzung wesentlich radikaler ausgefallen war als diejenige der Frankfurter Paulskirche – immer wieder mit maßlos polemischen Ausfällen angriff.

So sprach er beispielsweise in einem Zeitungsartikel vom 11. Juli 1848 von den Berliner Abgeordneten als von »einer Anzahl ehrgeiziger Advovcaten, Assessoren, die … durch Umsturz schneller Carrière zu machen hoffen, von ehemaligen Demagogen, die ihre Bestrafung noch nicht verschmerzen können, von hohlen Phrasendrehern, die ihrer eigenen Eitelkeit … zu Liebe das Publicum mit dem verblichenen Bombast 60 Jahre alter Tiraden langweilen« – oder auch von »malcontente[n] Schneidergeselle[n]« und »abgesetzte[n] Schulmeister[n]«.[53]

Mit diesem »Stimmungs-Bericht aus Hinterpommern«, wie der Artikel überschrieben war, begab sich Bismarck (der, wie damals üblich, anonym schrieb) tatsächlich unter sein Niveau: Mit Schimpfereien dieser Art vermochte er wohl den weniger Gebildeten unter seinen Gesinnungsgenossen zu imponieren, doch viel eher noch wurden mit einem solchen Text sämtliche Berliner Vorurteile gegen die schnell mit dem Namen »Hinterpommern« in Zusammenhang gebrachte Rückständigkeit bestätigt.

Noch krasser wirkte ein weiterer Artikel, in dem er gegen ein Gesetz der Berliner Nationalversammlung polemisierte, mit dem das bis dahin weitgehend uneingeschränkte Jagdrecht des ländlichen Adels beschnitten wurde. Bismarck bemühte sogar die in Preußen immer noch höchst populäre Anekdote von Friedrich dem Großen und dem Müller Arnold, wenn er feststellte, »daß das Gesetz den bisher undisciplinirten Wild-, Feld- und Jagd-Diebstahl wie die bewaffnete Wegelagerei in ein System gebracht« habe: »Der Grundsatz, der Preußen groß gemacht, das *Suum cuique*, ist niedergetreten und es ist uns genommen, mit Stolz an das Wort des Müllers von Sanssouci zu erinnern, das er dem großen Könige gegenüber frei und sicher aussprechen durfte.«[54] Solche Manifestationen eines krassen Junkeregoismus mochte man in Hinterpommern oder in manchen anderen Gegenden Ostelbiens goutieren – auf den Verfasser solcher Zeilen, auch wenn sie ohne Namen gedruckt wurden, fiel dann doch der eher peinliche Schatten des Kleinlichen und der Unfähigkeit, über den Tellerrand der eigenen Standesinteressen blicken zu können. Kurz gesagt: Bismarck hatte im Jahr 1848 politisch noch viel zu lernen.

Wie es scheint, bevorzugte er auch weiterhin das Prinzip Lernen durch Handeln, wenn er sich nun erst recht in das politische Leben stürzte und um die Jahreswende 1848/49 – inzwischen hatte Preußen eine vom König erlassene Verfassung und auch eine neue Regierung bekommen – seinen ersten Wahlkampf bestritt, in diesem Fall, wie er im Januar seinem Bruder Bernhard berichtete, als Kandidat eines Wahlkreises »im Brandenburger Havellande, aber ohne sonderliche Hoffnung auf Erfolg, da die Verdächtigung durch die vage Bezeichnung als Reaktionäre an mir besonders zu haften scheint«.[55] Bismarcks neuer Ruf hatte sich also innerhalb Preußens rasch ausgebreitet. In der Tat hatte er wohl eher geringe Chancen, gewählt zu werden, aber am Ende gelang ihm doch mit einiger Mühe der Einzug in die Zweite Kammer des neuen Parlaments. Jetzt begann auch die Gegenrevolution langsam Fahrt aufzunehmen. Eine besonders folgenreiche Maßnahme war die rasche Auflösung des ersten, sich immer noch äußerst widerspenstig gebärdenden Landtags durch den König; dies geschah bereits im April 1849. Nur einen Monat später wurde in der parlamentslosen Zeit vom Monarchen ein neues Wahlrecht erlassen – das bis 1918 geltende Dreiklassenwahlrecht, das die unteren Schichten zugunsten der höheren massiv benachteiligte und schon bei den nächsten Wahlen Anwendung finden sollte.

Bismarck wurde nochmals gewählt und galt nun als einer der rührigsten Abgeordneten des neuen preußischen Parlaments. Aus Sicht seiner früheren Förderer und Freunde aus den pommerschen Zeiten der Jahre vor der Revolution hatte er sich bald rehabilitiert, nicht nur weil er sich, wie er seinem Bruder Ende 1848 einmal andeutungshaft und halb ironisch berichtete, an »einige[n] Wühlereien« in Potsdam (das hieß: in der nächsten Umgebung des Königs) zusammen »mit andern Gliedern einer ›im Finstern schleichenden Parthei‹«[56] aktiv beteiligt hatte. Gemeint war damit die sogenannte »Kamarilla«, ein tatsächlich im Geheimen wirkender Beraterkreis um den König, der sich als eine Art informelle Gegenregierung verstand – wenigstens solange es dem Monarchen durch die revolutionären Umstände und die dadurch entstandenen neuen Machtverhältnisse unmöglich gemacht wurde, eine Regierung seines Vertrauens zu berufen. Die Brüder Gerlach gehörten natürlich dazu, ebenso einige hohe Hofbeamte, Diplomaten und Militärs; Bismarck wurde gelegentlich zu Beratungen in einem erweiterten Kreis hinzugezogen.[57] Auf diese Weise gelangte er, wenn auch nur für wenige Monate, in den innersten Zirkel der politischen Macht.

In der Zweiten Kammer des Landtags, der er ab 1849 für mehrere Jahre angehörte, präsentierte er sich erneut als Sprachrohr der Ultrakonservativen. So polemisierte er beispielsweise in einer Rede am 21. April 1849 mit großer Entschiedenheit und einer auch von sei-

nen politischen Gegnern nicht zu leugnenden Eloquenz gegen die Annahme der Frankfurter Reichsverfassung, die nicht nur den »Stempel«
der Volkssouveränität »offen auf der Stirne« trage und die Stellung
des Königs durch das suspensive Vetorecht marginalisiere, sondern
durch das allgemeine, direkte und gleiche Stimmrecht auch die Vorherrschaft der politischen Linken dauerhaft zementiere und die zudem mit der alljährlichen Bewilligung des Staatshaushalts das Wohl
Deutschlands »in die Hände derjenigen Majorität« zu legen bereit sei,
»die aus dem Lottospiel dieser direkten Wahlen hervorgehen wird«.
Bismarck schloss: »Die deutsche Einheit will ein jeder, den man danach fragt, sobald er nur deutsch spricht, mit dieser Verfassung aber
will ich sie nicht.«[58]

In das Horn des preußischen Landespatriotismus, das in Berlin immer gern vernommen wurde, stieß er, als er im September desselben
Jahres im Rahmen einer heftigen Debatte nochmals scharf gegen alle
Versuche einer Mediatisierung Preußens innerhalb eines künftigen
Gesamtdeutschlands protestierte. Jetzt konnte er bereits auf die politischen Erfolge der Konservativen zurückblicken, wenn er mit Bezug
auf die Zeit seit dem März 1848 feststellte: »Was uns gehalten hat, war
gerade das spezifische Preußentum. Es war der Rest des verketzerten
Stockpreußentums, der die Revolution überdauert hatte, die preußische Armee, der preußische Schatz, die Früchte langjähriger intelli-
genter preußischer Verwaltung und die lebendige Wechselwirkung,
die in Preußen zwischen König und Volk besteht. Es war die Anhänglichkeit der preußischen Bevölkerung an die angestammte Dynastie,
es waren die alten preußischen Tugenden von Ehre, Treue, Gehorsam
und die Tapferkeit, welche die Armee … durchziehen.« Der preußische Adler solle »seine Fittiche von der Memel bis zum Donnersberge
schützend und herrschend« ausbreiten, aber frei solle er sein, »nicht
gefesselt durch einen neuen Regensburger Reichstag«.[59]

Mit derartigen Reden, die in jener Zeit scharf polarisierend wirken
mussten, hatte der Neuparlamentarier Bismarck seinen Ruf als pol-
ternder konservativer Ultra und damit als bevorzugtes Hassobjekt der
liberalen und linken Opposition rasch gefestigt. Kaum verwunderlich,
dass er schon bald zum Objekt gegnerischer Satire wurde, wie eine

Glosse belegt, die im Jahr 1849 in der liberalen Presse erschien: »Herr von Bismarck-Schönhausen hat den Baumeister des Sitzungsgebäudes gefragt, ob es denn gar nicht möglich wäre, die Wand an der rechten Seite noch einige Fuß weiter hinauszurücken; sie ist ihm nicht rechts genug. Der Baumeister hat sein Bedauern ausgedrückt, die Wand selbst nicht verrücken zu können, indessen dem Edlen von Bismarck wenigstens versprochen, in künftiger Session eine Nische für ihn einzuschneiden, wenn er nämlich wieder gewählt werden sollte.«[60]

Der Sieg der preußischen Gegenrevolution war es also sicher nicht, der Bismarck am Ende zum bedeutenden Politiker heranreifen ließ; die zentralen Erfahrungen, die hierfür notwendig waren, machte er nicht im Parlament, nicht auf der Rednertribüne, nicht in den Wahlkämpfen der nachrevolutionären Zeit, sondern in einem ganz anderen Bereich der Politik.

Gesandter in Frankfurt

Noch bevor Bismarck im Frühjahr 1851 überraschend Diplomat wurde, hatte er sich bereits einmal grundsätzlich in einer außenpolitischen Streitfrage positioniert, nämlich in der berühmte »Olmützrede«, die er am 3. Dezember 1850 in der Zweiten Kammer des Preußischen Landtags hielt und die einiges Aufsehen erregte. Nach dem Ende der gesamtdeutschen Einheitsbestrebungen der Frankfurter Paulskirche im Herbst 1849 hatte der preußische König Friedrich Wilhelm IV. zusammen mit seinem Berater und zeitweiligen Außenminister Joseph Maria von Radowitz den Versuch zur Bildung einer kleindeutschen »Union« unter preußischer Führung unternommen; das Habsburgerreich sollte hiervon jedoch nicht gänzlich ausgeschlossen sein, sondern die Möglichkeit erhalten, sich im Rahmen eines »weiteren Bundes« mit dieser Union zusammenzuschließen. Der Versuch scheiterte jedoch auf ganzer Linie, da er nicht nur von Österreich, das eine Rückkehr zum Deutschen Bund erstrebte, abgelehnt wurde, sondern auch von Russland, das in der Unionspolitik nur eine Fortführung der, wie Zar Nikolaus I. meinte, »revolutionären« deutschen Einigungsbestrebungen mit anderen Mitteln sah. Als Österreich mit Krieg drohte, musste Preußen am Ende in einem Abkommen mit Österreich klein beigeben, das am 29. November 1850 in Olmütz unterzeichnet wurde und in dem das definitive Ende der Unionspolitik und die Rückkehr zur alten Bundesorganisation vereinbart wurden.

Diese Politik wurde von den preußischen Konservativen, welche die Unionspolitik abgelehnt hatten, mitgetragen, und Bismarck fiel es zu, im Landtag den allgemein als schmähliche Niederlage Preußens empfundenen Vertrag zu verteidigen. Interessant war die Rede weniger wegen Bismarcks Standpunkt, sondern wegen seiner Argumentation. Er musste begründen, warum Preußen infolge der Unionspolitik keinen Krieg mit dem Habsburgerreich riskieren konnte und durfte – eben weil ein solcher Krieg nicht dem genuinen Interesse des Landes entsprach. »Warum führen große Staaten heutzutage Krieg?«, fragte er, und er gab eine Antwort, die von nicht wenigen der erstaunten Zuhörer und Leser dieser (wie damals üblich sogleich in der Presse abgedruckten) Rede als politisches Bekenntnis sui generis empfunden wurde: »Die einzig gesunde Grundlage eines großen Staates, und dadurch unterscheidet er sich wesentlich von einem kleinen Staate, ist der staatliche Egoismus und nicht die Romantik, und es ist eines großen Staates nicht würdig, für eine Sache zu streiten, die nicht seinem eigenen Interesse angehört.«[61] Das waren gerade für die frommen christlichen Konservativen neue, ungewohnte Töne, die aufhorchen ließen. Weniger fiel da schon das bei den Konservativen damals übliche Lob des Habsburgerreiches auf, das Bismarck den Schmähungen der Liberalen entgegensetzte: Er sehe, bemerkte Bismarck, »in Österreich den Repräsentanten und Erben einer alten deutschen Macht, die oft und glorreich das deutsche Schwert geführt« habe.[62] Dies entsprach den Überzeugungen der Gerlachs und ihres Kreises, bei denen die Erinnerung an das 1806 untergegangene Alte Reich noch lebendig war. Bismarck selbst hat derartige Auffassungen vier Jahrzehnte später in seinen Memoiren einmal kurzerhand als »Romantik mittelalterlicher Reichserinnerungen«[63] abgetan.

Bismarck hat später gerne kolportiert, er sei von der Berliner Regierung gewissermaßen ad hoc auf seinen ersten diplomatischen Posten als stellvertretender Bundestagsgesandter in Frankfurt am Main berufen worden, was rein formal betrachtet auch nicht unrichtig ist.[64] Doch heute weiß man aus dem Tagebuch Ernst Ludwig von Gerlachs, dass diesem Ruf offenbar intensivste Bemühungen Bismarcks um die Erlangung eines Versorgungsposten – gedacht gewissermaßen als Belohnung für seine eifrigen Aktivitäten im Dienste der konservativen und königstreuen Sache – vorausgegangen waren. Bismarck scheint es nicht zuletzt darum gegangen zu sein, endlich seine Schulden loszuwerden, und er nutzte hierzu das weitläufige Beziehungsnetz der Brüder Gerlach. General Leopold von Gerlach intervenierte bei einem alten Freund aus den Tagen der Befreiungskriege, dem aus einer uralten Hugenottenfamilie stammenden Gustav von Le Coq, der als Unterstaatssekretär im Auswärtigen Amt tätig war. Tatsächlich erhielt Bismarck auf diese Empfehlung hin sofort den freiwerdenden Frankfurter Posten – »zum Entsetzen der diplomatischen Welt«[65], wie Ernst Ludwig von Gerlach später notierte, denn Ernennungen dieser Art waren damals noch höchst ungewöhnlich, hatte Bismarck doch weder das vorschriftsmäßige diplomatische Examen abgelegt noch »sich über Jahre als Legationssekretär bewährt«[66], wie es in Preußen üblich war.

Auf Umwegen und nicht zuletzt dank der ihm seit Längerem zur Verfügung stehenden und auch von ihm genutzten politischen Verbindungen hatte Bismarck am Ende doch das von ihm bereits zu einem früheren Zeitpunkt vergeblich angestrebte Ziel erreicht: den Eintritt in den diplomatischen Dienst seines Landes – wenn auch nur als Seiteneinsteiger. Über eine zentrale, für diesen Beruf unerlässliche Eigenschaft verfügte Bismarck jedenfalls: Er war ungemein sprachbegabt und mit dem Englischen und Französischen bestens vertraut; später, in seiner Petersburger Zeit, sollte er dazu noch Russisch lernen. Gelegentlich erläuterte er sein früh ausgeprägtes Interesse an Sprachen, besonders am Französischen, mit einer Kindheitserinnerung: »Als ich noch ganz klein war, da wurde einmal bei uns ein Ball oder so was der Art gegeben, und als sich die Gesellschaft zum Essen setzte, suchte ich mir auch einen Platz und fand ihn in irgend einer Ecke, wo mehrere Herren saßen. Die wunderten sich über den kleinen Gast, drückten sich aber dabei französisch aus. Wer das Kind wohl sein möchte? C'est peut-être un fi' de la maison, ou une fille. Da sagte ich ganz dreist: C'est un fils, Monsieur, was sie nicht wenig in Erstaunen setzte.«[67] Seine prägenden Lektüreerfahrungen wiederum verdankte der junge Bismarck vor allem der englischen Literatur, allen voran Shakespeare und Byron.

Die Anfänge in Frankfurt am Main gestalteten sich nicht ganz so einfach, wie Bismarck es sich ausgemalt haben mag, als er nach einem Abschiedsgespräch mit dem König, in dem er sich sehr selbstbewusst gegeben hatte, in die alte Freie Reichsstadt am Main, jetzt Sitz der Deutschen Bundestages, aufbrach. Vor allem war es nicht leicht, Johanna davon zu überzeugen, dass die geliebte hinterpommersche Idylle bis auf Weiteres der Vergangenheit angehören sollte. Sobald entschieden sei, dass er nach Frankfurt gehe, schrieb er dem »geliebte[n] Herz« am 28. April 1851, »werden wir doch wohl darauf denken müssen, daß Du Dein nettes Stilleben in Reinfeld ebenfalls mit dem Lärm der bundestäglichen Diplomatie vertauschst«. Die Familie (gemeint waren wohl die Puttkammers) habe sich oft beklagt, »daß man aus mir nichts mache von oben her; nun ist dieß über mein Erwarten und Wünschen eine plötzliche Anstellung auf dem augenblicklich wichtigsten Posten unsrer Diplomatie« – und ein solches Angebot könne man nun wirklich nicht ablehnen, schon gar nicht aus privaten Gründen, obwohl er durchaus voraussehe, »daß es ein unfruchtbares und dornenvolles Amt sein wird, wo ich bei dem besten Bemühn die gute Meinung vieler Leute einbüßen werde«.[68]

Seine Darstellung, dass er den lange erstrebten und wirklich ersehnten Posten nur widerwillig antrete, war natürlich der in diesem Fall notwendigen psychologischen Behandlung seiner Ehefrau geschuldet. Die im Grunde ihres Wesens scheue, auch des Französischen nur eingeschränkt mächtige Johanna konnte sich nur schwer damit abfinden, künftig als Diplomatengattin und Dame der hohen Frankfurter Gesellschaft aufzutreten (nach dem Empfang der Nachricht soll sie drei Tage lang geweint haben).[69] Nur wenige Wochen später ließ Bismarck, wiederum in einem Brief an Johanna, durchblicken, dass auch er selbst sich ändern müsste: »Ich muß mich nun gewöhnen, ein regelmäßiger und trockner Geschäftsmann zu sein, viel und feste Arbeitsstunden zu haben und alt zu werden; Spiel und Tanz sind vorbei. Gott hat mich auf den Fleck gesetzt, wo ich ein ernster Mann sein und dem Könige und dem Lande meine Schuld bezahlen muß.«[70] Das gesellschaftliche Leben des neuen preußischen Gesandten am Deutschen Bundestag und seiner Frau spielte sich in den folgenden Jahren in einem eher einfachen und bescheidenen (also für damalige Verhältnisse fast »undiplomatischen«) Rahmen ab; die gesellschaftlichen Kontakte, die man natürlich zu pflegen hatte, beschränkten sich auf das unbedingt Nötige; am wohlsten fühlten beide sich in einem möglichst kleinen Kreis ausgewählter Freunde und Bekannter.[71]

Von der Institution der Bundesvertretung und ihrer Arbeitsweise war Bismarck von Anfang an wenig angetan; in der ihm eigenen Art spottete er – allerdings nur in vertraulichen privaten Briefen – über die »wenig unterhalte[nde] Tafelrunde, die mich hier an einem grünbehangenen, etwa 20 Fuß im Durchmesse haltenden Kreisrunden Tische, im Parterre des Taxisschen Palais ... umgiebt«.[72] Der Verkehr der Gesandten untereinander sei, schrieb er im Mai 1851, »im Grunde nichts als gegenseitiges mißtrauisches Ausspioniren ...; wenn man noch etwas auszuspüren und zu verbergen hätte, es sind lauter Lappalien, mit denen die Leute sich quälen, und diese Diplomaten sind mir schon jetzt mit ihrer wichtigthuenden Kleinkrämerei viel lächerlicher als der Abgeordnete der II. Kammer im Gefühl seiner Würde«. Er selbst habe zwar nie daran gezweifelt, dass »wir superklugen Bundestagsmenschen ... alle mit Wasser kochen; aber eine solche nüchterne einfältige Wassersuppe, in der auch nicht ein einziges Fettauge ... zu spüren ist, überrascht mich«. Und er fügte noch an: »Kein Mensch, selbst der böswilligste Zweifler von Demokrat, glaubt es, *was* für Charlatanerie und Wichtigthuerei in dieser Diplomatie steckt.«[73]

Das wohl einschneidendste Erlebnis des so plötzlich in die diplomatische Welt des Frankfurter Bundestages hineinkatapultierten ostelbischen Junkers aber war die Begegnung mit den Vertretern Österreichs. Man darf in diesem Zusammenhang nicht vergessen, dass der Gerlach-Kreis, aus dem Bismarck kam, traditionell ausgesprochen habsburgfreundlich eingestellt war, noch in Erinnerung an die Zeit der

Erniedrigung durch Napoleon und vor allem des gemeinsamen Befreiungskampfes der Jahre 1813 bis 1815. In der Einvernehmlichkeit deutscher Politik, einer gewissermaßen prästabilierten politischen Harmonie zwischen Berlin und Wien, sahen die Gerlachs und ihr Kreis die beste Garantie für stabile politische Verhältnisse in Deutschland und Europa. Das enge Zusammengehen der beiden deutschen Großmächte erschien in dieser Perspektive gerade zu Anfang der 1850er-Jahre umso notwendiger, als inzwischen in Frankreich erneut ein Bonaparte regierte, der sich in Paris zuerst als Präsident und wenig später als neuer Kaiser unter dem Namen Napoleon III. etabliert hatte – in den Augen der Gerlachs eine entschiedene Bedrohung nicht nur für den Frieden in Europa, sondern auch für die Sicherheit Preußens und Deutschlands.

Während für die preußischen Konservativen das gesamtdeutsche Interesse einer möglichen Abwehr von Bedrohungen aus dem westlichen Nachbarland im Vordergrund stand, begann Bismarck in seiner Frankfurter Zeit anders zu denken; er wechselte die Perspektive, und dieser Wechsel signalisierte zugleich den Beginn seiner langsamen Emanzipation von der Ideenwelt und den hierin gründenden politischen Zielsetzungen seiner altkonservativen politischen Freunde und Mentoren. Auch deshalb bleibt die Olmütz-Rede vom Dezember 1850 ein so bedeutsames Dokument für die Weiterentwicklung von Bismarcks politischem Denken. Indem er hier, nicht unbedingt im Sinne der altkonservativen Überzeugungen des Gerlach-Kreises, den »staatlichen Egoismus« als treibende Kraft der modernen Politik identifizierte, umschrieb er zugleich ein zentrales Fundament seines eigenen politischen Handelns. In seiner Akzeptanz »eines speziellen Interessenstandpunktes«, den Bismarck, wie Lothar Gall treffend formulierte, »mit der Chiffre ›preußisches Staatsinteresse‹ bezeichnete, wurzelten die Stärke und Sicherheit seines Auftretens als Politiker und die Unbekümmertheit, mit der er sich der Mittel bediente, die sich ihm jeweils darboten«.[74]

Bismarck scheute sich denn auch von Anbeginn seiner Frankfurter Tätigkeit nicht, dieses preußische Staatsinteresse ständig und mit großem Nachdruck zur Geltung zu bringen, vor allem gegenüber den österreichischen Diplomaten, die bestrebt waren, die mit dem Vorsitz im Deutschen Bund bestehende Sonderstellung aufrechtzuerhalten, die das Habsburgerreich seit der Gründung des Bundes im Jahr 1815 in Deutschland innehatte. Noch zu Zeiten Metternichs, also bis zur Revolution von 1848, war dies anders gewesen; das Habsburgerreich hatte seinerzeit den Deutschen Bund – meist im Einvernehmen mit Preußen, gelegentlich auch im Widerspruch – dominiert, und das Königreich Preußen hatte damals die Tatsache mehr oder weniger akzeptiert, dass es in Deutschland erst an zweiter Stelle stand. Seitdem waren Veränderungen vielfacher Art vor sich gegangen; Preußen hatte aufgeholt, politisch ebenso wie wirtschaftlich, und nach der Revolution hatte es, wiederum im Unterschied zum Habsburgerreich, seine neue konstitutionelle Verfassung von 1848 zwar etwas revidiert, aber eben nicht wieder abgeschafft. Der preußische König musste fortan – auch wenn er es noch sehr ungern tat – einen Eid auf die Verfassung ablegen, und beide Häuser des Parlaments, die Erste und die Zweite Kammer (ab 1854 Abgeordnetenhaus und Herrenhaus) hatten fest umrissene, in der Verfassungsurkunde verbriefte Rechte, die ihnen nicht mehr zu nehmen waren. In puncto politischer Modernität war Wien also inzwischen von Berlin überrundet worden, und auch in wirtschaftlicher Hinsicht holte das norddeutsche Königreich seit Beginn der 1850er-Jahre in raschem Tempo auf.

Unter diesen Voraussetzungen erschien es Bismarck nur selbstverständlich, auch in der Frankfurter Bundesvertretung immer wieder den Anspruch Preußens auf Gleichberechtigung zur Geltung zu bringen, was natürlich bei den österreichischen Diplomaten, die fest auf dem Status quo beharrten und diesen um keinen Preis aufgeben wollten, nicht besonders gut ankam. Bald war man sich gegenseitig in herzlicher Abneigung verbunden: »Die Oestreicher«, schrieb Bismarck im Juni 1851 an den Chefredakteur der *Kreuzzeitung*, Hermann Wagener, »sind intriguant unter der Maske burschikoser Bonhommie, verlogen, stehlen Acten (selbst die Rechtlichsten unter ihnen), spielen, huren u. suchen uns bei kleinen Formalien zu übertölpeln, worin bis jetzt unsere einzige Beschäftigung besteht«.[75] Von seinem Widerpart, dem österreichischen Präsidialgesandten Friedrich Graf von Thun-

Hohenstein, hielt er entsprechend wenig: Thun berge, heißt es etwa in einem Schreiben Bismarcks an seinen Vorgesetzten, den Ministerpräsidenten und Außenminister Otto von Manteuffel, nach Berlin, »ich will nicht sagen eine hohe politische Thatkraft und geistige Begabung, aber doch einen ungewöhnlichen Grad von Schlauheit und Berechnung, die mit großer Geistesgegenwart aus der Maske harmloser Bonhommie hervortritt, sobald die Politik ins Spiel kommt. ... Ich halte ihn für einen Gegner, der jedem gefährlich ist, der ihm ehrlich vertraut, anstatt ihm mit gleicher Münze zu zahlen.«[76]

Bismarck zahlte ihm in der Tat »mit gleicher Münze« zurück, ebenso wie Thuns baldigem Nachfolger, Graf Anton von Prokesch-Osten, einem deutlich älteren und sehr erfahrenen, dabei ungemein eitlen Karrierediplomaten, der damals auch als Geograph, Laienarchäologe, Militärschriftsteller und historischer Autor auf sich aufmerksam zu machen versuchte (er war unter anderem Verfasser einer schon im Titel auf Schiller anspielenden fünfbändigen *Geschichte des Abfalls der Griechen vom türkischen Reich*). Selbstredend, dass er und Bismarck bald aneinandergerieten. Der preußische Gesandte mokierte sich in einem Bericht an Manteuffel denn auch bald über den »professoralen Styl«, in dem Prokesch seinem Berliner Widerpart gelehrte Vorträge zu halten pflegte. Prokeschs persönliche Erscheinung gefalle in Frankfurt nur wenigen, heißt es weiter, »er spricht den Leuten zu viel und sagt ihnen zu übertriebene Schmeicheleien. Man merkt die Absicht und wird verstimmt.« Zudem mache er sich mit seinem etwas martialischen, jedenfalls bewusst militärisch geprägten Auftreten am Bundestag lächerlich: »Er wird nie anders als in zugeknöpfter Uniform gesehen und legt in der Sitzung nicht einmal den Säbel ab«[77] – vermutlich nicht nur eine private Marotte, sondern auch eine symbolische Geste, um den Präsidialanspruch Österreichs im Bund zu unterstreichen.

Prokesch wiederum sah in Bismarck »eine hochmütige gemeine Natur, voll Dünkel und Aufgeblasenheit, ohne Rechtsbewußtsein, faul, ohne gediegenes Wissen und ohne Achtung für dasselbe; gewandt als Sophist und Wortverdreher, voll kleinlicher und unsauberer Mittel; voll Neides und Hasses gegen Österreich, daher auch ein steter Kampf gegen die Präsidialbefugnisse, ungläubig, aber den Protestantismus als Kriegsfahne tragend«.[78] In diesen, die Grenze zum Bösartigen überschreitenden Formulierungen findet man vieles: zuerst das historische Überlegenheitsgefühl Habsburgs gegenüber dem kleinen und vergleichsweise unbedeutenden Brandenburg, das im 18. Jahrhundert in der Folge von drei Kriegen gegen Österreich zur zweiten Macht in Deutschland aufgestiegen war, was Wien trotz aller Anstrengungen nicht hatte verhindern können; sodann den Bildungsdünkel des hochkultivierten Privatgelehrten und bekannten Buchautors; drittens das Überlegenheitsgefühl eines Gesandten, der im Dienst der angesehenen und erfahrenen, jahrhundertealten Diplomatie eines alten Großreichs stand; und viertens die Verachtung des katholischen Österreichers für einen norddeutschen Protestanten.

Schon Ende November 1851, also noch in seiner Anfangszeit als preußischer Vertreter in Frankfurt, hatte Bismarck ein in dieser Hinsicht sehr bezeichnendes Privatgespräch mit Friedrich Graf Thun, das nur aus einem Bericht Bismarcks nach Berlin überliefert ist. Der österreichische Gesandte scheint hier ziemlich deutlich gewesen zu sein, als er dem norddeutschen Kollegen die Überlegenheit seines Herkunftslandes klarzumachen versuchte: »Ein überwiegender Einfluß Östreichs in Deutschland« liege nun einmal »in der Natur der Dinge, solange Östreich sich ohne Selbstsucht Deutschland hingebe«. Dies müsse auch Preußen tun, dann sei es möglich, Deutschland gemeinsam zu dominieren – ansonsten könne »das jetzige gute Einvernehmen nicht ein Friede, sondern nur ein Waffenstillstand genannt werden«. Dieser »großdeutsche[n] Schwärmerei« seines österreichischen Widerparts setzte Bismarck nun die ihm eigene Ironie entgegen, indem er anmerkte, »daß die Existenz Preußens, und noch weiter der Reformation, ein bedauerliches Factum sei, wir beide könnten es aber nicht ändern, und müßten nach Thatsachen, aber nicht nach Idealen rechnen«. Daher könne ein »Preußen, welches, wie er sich ausdrückte, ›der Erbschaft Friedrich des Großen entsagte‹, um sich seiner wahren providentiellen Bestimmung als Reichs-Erz-Kämmerer hingeben zu können«, in Europa nicht mehr bestehen, »und ehe ich zu einer derartigen Politik zu Hause riethe, würde die Entscheidung durch den Degen vorgehn müssen«.[79] Thun wusste fortan, mit wem er es zu tun hatte; über das privatim geführte Gespräch hat er, soweit bekannt, nicht nach Wien berichtet.[80]

Unter all diesen Voraussetzungen war eine Zunahme der Streitigkeiten und damit auch der Rivalität zwischen dem Berliner und dem Wiener Gesandten wohl kaum zu vermeiden; Gereiztheit und Hinterlist, Täuschung und (wie Bismarck es nannte) »Bonhommie«, Arroganz und Überrumpelung bestimmten, jeweils in sehr unterschiedlicher Mischung, das Agieren *beider* Seiten. Bismarck verstand es tatsächlich sehr rasch, sich den Gepflogenheiten der von ihm anfänglich so verachteten Diplomaten anzupassen – und er musste dies wohl auch tun, um im nicht ganz ungefährlichen politischen Biotop des Deutschen Bundestages beruflich überleben und mit Entschiedenheit die berechtigten Interessen Preußens vertreten zu können.

Jedenfalls hatte sich der neue preußische Gesandte umgehend mit allen wichtigen Streitfragen innerhalb des Bundes zu befassen[81], darunter das Problem einer Finanzierung der deutschen Flotte (ein Überbleibsel der achtundvierziger Revolution und des Konflikts mit Dänemark um Schleswig-Holstein) sowie Ansätze zu einer neuen, von Wien gewünschten und möglichst restriktiven Pressegesetzgebung des Bundes und endlich die aktuellen Probleme des Deutschen Zollvereins, dem Österreich nicht angehörte, der aber infolge des in Deutschland einsetzenden allgemeinen Wirtschaftsbooms zunehmend an Bedeutung gewann. Bismarck griff die hiermit verbundenen Streitfragen sogleich energisch – gelegentlich wohl auch ein wenig zu heftig – auf, wobei der Streit um die deutsche Flotte, die bisher mehrheitlich von Preußen finanziert worden war, beinahe internationale Dimensionen annahm, da sich Zar Nikolaus I. genötigt sah, seine Vermittlung anzubieten. Auch die Presseangelegenheit geriet fast zur Farce, da Bismarck die österreichische Forderung, publizistische Angriffe auf die Frankfurter Bundesversammlung künftig strafrechtlich zu ahnden, mit der süffisanten Bemerkung beantwortete, eine solche Maßnahme sei schon deshalb nicht angebracht, weil die Bundesversammlung für Preußen keine »Behörde« darstelle und deshalb öffentliche Attacken gegen sie auch nicht verpönt seien.

Wie man es aus Berliner – oder besser: aus Bismarcks – Sicht auch drehte und wendete: Mit dem Deutschen Bund war im Grunde keine Politik im wirklichen Interesse Preußens mehr zu machen. Nachdem alle Versuche gescheitert waren, die Wiener Regierung zum Einlenken gegenüber Berlin und damit zur Anerkennung der preußischen Gleichberechtigung im Bund zu bewegen, gab es für Bismarck vorerst nur noch *eine* politische Strategie: den Bund so weit wie möglich zu schwächen. Aus österreichischer Perspektive stellte sich die Angelegenheit natürlich anders dar, denn der Verlust des *alleinigen* Bundespräsidiums hätte die nationale wie die internationale Stellung des Habsburgerreiches beschädigt; der in jener Zeit höchst bedeutsame Prestigeverlust wäre nicht zu übersehen gewesen und hätte vermutlich auch die Stellung der immer noch dominierenden Deutschen im Habsburgerreich schwächen können. Insofern hätte wohl kein Wiener Politiker oder Diplomat ein solches Zugeständnis an den alten deutschen Rivalen Preußen durchsetzen können – schon gar nicht bei dem seit 1848 regierenden, noch sehr jungen Kaiser Franz Joseph I., dessen Stolz auf die Stellung des Hauses Habsburg in Europa keine Erschütterung vertrug.

Seinem väterlichen Freund und Förderer, dem General Leopold von Gerlach, der jetzt in der allerengsten Umgebung des Königs in Potsdam Dienst tat, teilte Bismarck Ende 1853 seine neue Sicht der Dinge mit, obwohl er wissen musste, damit gegen die innersten Überzeugungen des Adressaten zu argumentieren: »Oestreich bedarf zur Durchführung seiner innern germanisirenden Centralisations-Politik der Belebung seiner Beziehungen zu Deutschland, d.h. auf Wienerisch: einer straffen Hegemonie über den Bund; dabei sind wir ihm im Wege, wir mögen uns an die Wand drücken, wie wir wollen, ein Deutsches Preußen von 17 Millionen bleibt immer zu dick, um Oestreich so viel Spielraum zu lassen, als es erstrebt.« Die preußische Politik hingegen habe »keinen andern Exerzierplatz als Deutschland, schon unsrer geographischen Verwachsenheit wegen, und grade diesen glaubt Oestreich dringend auch für sich zu gebrauchen; für beide ist kein Platz nach den Ansprüchen, die Oe[streich] macht, also können wir uns auf die Dauer nicht vertragen. Wir athmen einer dem andern die Luft vor dem Munde fort, einer muß weichen oder vom andern ›gewichen‹ werden, bis dahin müssen wir Gegner sein«.[82]

So deutlich hatte Bismarck seine neue Einschätzung der Lage in Deutschland bis dahin noch nicht formuliert. Mit etwas mehr Humor drückte er es in einem Brief an seine Schwester Malwine von Arnim aus, wenn er anmerkte, er habe im Verlauf des Jahres 1853 nicht unerheblich dazu beigetragen,»den Bund allmählich mit Erfolg zum Bewußtsein des durchbohrenden Gefühles seines Nichts zu bringen«, und im Übrigen werde»das bekannte Lied von Heine, oh Bund, du Hund, du bist nicht gesund … bald durch einstimmigen Beschluß zum Nationalliede der Deutschen erhoben werden«.[83] So lustig das klingen mochte – es war bitter ernst gemeint. Im Grunde formulierte Bismarck hier bereits die Grundlinien seiner späteren deutschen Politik bis 1866, getrieben allerdings keineswegs, wie Prokesch meinte, von Neid oder gar Hass auf das – dem preußischen Junker freilich immer fremd bleibende – Habsburgerreich, sondern sogar mit einem gewissen Verständnis für die eigentlichen Motive der Wiener Bundespolitik. Nur hatte er selbst in Frankfurt eben die *preußischen* Staatsinteressen zu vertreten. Und wenn diese mit den österreichischen beständig kollidierten, dann musste dieser Konflikt nach Bismarcks Einschätzung irgendwann einmal ausgefochten werden. Das schloss jedoch, wie manche Äußerungen Bismarcks aus den folgenden Jahren ebenfalls zeigen, die fortwährende Suche nach *friedlichen* Alternativen zu dieser konfrontativen deutschen Politik keineswegs aus.

Außenpolitik

Eine ebenso klare und gleichfalls gut begründete Haltung nahm Bismarck in diesen Jahren auch zu dem ersten internationalen Großkonflikt seit dem Wiener Kongress ein: dem zwischen 1853 und 1855 von Frankreich und Großbritannien gegen Russland geführten Krimkrieg, der mit der Niederlage des Zarenreichs endete. Zum ersten Mal seit dem letzten Krieg gegen Napoleon fast vierzig Jahre zuvor standen sich bei dieser Gelegenheit die Armeen dreier europäischer Großmächte gegenüber – die eigentlich alle dem zur Sicherung des Friedens verpflichteten »europäischen Mächtekonzert« angehörten. Im Kern ging es den Westmächten darum, den Ausdehnungsbestrebungen Russlands, das die Haupterbschaft des langsam zerfallenden Osmanischen Reiches anzutreten gedachte und nach den Meerengen am Bosporus zu greifen versuchte, entschieden entgegenzutreten. Napoleon III. wiederum verfolgte vor allem das Ziel, die 1815 vom Wiener Kongress gegen das Werk seines Onkels errichtete europäische Mächteordnung möglichst nachhaltig zu schwächen, wenn nicht zu zerstören. Großbritannien und Frankreich bemühten sich daher besonders intensiv um einen Kriegseintritt der beiden deutschen Mächte auf der Seite des Westens, während Russland ebenfalls nach deutschen Bundesgenossen Ausschau hielt und dabei besonders Preußen im Blick hatte – den alten Verbündeten der Befreiungskriege, dessen Herrscherhaus zudem seit Langem auch engste Verwandtschaftsbeziehungen zur Zarenfamilie unterhielt.

Innerhalb der Führungsschichten Preußen entbrannte nun ein heftiger Parteikampf zwischen »westlich« und »östlich« orientierten Politikern und Diplomaten, das heißt konkret zwischen denjenigen, die für einen möglichst baldigen Kriegseintritt Preußens aufseiten Großbritanniens und Frankreichs plädierten, und der Gegenseite, die für strikte Neutralität eintrat. Für ein militärisches Bündnis mit Russland (das den sofortigen Kriegszustand mit den beiden westlichen Großmächten zur Folge gehabt hätte) plädierte hingegen kaum jemand. Im Zentrum der prowestlichen, antirussischen Partei in Berlin stand die gemäßigt liberale »Wochenblattpartei«, in deren Kreisen schon bald nach Beginn der Kampfhandlungen abenteuerliche Kriegspläne und Denkschriften kursierten. Darin war, wie Bismarck Jahre später, nur wenig übertreibend, in seinen Erinnerungen anmerkte, »als ein Ziel aufgestellt, nach dem Preußen als Vorkämpfer Europas zu streben hätte, die Zerstückelung Rußlands, der Verlust der Ostseeprovinzen mit Einschluß von Petersburg an Preußen und Schweden«[84] sowie die Wiederherstellung der alten Republik Polen in vollem Umfang. Auf die Spitze trieb diese Ideen der einflussreiche, weil mit dem preußischen König persönlich befreundete Gesandte in London, Christian

Josias Bunsen, der eine (augenscheinlich, aber ohne Bunsens Wissen, von Napoleon III. beeinflusste) Denkschrift nach Berlin sandte, »welche die Herstellung Polens, die Ausdehnung Oesterreichs bis in die Krim … und dergleichen mehr forderte und die Mitwirkung Preußens für dieses Programm empfahl«.[85] Die Briten bekundeten gleichzeitig ihre Bereitschaft, im Falle eines Kriegseintritts die Erwerbung der Elbherzogtümer (Holstein und Lauenburg) durch Preußen zu unterstützen.

Nach einigem Hin und Her konnten sich in Berlin diejenigen durchsetzen, denen es gelungen war, König Friedrich Wilhelm IV. von der Notwendigkeit eines strikten Neutralitätskurses zu überzeugen; Bunsen, dessen außenpolitische Phantasien zu rasch bekannt geworden waren, musste seinen Londoner Posten räumen. Prekär wurde die Lage im Kriegsjahr 1854 für Preußen allerdings, als es den Westmächten nach und nach durch einen ständig verstärkten diplomatischen Druck auf Wien gelang, Österreich in das Lager der Westmächte hinüberzuziehen, allerdings vorerst nur als politischen Verbündeten, noch nicht als Kriegspartner. Damit vergrößerte sich nochmals der Druck auf Preußen. Bismarck gehörte innerhalb der Berliner Diplomatie zu denjenigen, die am entschiedensten für eine strikte preußische Friedenspolitik in Form einer »bewaffneten Neutralität« zwischen den Mächten, damit aber auch für weitere Distanz zu dem unsicheren Kantonisten Österreich plädierten.

Es würde ihn ängstigen, hatte Bismarck schon im Februar 1854 an seinen Vorgesetzten, den Ministerpräsidenten und Außenminister Otto von Manteuffel, geschrieben, »wenn wir vor dem möglichen Sturm dadurch Schutz suchten, daß wir unsre schmucke und seefeste Fregatte an das wurmstichige alte Orlogschiff von Östreich koppelten«. Notfalls müsse Preußen eben auch allein dastehen können. Im Übrigen, orakelte er weiter, bildeten »die großen Krisen … das Wetter, welches Preußens Wachstum fördert, indem sie furchtlos, vielleicht auch sehr rücksichtslos von uns benutzt wurden; wollen wir noch weiter wachsen, so müssen wir wenigstens nicht fürchten, mit 400.000 Mann allein zu stehn, besonders solange die Andern sich schlagen und wir durch Partheinahme für jeden von ihnen immer noch ein bessres Geschäft machen, als durch frühe und unbedingte Alliance mit einem so wenig kampffähigen und so wenig ehrlichen Genossen wie Östreich«.[86] Ein enger Anschluss an die schwankende Wiener Politik und erst recht ein Eintritt in den Krieg gegen Russland gleiche, so Bismarck im April 1854 an Leopold von Gerlach, einem Verhalten, das darauf hinauslaufe, »aus Furcht vor dem Tode Selbstmord zu treiben«.[87]

Die »westmächtliche« Partei in Berlin bekam noch einmal Auftrieb, als es ihr gelang, den mit seinem Bruder, dem König, zerstrittenen Thronfolger auf ihre Seite zu ziehen. Bismarck jedoch unternahm es, den Prinzen Wilhelm in langen Gesprächen umzustimmen und ihm aufzuzeigen, wie unsinnig, ja gefährlich eine Beteiligung Preußens an dem Krieg gegen den großen östlichen Nachbarn letzten Endes wäre. Bismarck erklärte ihm, »daß wir absolut keinen eignen Kriegsgrund gegen Rußland hätten und kein Interesse an der orientalischen Frage, das einen Krieg mit Rußland oder auch nur das Opfer unserer lang- jährigen guten Beziehungen zu Rußland rechtfertigen könnte«. Er machte die einleuchtende Gegenrechnung auf, denn »jeder siegreiche Krieg gegen Rußland unter unsrer nachbarlichen Betheiligung belade uns nicht nur mit dem dauernden Revanchegefühl Rußlands, das wir ohne eignen Kriegsgrund angefallen, sondern zugleich mit einer sehr bedenklichen Aufgabe, nämlich die polnische Frage in einer für Preu- ßen erträglichen Form zu lösen«.[88] Es sei aus preußischer Sicht nicht nur gefährlich, sondern geradezu absurd, den eigenen »Freund und immerwährenden Nachbarn«, dazu noch gegen das eigene Interesse, anzugreifen und sich auf diese Weise einen gefährlichen künftigen Feind im Osten zu verschaffen.

Es spricht für Bismarcks Urteilsvermögen und für seine inzwischen weit entwickelten analytischen Fähigkeiten, dass er die konkrete Lage des Jahres 1854 sehr genau durchschaute und daraus die angemesse- nen Schlussfolgerungen zu ziehen vermochte. Tatsächlich hätte ein Krieg Preußens gegen Russland zweierlei bedeutet: eine sofortige ge- fährliche Kriegsfront an der eigenen langen Ostgrenze und – auch nach einem siegreichen Ausgang, mit oder ohne umfangreiche Anne- xionen – eine noch bedenklichere Dauerfeindschaft mit dem Zaren- reich. Gerade letztere hätte die außenpolitische Handlungsfreiheit

Berlins aufs Schwerste beeinträchtigt. Zu Bismarcks Motiven gehörte jedenfalls nicht (wie man ihm später gelegentlich unterstellte) eine Art von konservativ-sentimentaler Anhänglichkeit an Russland oder gar ein Ressentiment des preußischen Junkers gegen die »liberalen« Westmächte. Dafür war Bismarck viel zu sehr politischer Realist, und dies hat er kurz nach Ende des Krimkrieges auch unzweideutig festgestellt, als er in einem Schreiben an Otto von Manteuffel vom Februar 1856 anmerkte: »Das Interesse Preußens ist mir das einzige Gewicht, dem ich bei Abwägung unserer Politik die normale Geltung beilege, und wenn Aussicht gewesen wäre, diesem Interesse durch Theilnahme an dem Kriege gegen Rußland, auf irgend eine ... Weise förderlich zu sein, so würde ich durchaus nicht zu den Gegnern eines solchen Krieges gehört haben«. Im Übrigen meine er auch nicht, »daß man uns in Petersburg überhaupt Dank schuldig zu sein glaubt«.[89]

Bismarcks kenntnisreiche und scharfsinnige Stellungnahmen zur Situation innerhalb des Deutschen Bundes, zu den Ursachen des nach 1850 erneut auflebenden deutsch-deutschen Dualismus zwischen Wien und Berlin, endlich auch zu den internationalen Problemen Europas in den Jahren der orientalischen Krise und des hieraus entstandenen Krimkrieges zeigen eine bemerkenswerte Zunahme seiner politischen Analysefähigkeit. Und sie offenbaren zugleich seine spezifische »realpolitische« Betrachtungsweise, die sich eben nicht an bestimmten liberalen oder konservativen Wunschvorstellungen orientierte, sondern in den konkreten machtpolitischen Realitäten einer gegebenen internationalen Konstellation gründete und die Lebensinteressen des eigenen Staates nie aus dem Blick verlor. Dies entsprach einem neuen, ausgesprochen nüchternen, an den Fakten und bestehenden Realitäten orientierten politischen Denken, für das beispielhaft der Publizist August Ludwig von Rochau stand, der mit seinem (zuerst anonym erschienenen) Buch *Grundsätze der Realpolitik, angewendet auf die staatlichen Zustände Deutschlands* (1853) das Stichwort geliefert hatte. Bismarck dürfte mit Rochau übereingestimmt haben, der feststellte, dass die Erörterung der Frage, ob das Recht, die Weisheit oder die Tugend, ob ein Einzelner, wenige oder viele herrschen sollten, »in den Bereich der philosophischen Speculation« gehöre, während es die praktische Politik »zunächst nur mit der einfachen Thatsache zu thun« habe, »daß die Macht allein es ist welche herrschen *kann*. Herrschen heißt Macht üben, und Macht üben kann nur Der welcher Macht besitzt. Dieser unmittelbare Zusammenhang zwischen Macht und Herrschaft bildet die Grundwahrheit aller Politik und den Schlüssel der ganzen Geschichte.«[90]

Der auch anderswo zu verspürende allgemeine Wandel im deutschen politischen Denken zu Beginn der 1850er-Jahre bildet den eigentlichen Hintergrund für die briefliche Kontroverse, die Bismarck gegen Ende seiner Zeit als preußischer Bundestagsgesandter in Frankfurt am Main mit seinem alten Förderer und Mentor, General Leopold von Gerlach, ausfocht. Hier kam mehreres zusammen, Persönliches und Politisches, der Unterschied zweier Temperamente und zweier Generationen, aber auch die Notwendigkeit, im Rahmen einer nach 1855/56 grundlegend veränderten politischen Konstellation nach neuen Wegen außenpolitischer Orientierung und bislang ungenutzten politischen Optionen zu suchen. Genau darum ging es Bismarck. Den Temperament- und letztlich auch den Altersunterschied zu den Brüdern Gerlach hat er Jahrzehnte später in der Rückschau mit einer amüsanten Anekdote treffend auf den Punkt gebracht: Der General von Gerlach sei zweifellos »eine edle Natur von hohem Schwung, doch frei vom Fanatismus seines Bruders, des Präsidenten Ludwig von Gerlach« gewesen, »in der Politik tapfer und hochfliegend, aber durch körperliches Phlegma gehemmt. Ich erinnere mich, daß ich in Gegenwart beider Brüder, des Präsidenten und des Generals, veranlaßt wurde, mich über den ihnen gemachten Vorwurf des Unpraktischen zu erklären und das in folgender Weise that: ,Wenn wir drei hier aus dem Fenster einen Unfall auf der Straße sehen, so wird der Herr Präsident daran eine geistreiche Betrachtung über unsern Mangel an Glauben und die Unvollkommenheit unsrer Einrichtungen knüpfen; der General wird genau das Richtige angeben, was unten geschehen müsse, um zu helfen, aber sitzen bleiben; ich würde der Einzige sein, der hinunter ginge oder Leute riefe, um zu helfen.«[91]

Zum Temperaments- kam der Alters- und Generationenunterschied, der für Bismarcks langsame Emanzipation von seinen alt gewordenen Förderern und Mentoren ebenfalls mitverantwortlich war. Die Gerlachs hatten den Zusammenbruch Preußens in den Jahren 1806/07 noch bewusst miterlebt, sie hatten als junge Männer von 1813 bis 1815 in den Befreiungskriegen gegen Napoleon gekämpft und waren hierdurch gerade auch in ihren politischen Gesinnungen geprägt worden. Das bedeutete, die konservativen und gläubigen Gerlachs hielten am traditionellen Feindbild des »revolutionären« Bonapartismus ebenso eisern fest wie an der Überzeugung, dass jede gelingende deutsche Politik ausschließlich im Rahmen des Bundes und durch ein möglichst enges und ungetrübtes Zusammengehen *beider* deutscher Großmächte zu verwirklichen sei, die einst ja auch einvernehmlich und als treue Verbündete gegen den Erzfeind Deutschlands, Napoleon I., gefochten und auf diese Weise das Land vom französischen Usurpator befreit hatten. Bismarcks zunehmend schärfer werdende Kritik an Österreich und an der Wiener Politik nahmen die – bis Ende der 1850er-Jahre politisch noch immer sehr einflussreichen – Brüder Gerlach daher mit wachsendem Unbehagen zur Kenntnis. Ebenso wenig fanden die auffallend freundlichen Bemerkungen des Frankfurter Gesandten, den sie eigentlich für einen der Ihren hielten, über das soeben etablierte zweite französische Kaiserreich und dessen neuen Kaiser Napoleon III., ihre Zustimmung.

In den *Gedanken und Erinnerungen* hat Bismarck seine Darstellung des französischen Kaisers mit stilsicherem Zugriff kontrafaktisch angelegt, indem er im achten Kapitel, »Besuch in Paris«, zuerst ein Zusammentreffen mit dem aus dem deutschen Fürstenhaus Sachsen-Coburg stammenden britischen Prinzgemahl Albert im Sommer 1855 schildert: Albert habe, so Bismarck, kühl und höflich mit ihm gesprochen, »aber in seiner Haltung lag eine gewisse übelwollende Neugier, aus der ich abnahm, daß ihm meine antiwestmächtliche Einwirkung auf den König nicht unbekannt war. … In den Augen des Prinzen war ich … ein reaktionärer Parteimann, der sich auf die Seite Rußlands stellte, um eine absolutistische und Junker-Politik zu fördern«, während die Königin Victoria zwar distanziert, aber doch freundlich mit ihm gesprochen habe, »ohne den Anflug von ironischer Ueberlegenheit, den ich bei dem Prinzen Albert durchzuführen glaubte«.[92] Ganz anders der französische Kaiser, der ihm, so sein Bericht, deutlich freundlicher und offener gegenübertrat, dem damals noch kaum bekannten preußischen Diplomaten »seinen Wunsch und seine Absicht im Sinne einer französisch-preußischen Intimität zu erkennen« gab und der zudem, ebenfalls sichtlich im Gegensatz zu Albert, »für unsre Sünden gegen die westmächtliche Politik viel nachsichtiger als England und Oesterreich« war. Von König Friedrich Wilhelm IV. nach seinem Urteil über den neuen französischen Herrscher befragt, erklärte Bismarck, er habe den Eindruck gewonnen, »daß der Kaiser Napoleon ein gescheidter und liebenswürdiger Mann, aber so klug nicht ist, wie die Welt ihn schätzt«. [93]

Am königlichen Hof zu Berlin und Potsdam erregten Bismarcks Äußerungen einiges Aufsehen und manches Missfallen; Königin Elisabeth gehörte nach Bismarcks Erinnerungen ebenso zu denen, die seine Bemerkungen über Napoleon III. missbilligten, wie der alte General Leopold von Gerlach: »Wie kann ein Mann von Ihrem Geist«, schrieb Gerlach am 29. April 1857 an Bismarck, »das Princip einem vereinzelten Manne, wie dieser L(ouis) N(apoleon) ist, opfern. Mir imponirt er auch und zwar besonders durch seine Moderation, die in einem *parvenu* doppelte Anerkennung verdient, aber er ist und bleibt unser natürlicher Feind, und daß er das ist und bleiben muss, wird sich bald zeigen.«[94] Diese Auffassung konnte Bismarck nicht akzeptieren; er antwortete Gerlach mit einem besonders langen, ausführlichen Schreiben. Wie wichtig er diese Korrespondenz nahm, in der er sich in grundsätzlicher Weise zu einigen zentralen Aspekten der Politik äußerte, zeigt die Tatsache, dass er später einzelne Teile daraus in seine Memoiren aufnahm.[95]

Bismarck ordnete das Legitimitätsprinzip einem genuin *politischen* Prinzip, nämlich, wie es in seiner Antwort vom 2. Mai 1857 heißt, »einem specifisch preußischen Patriotismus vollständig unter. … Frankreich mit seinen Herrschern interessirt mich nur insoweit, als es auf die Lage meines Vaterlandes reagirt, und wir können Politik nur mit dem Frankreich treiben, welches vorhanden ist, dies aber aus den Combinationen nicht ausschließen«. Aus dieser Perspektive betrachtet sei »ein legitimer Monarch wie Ludwig der XIV. … ein ebenso feindseliges Element für uns wie Napoleon I.« Frankreich zähle ihm, Bismarck, als preußischem Politiker und Diplomaten, »ohne Rücksicht auf die jeweilige Spitze, nur als ein Stein und zwar ein unvermeidlicher in dem Schachspiel der Politik, einem Spiele, in welchem ich nur meinem Könige und meinem Lande zu dienen Beruf habe«, und insofern seien »Sympathien und Antipathien in betreff auswärtiger Mächte und Personen … vor meinem Pflichtgefühl im auswärtigen Dienst meines Landes nicht zu rechtfertigen«. Er beharrte auf dem Grundsatz, »daß ich den Maßstab für mein Verhalten gegen fremde Regierungen nicht aus stagnirenden Antipathien, sondern nur aus der Schädlichkeit oder Nützlichkeit für Preußen entnehme«; alles andere sei nichts weiter als bloße »Gefühlspolitik«.[96]

Was die derzeitige konkrete Lage des Königreichs Preußen betreffe, so sei es mit Blick auf die internationale Situation in Europa keineswegs ungefährlich, wenn »wir so isolirt, unbeachtet, gelegentlich schlecht behandelt, weiter leben« und wenn »wir unser Fundament lediglich auf den Sand des Deutschen Bundes bauen« – sprich: wenn Preußen sich weiterhin an das Habsburgerreich binde – »und den Einsturz in Ruhe abwarten«. Eine vorurteilslose Analyse der gegenwärtigen Lage zeige unabweislich, dass eine preußisch-französische Annäherung derzeit den einzigen Ausweg aus der – in der Tat fatalen – Isolation biete, in die Preußen nach dem Krimkrieg geraten sei: »Ich verlange garnicht, daß wir mit Frankreich ein Bündniß schließen und gegen Deutschland conspiriren sollen; aber ist es nicht vernünftiger, mit den Franzosen, so lange sie uns in Ruhe lassen, auf freundlichem Fuße zu stehen?«[97]

Es spricht für den alten (damals siebenundsechzigjährigen) General von Gerlach, dass er in seinem Antwortbrief[98] nicht der Versuchung erlag, die Lebenserfahrung des Älteren gegen die des Jüngeren auszuspielen. Dass jeder Politiker und Diplomat im Interesse seines Landes handeln müsse, sei etwas, so Gerlach, das sich von selbst verstehe. Gleichwohl komme es in der Politik immer auf ein oberstes »Princip« an, das allen Lageanalysen, Entscheidungen und Aktionen vorauszugehen habe. In einem langen historischen Exkurs, der bei Karl dem Großen begann, arbeitete er, ganz im Sinne der Grundüberzeugungen des altpreußischen christlichen Konservatismus, die Idee einer »Ausbreitung der christlichen Kirche« sowie den Kampf um die Selbstbehauptung der »Christenheit« und des Glaubens als Kern dieses von ihm vertretenen politischen Prinzips heraus.

Der Kampf gegen die Französische Revolution, diesen »schroffen und sehr praktischen Abfall von der Kirche Christi zunächst in der Politik«, sei nicht als bloße kurzsichtige Interessenpolitik, sondern nur als ein grundsätzlicher Kampf gegen eine tödliche Bedrohung des Glaubens in Europa möglich gewesen; gerade die Befreiungskriege seien keine Interessenkonflikte, sondern »recht eigentlich Kriege gegen die Revolution«[99] gewesen.

Bismarck habe zwar grundsätzlich recht mit seiner Behauptung, dass es fatal sei, Frankreich aus den für Preußen möglichen außenpolitischen Optionen auszuschließen, doch daraus dürfe in keinem Fall folgen, »daß man Bonapartes Ursprung vergißt, ihn nach Berlin einladet und dadurch im In- und Auslande alle Begriffe verwirrt«. Gerlach setzte hinzu: »Mein politisches Princip ist und bleibt der Kampf gegen die Revolution. Sie werden Bonaparte nicht davon überzeugen, daß er nicht auf der Seite der Revolution steht. Er will auch nirgends anders stehen, denn er hat davon seine entschiedenen Vortheile. … Diese Stellung Bonaparte's ist eine ›Realität‹, die Sie nicht ›ignoriren‹ können.« Daraus folge zwar keineswegs, dass man sich mit einem bonapartistischen Frankreich nicht von Fall zu Fall zu bestimmten gemeinsamen Zwecken verbinden könne. »Wenn aber«, so Gerlach weiter, »mein Princip wie das des Gegensatzes gegen die Revolution ein richtiges ist, und ich glaube, daß Sie es auch als ein solches anerkennen, so muß man es auch in der Praxis stets festhalten.«[100]

In seiner Antwort von Ende Mai 1857 kam Bismarck seinem Briefpartner zunächst entgegen: »Das Princip des Kampfes gegen die Revolution erkenne auch ich als das meinige an, aber ich halte es nicht für richtig, Louis Napoleon als den alleinigen … Repräsentanten der Revolution anzusehen, und sehe nicht die Möglichkeit ein, das Princip in der Politik als ein solches durchzuführen, daß die entferntesten Consequenzen desselben immer noch jede andre Rücksicht durchbrechen, es gewissermaßen als den einzigen Trumpf im Spiele anzusehen, von dem die niedrigste Karte die höchste jeder andern Farbe sticht.«

Ein Blick in die Geschichte zeige zudem, dass dort »die Wahrheit eines von uns als Grundlage *aller* Politik hinzustellenden Princips«[101] in letzter Konsequenz nicht gefunden werden könne. Er habe zwar größtes Verständnis dafür, »daß die brutale Unterdrückung, die schändliche Behandlung unsres Landes durch den ersten Napoleon in Allen, die es erlebt haben, einen unauslöschlichen Eindruck hinterlassen hat und daß in deren Augen das böse Princip, welches wir heut in Gestalt der Revolution bekämpfen«, sich in der Familie Bonaparte personifiziere. Weil jedoch, so Bismarck weiter, in einer umfassenderen historischen, aber auch in einer aktuellen Perspektive »in ungerechten Kriegen und Eroberungen kein eigenthümliches Attribut der Familie Bonaparte« gesehen werden könne, berechtige weder »die Erinnerung an die Eroberungssucht des Onkels noch die Thatsache des ungerechten Ursprungs seiner Macht ... den gegenwärtigen Kaiser der Franzosen als den ausschließlichen Repräsentanten der Revolution, als vorzugsweises Object des Kampfes gegen dieselbe zu betrachten«.[102]

Gerlach indessen beharrte[103], wie nicht anders zu erwarten, darauf, in den beiden Bonapartes »die incarnirte Revolution« zu sehen, denn für einen Bonaparte sei, »er mag wollen oder nicht, die Revolution, d. h. die Volkssouveränität, innerlicher, und bei jedem Conflict oder Bedürfniß auch äußerlicher Rechtstitel«, womit er auf die von den beiden Napoleons mit großem Aufwand inszenierten »Volksabstimmungen« anspielte. Sei ein Bonaparte um die Aufrechterhaltung seiner auf dem (für Gerlach prinzipiell »revolutionären«) Volkswillen gründenden Herrschaft bestrebt, dann müsse er Eroberungspolitik betreiben, und wenn Napoleon III. dies nicht tue, »so muß es sein Nachfolger thun« – obwohl der soeben (1856) geborene kaiserliche Prinz, wie Gerlach in diesem Fall mit einiger Hellsicht bemerkte, »nicht viel mehr Aussicht auf den Thron hat als viele andre«. Aber in genau diesem Sinne sei »Napoleon III. ebenso unser natürlicher Feind, als es Napoleon I. war, und ich verlange nur, daß Sie das im Auge behalten, nicht aber, daß wir mit ihm schmollen, ... sein Werben um uns abweisen sollten, aber wir sind unsrer Ehre und dem Recht eine reservirte Stellung ihm gegenüber schuldig.«[104]

Dabei blieb es, und Bismarck konnte nicht verhindern, dass er fortan im Kreise der altpreußischen Konservativen allen Ernstes geheimer »bonapartistischer« Sympathien verdächtigt wurde. Die Auseinandersetzung mit Leopold von Gerlach war deshalb von so grundlegender Bedeutung für Bismarck, weil ihn die Einwände des alten Mannes mehr oder weniger dazu zwangen, sich über die ideellen und faktischen Voraussetzungen der eigenen Politik klar zu werden. Gleichzeitig wird in seinen Stellungnahmen deutlich, welchen Lernprozess er als seit nunmehr sechs Jahren praktisch wirkender Außenpolitiker inzwischen absolviert, aber auch, wie weit er sich inzwischen von den Denkweisen seiner einstigen Förderer und politischen Mentoren – und damit auch von den eigenen politischen Anfängen in den 1840er-Jahren – entfernt hatte.

In grundsätzlicher Hinsicht erkannte Bismarck ein übergreifendes leitendes »Prinzip« für seine Politik nicht mehr an, auch wenn es sich um ein konservativ-christliches Prinzip handelte. Er hatte inzwischen erkannt, dass sich politische Vorgänge als solche letztlich zu komplex, zu sehr konkret-lageabhängig gestalten und entwickeln konnten, als dass es möglich gewesen wäre, mit »Prinzipien« auf sie zu reagieren. Und wenn er selber den Kampf gegen die Revolution auch weiterhin als eines der Leitmotive für das eigene politische Handeln anerkannte, dann nicht deshalb, weil dieser Kampf aus einem sozusagen »überzeitlich« gültigen politischen Prinzip entsprungen wäre, und auch nicht, weil er die Revolution als etwas genuin »Böses« ansah, sondern weil – er hatte dies 1848 selbst erlebt – jeder Umsturz die von ihm als grundsätzlich bewahrenswert angesehene politische, soziale und gesellschaftliche Ordnung seines Landes bedrohte. Kurz, Bismarck hatte gelernt, sich selbst nicht als konservativen Prinzipienpolitiker zu verstehen, sondern als *Realpolitiker*, der zuallererst den Interessen des eigenen Landes zu dienen hatte. Seine Argumentation gegenüber Gerlach bestand denn auch im Kern darin, ein in diesem Sinne *rationales* gegen ein *traditionales* Argument zu stellen.

Konkret bedeutete dies in Bezug auf die internationale Lage der späten 1850er-Jahre, dass Bismarck zu einer mehr oder weniger realistischen Einschätzung des Deutschen Bundes gelangte, der in seiner bestehenden, auf die Mächteentscheidungen von 1815 zurückgehenden Form letztlich nur noch den Interessen Österreichs und, von Fall zu Fall, auch den jeweiligen Anliegen der deutschen Mittelstaaten (Bayern, Württemberg, Sachsen, Hannover, Hessen-Darmstadt) dienen konnte, die Lebensinteressen des ökonomisch und politisch gerade in dieser Zeit mächtig aufstrebenden Königreichs Preußen jedoch im Grunde nur noch behinderte. Auch international konnte Preußen nicht mehr in jener merkwürdigen Isolierung verharren, in die es durch die – in der Sache richtige und notwendige – Neutralitätspolitik im Krimkrieg geraten war. Und als potenzieller Kooperationspartner für Preußen kam in der gegebenen Situation nur das zweite französische Kaiserreich in Frage, ungeachtet der in diesem Fall zweitrangigen Tatsache, dass es mit der historischen, politischen und auch moralischen Legitimität des dritten Napoleon nicht allzu weit her war.

Bismarck scheute sich jedenfalls nicht, seine neu gewonnenen Einsichten und Auffassungen offen auszusprechen, auch auf die Gefahr eines Bruchs mit seinen alten Freunden und Weggefährten hin. Insofern markiert der Briefwechsel mit Leopold von Gerlach so etwas wie eine persönliche Emanzipation von jener christlich-altkonservativen Ideenwelt, deren engagierter Verfechter Bismarck 1848/49 noch gewesen war; ihr setzte er nun zunehmend einen rational begründeten eigenen politischen Standpunkt entgegen.

Eine neue Ära

Nicht allzu lange nach diesem Briefwechsel begann sich in Preußen, wie kurz darauf in Deutschland überhaupt, eine politische Wende abzuzeichnen. König Friedrich Wilhelm IV. hatte im Sommer 1857 mehrere Schlaganfälle erlitten, die ihn bald regierungsunfähig machten. Der vorgesehene Thronfolger, sein nächstjüngerer Bruder Wilhelm, übernahm zunächst die Stellvertretung des Monarchen und ein Jahr später, als eine vollständige Genesung des Königs nicht mehr zu erwarten war, die offizielle Regentschaft. Damit endete für Preußen die von vielen Bürgern als stickig und unbeweglich empfundene nachrevolutionäre Reaktionszeit. Der weithin verhasste Ministerpräsident Otto von Manteuffel, nachgerade ein Symbol der reaktionären Politik Preußens seit 1850, musste im Oktober 1858 zurücktreten. Schon bald wurde der politische Neubeginn in Preußen unter dem Prinzregenten Wilhelm als »neue Ära« bezeichnet.

Obwohl Bismarck sich inzwischen, wie der Briefwechsel mit Gerlach, aber auch viele Äußerungen aus den 1850er-Jahren zeigen, geistig und politisch weiterentwickelt und seine Auffassungen in mehr als einer Hinsicht deutlich geändert hatte, galt er seinen Zeitgenossen – vor allem seinen Gegnern – doch weiterhin als ein Mann des »alten Systems«, als ein Politiker von gestern, ein Angehöriger des mit Beginn der »neuen Ära« kaltgestellten ultrakonservativen Kreises um die Gerlachs und den rechten Flügel der Konservativen Partei. Bismarck hätte am Ende also leicht das Schicksal Manteuffels teilen können – Feinde hatte er inzwischen genug –, wenn er nicht in den vorangegangenen Jahren, wohl in weiser Voraussicht, ständigen Kontakt zum Prinzen Wilhelm gehalten hätte. Bei solchen Gelegenheiten, etwa während des Krimkrieges, hatte er immer wieder auch die aktuellen politischen Fragen mit dem künftigen König besprochen.

Bismarck, der seine Stellung in Frankfurt vorerst behalten hatte, gab sich große Mühe, Prinz Wilhelm zu imponieren, etwa als er ihn Ende März 1958, also noch zur Zeit der Stellvertretung des erkrankten Königs, mit einer knapp einhundert handschriftliche Seiten umfassenden Denkschrift zur Lage des Deutschen Bundes im Allgemeinen und zur künftigen preußischen Bundespolitik im Besonderen überraschte, die man in Berlin bald, halb spöttisch, halb respektvoll »Das kleine Buch des Herrn von Bismarck« nannte.[105] Die dortigen Ausführungen entsprächen, wie es im Begleitbrief an den Regenten heißt, im Wesentlichen dem, was er selbst in den vergangenen Jahren in seinen Berichten an Manteuffel und Gerlach mitgeteilt und befürwortet habe; sie seien allesamt »Ausdruck eines aufrichtigen und warmen Gefühls für den Ruhm und für die Macht des Königlichen Hauses und des Vaterlandes«.[106]

Im Text des »Kleinen Buches« verbog sich der Frankfurter Gesandte gegenüber seinem künftigen Herrscher durchaus nicht, vielmehr fasste Bismarck hier tatsächlich noch einmal sehr prägnant den
Grundtenor seiner Berichte und anderen brieflichen wie mündlichen
Stellungnahmen der vergangenen Jahre zusammen. Da kaum zu erwarten sei, dass Österreich und seine Bundesgenossen eine andere
Politik gegenüber Preußen betreiben würden als bislang, müsse man
in der Tat fragen, »ob Preußen demgegenüber in seiner bisherigen
Haltung auf Dauer verharren« könne; die derzeit größte Gefahr liege
in der Möglichkeit, »daß Preußen in formelles Zerwürfnis mit der
Bundesgewalt gerät, indem die Majorität Beschlüsse faßt, welche Preußen nicht anzuerkennen vermag, ohne Schaden an seiner Selbständigkeit zu leiden«. Daher könne Preußens nächste Aufgabe nur darin bestehen, die eigenen »Bundespflichten in Krieg und Frieden zwar treu
zu erfüllen, aber jede Entwickelung der Bundesgewalt auf Kosten
der Unabhängigkeit des einzelnen, welche über den strikten Wortlaut
der Verträge hinausgeht, abzuschneiden«. In letzter Konsequenz wäre
Preußens Lage – und hier wagte Bismarck sich weit vor – »vielleicht
eine bessere, wenn der Bund gar nicht existierte«.[107] Der künftige Re-
gent und König musste also, wenn er diesen Text las, sehr genau wissen, mit wem er es hier zu tun hatte.

Als Prinz Wilhelm im Herbst 1858 tatsächlich die offizielle Regentschaft für seinen unheilbar erkrankten Bruder antrat, begann das
große Stühlerücken in den preußischen Behörden, Ministerien und
Auslandsvertretungen. Beginnend mit dem Rücktritt der Regierung
Manteuffel läutete es die neue politische Ära im Land nach außen hin
sichtbar ein. Auch Bismarck fiel diesem Revirement zum Opfer, denn
er musste seinen ihm zuletzt sogar liebgewordenen Frankfurter Posten Anfang 1859 räumen, um als preußischer »Gesandter und bevoll-
mächtigter Minister« (so der offizielle Titel) an den Zarenhof nach St.
Petersburg zu gehen. Bismarck war über diese Versetzung, obwohl sie
eigentlich als Beförderung gelten konnte, wenig erfreut, denn sein
Aufenthalt an der Newa würde ihn voraussichtlich nicht nur für längere Zeit von der Familie trennen, sondern vor allem von den deutschen Angelegenheiten, die ihn weiterhin umtrieben, abschneiden.

Von Frankfurt aus war es nicht schwierig gewesen, gelegentlich rasch nach Berlin zu fahren, von der russischen Hauptstadt aus war dies fortan nicht mehr möglich; eine Reise von Berlin nach St. Petersburg dauerte damals mit Eisenbahn und Postkutsche nicht weniger als sieben Tage.[108] Kein Wunder also, dass Bismarck seine Versetzung an die Newa als politische Kaltstellung empfand.[109]

Doch just in diesem Moment war in Europa eine neue politische Krise ausgebrochen, die am Ende (was zunächst jedoch nicht absehbar war) in den Beginn der Einigung Italiens münden sollte. Im Grunde hatte alles angefangen wie ein typischer Kabinettskrieg alten Stils: Im Rahmen eines Geheimtreffens hatten Napoleon III. und Camillo Benso Graf von Cavour, der Ministerpräsident des kleinen norditalienischen Königreichs Piemont-Sardinien, einen gemeinsamen Überfall auf die Habsburgermonarchie vereinbart, die damals noch den größeren Teil Norditaliens, darunter Lombardo-Venetien, in ihrem Besitz hatte. Nach dem gemeinsamen Sieg sollte Norditalien an Piemont-Sardinien fallen, das dafür eigene kleinere, seit alters her französischsprachige Gebiete seiner Westprovinzen, Nizza und Savoyen, an Frankreich abtreten wollte. Der französische Kaiser versprach sich von dieser Aktion nicht nur eine weitere Schwächung des alten Feindes Habsburg, sondern auch eine stärkere Einflussnahme auf die Geschehnisse im politisch unruhigen Italien. Auf Betreiben Napoleons hatte Russland für den Fall eines militärischen Konflikts in Oberitalien seine wohlwollende Neutralität zugesichert.

Die Wiener Regierung mit dem außenpolitisch noch vollkommen unerfahrenen, erst achtundzwanzigjährigen Kaiser Franz Joseph an der Spitze ließ sich von Cavour und Napoleon durch diverse Provokationen tatsächlich in die Falle locken: Als ein von Wien der Regierung in Turin gestelltes Ultimatum nicht beantwortet wurde, begann die österreichische Armee einen Angriff auf Sardinien-Piemont, woraufhin Frankreich in den Krieg gegen das Habsburgerreich eintrat. Nun begann in Deutschland eine heftige Debatte über die Haltung des Deutschen Bundes in diesem Konflikt: Sollte man erst einmal abwarten, sollte man sofort eingreifen, um die Interessen Wiens zu schützen, oder sollte man sich grundsätzlich aus diesem Krieg heraushalten?

Immerhin gehörte das habsburgische Norditalien nicht zum Bundesterritorium, daher war der Bund nach seiner Verfassung zum Eingreifen auch nicht verpflichtet. Andererseits konnte man mit gutem Grund die Auffassung vertreten, dass – wie ein damals weit verbreitetes Schlagwort lautete – die Sicherheit Deutschlands am Po ebenso wie am Rhein verteidigt werden müsse.

Die Ansichten zum oberitalienischen Krieg spalteten alle politischen Lager[110]: Dass die Gerlachs und die Altkonservativen in Berlin pro-österreichisch argumentierten, verstand sich von selbst; das Gleiche taten übrigens (wenn auch aus sehr anderen Gründen) Karl Marx und Friedrich Engels in London. Eine weitere Gruppe zumeist nord- und westdeutscher Liberaler forderte ebenfalls eine militärische Unterstützung Habsburgs – aber nur, weil sie hofften, dass auf diese Weise das dann zum Zuge kommende militärisch starke Preußen zum mächtigsten Staat im Deutschen Bund avancieren würde. Immerhin sahen sie in einer möglichen Zertrümmerung des Habsburgerreichs durch Frankreich auch eine Gefahr für die Sicherheit Gesamtdeutschlands. Eine strikt kleindeutsch orientierte Minderheit jedoch plädierte entschieden für eine neutrale Haltung, weil man in der Auseinandersetzung die ersehnte Gelegenheit sah, Österreich möglich nachhaltig zu schwächen – mit entsprechenden Folgen für das innere Machtgefüge des Deutschen Bundes. Im Grunde kündigte sich hier bereits »jene Konstellation an, die über die österreichische Niederlage in Italien den rapiden Machtverfall des Kaiserstaates bis hin zu der Katastrophe von 1866 herbeiführte«.[111]

Es ist klar, dass Bismarck zur letztgenannten Gruppe gehörte – ebenso wie übrigens frühere radikale Revolutionäre wie Arnold Ruge oder der spätere Arbeiterführer Ferdinand Lassalle. Die möglichst vollständige Schwächung Habsburgs gehörte für Bismarck jetzt nachgerade zur preußischen Staatsräson. Ausgerechnet im Gespräch mit dem früher von ihm bekämpften Achtundvierziger Hans Viktor von Unruh kritisierte Bismarck noch vor Ausbruch des Konflikts seine alten politischen Freunde von der *Kreuzzeitung* mit der Bemerkung, jenes »Blatt habe keinen Funken preußischen Patriotismus, es dringe auf die Unterstützung Oesterreichs gegen Frankreich und Italien durch Preußen. Oesterreich in diesem Krieg beistehen wäre ein politischer Selbstmord Preußens«, denn wenn es nicht gelänge, »Oesterreich aus dem eigentlichen Deutschland zu entfernen, und hier Oesterreich die Oberhand behielte, so würden unsere Könige wieder Kurfürsten, Vasallen Oesterreichs. Müsse es unser Ziel sein, dasselbe aus Deutschland auszuschließen, so könne es uns nur zugut kommen, wenn Oesterreich zunächst durch Frankreich geschwächt werde.«

Zur noch größeren Überraschung seines Gesprächspartners fügte Bismarck an, es gebe im Grunde nur einen Alliierten für Preußen in dieser kommenden und unausweichlichen Auseinandersetzung, nämlich – »das deutsche Volk«! Dem ungläubigen Staunen Unruhs über diese Bemerkung begegnete sein Gegenüber mit den selbstbewussten Worten: »Ich bin derselbe Junker, wie vor zehn Jahren …, aber ich müßte kein Auge und keinen Verstand im Kopf haben, wenn ich die wirkliche Lage der Verhältnisse nicht klar erkennen könnte.«[112]

Im Mai 1859, als sich der Krieg auf seinem ersten Höhepunkt befand, wurde Bismarck in einem vertraulichen Schreiben an den Generalmajor von Alvensleben noch sehr viel deutlicher: Die gegenwärtige Lage habe »wieder einmal das große Loos für uns im Topf, falls wir den Krieg Oestreichs mit Frankreich sich scharf einfressen lassen, und dann mit unsern ganzen Armeen nach Süden aufbrechen, die Gränzpfähle im Tornister mitnehmen und sie entweder am Bodensee oder da, wo das protestantische Bekenntniß aufhört vorzuwiegen, wieder einschlagen«; und sei dies am Ende doch »zu abentheuerlich«, dann »sollten wir doch wenigstens diesen günstigen Moment benutzen, um ein Bundesverhältniß los zu werden oder zu ändern, welches uns von Haus aus keine würdige Stellung und keine unsern Pflichten und unserer Macht entsprechenden Rechte gewährt«.[113] Damit war Bismarck zwar eindeutig zu weit vorgeprescht, aber immerhin hatte er in den Grundzügen eine Entwicklung skizziert, die sieben Jahre später am Ende eben doch eintreten sollte. Im Jahr 1859 kam Österreich noch einmal glimpflich davon, weil sich Napoleon III. und Franz Joseph kurz nach der für Habsburg verheerenden Niederlage in der Schlacht von Solferino am 24. Juni auf einen raschen, wenn auch für Wien verlustreichen Friedensschluss einigen konnten.

Als der Krieg in Oberitalien so unerwartet rasch abbrach, befand sich der soeben ernannte neue preußische Gesandte am russischen Zarenhof bereits in St. Petersburg. Der Dienstantritt dort gestaltete sich sogar recht erfreulich, da Bismarck in der russischen Hauptstadt noch immer als ein Mann der äußersten politischen Rechten, als christlicher Altkonservativer und damit als Revolutionsfeind par excellence galt. Sein unentwegter Kampf gegen die »westmächtliche« Partei in Berlin während des Krimkrieges war im Umfeld von Zar Alexander II. vermutlich ebenfalls nicht unbemerkt geblieben. Im Sommer 1859 kehrte der neue Gesandte noch einmal kurz nach Preußen zurück, doch als er sich im Herbst auf der Rückreise nach Russland befand, ereilte ihn noch in Pommern ein Missgeschick: Eine schlecht verheilte Beinverletzung führte zu schweren gesundheitlichen Komplikationen, zuletzt sogar zu einer mehrwöchigen Lungenentzündung. Bismarck durchlebte in dieser Zeit eine fast halbjährige schlimme gesundheitliche Krise, in deren Verlauf er zeitweilig dem Tod ins Auge blickte. Wie er in seinen Erinnerungen berichtet, traf er bereits Verfügungen über die Vormundschaft für seine drei Kinder.[114] Erst im März 1860 erholte er sich so weit, dass er für zwei Monate zurück nach Berlin fahren konnte, um sich dann im Mai endlich wieder auf seinen Posten in Russland zu begeben.

Im Januar 1860, als sich die langsame Wiedergenesung abzeichnete, hatte Johanna von Bismarck noch auf einen endgültigen Abschied ihres Mannes von der Politik gehofft. »Was wird nun?«, fragte sie in einem Brief an Bismarcks Mitarbeiter Robert von Keudell, »Bismarck spricht entschieden von Rückkehr nach dem gräßlichen Petersburg, wogegen Aerzte predigen und Freunde warnen. Wenn er Alles aufgeben möchte, was mit Politik und Diplomatie zusammenhängt, wenn wir sobald er *ganz* gesund wäre, schnurstracks nach Schönhausen gingen, uns um nichts kümmernd als um uns selbst, um unsre Kinder, Eltern und die wirklichen wahrhaften Freunde, das wäre meine Wonne.«

Sie selbst jedenfalls wäre »vollkommen glücklich und zufrieden«, wenn ihr geplagter Mann »diese unleidliche stürmische Diplomaten-Welt, die ihm garnichts Gutes eingebracht – nur Krankheit, Aerger,

Feindschaft, Mißgunst, und Undankbarkeit und – Verbannung; wenn er den Staub seiner lieben Füße über den ganzen nichtsnutzigen Schwindel schütteln und all' dem Unsinn entrinnen wollte«. Allerdings wusste sie auch, dass er dies »leider wohl nicht thun«[115] würde.

Tatsächlich dürfte Bismarck kaum daran gedacht haben, seine politische Tätigkeit, seine aktive Rolle als Mitgestalter der preußischen Außenpolitik, die er ja gerade erst zu spielen begonnen hatte, so schnell wieder aufzugeben, dafür war seine politische Leidenschaft inzwischen zu stark. Die Familie hatte, wenigstens vorläufig, zum Kummer Johannas das Nachsehen.

Wie ernst Bismarck seine neue Aufgabe in St. Petersburg nahm, zeigt sich auch darin, dass er recht bald schon anfing, Russisch zu lernen, obwohl für den Petersburger Posten damals eigentlich eine gute Beherrschung des Französischen ausreichte – nicht wenige der führenden Politiker und Diplomaten Russlands, inklusive des Zaren, sprachen zudem auch Deutsch. Aber Bismarck machte sich die Mühe, auch in dieser Hinsicht seinen Horizont zu erweitern: Schon im April 1859 hatte er mit dem Lernen begonnen, wie einige russische Einsprengsel in einigen Briefen an seine Frau zeigen[116], und noch in späteren Jahren als Reichskanzler las er regelmäßig russische Zeitungen und versah gelegentlich sogar das eine oder andere Aktenstück mit russischen Marginalien.[117] Auch hier beobachtete er scharf und genau, registrierte etwa nicht ohne Bedenken das Verhalten der jüngeren Petersburger Politiker- und Diplomatengeneration, die – im Gegensatz zu manchen der noch immer im aktiven Dienst stehenden älteren Herren – »mitunter schlechte Manieren und in der Regel stärkere Abneigung gegen deutsche, insbesondere preußische Elemente«[118] zeigten. Auch zur damals wichtigsten Figur der russischen Politik, dem Kanzler Alexander Fürst Gortschakov, konnte Bismarck in seinen drei Petersburger Jahren erste intensive Kontakte knüpfen.[119]

Sieht man sich jedoch die vielen und teilweise sehr umfangreichen diplomatischen Berichte und Denkschriften an, die Bismarck in dieser Zeit aus St. Petersburg an das Außenministerium in Berlin schickte, teilweise sogar an den Prinzregenten und baldigen König Wilhelm persönlich (sie umfassen in der großformatigen alten Friedrichsruher

Ausgabe seiner *Gesammelten Werke* nicht weniger als 360 eng bedruckte Seiten)[120], dann zeigt sich, dass der immer noch brennend ehrgeizige Diplomat sich nicht nur auf die russisch-preußischen Angelegenheiten zu beschränken gedachte, so intensiv und genau er sich auch mit ihnen befasste. Die italienische Frage, die aktuelle Politik Piemont-Sardiniens kamen dort ebenso zur Sprache wie etwa die prekären französisch-britischen Beziehungen nach dem Krimkrieg, die bereits schwelende schleswig-holsteinische Frage und natürlich, immer wieder, die Probleme des Deutschen Bundes und der Wiener Politik. Im Juli 1861 verfasste Bismarck zudem wieder einmal eine »Denkschrift über die deutsche Frage«[121], mit der er im Grunde seine auf die russischen Angelegenheiten beschränkten diplomatischen Kompetenzen überschritt. Dies alles zeigt, dass Bismarck sich selbst in St. Petersburg nur in einer Art von »Wartestellung« sah und damit rechnete, sobald wie möglich nach Berlin zurückberufen und dann in einer höheren Position mit wichtigeren Aufgaben betreut zu werden.

Inzwischen sah es in Preußen um die Mitte des Jahres 1862 ganz anders aus als zur Zeit von Bismarcks unfreiwilligem Abschied aus Frankfurt drei Jahre zuvor. Der seit Anfang der 1860er-Jahre schwelende Konflikt zwischen Regierung und Abgeordnetenhaus um die preußische Heeresreform hatte sich inzwischen zu einem veritablen Staats- und Verfassungskonflikt ausgewachsen. Keine der beiden Seiten wollte der anderen nachgeben, und vor allem König Wilhelm I., der nach dem Tod seines erkrankten Bruders im Januar 1861 endlich den Thron bestiegen hatte, war entschlossen, vor den Forderungen des von einer liberalen Mehrheit beherrschten Berliner Landtags nicht zurückzuweichen. Die Frage war nur, welche Politik man einschlagen sollte, wenn keine Einigung mit dem Abgeordnetenhaus möglich wäre. Für diesen Fall – allerdings *nur* für diesen – hatten der Monarch und der in engem Kontakt zu Bismarck stehende Kriegsminister Albrecht von Roon schon seit Mitte 1861 eine eventuelle Berufung Bismarcks als Außenminister oder sogar als Ministerpräsident vorgesehen. Als Bismarck im März 1862 endlich die langersehnte Abberufung aus St. Petersburg erhielt, befanden sich die Dinge jedoch noch immer in der Schwebe: Statt einer Berufung in die Berliner Regierung erwartete ihn schließlich die Versetzung als Gesandter nach Paris; sein neues, ebenfalls wieder sehr ehrenvolles Amt trat er dort Anfang Juni 1862 an – den Blick jedoch weiterhin strikt auf die Vorgänge in der preußischen Hauptstadt gerichtet. »Mir scheint«, schrieb er Ende Juni an seinen Vorgesetzten, Außenminister Graf Albrecht Bernstorff, »daß die Dinge in Berlin garnicht schlecht gehen; die Kammer benimmt sich mit einer so kindischen Verbissenheit und stellt die Partheifrage so rücksichtslos über die Landesinteressen, daß sie sich ruiniren muß, wenn man ihr Zeit dazu läßt.«[122]

Dem war jedoch durchaus nicht so; einige Parlamentsabgeordnete kamen dem König und der Regierung im September 1862 sogar sehr weit entgegen, indem sie ein Kompromissangebot machten: Alle zusätzlichen finanziellen Mittel zum Zweck der Reform und Erweiterung der preußischen Streitkräfte sollten vom Abgeordnetenhaus bewilligt werden, im Gegenzug sollte die Regierung nur in einem *einzigen* Punkt nachgeben – sie sollte auf die beabsichtigte Verlängerung der Militärdienstzeit von zwei auf drei Jahre (eine bei der Bevölkerung äußerst unbeliebte Maßnahme) verzichten. Doch auch hierzu war König Wilhelm nicht bereit, obwohl sogar seine Minister dringend zu diesem Kompromiss rieten. Während sich die Dinge daheim zuspitzten, befand sich Bismarck allein auf einer ausgedehnten Urlaubsreise, die ihn sechs Wochen lang in die Pyrenäen und nach Biarritz führte, zeitweilig in Begleitung des russischen Diplomaten Orlow, in dessen attraktive zweiundzwanzigjährige Gattin sich Bismarck regelrecht verliebte – natürlich in gemessener Distanz, sodass die mit den Kindern in Pommern verbliebene Johanna keinen Grund zur Beunruhigung haben konnte.[123]

Noch während sich Bismarck an der französischen Atlantikküste seinem – von ihm auch später niemals vergessenen – Ferienidyll hingab, hatte sich die Lage in Berlin zu einer schweren Regierungskrise zugespitzt: Nach Ablehnung des parlamentarischen Kompromissangebots war die preußische Regierung zurückgetreten; König Wilhelm schien an Abdankung zu denken und hatte bereits den Kronprinzen nach Berlin befohlen. In dieser Situation erreichte Bismarck, der inzwischen nach Paris zurückgekehrt war, am 18. September das verschlüsselte Telegramm Roons aus Berlin mit dem vorher vereinbarten lateinisch-französischen Text:»Periculum in mora. Dépéchez vous« (»Verzug bringt Gefahr. Beeilen Sie sich«).[124] Bismarck verließ augenblicklich die französische Hauptstadt und traf schon am Morgen des 20. September in Berlin ein. Mit seiner Ankunft und der zwei Tage später stattfindenden berühmten Audienz bei König Wilhelm begann ein neuer Lebensabschnitt Bismarcks, der ihn erst an die Spitze der preußischen und bald auch der deutschen Politik bringen sollte, die er dann fast drei Jahrzehnte bis zu seinem Rücktritt im März 1890 gestaltet oder doch wenigstens maßgeblich beeinflusst hat.

Die Entwicklung von Bismarcks Persönlichkeit erschließt sich zuerst einmal im Rückblick auf die Formationsphase seines Charakters, auf seine beruflichen Anfänge und ersten Erfolge bis 1862. Man kann dabei insgesamt vier Phasen unterscheiden: Die *erste* ist die des unglücklichen, die Mutterliebe vermissenden, sich auf einer strengen Schule ausgestoßen und verlassen fühlenden Kindes. Die frühe familiäre Konstellation gestaltete sich für den 1815 geborenen Otto von Bismarck denkbar unerfreulich. Die sehr ungleichen Eltern, die anfangs gesellschaftlich ehrgeizige und aufstiegswillige, hierin letztlich erfolglose,»nervöse«, später schwerkranke und früh verstorbene Mutter, sodann der ganz anders geartete, freundlich-zugängliche, aber eben auch schwache, ehrgeiz- und ebenfalls wohl antriebslose Vater, dazu noch die Zeitverhältnisse in dem nach den langen Kriegsjahren verarmten Königreich Preußen – dies alles war die Voraussetzung für eine im Ganzen freudlose, in manchen Aspekten auch vom erwachsenen Mann niemals verwundene trübe Kindheit.

Ähnlich die *zweite* persönlichkeitsformende Lebensphase, die des jungen Mannes, der schon als siebzehnjähriger Student durch Trinkgelage, Frauengeschichten und Spielsucht negativ auf sich aufmerksam macht. Man hat es hier wohl mit einem stets nach Orientierung suchenden, aber in oberflächlichen Vergnügungen steckenbleibenden, am Ende ziellos treibenden und immer tiefer in Spielschulden versinkenden Adelsspross zu tun, der jahrelang vergeblich nach einem ihm angemessenen Platz im Leben sucht, der die seelischen Verwundungen seiner Kindheit mit sich herumträgt, seine Berufsausbildung nicht zu Ende führt und endlich auf dem platten Lande – durch den Tod seiner Mutter und väterliche Zuwendungen unabhängig geworden –, in der tiefsten hinterpommerschen Provinz, ein Leben als Junker zu führen beginnt, immer noch verrufen als ehemaliger Lebemann und als »toller Bismarck«.

Die *dritte* Lebensphase, die eine erneute Umformung seines Charakters herbeiführt, setzt ein mit seiner religiösen »Bekehrung«, seiner erneuten Hinwendung zum früh verlorenen christlichen Glauben unter dem Eindruck seelischer Erschütterungen, hervorgerufen durch Ereignisse in seiner engsten Umgebung. Neben einem festen geistlich-geistigen Fundament, das ein Leben lang halten wird, findet er hier, im Kreis der frommen pommerschen Pietisten, ein neues Lebensumfeld und vor allem eine Frau, mit der er eine Familie gründet. Und endlich gelingt ihm der Eintritt in einen Kreis christlich-konservativer Adliger, die nicht nur über allerbeste Verbindungen in der Hauptstadt, sondern auch über bedeutenden politischen Einfluss verfügen. Als religiös gefestigter und auch in familiärer Hinsicht nunmehr »saturierter« Mann kann der junge Bismarck nun mit Hilfe seiner neuen Freunde und Verwandten eine politische Karriere beginnen, die ihn von bescheidenen Anfängen als ständischer Vertreter der Ritterschaft und später als Kammerabgeordneter endlich zum Einstieg in die – früher einmal angestrebte, dann jedoch fallengelassene – diplomatische Laufbahn führt.

Mit seinem Wechsel in die Stadt der Bundesversammlung, Frankfurt am Main, beginnt Bismarck als preußischer Bundestagsgesandter eine Karriere, die seine *vierte* frühe Lebensphase einleitet und die ihn in nur wenigen Jahren an die Spitze seines Landes bringen wird. Voraussetzung hierfür ist jedoch ein intensiver, überaus rasch und mit großer Intensität absolvierter politischer Lernprozess, der ihn bald aus den ideellen und mentalen Befangenheiten seiner frühen Jahre hinausführt. Er beginnt die Glaubenssätze seiner altkonservativen Mentoren und Förderer in Frage zu stellen, auch von den Vorurteilen und überholten Idealen, die ihm im Vormärz vermittelt worden waren, löst er sich nach und nach. Erstaunlich schnell erkennt und durchschaut er mit »realpolitischem« Blick die wesentlichen Erscheinungsformen und Probleme der deutschen wie der europäischen Politik der 1850er-Jahre – ohne jedoch an entscheidender Stelle gestaltend mitwirken zu können. Seine diplomatischen Berichte und Memoranden zeigen nicht nur einen in jeder Hinsicht wortgewaltigen, bildkräftig formulierenden, temperamentvollen, sondern auch einen äußerst scharfsinnigen Analytiker der Politik seiner Zeit.

Es wäre nicht schwer, Bismarcks ausgesprochen illusionslosen Blick auf die Welt und die Menschen im Allgemeinen sowie auf die Politik im Besonderen aus den spezifischen Erfahrungen seiner frühen Biographie abzuleiten. Damit machte man es sich jedoch zu leicht, denn es scheinen letztlich eher die von Bismarck seit 1851 im politischen Zentrum des Deutschen Bundes empfangenen tiefen Einblicke in die diplomatischen Mechanismen und in die komplexe Genese politischer Entscheidungen der Zeit gewesen zu sein, die seine Persönlichkeit als Politiker prägten – er durchlief in Frankfurt am Main sozusagen im Schnelldurchgang eine besondere »Schule der Politik«.

Als Otto von Bismarck mit siebenundvierzig Jahren an die Spitze gelangt und während einer schweren Staatskrise zum Regierungschef des Königreichs Preußen ernannt wird, ist seine Persönlichkeit in jeder Hinsicht »fertig«, ausgebildet, reflektiert, erfahren und am Ende auch fähig, die überaus schwierige Situation, an der viele andere gescheitert wären, in den Griff zu bekommen.

II.
GRÖSSE

Rationales und Irrationales

Bei dem Versuch, eine Antwort auf die schwierige Frage nach »historischer Größe« zu finden, sollte man sich auch heute noch an den im Kern wohl unüberholten Reflexionen orientieren, die Jacob Burckhardt, der große Schweizer Historiker, hierzu in seinen *Weltgeschichtlichen Betrachtungen* angestellt hat.[1] Für Burckhardt gehörte zur historischen Größe an erster Stelle die »Einzigartigkeit, Unersetzlichkeit« des großen Individuums. Er schreibt: »Der große Mann ist ein solcher, ohne welchen die Welt uns unvollständig schiene, weil bestimmte große Leistungen nur durch ihn innerhalb seiner Zeit und Umgebung möglich waren und sonst undenkbar sind; er ist wesentlich verflochten in den großen Hauptstrom der Ursachen und Wirkungen.«[2] Geht man davon aus, dass – was heute gelegentlich bestritten wird – Ursachen und Wirkungen im historischen Geschehen dingfest zu machen sind, dann wird man Bismarcks Wirkmächtigkeit tatsächlich als »groß« bezeichnen können; das belegen bereits die von ihm bewirkten politischen Veränderungen am Bundestag in den 1850er-Jahren, das zeigen der Verlauf und Ausgang des Verfassungskonflikts, der Frankfurter Fürstentag und vieles andere mehr. Nicht nur *dass* Bismarck seine Vorstellungen durchsetzte, sondern auch *wie* er es tat, belegt seine Größe, wie immer man auch seine Handlungen einschätzen mag.

An anderer Stelle bemerkt Burckhardt mit einer berühmten, häufig zitierten Formulierung: »Die Geschichte liebt es bisweilen, sich auf einmal in einem Menschen zu verdichten, welchem hierauf die Welt gehorcht.«[3] Das ist natürlich stark zugespitzt formuliert, denn »die Welt« hat niemals einem einzigen Menschen »gehorcht«; man kann, im Gegenteil, sagen, dass gerade den scheinbar oder auch wirklich großen historischen Persönlichkeiten zu allen Zeiten heftiger Widerstand entgegengetreten ist und dass sich ihre Größe nicht zuletzt darin zeigt, eben diese Widerstände gebrochen zu haben (und sei es auch nur für einen bestimmten Zeitraum, wie etwa Cäsar oder Napoleon Bonaparte). Den Zeitgenossen Bismarcks und auch vielen Nachgeborenen erscheint es tatsächlich so, als ob wenigstens die deutsche Geschichte in den Jahren 1864 bis 1871 und seitdem auch die Geschichte Europas bis 1890 sich im Wesentlichen in seiner Person »verdichtet« hätten.

Warum aber ist das so? Hängt es vielleicht nicht nur mit einer besonderen Gunst der Zeit, sondern auch mit bestimmten Fähigkeiten einer solchen »großen« historischen Persönlichkeit zusammen? Burckhardt war in der Tat dieser Ansicht: »Das große Individuum übersieht und durchdringt jedes Verhältnis, im Detail wie im Ganzen, nach Ursachen und Wirkungen. Das ist eine ganz unvermeidliche Funktion seines Kopfes. ... Völlig klar schaut es zwei Hauptsachen: es sieht zunächst überall die wirkliche Lage der Dinge und der möglichen Machtmittel und läßt sich durch keinen bloßen Schein blenden und durch keinen *Lärm des Augenblicks* betäuben. Von allem Anfang an weiß es, welches die Grundlagen seiner künftigen Macht sein können. Gegenüber Parlamenten, Senaten, Versammlungen, Presse, öffentlicher Meinung weiß es jederzeit, wieweit sie wirkliche Mächte oder bloß Scheinmächte sind, die es dann einfach benützt.«[4]

Darin klingt an, dass ein bedeutender Mensch, dem das Attribut historischer »Größe« zukommt, vor allem über *eines* verfügen muss: Illusionslosigkeit, Sachlichkeit, Nüchternheit, Realitätssinn. Er darf sich niemals durch den äußeren Schein blenden lassen, sondern er benutzt ihn, um im gegebenen Fall die anderen zu blenden, die sich durch den Lärm des Augenblicks betäuben lassen. Den Zustand des Geblendet-Werdens und des Betäubt-Seins vermeiden zu können ist im politischen Betrieb vergangener wie heutiger Tage ein recht schwieriges Geschäft. Der Überblick über komplexe Verhältnisse, das politische Agieren im zeitlichen Nebeneinander verschiedenster politischer Schauplätze und Bereiche stellen eine Kunst dar, die nur wenige Politiker beherrschen. Diejenigen, die es können, wird man wohl groß nennen dürfen – und Bismarck gehörte zu ihnen.

Gelegentlich zeigt sich das geschichtlich bedeutende Individuum erst im Verlauf einer historischen Krise, und auch dies hat Burckhardt treffend beschrieben, wenn er anmerkt: »In den *Krisen* kulminiert in den großen Individuen zusammen das Bestehende und das Neue (die Revolution).«[5] Hiermit ist fraglos ein besonderes Merkmal der Persönlichkeit und des politischen Werkes auch von Bismarck angesprochen, denn er war tatsächlich bestrebt, das Alte und das Neue zusammenzuführen, das heißt, *zum einen* die traditionellen politischen und sozialen Führungsschichten Preußens und Deutschlands mit dem aufsteigenden Bürgertum zusammenzubringen und sie, wenn schon nicht im eigentlichen Sinne miteinander zu versöhnen, wenigstens zu einer politischen Zweckgemeinschaft zum Wohle des Ganzen zusammenzuschließen. Und zum *anderen* ging seine Absicht dahin, nach dem von ihm schon früh vorausgesehenen und postulierten Ende des seit 1815 bestehenden Deutschen Bundes zu einer neuen Verfassungsstruktur des Norddeutschen Bundes, später des Reiches zu gelangen. Diese sollte einerseits über das Kaisertum und den Bundesrat den Einfluss der deutschen Fürsten sichern, andererseits aber auch den gerade aufsteigenden politischen und sozialen Mächten ihren Anteil an der politischen Macht im neuen Staat geben, und zwar durch den nach allgemeinem, gleichem und geheimem Wahlrecht gewählten Reichstag. Keineswegs zu Unrecht ist Bismarck deshalb von Henry Kissinger und Lothar Gall als »weißer Revolutionär« bezeichnet worden.[6]

Kann man aber das Phänomen der historischen Größe ausschließlich auf der *rationalen* Ebene fassen, oder kommt nicht doch etwas Weiteres, vielleicht sogar etwas *Irrationales* hinzu? Burckhardt war jedenfalls dieser Ansicht, wenn er feststellte: »Die wirkliche Größe ist ein Mysterium. Das Prädikat wird weit mehr nach einem dunklen Gefühle als nach eigentlichen Urteilen aus Akten erteilt oder versagt; auch sind es gar nicht die Leute vom Fach allein, die es erteilen, sondern ein tatsächliches Übereinkommen vieler.«[7] Das hiermit angesprochene Phänomen des »Charismas« großer Persönlichkeiten, der von ihnen auf die große Masse ausgeübten persönlichen Faszination, ist auch ein Problem, das sich beim Nachdenken über die historische Rolle Bismarcks stellt.

Wie ist diese – an sich durchaus nicht unbedenkliche – Faszination zu erklären? Auch zur Beantwortung dieser Frage gibt Jacob Burckhardt einen wichtigen Hinweis, wenn er in seiner Analyse der historischen Größe darauf hinweist, dass dem großen Individuum zuerst und vor allem der »wirkliche Wille« zu eigen sein muss, sich einer »Lage zu bemächtigen«, ja sogar eine geradezu »abnorme Willenskraft, welche magischen Zwang um sich verbreitet und alle Elemente der Macht und Herrschaft an sich zieht und unterwirft«; und hierzu gehört ebenfalls, so Burckhardt weiter, »die Ahnung der Denkenden, daß das große Individuum da sei, um Dinge zu vollbringen, die nur ihm möglich und dabei notwendig seien«.[8] Die ungewöhnliche Willenskraft, über die Bismarck verfügte, wird auch sein ärgster Gegner nicht leugnen können. Zur Willenskraft kam ergänzend die Durchsetzungsfähigkeit dieser Persönlichkeit, die damit über die geistige und nicht zuletzt auch seelische Stärke verfügte, die eigenen Entscheidungen notfalls auch gegen härteste Widerstände erzwingen zu können. Das lässt sich zuerst und vor allem an den Ereignissen der 1860er-Jahre zeigen, an Bismarcks Lösung der preußischen Staats- und Verfassungskrise, den drei Einigungskriegen und an der wesentlich von ihm, von seinem Willen und seinen Vorstellungen geprägten Neuordnung Deutschlands nach dem Ende des Deutschen Bundes.

Konflikt

Als Bismarck am 22. September 1862 von König Wilhelm I. in Schloss Babelsberg zur wohl wichtigsten Audienz seines Lebens empfangen wurde, war der politische Aufstieg an die Spitze – wenigstens auf den ersten Blick – geschafft: Die lange angestrebte und zuletzt, wie der Briefwechsel mit Roon zeigt, fast von Tag zu Tag erwartete Berufung zum Regierungschef und damit zum Leiter der preußischen Politik stand unmittelbar bevor. Die vor ihm liegende Aufgabe schien freilich kaum zu bewältigen: Trotz mehrmaliger Parlamentsauflösungen und Neuwahlen war es den Volksvertretern auf der einen, dem Monarchen auf der anderen Seite letztlich nicht gelungen, zu einer Einigung im Heeres- und Verfassungskonflikt zu gelangen. Es blieben nur zwei Möglichkeiten: entweder so lange zu warten, bis eine der beiden Seiten zum Nachgeben bereit war, oder aber den Konflikt unter Inanspruchnahme des Rechts des Stärkeren durchzufechten. Und genau hierzu war Bismarck entschlossen.

In Babelsberg stellte der König nun, wie man Bismarcks berühmter Schilderung der Audienz in den *Gedanken und Erinnerungen* entnehmen kann, die alles entscheidende Frage: Ob er bereit sei,»als Minister für die Militär-Reorganisation einzutreten, … auch gegen die Majorität des Landtags und deren Beschlüsse«. Nachdem Bismarck dies bejaht hatte, erklärte Wilhelm:»Dann ist es meine Pflicht, mit Ihnen die Weiterführung des Kampfes zu versuchen, und ich abdicire nicht.«[9] Man wird Bismarck glauben können, dass er zu allem entschlossen war, wenn er nach seiner Erinnerung dem Monarchen anschließend erklärte,»daß es sich für ihn nicht um Conservativ oder Liberal in dieser oder jener Schattirung, sondern um Königliches Regiment oder Parlamentsherrschaft handle und daß die letztere … auch durch eine Periode der Dictatur abzuwenden sei«. Er selbst sei entschlossen, fügte Bismarck hinzu,»lieber mit dem Könige unterzugehen, als Ew. Majestät im Kampfe mit der Parlamentsherrschaft im Stich [zu] lassen«.[10]

Diese Feststellungen, so martialisch sie aus heutiger Sicht auch klingen mögen, waren von Bismarck tatsächlich todernst gemeint. Er griff nur selten zu derartigen Formulierungen, aber wenn er dies tat, lagen gewichtige Gründe vor. Wenn – wie er es sah und wohl auch sehen musste – tatsächlich die Entscheidung zwischen Königs- oder Parlamentsherrschaft bevorstand und damit zwischen der von ihm leidenschaftlich befürworteten und unterstützten konstitutionellen Monarchie einerseits und einem parlamentarischen System etwa nach dem Beispiel Großbritanniens andererseits, gab es für ihn kein Abwägen. Nach Lage der Dinge erschien ihm eine parlamentarische Ordnung, wie sie von den preußischen und deutschen Liberalen schon 1848 gewünscht worden war, für Preußen höchst verderblich. Jede Schwächung des politischen Entscheidungszentrums der stets gefährdeten, dazu auch noch strategisch und geopolitisch ungünstig in der Mitte Europas gelegenen kleinsten europäischen Großmacht konnte, wie Bismarck es als Mensch seiner Zeit sah, potenziell katastrophale Folgen haben. Insofern gab es für ihn keine andere Möglichkeit, als den vom König eingeschlagenen Weg, den er selbst prinzipiell für richtig hielt, kompromisslos zu unterstützen.

Der neue preußische Ministerpräsident hingegen wurde nur von wenigen »kompromisslos« unterstützt, darunter seinen konservativen Parteifreunden, deren Reihen im Verlauf des Konflikts allerdings stark zusammengeschmolzen waren; seit den letzten Wahlen von 1861 verfügte die Konservative Partei nur noch über beinahe schon lächerliche zwölf Mandate, denen 141 der Fortschrittspartei und 101 des »Linken Zentrums« gegenüberstanden.[11] Zum Glück habe man es, schrieb die *Kreuzzeitung* kurz nach Bismarcks Ernennung, »nicht mit einem schwächlichen, sondern mit einem energischen Charakter zu tun; mit einem Manne, dessen staatsmännische Einsicht klar genug ist, um zu wissen, daß, wenn die Demokratie ihren Angriff gegen das Königtum sofort gegen dessen stärkste, aber auch verwundbarste Stelle, gegen die Armee richtete, damit die Notwendigkeit gegeben ist, auf diesem Gebiete den Entscheidungskampf zu schlagen«. Das klang schon ein wenig nach Zweckoptimismus, da schien die *Wochenschrift* des liberalen Deutschen Nationalvereins eher die Zeitstimmung zu treffen, wenn dort über den neuen preußischen Ministerpräsidenten zu lesen war: »Mit der Verwendung dieses Mannes ist der schärfste und letzte Bolzen der Reaktion von Gottes Gnaden verschossen. Wenn er auch manches gelernt und verlernt haben mag, ein vollgültiger Staatsmann ist er keinesfalls, sondern nur ein Abenteurer vom allergewöhnlichsten Schnitt, dem es nur um den nächsten Tag zu tun ist«[12] – zweifellos eine grandiose Fehleinschätzung.

Welch einem Maß von physischen Anstrengungen und ohne Frage auch psychischen Belastungen Bismarck unter diesen Voraussetzungen in den ersten Wochen und Monaten seiner Amtszeit ausgesetzt war, ist unschwer vorstellbar. »Man sieht ihn nie und nie«, klagte Johanna schon im Januar 1863, »– morgens beim Frühstück fünf Minuten während Zeitungsdurchfliegens – also ganz stumme Scene. Drauf verschwindet er in sein Kabinet, nachher zum König, Ministerrath, Kammerscheusal – bis gegen fünf Uhr, wo er gewöhnlich bei irgend einem Diplomaten speist, bis 8 Uhr, wo er nur *en passant* Guten Abend sagt, sich wieder in seine gräßlichen Schreibereien vertieft, bis er um halb zehn zu irgend einer Soiree gerufen wird, nach welcher er wieder arbeitet bis gegen ein Uhr und dann natürlich schlecht schläft. Und so geht's Tag für Tag …«[13]

Was nun die Kernfrage des Verfassungskonflikts betraf, also das Problem der nicht erreichten Einigung zwischen Parlamentsmehrheit und königlicher Regierung über die Gesetzesvorlagen zur Heeresreform, so griff die starke liberale Mehrheit des Abgeordnetenhauses unter Führung der Fortschrittspartei auf das letzte Mittel jedes Parlaments in der konstitutionellen Ära zurück: Man verweigerte die Zustimmung zum Staatshaushalt, um die ohne gültiges Budget nicht handlungsfähige Regierung auf diese Weise zum Einlenken zu zwingen. Bismarck ließ sich hierdurch allerdings in seiner politischen Handlungsfreiheit nicht beeinträchtigen; er regierte mit den vom Parlament zuletzt bewilligten Haushaltsgeldern auch im nächsten Jahr weiter, die Steuern wurden, wie sie vom Parlament zuletzt beschlossen worden waren, weiter erhoben – nur Steuer*erhöhungen* oder auch *neue* Steuern waren in der gegebenen Lage nicht durchzusetzen.

Die Streitfrage drehte sich also um die Verfassungsmäßigkeit von Bismarcks Vorgehen: Der Kritik der Liberalen, die dem neuen Ministerpräsidenten offenen Verfassungsbruch vorwarfen, begegnete Bismarck mit der »Lückentheorie«, die auf der Annahme beruhte, dass in der preußischen revidierten Verfassung von 1850 eine »Lücke« bestehe, da ein zentrales Problem dort ungeklärt geblieben sei. Auf genau diese Argumentation hätten die liberalen Gegner Bismarcks eigentlich vorbereitet sein müssen, denn im Landtag war zwölf Jahre zuvor genau hierüber heftig debattiert worden, als man um die Revision der zuvor (im Dezember 1848) vom König erlassenen Verfassungsurkunde gerungen hatte.[14] Worum ging es genau? Artikel 99 der Verfassungsurkunde legte fest, dass alle Einnahmen und Ausgaben des Staates für jedes Jahr im Voraus jährlich vom Abgeordnetenhaus festgestellt, das heißt durch ein Gesetz beschlossen werden müssten. Und Artikel 62 legte fest, dass für das Zustandekommen eines Gesetzes die gemeinsame Zustimmung beider Kammern des Parlaments und der Krone erforderlich sei.

Wenn jedoch im konkreten Fall – und genau hier setzte Bismarcks Argumentation an – *keine* Einigung zwischen den drei zustimmungsberechtigten Institutionen Abgeordnetenhaus, Herrenhaus und Krone zustande kam, dann sah man sich vom Verfassungstext im Stich gelassen, denn genau für diesen Fall waren keine weiteren Bestimmungen niedergelegt worden. Die liberale Interpretation, erklärte der Ministerpräsident am 27. Januar im Abgeordnetenhaus, laufe auf die Annahme hinaus, »die Schwierigkeit sei einfach dadurch zu erledigen, daß die beiden anderen Faktoren sich dem Abgeordnetenhause fügen«, dass also, jedenfalls in letzter Konsequenz, die Krone sich einer der beiden Kammern des Parlaments zu unterwerfen habe. Auf diese Weise »würde allerdings die souveräne Alleinherrschaft des Abgeordnetenhauses hergestellt werden«; dies aber sei »nicht verfassungsmäßiges Recht in Preußen«, da der Verfassungstext »das Gleichgewicht der drei gesetzgebenden Gewalten in allen Fragen, auch in der Budgetgesetzgebung« durchaus festhalte.[15]

Falls jedoch ein dringend gebotener (und auch von der Verfassung eigentlich gewünschter) Kompromiss trotz allen Bemühens nicht zustande komme, werde die »Reihe der Kompromisse unterbrochen und an ihre Stelle treten Konflikte, und Konflikte, da das Staatsleben nicht stillzustehen vermag, werden zu Machtfragen; wer die Macht in Händen hat, geht dann in seinem Sinne vor, weil das Staatsleben auch nicht einen Augenblick stillstehen kann«. Es bestehe unzweifelhaft »eine Lücke in der Verfassung«, die den jetzigen Zustand hervorgerufen habe. Angesichts der gegebenen Lage müsse die Staatsführung, als der nun einmal mächtigste Faktor im Verfassungsleben, gegebenenfalls auch ohne Zustimmung des Parlaments handeln. Bismarck bestritt »auf das Allerbestimmteste«, dass dieser inzwischen »eingetretene Zustand verfassungswidrig sei«.[16]

Für rechtsdogmatisch versierte Juristen unserer Zeit wäre es wohl eine leichte Übung, Bismarcks These zu widerlegen; im Kontext der Verfassungstheorie und des politischen Denkens seiner Epoche jedoch, etwa der verbreiteten Lehre vom »monarchischen Prinzip«, das in Streitfällen immer ein Übergewicht der Krone vorsah, erschien Bismarcks Standpunkt als durchaus verständlich und logisch.

Dass genau hierüber eine sachliche Debatte inzwischen nicht mehr möglich war, hing nicht zuletzt damit zusammen, dass Bismarck ganz zu Anfang, schon in den ersten Tagen seiner Amtszeit, den parlamentarischen und politischen Gegner rhetorisch massiv provozierte. Gemeint ist hier vor allem eine seiner berühmtesten Äußerungen (er wurde sie tatsächlich niemals mehr los), die er schon am 30. September 1862 in der Budgetkommission des Abgeordnetenhauses gemachte hatte – sozusagen die für die Parlamentarier bestimmte Variante seiner gleichzeitigen Äußerung gegenüber König Wilhelm, notfalls müsse man eben eine Periode der Diktatur durchleben. Ausdrücklich nicht nur auf die Innen-, sondern auch auf die Außenpolitik bezugnehmend, ließ Bismarck den Satz fallen: »… nicht durch Reden und Majoritätsbeschlüsse werden die großen Fragen der Zeit entschieden – das ist der große Fehler von 1848 und 1849 gewesen –, sondern durch Eisen und Blut.«[17] Das öffentliche Echo auf diese Äußerung war derart verheerend, dass Bismarck – der also auch jetzt noch dazulernte – künftig darauf achtete, einen ähnlichen Fauxpas zu vermeiden. Der von ihm vertretenen Sache war es allem Anschein nach wenig dienlich, die für einen Politiker in seiner Lage empfehlenswerte rhetorische Zurückhaltung aufzugeben.

Nicht nur innenpolitisch, sondern auch bei den auswärtigen Angelegenheiten hatte Bismarck es bald mit gravierenden Problemen zu tun, an deren Bewältigung schwächere Naturen vermutlich gescheitert wären. Der im Januar 1863 gegen die russischen Oberherren ausbrechende polnische Aufstand stellte die preußische Diplomatie vor ein schwieriges Problem. Einerseits verfügten die polnischen Aufständischen über erhebliche Sympathien in Frankreich und Großbritannien, und auch innerhalb des deutschen Liberalismus war man traditionell polonophil eingestellt, andererseits hätte eine siegreiche polnische Unabhängigkeitsbewegung auch auf die polnischsprachigen Regionen in Posen und Westpreußen, auf die habsburgische Provinz Galizien sowie auf das Gebiet um Krakau übergreifen können. Bismarck hegte noch eine weitere Befürchtung: Eine pan-slawische Partei innerhalb der russischen Politik könnte die Wiederherstellung Polens mit einer anti-preußischen und anti-habsburgischen Stoßrichtung betreiben. Vor allem der letztgenannten Möglichkeit musste aus Bismarcks Sicht unbedingt vorgebeugt werden.

Er ging dabei überaus geschickt vor, indem er einen Vertrauten, General Gustav von Alvensleben, nach St. Petersburg schickte, um dort im Februar 1863 eine Militärkonvention mit Russland abzuschließen: Preußen und Russland vereinbarten darin, den polnischen Aufstand beiderseits der Grenzen gemeinsam bekämpfen zu wollen und im gegebenen Fall flüchtige Aufständische über die beiderseitigen Staatsgrenzen hinweg verfolgen zu dürfen.[18] Der russischen Seite gegenüber sprach Bismarck von einem großen preußischen Entgegenkommen im gemeinsamen Kampf gegen die Revolution; die preußische Regierung möchte, heißt es in einem gleichzeitigen Schreiben an den russischen Außenminister Fürst Alexander Michailowitsch Gortschakow, »daß in Bezug auf jede politische *Insurrektion*, wie in Bezug auf jede Gefahr vom Auslande her, sich das schöne Wort bewahrheite, welches der Kaiser [gemeint ist Zar Alexander II.; H.-C. K.] … gesprochen hat, daß Rußland und Preußen gemeinsamen Gefahren solidarisch entgegentreten, als ob sie *Ein* Land bildeten«.[19] Mit derartigen Formulierungen träufelte Bismarck, bildlich gesprochen, Balsam auf die seit dem Krimkrieg verwundete russische Seele; er suggerierte der Petersburger Regierung hiermit nicht zuletzt auch ein preußisches Bedürfnis nach einem besonders engen Schulterschluss, keineswegs nur in der aktuellen polnischen Frage, sondern eventuell auch auf anderen Gebieten.

Natürlich war diese Politik im eigenen Land, wenn man vom traditionell russlandfreundlichen konservativen Lager absieht, ebenso unpopulär wie in den westlichen Hauptstädten, wo sie auf deutlichen Widerspruch stoßen musste. Bismarck wusste sehr genau, dass hier ein Gegensteuern notwendig war. Der preußische Gesandte in London wurde angewiesen, der dortigen Regierung zu signalisieren, es sei »nicht unsere Absicht, den Rußland zu leistenden Beistand über das Bedürfnis der Sicherstellung unsrer Grenzen hinaus auszudehnen«, und man habe sich dazu entschlossen, weil die Unterdrückung des polnischen Aufstands für Preußen »eine politische Notwendigkeit« sei, denn die Herstellung »eines unabhängigen polnischen Staates zwischen Schlesien und Ostpreußen mit der konsequenten Begehrlichkeit nach Posen und nach der … Weichselmündung würde eine permanente Drohung gegen Preußen bilden«.[20] Bismarck hoffte vermutlich auch auf das Verständnis der Briten vor dem Hintergrund ihrer eigenen vergleichbaren Probleme mit Irland. Auch der französischen Regierung wurde indirekt versichert, die Konvention sei »rein defensiver Natur« und habe »lediglich die Sicherung unserer östlichen Grenzprovinzen zum Endzweck«.[21]

Im preußischen Abgeordnetenhaus, wo in dieser Zeit ohnehin die Standpunkte im Verfassungsstreit besonders heftig aufeinanderprallten, wurde auch der polnische Aufstand überaus kontrovers debattiert (obwohl dem Parlament laut gültiger Verfassung eigentlich gar keine Befugnisse in der auswärtigen Politik zukamen). Aber das Abgeordnetenhaus – in dem es damals bereits eine kleine polnische Fraktion gab – nahm sich dieses Recht, schon um gegenüber einer scheinbar übermächtigen Staatsregierung seinen Widerstandsgeist bei jeder sich bietenden Gelegenheit herauszustreichen. In diesem Fall reagierte Bismarck jedoch recht heftig, und die in einer Debatte über den polnischen Aufstand am 26. Februar 1862 von ihm gesprochenen Worte sind später häufig zitiert worden: »Die Neigung, sich für fremde Nationalbestrebungen zu begeistern, auch dann, wenn dieselben nur auf Kosten des eigenen Vaterlandes verwirklicht werden können, ist eine politische Krankheitsform, deren geographische Verbreitung sich auf Deutschland leider beschränkt.«[22] Damit wiederum goss er erneut Öl ins Feuer des Konflikts und signalisierte zugleich, dass er unter keinen Umständen gewillt war, eine Einmischung der Abgeordneten in die Außenpolitik zu akzeptieren.

Auch die deutsche Frage kam wieder in Bewegung, denn die vor allem von den Mittelstaaten ausgehenden Bundesreformbemühungen standen plötzlich erneut auf der Tagesordnung der deutschen Politik, denn jetzt unternahm auch das Habsburgerreich ernsthafte Anstrengungen, die in der Tat überalterten, im Kern auf die Vereinbarungen von 1815 zurückgehenden Strukturen des Bundes zu erneuern und – freilich in sehr eng gefassten Grenzen – zu reformieren. Auf *eines* aber lief der Wiener Reformplan gerade nicht hinaus: eine Gleichberechtigung der zweiten deutschen Großmacht Preußen im Rahmen der Leitung des Bundes; eine solche war ausdrücklich *nicht* vorgesehen. Das äußerste Zugeständnis, zu welchem die österreichische Regierung bereit war, bestand in der Ergänzung des Bundestages durch die, wie es hieß,»periodische Einberufung einer Versammlung von Abgeordneten der Vertretungskörper der Einzelstaaten«.[23] Aus Bismarcks Sicht lief der Reformplan wieder einmal nur darauf hinaus, die Macht und den Einfluss Habsburgs in Deutschland noch weiter zu festigen, eben unter Vermeidung einer »dualistischen Spitze mit Gleichberechtigung Preußens und Oesterreichs«, die als solche immerhin auch jetzt noch denkbar gewesen wäre. Gleichwohl ging es Wien, so Bismarcks Einschätzung im Rückblick, lediglich um eine Konsolidierung der »Vorherrschaft Oesterreichs« mittels »der damals beabsichtigten Bundesreform«.[24]

Aus der Berliner Perspektive gab es nur noch eine Möglichkeit, den (von Wien lange geheim gehaltenen) österreichischen Plan zu verhindern – einen Boykott des Fürstentages. Hierauf hat Bismarck schon bald mit aller Entschiedenheit hingearbeitet, und er hat seine Absicht gegen den widerstrebenden König nur mit äußerster Anstrengung durchsetzen können. Immerhin trafen 1863 zum ersten Mal seit 1815, dem Gründungsjahr des Deutschen Bundes, alle deutschen Fürsten höchstpersönlich im Rahmen eines großen Kongresses zusammen, und es wurde vonseiten Österreichs und seiner engeren Verbündeten alles unternommen, um den preußischen Monarchen, nachdem dessen Absage bekannt geworden war, doch noch zur Teilnahme an der Zusammenkunft zu bewegen. König Johann von Sachsen, der angesehenste unter den damals regierenden deutschen Fürsten, fuhr eigens nach Baden-Baden, um den dort kurenden König Wilhelm aufzusuchen und zu einem Sinneswandel zu bewegen. Wilhelm schien tatsächlich zuerst erneut »umzukippen« – mit dem Argument, man könne sich solch einem Ansinnen doch nicht versagen, erst recht dann nicht, wenn man von »25 regierende[n] Herren und ein[em] König als Courir«[25] eingeladen werde.

Bei dieser Gelegenheit bewährten sich Bismarcks erstaunliches Stehvermögen und seine außergewöhnliche, notfalls bis an die Grenzen der eigenen Physis gehende Nervenstärke. Sieben Jahre später hat er zum ersten Mal über diesen Vorgang berichtet: Er habe, so Bismarck zu dem Journalisten Moritz Busch, König Wilhelm »im Schweiße meines Angesichts« und nur »mit Not und Mühe geradezu an den Rockschößen festgehalten«, zumal »die Damen alle dafür« gewesen seien und Bismarcks Anstrengungen nach Kräften entgegengearbeitet hätten. Den Monarchen erneut von der Notwendigkeit zu überzeugen, gerade jetzt *nicht* nach Frankfurt zu gehen, sei ihm »sauer genug gemacht« worden; Wilhelm habe nach dem Besuch des Königs von Sachsen mit Weinkrämpfen »auf dem Sofa« gelegen, »und ich war, als ich ihm zuletzt den Absagebrief abgerungen hatte, so schwach und matt, daß ich kaum auf den Beinen stehen konnte. – Ja, als ich das Zimmer verließ, taumelte ich und war nervös so aufgeregt und erschöpft, daß ich beim Zumachen der Thür draußen die Klinke abriß.«[26]

Dieser bekannte Vorgang zeigt anschaulich, mit welcher Leidenschaft Bismarck Politik betrieb und dass er bestrebt war, das von ihm als richtig und notwendig Erkannte auch bis an die Grenzen gehend, mit vollem Einsatz seiner physischen Kräfte und seiner psychischen Stärke durchzusetzen. Seine enorme Willenskraft kehrte hier zum ersten Mal das politische Abhängigkeitsverhältnis, in dem Bismarck sich als vom König ernannter und auch nur von seinem Vertrauen abhängiger Ministerpräsident eigentlich befand, regelrecht um. Das war nach seiner Einschätzung in gewissen Grenzfällen politischer Entscheidungsfindung auch zulässig. Die preußische Regierung würde, wenn sie den habsburgischen Reformvorschlägen zustimmte, »ein Unrecht am eigenen Lande begehen« – so begründete Bismarck nach dem Fürstentag noch einmal seine entschiedene Ablehnung –, weil »sie bei erweiterter Kompetenz des Bundes und bei erhöhter Bedeutung der dem Präsidium vorbehaltenen diplomatischen Beziehungen nach außen, auf den Anspruch der Gleichstellung verzichtete«[27]. Nachdem Preußen die Vorschläge nach Bismarcks Willen abgelehnt hatte, war die Bundesreform im Herbst 1863 vom Tisch – endgültig.

Diplomatie und Krieg

Umso überraschender war, dass es weniger als ein Jahr nach der heftigen Konfrontation wegen der Zukunft des Deutschen Bundes dennoch zu einem engen außenpolitischen Zusammengehen zwischen Berlin und Wien kam. Es ging um die Zukunft Schleswig-Holsteins, dessen politische Lage staats- und völkerrechtlich überaus kompliziert war. Die beiden Herzogtümer Schleswig und Holstein sollten nach ihrer uralten Verfassung »up ewig ungedeelt« bleiben; beider Landesherr war seit Langem der König von Dänemark. Aber Holstein gehörte dem Deutschen Bund an, während Schleswig mit gemischter deutsch-dänischer Bevölkerung außerhalb des Bundes verblieben war, jedoch staatsrechtlich nicht zum Königreich Dänemark gehörte. Im Revolutionsjahr 1848 war es in beiden Herzogtümern zu einem Aufstand gegen die dänische Fremdherrschaft gekommen, der seinerzeit von den deutschen Mächten auch militärisch unterstützt worden war. Doch die Dänen konnten ihre Ansprüche durchsetzen, und im Rahmen eines nach längeren Verhandlungen 1852 in London vereinbarten Protokolls wurde der frühere Zustand wiederhergestellt. Damit waren, mit Ausnahme der nichtdeutschen großen Mächte, ausnahmslos alle unzufrieden: die Schleswig-Holsteiner, die sich erneut dem Dänenkönig unterzuordnen hatten, und auf der anderen Seite letztlich auch die Dänen, die eine Eingliederung Schleswigs in den dänischen Gesamtstaat anstrebten.

Im Oktober 1863 schien aus der Perspektive der Regierung in Kopenhagen endlich die günstige Gelegenheit gekommen, um Schleswig mittels einer neuen Verfassung in das Königreich Dänemark einzugliedern. Dieses Vorgehen widersprach jedoch sowohl den Bestimmungen des Londoner Protokolls als auch dem erklärten und seit

Langem bekannten Willen der Mehrheit der deutschsprachigen Bevölkerung beider Herzogtümer, die nicht nur ungetrennt bleiben wollten, sondern langfristig eine vollständige Eingliederung in den Deutschen Bund anstrebten. Noch komplizierter wurde die Lage dadurch, dass neben dem dänischen König nun auch noch der schleswig-holsteinische Erbprinz Friedrich von Augustenburg Anspruch auf die Herzogtümer erhob, obwohl sein Vater Christian August 1852 den Verzicht seiner Familie auf die Rechte an den Herzogtümern hatte erklären müssen. Die Aussichten Friedrichs schienen auch deshalb keineswegs abwegig, weil die Augustenburger von der liberalen deutschen Nationalbewegung aktiv unterstützt wurden.

Bismarcks Bestreben war indessen von Anfang an darauf gerichtet, die beiden Herzogtümer, wenn sie denn schon politisch zur Disposition standen, nach Möglichkeit vollständig für Preußen zu erwerben – nicht nur aus Gründen der Befriedigung eines preußischen Machtegoismus, sondern viel eher noch deshalb, weil er vor allem zwei Dinge unbedingt verhindern wollte: erstens eine Stärkung des Deutschen Bundes durch die Errichtung eines neuen deutschen Mittelstaates im Norden, der dazu noch in der unmittelbaren Nähe Preußens läge und im schlimmsten Fall die Wirtschaftsinteressen des Königreichs stören könnte, und zweitens einen Erfolg der liberalen deutschen Nationalbewegung, also jener politischen Kraft, die in Bismarck, auch vor dem Hintergrund des weiter schwelenden ungelösten Verfassungskonflikts, einen ihrer politischen Hauptfeinde sah.

Nach seiner Erinnerung an diese Zeit, die er etwa drei Jahrzehnte später zu Protokoll gab, entwickelte Bismarck dieses Ziel zum ersten Mal bereits im November 1863 im Verlauf einer Sitzung des preußischen Kronrats (also in Anwesenheit des Königs und des Kronprinzen). Reichlich unverblümt erinnerte er den Monarchen daran, »daß jeder seiner nächsten Vorfahren, außer seinem Bruder für den Staat einen Zuwachs gewonnen habe«, und der Monarch wurde ermuntert, »ein Gleiches zu thun«. König Wilhelm, der Bismarck augenscheinlich für betrunken hielt und die Anweisung gab, Bismarcks Äußerungen nicht ins Protokoll aufzunehmen, schwieg hierzu ebenso wie die anderen Minister; der in Distanz zu Bismarck stehende Kronprinz hatte, heißt es in den *Gedanken und Erinnerungen* weiter, »während ich sprach, die Hände zum Himmel erhoben, als wenn er an meinen gesunden Sinnen zweifelte«.[28] Drei Jahre später jedoch waren die beiden nordelbischen Herzogtümer als neue preußische Provinz dem Königreich Preußen eingegliedert, und alle, die dagegen gewesen waren oder sich als Bedenkenträger profiliert hatten, mussten sich am Ende geschlagen geben: König und Regierung in Kopenhagen; die Regierungen in London, Paris, St. Petersburg und Wien; der Herzog Friedrich von Augustenburg; endlich die Führer der liberalen Nationalbewegung wie auch die Anhänger der »großdeutschen« Partei in Deutschland. Sie alle waren von Bismarck – manchmal gleichzeitig, manchmal nacheinander – mit äußerster Geschicklichkeit ausmanövriert worden.

Im Jahr 1877 hat Bismarck einmal angemerkt, Schleswig-Holstein sei »die diplomatische Kampagne« gewesen, »auf die ich am stolzesten bin«, denn alle seien gegen ihn gewesen: »die Kronprinzlichen, er und sie, von wegen der Verwandtschaft, der König selbst zuerst und lange Zeit, Österreich, die kleinen deutschen Staaten, die Engländer, die es uns nicht gönnten. … Endlich waren zu Hause die Liberalen dawider, die auf einmal das Fürstenrecht für wichtig hielten [gemeint waren damit die Ansprüche des Hauses Augustenburg; H.-C. K.], es war aber nur ihr Haß und Neid gegen mich –, und auch die Schleswig-Holsteiner wollten nicht«.[29] Freilich kamen Bismarck auch Zufälle, wie militärisches Glück und mehr als ein diplomatischer Fehler der anderen, zu Hilfe. Ohne ein enges Zusammengehen mit dem Habsburgerreich hätte die Kampagne im Norden, das wusste Bismarck sehr genau, keine Chance gehabt, denn ein Alleingang Preußens gegen die zweite Hauptmacht des Deutschen Bundes kam hier nicht in Frage. Es war für den preußischen Regierungschef nicht eben einfach, die wegen des verpatzten Fürstentages noch reichlich verschnupfte österreichische Regierung auf seine Seite zu ziehen – aber am Ende schaffte er auch das.

Als die Dänen im Oktober 1863 einseitig erklärten, dass Schleswig fortan ein Teil ihres Königreichs wäre, protestierte zuerst der Deutsche Bund. Doch die Versuche der deutschen Mittelstaaten, in dem sich anbahnenden Konflikt kräftig mitzumischen, stießen – wie Bismarck vermutlich erwartet hatte (er kannte die Bundesinterna aus erster Hand) – auf den entschiedenen Widerspruch nicht nur Preußens, sondern beider deutscher Großmächte; beide wollten sich als europäische Mächte das Heft des Handelns in dieser Angelegenheit nicht von Bayern, Hessen-Darmstadt oder Sachsen aus der Hand nehmen lassen. Wien und Berlin entschlossen sich also zu einem koordinierten Vorgehen.

Beide Mächte könnten nicht zugeben, heißt es in einem diplomatischen Runderlass Bismarcks Ende Januar 1864, »daß Dänemark die Grundlagen der Vereinbarungen von 1852 zerstöre, während man gleichzeitig von ihnen selbst verlangt, daß sie an dem darauf beruhenden Londoner Vertrag festhalten sollen«; dies wäre »für die beiden deutschen Mächte eine ganz unmögliche Stellung«[30], und deshalb sei man nun, nachdem die dänische Regierung ein ihr gestelltes Ultimatum habe verstreichen lassen, entschlossen, zur faktischen Okkupation der beiden Herzogtümer zu schreiten.

Der Krieg – genauer gesagt, dessen erste Phase – dauerte von Januar bis April, als nach der schweren dänischen Niederlage bei den Düppeler Schanzen die Kämpfe – auch unter dem Druck der anderen europäischen Großmächte, besonders Großbritanniens – abgebrochen wurden. Die Friedensverhandlungen blieben jedoch ergebnislos. Die dänische Seite (vermutlich auf aktive britische Unterstützung hoffend) gab keinen Zentimeter nach und lehnte selbst das vergleichsweise großzügige Angebot Bismarcks, Schleswig entlang der deutsch-dänischen Sprachgrenze zwischen beiden Seiten einfach zu teilen – eventuell nach Abhaltung einer Volksabstimmung –, rundheraus ab. Auch der britische Druck nutzte nichts; die Konferenz wurde ergebnislos abgebrochen, der Krieg begann von Neuem. Schon zwei Wochen später gaben die Dänen auf, und im Ende Oktober 1864 zwischen den drei Mächten Österreich, Preußen und Dänemark abgeschlossenen Wiener Frieden mussten sie die Herzogtümer endgültig, und zwar vollständig, preisgeben; die beiden deutschen Großmächte übernahmen Schleswig und Holstein unter ihre gemeinsame Verwaltung, in Form eines »Kondominiums«.

Zwei große – in diesem Fall eng miteinander zusammenhängende – Fragen sollten sich jedoch schon recht bald stellen. Erstens: Was würde aus Schleswig und Holstein werden? Ein Blick auf die Karte zeigte, dass es eigentlich nur zwei Möglichkeiten gab: Entweder man errichtete ein neues Doppelherzogtum unter dem Hause Augustenburg, oder beide Herzogtümer kamen ungeteilt an Preußen. Im letzteren Fall stellte sich dann natürlich sofort die weitere Frage nach den Kompensationen für Österreich. Zweitens: Wie lange würde die Zusammenarbeit zwischen den beiden deutschen Großmächten andauern? War sie lediglich eine politische Eintagsfliege, vereinbart nur zum gemeinsamen Vorgehen gegen Dänemark, oder könnte sie länger bestehen? Hatte Bismarck nicht im Mai 1864 gegenüber dem österreichischen Geschäftsträger in Berlin, Bohuslav Graf Chotek, die »Allianz mit Österreich« als einen neu »gewonnenen festen konservativen Haltepunkt … inmitten von Europa« bezeichnet, der dazu auch noch den »vitalsten Interessen Preußens«[31] entspreche? Und hatte der preußische Ministerpräsident, immer noch mit dem Verfassungskonflikt im Hintergrund, gerade gegenüber den politisch Verantwortlichen des Habsburgerreichs im Laufe des Jahres 1864 nicht immer wieder betont, die »Stellung der deutschen Regierungen« sei infolge der engen Kooperation zwischen Berlin und Wien inzwischen »eine wesentlich andere geworden«, weil beide vor allem »der Gefahr entzogen« seien, »in den Strom, der Revolution hineingezogen zu werden«?[32]

Doch nach dem Abschluss der auf den ersten Blick überraschend erscheinenden gemeinsamen Aktion gegen Dänemark schienen sich erste leichte Schatten auf das Verhältnis der beiden deutschen Mächte zu legen. Denn es stellte sich bald heraus, dass die Wiener Regierung eine vollständige Einverleibung der Elbherzogtümer in den preußischen Staat auf keinen Fall wünschte, weil es (auch mit Blick auf den Deutschen Bund) letztlich nicht im habsburgischen Interesse liegen konnte, dass der innerdeutsche Konkurrent noch stärker wurde, als er es ohnehin schon war. Eher noch, wenn auch mit einigen Bauchschmerzen, wollte man in Wien einen weiteren deutschen Mittelstaat, also die Errichtung eines neuen deutschen Herzogtums unter Friedrich von Augustenburg akzeptieren. Bismarck erkannte früh diese Möglichkeit und versuchte den österreichischen Außenminister Johann Graf Rechberg, zu dem er mittlerweile einen guten persönlichen Draht gefunden hatte, von einer Weiterführung der engen Zusammenarbeit zu überzeugen: Es dürfe nicht sein, dass sich die beiden deutschen Mächte erneut »dem alten Geleise« näherten, »in welchem Preußen und Österreich zum Schaden beider länger als ein Jahrzehnt hindurch festgefahren waren«. Vielmehr gehe es nun darum, »mehrjährige Kämpfe und Differenzen der Vergangenheit zu übergeben«, um die gemeinsame Politik weiterzuführen, weil nur diese »zu dem von uns angestrebten Ziele führt, zur Einigkeit Deutschlands gegen innere und äußere Feinde, zur Wiederherstellung der Grundlagen monarchischen Regiments, zur Unschädlichmachung der Revolution«.[33]

Doch im Ergebnis geschah nichts: In Wien war man offenkundig nicht bereit, der Berliner Regierung wesentlich entgegenzukommen – doch diese hatte im Grunde ebenfalls nichts zu bieten, um ein mögliches Entgegenkommen zu erleichtern. Als sich Frankreich auf vertraulichem diplomatischen Weg einschaltete und der Berliner Regierung zusicherte, eine preußische Annexion beider Herzogtümer auch gegen Österreich diskret unterstützen zu wollen, wies Bismarck den preußischen Gesandten in Paris an, hierauf vorläufig nicht einzugehen. Immerhin sei es »möglich, daß die Schleswig-Holsteinische Sache früher oder später zu einem solchen Bruch führe, wenn wir uns überzeugen müßten, daß das österreichische Kabinett die volle und unbedingte Sicherstellung der preußischen Interessen im Norden nicht zulassen wolle«.[34] Die Zeit für eine Trennung von Österreich sei aber noch lange nicht reif; es sei derzeit immer noch zweckmäßiger, »die einmal bestehende Ehe trotz kleiner Hauskriege einstweilen fortzusetzen und, wenn eine Scheidung notwendig wird, die Verhältnisse zu nehmen, wie sie dann sind, als schon jetzt das Band … zu zerreißen«.[35]

Dass Bismarck jedoch schon 1865 im Prinzip bereit war, einen Krieg zur Durchsetzung der preußischen Ansprüche zu riskieren, geht aus den überlieferten Quellen zweifelsfrei hervor. Es mag sogar sein, dass seine »ganz vertrauliche«, im Juli 1865 aus dem böhmischen Karlsbad an den Berliner Kriegsminister Albrecht von Roon gesandte Anfrage, »ob wir in der Verfassung sind, einen großen Krieg *sofort* aufzunehmen«[36], auf die Überwachungsmaßnahmen der österreichischen Geheimpolizei zielte, von der Bismarck sicher annehmen konnte, dass sie seine Korrespondenz mit Berlin heimlich mitlas. Ähnliches gilt für seinen schon vom Urlaubsort des Königs in Gastein an den preußischen Gesandten in Florenz (der damaligen Hauptstadt des Königreichs Italien) erteilten Auftrag, bei der königlich-italienischen Regierung die Möglichkeit eines gemeinsamen Kriegsbündnisses zu sondieren – wenn es denn »einmal zum wirklichen Bruch zwischen Preußen und Österreich«[37] kommen sollte.

Vorläufig jedoch kam es nicht dazu. Im Gegenteil, es gelang Bismarck und dem neuen österreichischen Unterhändler Gustav Graf Blome im August 1865 relativ rasch, zu einer Vereinbarung zu kommen, mit der offenbar beide Seiten leben konnten. In der am 14. August geschlossenen Gasteiner Konvention wurden die beiden Herzogtümer nämlich verwaltungstechnisch geteilt: Österreich übernahm in Ausübung der gemeinsamen Rechte Holstein, Preußen Schleswig, bekam jedoch Sonderrechte für den Bau des Nordostseekanals und die Präsenz im Kieler Kriegshafen zugesichert, außerdem wurden ihm Verbindungswege durch Holstein garantiert. Beide Herzogtümer wurden mit Zustimmung Österreichs in den Deutschen Zollverein aufgenommen; das zwischen beiden bisher noch umstrittene, nördlich von Hamburg gelegene kleine Herzogtum Lauenburg fiel gegen eine an Wien zu zahlende Summe von zweieinhalb Millionen Talern allein an Preußen.[38] Eine Dauerlösung sah Bismarck darin allerdings nicht, sondern bestenfalls einen Kompromiss auf Zeit: Das Gasteiner Abkommen, bemerkte er in einem vertraulichen Erlass an den Gesandten in Paris, sei »lediglich als eine weitere Etappe auf unserm Wege zur definitiven Lösung der Herzogthümer-Frage mit den sich an sie knüpfenden Consequenzen anzusehn. Die Differenz ist damit nicht ausgeglichen, und es bleibt eine offene Frage, ob diese Ausgleichung auf friedlichem Wege erfolgen kann.«[39]

Für Bismarck bedeutete der – wenn auch im Ergebnis begrenzte – Erfolg dieses Abkommens nicht nur eine nochmalige Steigerung seines persönlichen Ansehens sowie seiner sozialen und gesellschaftlichen Stellung, denn er wurde vom König zum Dank in den Grafenstand erhoben[40], sondern es war ihm auch gelungen, den im Ganzen noch immer sehr zögerlichen und bedenklichen König von einer et-was risikofreudigeren Politik zu überzeugen. Nach dem Gasteiner Ab-kommen und vor allem nach »der Besitznahme von Lauenburg, der ersten Mehrung des Reichs unter König Wilhelm, fand meiner Wahr-nehmung nach«, so die Erinnerung Bismarcks, »ein psychologischer Wandel in seiner Stimmung, ein Geschmackfinden an Eroberungen statt, aber doch mit vorwiegender Befriedigung darüber, daß dieser Zuwachs, der Hafen von Kiel, die militärische Stellung in Schleswig und das Recht, einen Canal durch Holstein zu bauen, in Friede und Freundschaft mit Oesterreich gewonnen worden war«.[41]

Realpolitik

Doch die Situation im Norden blieb auch nach der Einigung von Ga-stein aus der Sicht beider Protagonisten wenig befriedigend. Für Öster-reich stellte das – vom Hauptterritorium der Monarchie weit entfernt liegende – Holstein eher einen Klotz am Bein dar, den man im Grunde loswerden wollte, nur eben nicht an den Konkurrenten in Berlin. Des-halb gestattete die Wiener Regierung auch den Anhängern des Hauses Augustenburg, die immer noch auf ihre Stunde warteten, dort pro-augustenburgische (und das hieß im Endeffekt anti-preußische) poli-tische Agitation zu treiben. Das war von der österreichischen Seite sicher weniger als eine explizit gegen Preußen gerichtete Aktion, son-dern wohl eher als Versuch gemeint, eventuell doch noch zu einer für alle Beteiligten einigermaßen akzeptablen Lösung des Problems, und zwar unter Einbeziehung des Hauses Augustenburg, zu gelangen. Aber wieder einmal hatte man in Wien die Rechnung ohne Bismarck ge-macht, für den von Anfang an klar war, dass er sich auf keinen Kom-promiss unterhalb seiner Maximalforderung nach kompletter Anglie-derung beider Herzogtümer an Preußen einlassen würde.

Unter dem Eindruck dieser Entwicklung war Bismarck bald fest entschlossen, zu einem politischen Leitgedanken zurückzukehren, den er im Sommer 1865, kurz nach Gastein, einmal als das »Prinzip der unabhängigen und freien Entwicklung des preußischen und norddeutschen Elements zu einer selbständigen Großmacht« bezeichnete, »welches ohne Anlehnung« – sei es an Österreich, sei es an Russland, sei es an den Deutschen Bund –»sich durch eigne Macht sicher fühlt«. Eine solche Politik fände »in freier Entfaltung der eigenen Lebenskeime und … in Beseitigung der Hindernisse, welche der Konsolidierung des nationalen Lebens entgegenstehen, ihre Aufgabe«.[42] Das jedoch konnte in letzter Konsequenz nichts anderes als Krieg bedeuten, und zwar Krieg innerhalb Deutschlands, denn ein Nachgeben Habsburgs und wenigstens eines Teils der deutschen Mittelstaaten gegenüber jener preußischen »Entfaltung« war kaum zu erwarten. Im schlimmsten Fall mochte dies auch einen militärischen Konflikt mit denjenigen unter den auswärtigen Mächten zur Folge haben, denen es einfallen könnte, sich dieser Entfaltung, aber auch der sich notwendig anschließenden nationalen Konsolidierung Deutschlands (oder wenigstens Norddeutschlands) unter Leitung Preußens entgegenzustellen. Das musste Bismarck klar sein und war es wohl auch. Er war spätestens seit dem Jahreswechsel 1865/66 bereit, diesen äußerst riskanten Weg zu beschreiten.

Ende Februar 1866 wurde mit den Vorbereitungen für das unvermeidlich Scheinende begonnen; in der Kronratssitzung am 28. Februar ergriff der Ministerpräsident wieder einmal das Wort zu einer Grundsatzäußerung: Es sei Preußens »Beruf«, an die Spitze von Deutschland zu treten – eben in seiner Eigenschaft als »einzige lebensfähige Schöpfung, die aus den Ruinen des alten deutschen Reiches hervorgegangen« sei. Da Österreich, obwohl zu jener Führung selbst unfähig, dieses Bestreben stets aktiv bekämpft habe, trotz aller von Preußen immer wieder unternommener Verständigungs- und Einigungsversuche, sei man jetzt am Scheideweg angelangt. Die derzeitige Wiener Politik in Holstein zeige, dass Österreich seinem Rivalen Preußen »nicht den ihm gebührenden Einfluß in Deutschland, nicht seine für Preußen und Deutschland gleich notwendige gesicherte Stellung in den Elbherzogtümern«, damit auch »nicht die Frucht seiner Siege« gönne. Insofern stehe nun die Frage im Raum, ob Preußen sich zum »Bruch und eventuell Krieg mit Österreich« entschließen könne. Wenn dem so sei, dann komme es darauf an, »unverzüglich die nötigen Einleitungen zur Gewinnung auswärtiger Bundesgenossen zu treffen«; hierfür wiederum käme aus Gründen einer ähnlichen Interessenlage gegenüber Habsburg vor allem Italien in Frage.[43] Der noch am selben Tag an alle preußischen Auslandsvertretungen herausgehende (und in seinem Inhalt wohl kaum zur Geheimhaltung vorgesehene) Runderlass Bismarcks führte dementsprechend aus, es könne nach derzeitiger Lage der Dinge »kein Zweifel darüber bestehen …, *daß man in Wien die Krisis in dem Verhältnis zu Preußen zum Äußersten zu treiben gedenkt, und daß der Übergang zur feindlichen Aktion nur als eine Zeitfrage zu betrachten ist* …«[44] Damit war mehr oder weniger offen und für alle sichtbar die schiefe Ebene betreten, die am Ende – sollte Wien in realistischer Einschätzung der eigenen Möglichkeiten nicht doch noch nachgeben, um wenigstens seine Stellung im Bund zu retten – zum Krieg in Deutschland führen musste. Jetzt ging alles relativ schnell: Während die österreichische Diplomatie in Erwartung des Kommenden zuerst in einer merkwürdigen Art von Schockstarre zu verharren schien, schloss Bismarck am 8. April 1866 das seit Längerem vorbereitete geheime Militärbündnis mit dem Königreich Italien ab, das auf zwei Monate befristet war. Es steht fest, dass die Wiener politische und militärische Führung diesen Konflikt vermeiden wollte, schon aufgrund der äußerst desolaten Finanzlage der Monarchie.

Schon einen Tag später folgte der nächste – nunmehr öffentliche – Schlag der preußischen Regierung, der sogleich ungeheures Aufsehen erregte. Preußen ließ am Deutschen Bundestag zu Frankfurt am Main einen »Antrag auf Reform der Bundesverfassung« stellen, dessen Kern die Forderung nach einer parlamentarischen Versammlung bildete – gewählt nach den Prinzipien der allgemeinen, gleichen und »directen Volkswahl«[45], das bedeutete konkret: nach dem revolutionären Wahlrecht der deutschen Nationalversammlung von 1848! Bismarck, der reaktionäre Junker und »bonapartistische« Diktator, wie ihn die Liberalen und die Gegner von der Linken sahen, hatte, so schien es wenigstens, plötzlich eine vollständige Kehrtwendung bei seiner bisherigen reaktionären Politik vollzogen. Adolph von Kleist, ehemaliger Berliner Kammergerichtspräsident und konservativer Ultra, schrieb einen

Brandbrief an Ernst Ludwig von Gerlach, der für sich spricht: »Was sagen Sie zu dieser Wendung von Bismarck? Anrufung der Volkssouveränität!!! Bildung einer Konstituante!! … Unsere Alliierten: nur die Revolution in all ihren Nuancen. Um Gottes willen kommen Sie her. Sie sind der einzige, der noch Einfluß auf ihn hat … Wir sind hier alle vollkommen vor den Kopf geschlagen. Ich bin in Verzweiflung.«[46] Und die Liberalen wiederum neigten dazu, an die Wendung vom Saulus zum Paulus nicht zu glauben; sie unterstellten dem preußischen Ministerpräsidenten rein taktische Motive. So vermutete der Fortschrittspolitiker und erbitterte Bismarck-Gegner Karl Twesten: »Bismarck denkt ohne Zweifel an ein Napoleonisches Regiment mit allgemeinem Stimmrecht und ähnlichen Kunststücken.«[47]

Die Österreicher, die den Ernst der Lage zu spät erkannt hatten, begingen jetzt einen Fehler nach dem anderen; als Truppenbewegungen an der italienischen Grenze festgestellt wurden, verfügte Kaiser Franz Joseph am 1. Mai die Mobilmachung – nicht nur im Süden, sondern auch im Norden der Monarchie –, und dies hatte wiederum zur Folge, dass auch Preußen mobilisierte. Die komplexe Kriegsmaschinerie war damit beiderseits der Grenzen in Gang gesetzt und nach Lage der Dinge kaum noch zu stoppen. Während gleichwohl diverse Vermittlungsaktionen versucht wurden, um den Zusammenprall doch noch in letzter Minute zu verhindern, stand Bismarck bereits in Geheimverhandlungen mit Frankreich. Napoleon III. scheint zuerst recht unsicher gewesen zu sein, welche Strategie er einschlagen sollte, doch er wollte unbedingt von dem deutsch-deutschen Konflikt, den er schon seit einiger Zeit vorausgesehen hatte, profitieren. Er rechnete mit einer längeren Auseinandersetzung und sah sich selbst bereits als Friedensvermittler, am Ende sogar belohnt durch Gebietserwerbungen an Saar und Rhein. Bismarck scheint gegenüber dem französischen Kaiser wohl einige diesbezügliche Andeutungen, aber keine festen Zusicherungen gemacht zu haben, obwohl dessen Gesandter Vincent Graf Benedetti dies später immer wieder behauptet hat. Bismarck war inzwischen Diplomat genug, um zu wissen, was man in diesem Beruf riskieren konnte und wovor man sich unbedingt zu hüten hatte.

Am 7. Juni 1866 begannen die Kampfhandlungen, indem preußische

Truppen mit der offiziellen Begründung, Österreich habe gegen das Gasteiner Abkommen verstoßen, in Holstein einmarschierten. Am Deutschen Bund in Frankfurt am Main kam es sieben Tage später zur entscheidenden Konfrontation: Nachdem es Österreich gelungen war, die meisten deutschen Mittelstaaten – trotz mehrfacher Warnungen aus Berlin – auf seine Seite zu ziehen, erklärte der Bund mit Stimmenmehrheit die Mobilisierung des Bundesheeres gegen Preußen; daraufhin erklärte der preußische Bundestagsgesandte Karl Friedrich von Savigny im Namen seines Königs,»daß Preußen den bisherigen Bundesvertrag für gebrochen und deßhalb nicht mehr verbindlich ansieht, denselben vielmehr als erloschen betrachten und behandeln wird«.[48] Damit war der Deutsche Bund zwar noch nicht staats- und völkerrechtlich, aber faktisch tot.

Der Ausgang des Krieges war durchaus ungewiss. Das Verhalten Frankreichs musste weiterhin als unsicher gelten, Russland und Großbritannien, die seit dem Krimkrieg beide die Verwicklung in größere Konflikte scheuten, würden sich vermutlich auch jetzt erst einmal zurückhalten – aber wie lange? Wie würde sich die Tatsache auswirken, dass die süddeutschen Länder – auch Bayern, um das man in Berlin lange und intensiv vergeblich geworben hatte – fast geschlossen gegen Preußen auftraten? Zweifellos hatte sich Bismarck mit dem von ihm vorbereiteten und eingeleiteten Krieg»auf das größte Spiel seines Lebens eingelassen«.[49] Er selbst wird das gewusst haben; zum britischen Botschafter Lord Augustus Loftus bemerkte er am Abend des 15. Juli: »Der Kampf wird ernst werden. Es kann sein, daß Preußen verliert, aber wie es auch kommen mag, es wird tapfer und ehrenvoll kämpfen. Wenn wir geschlagen werden, … werde ich nicht zurückkehren. Ich werde bei der letzten Attacke fallen. Man kann nur einmal sterben; und wenn man besiegt wird, ist's besser zu sterben.«[50] Das ist im Grunde ein später Reflex einer sehr frühen Äußerung Bismarcks, der 1838 als Dreiundzwanzigjähriger einmal bemerkt hatte:»Ich will … Musik machen, wie ich sie für gut erkenne, oder gar keine.«[51] Achtundzwanzig Jahre später bedeutete es: Er war bereit, für die von ihm betriebene – zweifellos gefährliche und risikoreiche – Politik, die er jedoch grundsätzlich für richtig und notwendig hielt, mit seiner gesamten persönlichen Existenz, schließlich sogar mit seinem Leben einzustehen.

Am Ende ging für ihn und sein Land alles gut aus. Die Strategie Moltkes, mit drei getrennten Armeen in Böhmen einzufallen und dort anschließend vereint die österreichische Streitmacht zu stellen und zu schlagen, ging auf: Schon am 3. Juli wurden die habsburgischen Truppen bei Königgrätz vernichtend geschlagen, auch die eher kümmerlichen militärischen Kräfte der deutschen Mittelstaaten hatten den preußischen Streitkräften kaum etwas entgegenzusetzen. Auf den Sieg der »Kriegskunst«, wie man im 19. Jahrhundert noch sagte, folgte die nicht selten viel schwierigere Kunst des Friedenschließens. Der Kampf um einen für alle Beteiligten akzeptablen Frieden forderte Bismarck, der während des Feldzugs in Böhmen erkrankt war, noch einmal alles ab, bis hin zu einem schweren Nervenzusammenbruch. Nur seiner enormen Willenskraft dürfte es zu verdanken gewesen sein, dass er sich am Ende doch noch einmal durchsetzte – gegen den König und gegen die Generäle, vielleicht eine von Bismarcks erstaunlichsten Leistungen.

Der einst so zögerliche und zurückhaltende König Wilhelm I. befand sich jetzt, nach dem so überraschend kurzen Feldzug und dem ebenfalls so unerwartet deutlich ausgefallenen Sieg über den alten Konkurrenten Habsburg, in einer für ihn eher ungewöhnlichen Art von Siegesrausch: Österreich als der Hauptverlierer sollte jetzt Gebiete an Preußen abtreten, darunter einen Teil Böhmens; Bayern und Sachsen sollten ebenfalls Gebietsverluste erleiden. Bei den Beratungen am 23. und 24. Juli 1866 in Schloss Nikolsburg konnte Bismarck seinen wohlbegründeten Standpunkt, das Habsburgerreich aus politischen Gründen so wenig wie möglich bluten zu lassen, gegenüber den Militärs und dem König zuerst nicht durchsetzen. In seinen Memoiren hat er die dramatische Szene geschildert: »Meine Nerven widerstanden den mich Tag und Nacht ergreifenden Eindrücken nicht, ich stand schweigend auf, ging in mein anstoßendes Schlafzimmer und wurde dort von einem heftigen Weinkrampf befallen.«[52] Dass er seinen (nach damaligem Verständnis eher unmännlichen) Schwächeanfall, der einem Nervenzusammenbruch gleichkam, auch im Rückblick nicht verschwieg, ist durchaus bemerkenswert.

Freilich steigerte er damit noch die Wirkung seiner Darstellung, wenn er anschließend berichtete, dass er sich am 23. Juli 1866 – nachdem er sich wieder beruhigt hatte – an den Schreibtisch setzte, um für König Wilhelm die Gründe seiner abweichenden Haltung noch einmal zu fixieren. »Von Österreich ist durch die doppelte Erklärung«, heißt es in diesem Dokument, »daß es aus dem Deutschen Bunde austrete und eine Rekonstruktion desselben ohne seine Teilnahme und unter Preußens Führung zulassen und daß es alles anerkennen werde, was Eure Königliche Majestät in Norddeutschland zu tun für gut befinden werden, alles Wesentliche gewährt, was Preußen von ihm zu fordern hat«, und im Übrigen dürften das Ende des alten Bundes sowie die üppigen Annexionen in Norddeutschland »als ein Ziel angesehen werden, so groß, wie es beim Ausbruch des Krieges niemals gesteckt werden konnte«. Es wäre ein schwerer, vielleicht nicht wiedergutzumachender politischer Fehler, »durch den Versuch, einige Quadratmeilen mehr von Gebietsabtretung ... von Österreich zu gewinnen, *das ganze Resultat* wieder in Frage zu stellen und es den ungewissen Chancen einer verlängerten Kriegsführung oder einer Unterhandlung, bei welcher fremde Einmischung sich nicht ausschließen lassen würde, auszusetzen«.[53]

Vor allem der letzte Hinweis war von bedeutendem Gewicht, denn Napoleon III. geriet, auch unter dem Einfluss einer auf neue politische Erfolge dringenden öffentlichen Meinung in Frankreich, bald erheblich unter Druck. Sein misslungenes mexikanisches Abenteuer – die Errichtung eines von Frankreich aus dirigierten Kaiserreichs Mexiko mit Maximilian von Habsburg an der Spitze, das soeben in einem Bürgerkrieg unterging – machte dem französischen Herrscher schwer zu schaffen und lähmte ihn auch in seinen militärischen Möglichkeiten; der Druck, über den er verfügte, konnte unter diesen Umständen nicht allzu groß sein. Umso dringender brauchte der französische Kaiser einen außenpolitischen Erfolg. Genau dies war einer der Gründe, warum Bismarck so entschieden auf einen schnellen Frieden mit dem Habsburgerreich drang. Und tatsächlich gelang es ihm – allerdings nur mit einer Rücktrittsdrohung und dem tätigen Beistand des ihm sonst eher unfreundlich gesinnten Kronprinzen – König Wilhelm am Ende zum Einlenken zu bewegen. Auf die Äußerung Wilhelms, »der Hauptschuldige«, also Österreich, »könne doch nicht ungestraft ausgehen«, antwortete Bismarck: »Wir hätten nicht eines Richteramts zu walten, sondern deutsche Politik zu treiben; Oesterreichs Rivalitätskampf gegen uns sei nicht strafbarer als der unsrige gegen Oesterreich; unsere Aufgabe sei Herstellung oder Anbahnung deutschnationaler Einheit unter Leitung des Königs von Preußen.«[54] Der König fügte sich am Ende, wenn auch widerwillig, dem vereinigten Druck seines Sohnes und seines Regierungschefs.

Damit war es möglich, sehr rasch einen Vorfriedensvertrag mit Österreich abzuschließen, der bereits alle wesentlichen Elemente des noch im Detail auszuhandelnden Friedens enthielt – und zwar *ohne* die von Bismarck so befürchtete direkte Einmischung Frankreichs oder gar Russlands. Der schon am 23. August 1866 abgeschlossene Prager Frieden musste Frankreich immerhin in einem wichtigen Punkt entgegenkommen: Das künftig von Preußen neu zu ordnende Deutschland beschränkte sich auf die Territorien nördlich der Mainlinie; die süddeutschen Staaten blieben ausgeschlossen; sie sollten hingegen »in einem Verein zusammentreten«, der, wie es in dem Vertrag ausdrücklich hieß, »eine international unabhängige Existenz haben«[55] sollte.

Auch das Zarenreich hatte, wie die anderen europäischen Großmächte, einst zu den Teilnehmern des Wiener Kongresses von 1815 und damit zu den völkerrechtlichen Garanten des Deutschen Bundes gehört. Die Petersburger Regierung meinte nun daraus das Recht ableiten zu können, bei der geplanten Neuordnung Deutschlands ebenfalls ein gewichtiges Wort mitzureden. Die allen Grundsätzen eines traditionellen monarchischen Legitimismus widersprechende Annexion Hannovers, Kurhessens und Nassaus durch Preußen konnte die Billigung des Zaren nicht finden, sodass Bismarck am Ende fast zu Drohungen greifen musste: In einem Telegramm an den Petersburger Militärattaché gab er, auf mögliche russische Druck bezugnehmend, die Sprachregelung aus: »Pression des Auslandes wird uns zur Proclamirung der deutschen Reichsverfassung von 1849 u[nd] zu wirklich revolutionären Maßregeln treiben. Soll Revolution sein, so wollen wir sie lieber machen als erleiden.«[56]

Hier stellte sich aus Sicht der damaligen Anhänger der im eigentlichen Sinne des Begriffs *legitimen*, auf dem Gottesgnadentum beruhenden monarchischen Herrschaft in der Tat ein großes Problem. Denn mit der Entthronung angestammter Herrscherhäuser – in Hannover sogar eines Königs – respektierten Wilhelm und Bismarck das Legitimitätsprinzip genauso wenig wie einst der erste Napoleon. Die Wünsche des Königs und einiger seiner Minister waren zuerst dahingegangen, in Norddeutschland nur Teilannexionen vorzunehmen, ohne auch nur einen einzigen regierenden deutschen Fürsten zu entthronen. Doch Bismarck konnte sich mit seiner konkurrierenden Auffassung letzten Endes durchsetzen. Er dachte tatsächlich *politischer*: Indem er Wilhelm überzeugte, entweder Staaten vollständig zu annektieren oder ungeschmälert bestehen zu lassen, konnte er die Entstehung einer politischen Irredenta (also einer Bewegung zur Rückgliederung annektierter Gebiete) verhindern.[57] Und zugleich konnte Preußen hoffen, auf diese Weise einerseits die Integration der neu hinzugewonnenen Bevölkerung in den vergrößerten preußischen Staat zu beschleunigen und andererseits mit denjenigen Fürsten, die verschont worden waren, eine vergleichsweise rasche Versöhnung zu erreichen. Der Preis – die Opferung des Legitimitätsprinzips – war freilich in den Augen nicht weniger Zeitgenossen ausgesprochen hoch. Auch mit diesem in der Sache nur konsequenten politischen Schritt zeigte sich, wie weit Bismarck sich inzwischen von seinen früheren christlich-konservativen Anschauungen entfernt hatte.

Bismarck scheint es eher darauf angekommen zu sein, das Alte mit dem Neuen möglichst fest zu verbinden, eventuell sogar zu versöhnen. Schon früher hatte er gegenüber dem Linksliberalen Hans Viktor von Unruh bemerkt, »das deutsche Volk« müsse als politischer Faktor endlich ernstgenommen werden. Insofern erscheint die Deutung des Bismarck-Biographen Otto Pflanze durchaus plausibel, der das Jahr 1866 als Scheidepunkt des Übergangs von einer alten zu einer neuen, zeitgemäßen Form von Legitimität interpretiert – denn genau in jenem Jahr habe tatsächlich »Bismarcks Neubegründung der Hohenzollernmonarchie« begonnen: »Diese hatte bisher auf dynastischer Loyalität, preußischem Patriotismus und protestantischer Frömmigkeit beruht und sich auf den Landadel sowie auf das preußische Heer und die preußische Beamtenschaft gestützt. Diesen Pfeilern des Regimes fügte Bismarck nun einen neuen hinzu, der große Tragfähigkeit beweisen sollte: den deutschen Nationalismus.«[58] Allerdings sollte gerade dieser letzte Pfeiler sich am Ende als der schwächste erweisen, denn das eigentliche Objekt nationaler Gesinnung war und ist letztlich kein Monarch, auch keine Dynastie, sondern – die Nation. Fortan blieb Loyalität gegenüber dem Haus Hohenzollern kein Selbstzweck mehr.

Deutscher Neubeginn

Nach dem großen Sieg von 1866 agierte Bismarck weiterhin vergleichsweise sachlich und nüchtern. Jede Art von »Siegesrausch« war und blieb ihm jetzt und auch später fremd, denn die Lage blieb vorerst unübersichtlich genug. Insofern musste die Neukonsolidierung Deutschlands nach dem durch den Krieg verursachten Ende des Deutschen Bundes möglichst rasch vorangetrieben und abgeschlossen werden. Bismarck war sich von Anfang an völlig darüber im Klaren, dass hierbei »das deutsche Volk« ein Wort würde mitsprechen wollen und auch können; insofern musste politischer Ballast, der als nicht bewahrenswert galt, über Bord geworfen werden. Vor allem aber musste jetzt endlich der preußische Verfassungskonflikt gelöst werden, der noch immer das innenpolitische Klima der nunmehr stärksten deutschen Macht vergiftete. Wenn der preußische Ministerpräsident künftig mit der Verfassung und mit der Landtagsmehrheit regieren wollte, dann musste ein Kompromiss gefunden werden, der beiden Seiten die Gesichtswahrung ermöglichte.

Ein bloßes Weiterregieren im bisherigen, von Bismarck seit September 1862 gepflegten Stil war ausgeschlossen – ungeachtet der großen, auch von der kleindeutschen liberalen Nationalbewegung mit Begeisterung begrüßten Erfolge des Sommers 1866. Es war der liberale Historiker Heinrich von Treitschke, einer der wortgewaltigsten politischen Publizisten seiner Zeit, der Bismarck genau dies klar machte: Als sich der preußische Ministerpräsident schon zu Beginn des Krieges im Juni 1866 um Treitschkes aktive Unterstützung bemühte und ihn nach Berlin berufen wollte, lehnte der Historiker mit der Bemerkung ab, dies sei ihm »unmöglich, solange der Rechtsboden der Verfassung nicht hergestellt ist«; im Übrigen sei »das Mißtrauen der Nation gegen die k[önigliche] Regierung ... leider grenzenlos; um es zu mildern giebt es schlechterdings nur ein Mittel – die Herstellung der verfassungsmäßigen Rechte des Landtags«.[59]

Das Mittel hierfür hieß »Indemnität«, also die nachträgliche parlamentarische Bewilligung der seit 1862 ohne Zustimmung des Landtags von der königlichen Regierung getätigten Ausgaben. Um zu dieser letztlich notwendigen Indemnität (nach dem Vorbild der britischen *indemnity bill*) zu gelangen, war ein steiniger Weg zu gehen. Auf der einen Seite gab es immer noch die Vertreter der Fortschrittspartei – genauer gesagt: des linken Flügels dieser Partei –, die von der Regierung ein Eingeständnis verfassungswidrigen Regierens forderten, auf der anderen Seite gab es die Konservativen, die Bismarck während des Konflikts innerhalb und außerhalb des Landtags stets unterstützt hatten; vor allem aber gab es den König, dem ein »Verlangen nach Indemnität als ein Eingeständnis begangenen Unrechts«[60] erschien. Dass die preußischen Regierung nun um parlamentarische Indemnität nachsuchte, erforderte also eine Menge Fingerspitzengefühl: Einerseits durften und sollten die politischen Freunde so wenig wie möglich verprellt werden, andererseits war es unvermeidlich, den bisherigen, teilweise erbitterten politischen Gegnern nicht unerheblich entgegenzukommen, und überdies musste die Haltung des Königs Berücksichtigung finden.

Bismarck gelang auch dieses Kunststück, indem er in der (wesentlich von ihm entworfenen) königlichen Thronrede vor dem am 5. August 1866 zusammentretenden Landtag die früheren Differenzen einfach unerwähnt ließ, auf Details und die unterschiedlichen Verfassungsinterpretationen gar nicht mehr einging, sondern – einen Monat nach Königgrätz – ausschließlich auf die »jüngsten Ereignisse« Bezug nahm und (in etwas gewundener Formulierung) die Hoffnung aussprach, dass die völlig neue Situation in Deutschland »dazu beitragen werde, die unerläßliche Verständigung insoweit zu erzielen, daß Meiner Regierung in bezug auf die ohne Staatshaushaltsgesetz geführte Verwaltung die Indemnität, um welche die Landesvertretung angegangen werden soll, bereitwillig erteilt und damit der bisherige Konflikt für alle Zeit um so sicherer zum Abschluß gebracht werden wird, als erwartet werden darf, daß die politische Lage des Vaterlandes eine Erweiterung der Grenzen des Staates und die Einrichtung eines einheitlichen Bundesheeres unter Preußens Führung gestatten werde, dessen Lasten von allen Genossen des Bundes gleichzeitig werden getragen werden«.[61] Nach heftiger dreitägiger Debatte wurde das Indemnitätsgesetz schließlich einen Monat später, am 3. September 1866, mit der großen Mehrheit von 230 gegen 75 Stimmen angenommen.[62]

Viele Jahre später hat Bismarck in seinen Memoiren das Nachsuchen um parlamentarische Indemnität als ein großzügiges Entgegenkommen seiner Regierung gegenüber den Gutwilligen unter den Linksliberalen, die sich in dem Konflikt lediglich »verrannt« hätten, dargestellt. Es sei eben notwendig gewesen, ihnen, »sei es politisch, sei es sprachlich, eine goldene Brücke zu bauen, um den innern Frieden Preußens herzustellen und von dieser festen preußischen Basis aus die deutsche Politik des Königs fortzusetzen«.[63] Das konnte man mit gutem Grund auch anders sehen, denn Bismarck befand sich angesichts der immensen vor ihm liegenden Aufgabe einer politischen Neukonstituierung Norddeutschlands unter starkem Zugzwang, den schon so lange schwelenden Konflikt irgendwie zu einem für alle akzeptablen Ende zu bringen. Dass ihm dies überraschend schnell gelang, zählt sicher zu seinen bedeutenden Leistungen, aber ihm blieb keine andere Wahl, denn er wusste nur zu gut, dass er schon bald in starkem Maße auf die Zustimmung, ja die aktive Unterstützung der liberalen und nationalen Kräfte in Preußen und Norddeutschland angewiesen sein würde. Treitschke hatte Bismarck im Grunde den Weg gezeigt, den er gehen musste, um sich dieser Unterstützung sicher sein zu können. Mit der Indemnität war der »Rechtsboden der Verfassung« wiederhergestellt.

Eine aus Bismarcks Sicht keineswegs unerwünschte Nebenfolge der Indemnitätspolitik war das Auseinanderbrechen der beiden großen politischen Bewegungen in Preußen: Die Fortschrittspartei spaltete sich ebenso wie die Konservative Partei in diejenigen, die bereit waren, Bismarcks Politik fortan zu unterstützen, und in jene anderen, die in der Opposition blieben oder sich jetzt dafür entschieden, wenn auch aus vollkommen unterschiedlichen Motiven. Die Anhänger des linken Flügels der Fortschrittspartei sahen ihren Rechtsstandpunkt nicht genügend berücksichtigt und forderten, das Budgetrecht des Landtags eindeutig festzuschreiben, einschließlich einer Distanzierung der Regierung von der »Lückentheorie«. Der rechte Flügel der Konservativen wiederum sah in der Indemnitätsvorlage ein »Einknicken« Bismarcks und seiner Regierung vor der Opposition und war der Ansicht, dass der bisherige Rechtsstandpunkt völlig ohne Not aufgegeben worden sei. Bismarck konnte diese Zersplitterung nur recht sein, denn jetzt verfügte er über eine sichere parlamentarische Mehrheit für seine weitere deutsche Politik.

Schon vor dem Krieg gegen Österreich hatte Preußen am 10. Juni 1866 einen eigenen Bundesreformplan vorgelegt, der bereits den Ausschluss der habsburgischen Lande aus Deutschland sowie eine neue föderalistische Ordnung mit parlamentarischer Basis vorsah.[64] Auf der Grundlage dieses ersten, für die damaligen Zwecke noch sehr knapp ausgeführten Plans schritt Bismarck seit Herbst 1866 weiter voran, denn ihm schien es – auch angesichts der immer noch unberechenbaren internationalen Lage, besonders auch der Haltung Frankreichs – angebracht, die politische Neuordnung rasch über die Bühne zu bringen. Noch während eines Erholungsaufenthalts in Putbus auf Rügen ging Bismarck, mit den Verfassungsentwürfen seiner engeren Mitarbeiter unzufrieden, im Oktober und November 1866 dazu über, selbst die Grundzüge einer neuen politischen Ordnung für den Norddeutschen Bund zu entwerfen. Diese berühmten »Putbuser Diktate«[65] enthalten denn auch bereits die Kerngedanken der Norddeutschen Bundesverfassung von 1867, die nur vier Jahre später mit geringen Änderungen zur Deutschen Reichsverfassung wurde und bis zum November 1918 in Kraft blieb.[66]

Natürlich hatte Bismarck bereits jetzt den Blick auf einen künftigen Beitritt der süddeutschen Staaten gerichtet, die vorerst – nach den Bestimmungen des Prager Friedens und auf Druck Frankreichs – noch nicht zu dem neu geordneten Deutschland gehören konnten. Deshalb lehnte Bismarck alle Entwürfe ab, die ihm »zu zentralistisch bundesstaatlich« erschienen; immerhin war bis auf Weiteres noch auf die partikularistischen Kräfte besonders in Bayern, aber auch in Württemberg Rücksicht zu nehmen. Ebenso empfahl er, sich bei der Neuordnung an den früheren *Formen* zu orientieren (wenn auch nicht an den Inhalten), und hiermit war die alte Bundesverfassung gemeint, während, wie er hinzufügte, »das Bestreben, eine vollendete Minerva aus dem Kopfe des Präsidiums entspringen zu lassen, die Sache in den Sand der Professorenstreitigkeiten führen würde«.[67] Kontinuität schien ihm auch deshalb wichtig, weil die »Anlehnung an das Hergebrachte«[68] den monarchisch geprägten Regierungen der künftigen Bundesstaaten die Akzeptanz des Neuen, das auf sie zukomme, leichter machte.

In den sehr heftigen Debatten über den Anfang 1867 fertiggestellten Verfassungsentwurf gelang es Bismarck erneut, zwischen Skylla und Charybdis hindurchzusteuern. Den Konservativen und den gemäßigt liberalen politischen Kräften gefiel das von Anfang an geplante allgemeine, gleiche und direkte Wahlrecht für den Reichstag des Bundes keineswegs, aber Bismarck setzte sich auch damit durch, indem er sich, als »weißer Revolutionär« sozusagen, entschieden dafür einsetzte und sich dabei sogar – bemerkenswert genug – auf die Tradition von 1848 berief: »Das allgemeine Wahlrecht ist uns gewissermaßen als ein Erbteil der deutschen Einheitsbestrebungen überkommen; wir haben es in der Reichsverfassung gehabt, wie sie in Frankfurt entworfen wurde; wir haben es im Jahre 1863 den damaligen Bestrebungen Österreichs in Frankfurt entgegengesetzt, und ich kann nur sagen: ich kenne kein *besseres* Wahlgesetz.« Über das preußische Dreiklassenwahlrecht bemerkte er hingegen, »ein widersinniges, elenderes Wahlgesetz ist nicht in irgendeinem Staate ausgedacht worden« – eine Äußerung, die, wie das Protokoll vermerkt, nicht nur mit »Bravo«, sondern auch mit »Unruhe« quittiert wurde.[69]

Auf der anderen Seite wiederum verteidigte er nicht weniger entschieden, sozusagen als konservatives Verfassungselement, den geplanten Bundesrat (also die Vertretung der Regierungen der Bundesstaaten), in welchem Bismarck »bis zu einem gewissen Grade ein

Oberhaus« erkennen zu können meinte,»in welchem Se. Majestät der König von Preußen *primus inter pares* [Erster unter Gleichen] ist, und in welchem derjenige Überrest des hohen deutschen Adels, der seine Landeshoheit bewahrt hat, seinen Platz findet«. Nichtsouveräne Vertreter des Hochadels könnten freilich dem Bundesrat nicht angehören.[70] Was Bismarck bei dieser Gelegenheit nicht sagte, jedoch später gelegentlich anmerkte: Den nach dem Wahlrecht des Jahres 1848 gewählten Reichstag verstand er vor allem als *unitarisches* Element der neuen Verfassung; er sollte den im Bundesrat agierenden, voraussichtlich eher *zentrifugalen* Kräften der einzelstaatlichen Regierungen möglichst stark entgegenwirken.

Trotz aller Suche nach ausgleichenden Elementen zwischen konservativ und liberal, zwischen partikularistisch und unitarisch, könne, führte Bismarck in der Generaldebatte über den Verfassungsentwurf am 11. März 1867 im Norddeutschen Reichstag aus, der »Stein der Weisen« nicht gefunden werden; es sei durchaus nicht Aufgabe der Gegenwart,»einer solchen Quadratur des Zirkels um einige Dezimalstellen näherzurücken«. Aus gegebenem Anlass erinnerte er die Abgeordneten auch noch einmal an die 1849 und 1850 fehlgeschlagenen Einigungsversuche der Paulskirche und des Erfurter Unionsparlaments. Jetzt sei es die Aufgabe gewesen,»ein Minimum derjenigen Konzessionen zu finden, welche die Sonderexistenzen auf deutschem Gebiete der Allgemeinheit machen müssen, wenn diese Allgemeinheit lebensfähig werden soll«. [71] Er schloss mit der Aufforderung an die Parlamentarier:»Arbeiten wir rasch! Setzen wir Deutschland, sozusagen, in den Sattel! Reiten wird es schon können.«[72]

Tatsächlich konnte Deutschland reiten – und wie gut, das sollte sich schon in den nächsten Jahren zeigen. Die von Bismarck so rasch wie möglich vorangetriebene politische Neuordnung zuerst Norddeutschlands wurde von nicht wenigen Zeitgenossen als ein geradezu schwindelerregender Vorgang empfunden, als ein innerhalb kürzester Zeit mit Meilenstiefeln vollzogener Übergang in die politische Moderne – im Grunde tatsächlich als »Revolution«. Heinrich von Treitschke brachte auf den Punkt, was viele Angehörige des deutschen Bürgertums in dieser Zeit dachten, als er Anfang Dezember 1866 feststellte:

»Unsre Revolution wird von oben vollendet wie begonnen, und wir mit unserem beschränkten Unterthanenverstande tappen im Dunkeln.«[73] Schon im Sommer des Jahres hatte er in der Revolution von oben eine zentrale Signatur der gegenwärtigen Epoche gesehen: Man sei neuerdings darüber belehrt worden, so Treitschke, »daß die großen Staatsumwälzungen gesitteter Völker sich in der Regel durch … geordnete militärische Kräfte vollziehen. Das Königreich Italien ward durch die Heere Frankreichs und Piemonts gegründet. … Sogar in Nordamerika, wo die Freiheit des Einzelnen Alles, die Macht des Staates nichts zu sein schien, wurde der Neubau der Union bewirkt durch einen geregelten Krieg, durch die Wucht einer sich energisch aufraffenden Staatsgewalt.«[74]

Der auch von anderen verwendete Ausdruck einer Revolution von oben[75] bezeichnet die Vorgänge von 1866 recht genau, denn die Verfassungsgebung von 1866/67 lief letztlich auf nichts anderes hinaus als auf eine Neugründung Deutschlands. Damit befand sich das Land, worauf Treitschke hellsichtig hinwies, im Trend der Epoche, der offensichtlich in einer gewissen Häufung militärisch durchgeführter Nationalstaatsgründungen durch Einigungskriege bestand. Der Einigung Italiens, begonnen durch den Krieg von 1859 und vollendet im Verlauf des folgenden Jahrzehnts, folgte die innere Neukonstituierung der amerikanischen Nation, die siegreiche Abwehr der Sezession der Südstaaten durch die Armeen des Nordens, in Europa begleitet wiederum von den deutschen Einigungskriegen, deren letzter (1870/71) noch ausstand, als Treitschke seine Betrachtungen niederschrieb.

Ob nun Revolution oder nicht – jedenfalls stellt das Jahr 1866, wie Lothar Gall anmerkt, »in der Geschichte Mitteleuropas eine ganz entscheidende Zäsur dar, eine viel tiefere als die eigentliche Reichsgründung von 1870/71. Die äußere und vor allem auch die innere Ordnung des alten Deutschland, seine Parteienlandschaft wie sein Verfassungssystem, seine vorherrschenden Rechtsprinzipien in Wirtschaft, Gesellschaft und Staat wie viele seiner bisherigen politischen und gesellschaftlichen Normen wurden durch die Ereignisse dieses Jahres grundlegend verändert.«[76] Diese Einschätzung erklärt im Nachhinein auch Bismarcks dringendes Bestreben, den schwierigen Übergang vom Alten zum Neuen so gut als irgend möglich abzufedern. Die zweifelsfrei vorhandenen *Bruchlinien* sollten weitestgehend verdeckt, die *Kontinuitätselemente* dagegen besonders hervorgehoben werden. Die Verfassungsform der in Preußen seit 1848, in den meisten anderen deutschen Staaten schon vorher vorhandenen konstitutionellen Monarchie sollte in jedem Fall beibehalten werden – mit dem einzigen, aber nicht unwichtigen Unterschied, dass es sich fortan um eine kollektive Staatsspitze handeln sollte, bestehend aus den verbündeten Fürsten und Regierungen, und nicht mehr nur um jeweils einen einzelnen Monarchen.

Immerhin war Bismarck schon seit Längerem klar geworden, dass der »Absolutismus … keine Form einer in Deutschland auf die Dauer haltbaren oder erfolgreichen Regierung« mehr darstellte – und zwar, wie er hinzufügte, weder ein »Absolutismus der Krone« noch ein »Absolutismus der parlamentarischen Majoritäten«.[77] Doch schon damals und auch später hat man ihn als »Bonapartisten« bezeichnet, der vor allem bestrebt gewesen sei, seinem angeblichen Vorbild Louis Bonaparte – Napoleon III. – nachzueifern. Marx und Engels etwa, die geschworenen Feinde des zweiten französischen Kaisers, haben diese Deutung immer wieder formuliert.[78] Bismarck erscheint in dieser Perspektive als ein reaktionärer Revolutionär oder, vielleicht noch treffender, als ein Revolutionär im Dienst der Reaktion, als ein Politiker, der nur deshalb modernisiert, um das Alte zu retten und den »Fortschritt« aufzuhalten.

Doch diese Deutung ist problematisch. Bismarck selbst hat sich jedenfalls entschieden gegen den von einigen liberalen Parlamentariern geäußerten Verdacht verwahrt, er führe das allgemeine und gleiche Stimmrecht nur deshalb ein, um mit Hilfe der Unterschichten das liberale Bürgertum unter Druck setzen zu können, so wie die beiden Bonapartes es mittels ihrer inszenierten »Plebiszite« getan hätten. Mit dem modernen Wahlrecht sei »keineswegs ein tief angelegtes Komplott gegen die Freiheit der Bourgeoisie in Verbindung mit den Massen zur Errichtung eines cäsarischen Regiments beabsichtigt«.[79] Diese Feststellung aus Bismarcks Rede im Norddeutschen Reichstag anlässlich der Generaldebatte über den neuen Verfassungsentwurf ist durch die Regierung der folgenden Jahre bestätigt worden. Bismarck mag während der Zeit des Verfassungskonflikts durchaus mit diesem Gedanken gespielt haben, aber seit 1866/67 zielte sein politisches Grundkalkül »gerade nicht wie das Napoleons auf die politische Ausschaltung des Bürgertums«[80] durch Mobilisierung von Teilen der Unterschichten. Nicht zuletzt war das für alle »bonapartistischen« und autoritären politischen Systeme so kennzeichnende Instrument eines plebiszitären »Appells an das Volk« in der neuen norddeutschen Verfassung nicht vorgesehen.

Die neue Verfassung funktionierte nicht zuletzt deshalb so reibungslos, weil die süddeutschen Staaten als potenzielle künftige Mitglieder eines noch zu erweiternden Bundes in gewisser Weise immer schon »mitgedacht« waren. Das Parlament des Zollvereins, dem Bayern, Württemberg, Baden und Hessen-Darmstadt schon seit Längerem angehörten, bestand aus dem Reichstag des Norddeutschen Bundes zuzüglich der Delegierten aus den süddeutschen Ländern. Überall, wo seit 1867 über gesamtdeutsche Wirtschaftsfragen gemeinsam entschieden wurde, regierten die Residenzen München, Stuttgart, Karlsruhe und Darmstadt also ohnehin bereits mit. Drei von ihnen (mit Ausnahme Südhessens) waren zudem – dafür hatte Bismarck unmittelbar nach Königgrätz gesorgt – mit Preußen in geheimen »Schutz- und Trutzbündnissen« verbunden, also auch gegen Frankreich militärisch abgesichert. Schon im Frühjahr 1867 ließ Bismarck diese Verträge ganz bewusst bekannt werden, um – wie es in einer Anweisung für den preußischen Gesandten in Paris hieß – »nicht nur der Regierung, sondern auch den intelligenteren Teilen wenigstens des französischen Volkes die Augen über die deutschen Verhältnisse und über den Widerstand, welchen jeder französische Angriff finden würde, zu öffnen«.[81] Aus welcher Perspektive man es auch betrachtete – die vollständige Herstellung der deutschen Einheit schien nur noch eine Frage von wenigen Jahren zu sein.

Bald zeigte sich jedoch, dass dies schwieriger war als zuerst vermutet. Es gab in Süddeutschland immer noch Politiker, darunter den darmstädtischen leitenden Minister Reinhard von Dalwigk, einen alten Widersacher Bismarcks, die sich allen preußischen Versuchen,

»Brücken über den Main«[82] zu schlagen, hartnäckig widersetzten. Hinzu kamen weitere außenpolitische Reibereien, vornehmlich mit Frankreich. Napoleon III., der nach seinem mexikanischen Desaster dringend einen neuen Erfolg brauchte, hatte Druck auf die Niederlande ausgeübt, um die Abtretung Luxemburgs (dessen Großherzog der niederländische König Wilhelm III. war) zu erzwingen. Wilhelm III. erklärte sich schließlich bereit, das Gebiet gegen eine hohe Geldsumme abzutreten – doch nur mit Zustimmung Preußens, das in Luxemburg noch eine Bundesfestung aus der Zeit vor 1866 unterhielt. Bismarck verzögerte die Angelegenheit, und am Ende kam es zu einer kurzen europäischen Mächtekonferenz, welche die Unabhängigkeit Luxemburgs festlegte; Preußen musste seine Soldaten von dort abziehen. Paris war also leer ausgegangen, und auch Berlin hatte eine (allerdings begrenztere) Niederlage hinnehmen müssen. Eine massive Verschlechterung der französisch-preußischen Beziehungen war die fast unvermeidliche Folge.

Das Problem der süddeutschen Staaten beschäftigte Bismarck auch während der Luxemburgkrise intensiv. Ihm erscheine, heißt es Ende 1867 beispielsweise in einem vertraulichen Erlass an den preußischen Vertreter in Baden, »für das Gesamtinteresse Deutschlands der Weg als der förderlichste …, der am schnellsten die süddeutschen Staaten freiwillig dem Norddeutschen Bunde zuführt, daß sich aber dieser Weg noch nicht so klar erkennen und bestimmt bezeichnen läßt, daß ich mich amtlich darüber auszusprechen vermöchte«. Diese etwas verklausulierten Formulierungen zeigen zumindest an, dass Bismarck keinen »Generalplan« zur Herstellung der endgültigen Einheit des außerösterreichischen Deutschland verfolgte und dass er diese Einheit auch keineswegs als etwas zwangsläufig Eintretendes ansah. Er erkannte richtig, dass es erst einmal »vor allem auf die Richtung und die Geschwindigkeit« ankäme, »mit welcher die öffentliche Meinung in Süddeutschland sich entwickelt«[83], und dies wiederum hänge auch mit der weiteren Ausgestaltung des Deutschen Zollvereins zusammen.

Doch gelegentlich konnte er durchaus die Daumenschrauben etwas anziehen, beispielsweise als es zeitweilig so aussah, als würde die Verlängerung des Zollvereinsvertrages mit Bayern an einem Veto des

Münchner Oberhauses, der Reichsrätekammer, scheitern. Bismarck drohte unverhohlen mit der Möglichkeit einer Kündigung der militärischen Schutzverträge: Es sei durchaus »keine Kleinigkeit«, stellte er am 26. Oktober 1867 im Reichstag des Norddeutschen Bundes fest, »wenn in den Zeitläuften, wie sie jetzt in Europa sind, wo das Schwert unter Umständen hart in die Waage fallen kann, ein kleiner, an sich *europäisch* nicht wehrfähiger Staat sich zu seinem Schutz auf – ich will keine Ziffer nennen – die fast unbegrenzte Zahl von Bajonetten berufen kann, die der Norddeutsche Bund ihm an die Seite stellen kann«.[84] Angesichts der soeben vorübergegangenen Luxemburgkrise, in deren Verlauf das kleine Land seine Selbständigkeit gegenüber den französischen Begehrlichkeiten nur mühsam hatte behaupten können, dürften diese Worte eine gewisse Wirkung nicht verfehlt haben.

In den Residenzen der süddeutschen Staaten hatte man das Sicherheitsproblem ebenfalls nicht aus den Augen verloren; zeitweilig wurde dort eine dritte Lösung – neben der Beibehaltung der Selbständigkeit oder einem Beitritt zum Norddeutschen Bund – erörtert, nämlich die Idee eines eigenen Südbundes, wie sie etwa der bayerische Ministerpräsident Chlodwig Fürst zu Hohenlohe-Schillingsfürst um die Jahreswende 1867/68 mit dem württembergischen Außenminister Karl von Varnbühler erörterte: Die »Vereinigten Süddeutschen Staaten« sollten sich (mit wechselnder Hauptstadt) zu einem engen Staatenbund mit gemeinsamer Verteidigung und einer Zollunion mit eigener Gerichtsbarkeit zusammenschließen. Ziel war ebenfalls, eine »nationale Verbindung« zum Norddeutschen Bund herzustellen. Ein eigener Südbund, stellte der Ideengeber Hohenlohe fest, werde »uns gestatten, jene Besonderheiten zu pflegen, auf deren Erhaltung wir in Süddeutschland Wert legen«.[85]

Von derartigen Bestrebungen bekam der in aller Regel bestens informierte Bismarck rechtzeitig Wind, um Gegenmaßnahmen einleiten zu können. Auch hier ging er wieder äußerst geschickt vor, indem er genau dort ansetzte, wo die Südbund-Bestrebungen am schwächsten ausgeprägt waren – in Baden. Über seinen Gesandten in Karlsruhe ließ er die dortige Regierung wissen, »es werde für Baden ratsam sein, die von Bayern kommenden Vorschläge nicht von Hause aus abzulehnen, sondern auf Besprechung derselben einzugehen und sie im Detail entweder so zurechtzudrücken [sic], daß eine Brücke zur Einigung Deutschlands daraus werde, oder sie scheitern zu lassen«.[86] Gelinge es nicht, die Pläne zu Fall zu bringen – auch hier sah er sofort eine mögliche Alternative –, dann sei darauf hinzuarbeiten, dass es sich beim Südbund nur um eine Übergangsform handele, indem die von diesem zu schaffenden Institutionen, etwa ein süddeutsches Parlament, »als kleine Etappen auf dem Wege zum Ziele anzusehen«[87] seien. Seine Hoffnung richtete sich in dieser Zeit vor allem auf eine Weiterentwicklung eines gemeinsamen deutschen Nationalgefühls.

Auf Geduld und Abwarten kam es hier an: »Daß die deutsche Einheit durch gewaltsame Ereignisse gefördert werden würde, halte auch ich für wahrscheinlich«, bemerkte Bismarck in einem Schreiben vom 26. Februar 1869 an einen seiner engsten Vertrauten, den preußischen Gesandten in München, Georg von Werthern. Aber »eine ganz andere Frage ist der Beruf, eine gewaltsame Katastrophe herbeizuführen, und die Verantwortlichkeit für die Wahl des Zeitpunktes. Ein willkürliches, nur nach subjektiven Gründen bestimmtes Eingreifen in die Entwicklung der Geschichte hat immer nur das Abschlagen unreifer Früchte zur Folge gehabt; und daß die deutsche Einheit in diesem Augenblicke keine reife Frucht ist, fällt meines Erachtens in die Augen.«[88] Man müsse abwarten können, um im gegebenen Fall die Gunst der Stunde zuerst zu erkennen und anschließend zu nutzen.

Reichsgründung

Auch auf einen Krieg mit Frankreich hat Bismarck, entgegen mancher späteren Legende, keineswegs seit 1866 hingearbeitet. Eine so große Auseinandersetzung schien – dies sah Bismarck sehr genau – mit allzu vielen Risiken gerade für den soeben erst begründeten Norddeutschen Bund behaftet, zumal in einem solchen Fall ohne Frage mit einer entschiedenen Feindschaft des 1866 besiegten, wenn auch nicht gedemütigten Habsburgerreiches gerechnet werden musste. Andererseits hat Bismarck einer sich anbahnenden (und im Grunde auch vorhersehbaren) Zuspitzung des preußisch-französischen Verhältnisses aber auch nicht entgegengearbeitet; vielmehr hat er die Situation sozusagen langsam reifen lassen. Eine Schwächung der politischen Stellung Frankreichs im Allgemeinen und Napoleons III. im Besonderen war nach dem verheerend ausgegangenen mexikanischen Abenteuer jedenfalls unverkennbar. Die Verhältnisse in Frankreich seien, bemerkte Bismarck im Februar 1868 einmal, »von der Art«, dass der Kaiser »nicht vollkommen Herr der Situation ist, vielmehr als abhängig von den Strömungen der Parteileidenschaften betrachtet werden muß«.[89] Das konnte durchaus bedeuten, dass Napoleon III. zur Herbeiführung eines weiteren außenpolitischen Konfliktes nicht mehr in der Lage war, wollte er die inzwischen prekär gewordene eigene Machtstellung nicht gefährden. Wäre unter diesen Umständen, angesichts eines unverkennbar geschwächten Frankreich, nicht ein friedlicher Anschluss Süddeutschlands an den Norden, mit diskreter Rückendeckung Russlands, um die sich Bismarck in dieser Zeit intensiv bemühte, möglich?

Wie immer hielt sich Bismarck mehrere Optionen offen, als im März 1870 plötzlich etwas Unvorhergesehenes geschah: Im notorisch zerstrittenen, immer wieder von Bürgerkriegen zerrissenen Spanien hatte man sich auf einen ausländischen Thronkandidaten geeinigt, und die Wahl war auf einen Hohenzollernprinzen der süddeutschen (katholischen) Nebenlinie Sigmaringen gefallen. Bismarck unterstützte die Thronkandidatur des Hohenzollernprätendenten, über die letztlich der Chef der Dynastie – also König Wilhelm I. – zu entscheiden hatte, durchaus. Allzu oft hat man darin eine vermeintlich zielbewusste Herbeiführung eines Krieges mit Frankreich gesehen, doch diese Deutung, die von früheren Bismarckverehrern ebenso wie – unter umgekehrtem Vorzeichen – von späteren Bismarckverächtern vertreten wurde, dürfte kaum zutreffen. Ob die spanische Thronfolgefrage am Ende »jene Bewegung erzeugen würde, von der Bismarck reagierend zu profitieren hoffte, blieb fast bis zum Schluß offen«, denn alles war möglich: ein Krieg, ein friedlicher Ausgleich, auch »eine klare diplomatische Niederlage der einen oder anderen Seite oder auch eine überraschende Auflösung des ganzen Problems durch innerspanische Entwicklungen«.[90]

Bismarcks Politik seit 1862 lässt immer wieder ein bestimmtes Muster erkennen – nämlich die Situation so lange wie möglich offen zu halten, Lagen zu analysieren, Möglichkeiten zu erwägen und erst dann mit aller Macht auf ein konkretes Ziel hinzuarbeiten, wenn dessen Verwirklichung definitiv möglich erscheint. In der spanischen Thronkandidatur erblickte Bismarck vor allem die Möglichkeit einer internationalen Aufwertung der Dynastie Hohenzollern, die – ließe sich für einen Angehörigen dieses Hauses tatsächlich ein spanisches Königtum realisieren –endgültig mit den älteren und immer noch angeseheneren Habsburgern in Europa gleichgezogen hätte. Doch König Wilhelm I. war anderer Auffassung. Er befürchtete, dass im notorisch unruhigen Spanien ein Hohenzollernkönig ebenso katastrophal scheitern könnte wie kürzlich erst der Habsburger Maximilian in Mexiko, mit großem Ansehensverlust für die Dynastie. Als Chef des Hauses Hohenzollern lehnte der König die Kandidatur daher ab. Zum großen Ärger des in dieser Zeit erkrankten Bismarck schien die Angelegenheit damit erledigt zu sein.

Doch die Spanier ließen nicht locker, sie fragten noch einmal an, und jetzt drängte der ältere Fürst von Hohenzollern-Sigmaringen darauf, dass sein Sohn Leopold die Thronkandidatur annehmen dürfe; mit Mühe konnte schließlich auch Wilhelm I., der bereits zur sommerlichen Kur in Bad Ems weite, am 21. Juni 1870 zur Zustimmung bewogen werden. Alle diese Bemühungen wurden von Bismarck im Hintergrund diskret unterstützt. Es kann kein Zweifel daran bestehen, dass er auf eine Krise in und mit Frankreich hinsteuerte – womit aber keineswegs schon ein Krieg gemeint war. Die Situation war immer noch völlig offen: Denkbar war auch eine diplomatische Niederlage des geschwächten, sich im Innern gerade im Umbruch befindlichen Landes, eventuell sogar eine akute Legitimationskrise der ohnehin auf Messers Schneide stehenden Monarchie der Bonapartes. Nur eines war unabweisbar: Wenn die Thronkandidatur öffentlich bekannt gegeben wurde, musste Frankreich in irgendeiner Weise reagieren.

Genau dies geschah am 3. Juli 1870. Der Zufall wollte es, dass erst seit Kurzem im Pariser Außenministerium am Quai d'Orsay ein Mann residierte, welcher der komplexen Situation letztlich nicht gewachsen war: Herzog Antoine de Gramont, zwar ein erfahrener Diplomat, aber zugleich ein hochfahrender, sehr selbstbewusster, glühend patriotisch gesinnter, zu Selbstbeherrschung und nüchternem Abwägen kaum fähiger Mann, dessen Vorstellung von Frankreich »der inzwischen versunkenen Ära« entsprungen war, »in welcher Frankreich die unbestrittene Vorherrschaft in Europa ausgeübt hatte«.[91] Sofort nach Bekanntwerden der spanischen Angelegenheit ließ Gramont in Berlin gereizt anfragen, was die preußische Regierung hierüber wisse; dem preußischen Geschäftsträger wurde erklärt, die Hohenzollernkandidatur sei geeignet, den Frieden zwischen beiden Staaten zu gefährden. Zudem beorderte Gramont den französischen Gesandten in Berlin, Benedetti, nach Bad Ems, um den König direkt zu sprechen und ihm zu signalisieren, dass Frankreich einen Verzicht auf die Kandidatur dringend erwarte. Nach mehrtägigem Hin und Her – über das man den in Pommern weilenden Bismarck allerdings *nicht* informierte – wurde die Kandidatur vom Vater des Fürsten Leopold von Hohenzollern-Sigmaringen am 12. Juli offiziell zurückgezogen, nicht zuletzt unter dem Eindruck der inzwischen ausgesprochen bedrohlichen Nachrichten aus Paris; Teile der von Gramont bewusst angeheizten französischen Öffentlichkeit forderten inzwischen offen einen Krieg gegen Preußen.

Nach der unerwartet raschen Zurücknahme der spanischen Thronkandidatur sah alles auf einmal nach einem glänzenden diplomatischen Erfolg der französischen Regierung aus, während Bismarck, der am selben Tag aus Pommern nach Berlin zurückkehrte, sich über das ohne sein Zutun inzwischen Geschehene erst einmal entsetzt zeigte: »Mein erster Gedanke war, aus dem Dienste zu scheiden, weil ich nach allen beleidigenden Provocationen die vorhergegangen waren, in diesem erpreßten Nachgeben eine Demüthigung Deutschlands sah, die ich nicht amtlich verantworten wollte.«[92] Und zu Roon bemerkte er, man habe nun »die französische Ohrfeige weg«; Preußen befinde sich in der äußerst üblen Lage, als »Händelsucher« zu erscheinen, »wenn wir zum Kriege schritten, durch den allein wir den Flecken abwaschen könnten«, anstatt die Niederlage eben einzustecken, um den europäischen Frieden nicht zu gefährden; eigentlich sei seine Stellung als verantwortlicher Ministerpräsident, da man ihn über die Vorgänge in Bad Ems im Unklaren gelassen habe, »jetzt unhaltbar«[93] geworden.

Es ist schwer zu sagen, warum ausgerechnet ein erfahrener Diplomat wie Gramont gerade jetzt, da der diplomatische Sieg Frankreichs durch die Zurücknahme der Kandidatur perfekt zu sein schien, einen so unbegreiflichen Fehler beging. Anstatt den bemerkenswerten Erfolg, wie es doch eigentlich nahegelegen hätte, propagandistisch auszuschlachten, überspannte er plötzlich den Bogen, indem er (ohne seinen Vorgesetzten, den Ministerpräsidenten, hierüber informiert zu haben) an Benedetti noch ein weiteres Telegramm schickte: Der Gesandte sollte König Wilhelm in Bad Ems tatsächlich noch ein zweites Mal aufsuchen und von dem Monarchen eine persönliche Erklärung darüber verlangen, dass er, der König, sich dem Verzicht der Familie Hohenzollern-Sigmaringen ausdrücklich anschließe und dass er darüber hinaus auch einer eventuell erneuten Kandidatur Prinz Leopolds seine Genehmigung verweigern werde. Ja, Benedetti wartete nicht einmal mehr einen Audienztermin ab, sondern bedrängte den Monarchen während eines Spaziergangs auf der Emser Kurpromenade. Das war nun auch dem geduldigen Wilhelm zu viel; er lehnte das Ansinnen ab und verabschiedete sich mit den Worten, er habe dem Gesandten nun nichts weiteres mehr mitzuteilen.

Was weiter geschah, ist nur allzu bekannt: Als der Kabinettsrat Abeken die Nachricht von dem Vorgefallenen am Nachmittag des 13. Juli in einem langen Telegramm nach Berlin übermittelte, erkannte Bismarck sofort die Chance, den Spieß umzudrehen, also die mittlerweile zweite preußische Demütigung mit einer französischen zu beantworten. Er formulierte das Telegramm, die »Emser Depesche«, sorgsam um, kürzte und spitzte am Ende den Vorgang drastisch zu, ohne jedoch die Vorgänge selbst in irgendeiner Weise falsch darzustellen: Der König habe es als Reaktion auf die Forderung der Pariser Regierung »abgelehnt, den französischen Botschafter nochmals zu empfangen, und demselben durch den Adjutanten vom Dienst sagen lassen, daß Seine Majestät dem Botschafter nichts weiter mitzuteilen habe«.[94] Nun saß Gramont in der Grube, die er sich selbst gegraben hatte. Man weiß nicht, ob er den Krieg wollte und deshalb der ersten Demütigung

Preußens noch eine zweite, von Berlin nun wirklich nicht mehr hinnehmbare hinzufügte – oder ob er sich unter dem Druck einer nationalistisch aufgepeitschten öffentlichen Meinung zu diesem Schritt hinreißen ließ.

Nach der Publikation der Emser Depesche war jedenfalls klar, dass es Krieg geben würde, denn ein Nachgeben der Pariser Regierung, also die Hinnahme der Abfertigung Benedettis durch den König, schien unter den gegebenen Umständen nicht mehr denkbar. Für Bismarck hatte sich die Situation allerdings insofern grundlegend geändert, als nun die Gegenseite den Krieg auslösen musste; das von Frankreich doppelt provozierte Preußen wäre in diesem Fall der Angegriffene, es müsste reagieren, um sich zu verteidigen. Das war schon mit Blick auf die internationale Lage wichtig, denn der Konflikt musste nach Möglichkeit lokalisiert bleiben, wie schon die Kriege von 1864 und 1866. Bismarck hatte insofern richtig kalkuliert, als sein Werben um ein enges Zusammengehen mit Russland sich jetzt auszahlte; das Zarenreich gab wohlwollende Rückendeckung, und auch Österreich-Ungarn (seit 1867 Doppelmonarchie) wagte letzten Endes keinen Revanchekrieg. Großbritannien wiederum hatte keinerlei Veranlassung, dem französischen Kaiserreich – das in diesem Fall ja nicht etwa angegriffen wurde, sondern selbst angriff – zu Hilfe zu kommen.

Hätte der folgende Krieg, der immerhin Zehntausende das Leben kosten sollte, vermieden werden können? Die Antwort ist ein zweifaches Ja: Der Deutsch-Französische Krieg wäre nicht ausgebrochen, wenn – *erstens* – Gramont sich mit seinem Erfolg, der offiziellen Zurücknahme der Thronkandidatur, zufrieden gegeben hätte, und wenn – *zweitens* –, als die Dinge sich weiterentwickelt hatten, Bismarck auf die Umformulierung und Veröffentlichung der Emser Depesche verzichtet hätte. Wäre es die feste Absicht beider Protagonisten gewesen, den Frieden, aus welchen Gründen auch immer, unter allen Umständen zu bewahren, dann hätte sich der militärische Konflikt wohl vermeiden lassen. Aber beide ließen es eben – sicher ohne den Krieg *in jedem Fall* herbeiführen zu wollen – darauf ankommen. Frankreich war auf einen größeren außenpolitischen Erfolg dringend angewiesen, schon allein, um die innere Lage des Zweiten Kaiserreichs nach einigen schweren Fehlschlägen zu stabilisieren. Und Preußen benötigte, um die Angliederung Süddeutschlands an den Norddeutschen Bund endlich zu bewerkstelligen, eine umfassende Mobilisierung des deutschen Nationalgefühls – was eignete sich hierfür besser als ein gemeinsamer Verteidigungskrieg zur Rettung des Vaterlandes? Schließlich kommt hinzu, dass durch Gramonts Aktionen und Bismarcks Gegenaktion das Prestige beider Staaten – damals politisch besonders wichtig – ohne Satisfaktion erheblich gefährdet zu sein schien.

Es war für Deutschland von großer Bedeutung, dass der Krieg gegen Frankreich nicht nur von Preußen und dem Norddeutschen Bund, sondern zusätzlich auch von den süddeutschen Staaten *gemeinsam* geführt wurde; erst hierdurch wurde der Kampf zum dritten deutschen Einigkeitskrieg. Nach außen hin stellte Bismarck im nun rasch einsetzenden Propagandagefecht zwischen beiden Gegnern denn auch nicht die Beleidigung des Königs von Preußen und der Hohenzollern-Dynastie durch die französische Regierung als Hauptkriegsmotiv in den Vordergrund, sondern ganz allgemein die angeblichen »Instinkte des Hasses und der Eifersucht auf die Selbständigkeit und Wohlfahrt Deutschlands«. Des Weiteren müsse man, hieß es in einem Runderlass an die diplomatischen Missionen Preußens, »vor Gott und den Menschen« die Verantwortung für den jetzt ausbrechenden Krieg allein »denen überlassen, welche durch ihr frevelhaftes Beginnen uns zwingen, um der nationalen Ehre und der Freiheit Deutschlands willen den Kampf aufzunehmen«, und hierfür dürfe man bereits jetzt »des Beistandes der gesamten deutschen Nation«[95] sicher sein.

Die militärische Auseinandersetzung als solche war überraschend schnell entschieden. Bereits der glänzende Sieg bei Sedan am 3. September 1870 brachte, nachdem der schwerkranke Napoleon III. in deutsche Gefangenschaft geraten war, das mittlerweile zum Kartenhaus gewordene Zweite Kaiserreich rasch zum Einsturz. Kompliziert wurde die Lage jedoch dadurch, dass die Franzosen, nachdem sich eine provisorische neue Regierung gebildet hatte, erst einmal weiterkämpften, immer noch in der Hoffnung, einen oder mehrere Bundesgenossen zu gewinnen. Doch alle diesbezüglichen Anstrengungen blieben vergebens, ebenso Versuche, die deutschen militärischen Invasoren mittels Guerillataktik zu bekämpfen. Ein Waffenstillstand und ein anschließender Friedensschluss verzögerten sich jedoch über Monate hinweg, wofür Bismarcks von den Franzosen zunächst strikt abgelehnte Hauptforderung verantwortlich war: die Abtretung der Provinzen Elsass und Lothringen.

Um die Jahreswende 1870/71 musste der preußische Ministerpräsident gleichzeitig drei Dinge bewerkstelligen: erstens den Krieg möglichst rasch beenden; zweitens seine Friedensforderungen durchsetzen; und drittens den Norddeutschen Bund möglichst umgehend um die süddeutschen Staaten erweitern. Alles gelang ihm, wenn auch nur unter größten Anstrengungen. Die Erweiterung nahm er zuerst in Angriff, während die Kämpfe in Frankreich – die partiell sogar noch in einen Bürgerkrieg ausarteten – weiter andauerten. Nach zähen Verhandlungen war im Januar 1871 der Weg frei zur Gründung eines neuen politischen Gebildes, des Deutschen Reiches, mit einem Kaiser an der Spitze, das trotz des neuen Namens zunächst einmal nichts anderes war als die Erweiterung des Norddeutschen Bundes durch den bloßen Beitritt der süddeutschen Staaten, denen freilich einige Konzessionen gemacht werden mussten. So behielt etwa Bayern nicht nur seine eigene Armee, sondern der bayerische König blieb auch weiterhin deren Oberbefehlshaber im Frieden.

Fast noch größere Probleme als die mittelstaatlichen Politiker aus München, Stuttgart und Karlsruhe bereiteten Bismarck jedoch König Wilhelm I. und sein Sohn, der Kronprinz, die den vorgesehenen Kaisertitel, wenn auch aus jeweils unterschiedlichen Gründen, zuerst nicht akzeptieren wollten. Für Bismarck bedeutete die neue Kaiserwürde vor allem, wie er später erläuterte, »ein werbendes Element für Einheit und Centralisation«, von dem im Ergebnis auch ein dauerhafter »festigende[r] Druck auf unsre Reichsinstitutionen« ausgehen sollte. Als Bismarck sich in diesem Punkt endlich durchgesetzt hatte, begehrte König Wilhelm I. wiederum unbedingt den Titel »Kaiser von Deutschland«, während er den »Deutschen Kaiser« ablehnte. Da Wilhelm laut Reichsverfassung das »Präsidium« des Norddeutschen Bundes ersetzen, also in Gemeinschaft mit den verbündeten deutschen Monarchen nur *primus inter pares* (Erster unter Gleichen) sein sollte, kam im Grunde nur der etwas abgeschwächte Titel in Frage, der dann im Bundesrat auch den Zuschlag erhielt. Ein »Kaiser von Deutschland« als Titel, hätte, wie Bismarck wohl richtig erkannte, »einen landesherrlichen Anspruch auf die nichtpreußischen Gebiete«[96] beinhalten können; und schon dessen bloßer Anschein musste unbedingt vermieden werden, um das Einigungswerk nicht in letzter Minute zu gefährden. Bismarck blieb also hart, und Wilhelm musste sich ein weiteres Mal zähneknirschend fügen. Als im Spiegelsaal zu Versailles am 18. Januar 1871 das Deutsche Kaiserreich proklamiert wurde, brachte Großherzog Friedrich von Baden seinen Hochruf, alle Schwierigkeiten umgehend, ausdrücklich auf »Kaiser Wilhelm« aus.

Nun erst wurden die Kampfhandlungen beendet und der Friede geschlossen. Hier bewies Bismarck allerdings keine historische Größe, wie viereinhalb Jahre zuvor in Nikolsburg, sondern ließ sich von der in diesen Wochen und Monaten stark angeschwollenen nationalen Stimmung in Deutschland, die einen deutlich erkennbaren Siegespreis forderte, in letzter Konsequenz ebenso mitreißen wie von dem Drängen der Militärs, die ebenfalls, ihrer militärischen Logik folgend, mit großem Nachdruck eine Abtrennung Elsass-Lothringens von Frankreich forderten. Allen musste klar sein, dass Frankreichs Dauerfeindschaft mit dem neuen Deutschland damit begründet war. Dass Bismarck gerade hier sein inzwischen immens gewachsenes Prestige und sein enormes Durchsetzungsvermögen nicht zur Geltung bringen konnte oder wollte, gehört nicht in das Kapitel seiner Größe, sondern seiner Grenzen. Dem neuen provisorischen Regierungschef Frankreichs, Adolphe Thiers, blieb – vor allem nach dem Fall von Paris am 28. Januar 1871 – gar nichts anderes übrig als die Tatsache des für Frankreich verlorenen Krieges zu akzeptieren. Dem Vorfrieden von Versailles am 26. Februar folgte, in allen wesentlichen Punkten unverändert, der am 10. Mai abgeschlossene Frankfurter Friedensvertrag, der neben der Abtretung der beiden Provinzen eine innerhalb von drei Jahren zu zahlende Kriegsentschädigung vorsah.

Wieder einmal hatte Bismarck, wenn auch erneut unter Einsatz all seiner Nervenstärke und Willenskraft, genau das erreicht, was er wollte: Der Norddeutsche Bund war um die süddeutschen Staaten vergrößert worden, ein – dem Namen nach – neues Staatsgebilde, das Deutsche Reich, war in Mitteleuropa entstanden, an der Spitze dieses Reiches nahm als »Deutscher Kaiser« fortan der König von Preußen die beherrschende Stellung in Deutschland ein, und der (wenigstens nach damaliger Auffassung) traditionell gefährlichste Feind Deutschlands, Frankreich, war in einem vergleichsweise kurzen Krieg besiegt und vorläufig in die zweite Reihe der europäischen Mächte verwiesen worden. Seiner »historischen Größe« konnte sich Bismarck fortan also sicher sein, und selbst der Kaiser wider Willen erkannte dies wenigstens dadurch an, dass er seinen Ministerpräsidenten und neuen Kanzler des Reiches am 21. März 1871 in den Fürstenstand erhob.

Politische Alternativen

Mit dem Attribut der »historischen Größe« geht man heute sorgsamer und zurückhaltender um als in früheren Epochen – und das ist wohl auch gut so. Selbst die von einem so klugen Kopf wie Jacob Burckhardt vor etwas mehr als einem Jahrhundert formulierten Kriterien dürften heute nicht mehr jedem einleuchten. Bedeutende Leistungen aufgrund von Nervenstärke, Willenskraft und vielleicht aus Seelengröße gehören wohl dazu, aber am Ende doch nicht allein. Was noch hinzukommen muss, ist die Fähigkeit zur Reflexion, zum Durchdenken des eigenen Handelns auf hohem Niveau – und zur Einsicht in die eigenen Kompetenzen, Möglichkeiten, aber auch in die Begrenztheit des eigenen Tuns und der einem selbst unter den gegebenen Bedingungen zur Verfügung stehenden Handlungsspielräume. Gleichwohl muss Politik aber auch darauf abzielen, »das Schrumpfen und Erstarren ihres Handlungsspielraums zu verhindern und Gestaltungsmöglichkeiten offenzuhalten«, denn: »Regierung muß handlungsfähig sein.«[97] Große Politik besteht nicht vornehmlich im Reagieren auf Herausforderungen oder im Bewältigen aktueller Probleme, sondern in der vorausschauenden Mitgestaltung der Wirklichkeit.

Eine wissenschaftlich exakte Vorbereitung oder Schulung hierfür kann es nach Bismarck nicht geben, sei es, weil eine theoretische, gar

»intellektuelle« Herangehensweise an die Bewältigung politische Probleme ebenso hinderlich ist wie ein blindes, unreflektiertes Reagieren, sei es, weil jede konkrete Situation, jede politisch-geschichtliche Lage etwas Neues darstellt und daher »schulmäßig« gar nicht angemessen erfasst und bewältigt werden kann. »Die Politik ist keine exakte Wissenschaft; mit der Position, die man vor sich hat, wechselt auch die Benutzungsart der Positionen«[98], antwortete er einmal auf den Vorwurf, er wechsle ständig die Ziele seines politischen Handelns. Dafür sei, heißt es bei anderer Gelegenheit, »Politik … in der Tat … eine eminent praktische Wissenschaft, bei der man sich an die Form, an die Namen, an die Theorien, in die es gerade hineinpassen soll, nicht so sehr kehren kann«.[99] Der Primat der Praxis beruht nicht zuletzt auf der ständigen Veränderung, dem gewissermaßen »Liquiden« der Politik. Was Bismarck einmal über die internationale Politik sagte, gilt eigentlich für alle ihre Bereiche: Sie ist »ein flüssiges Element, das unter Umständen zeitweilig fest wird, aber bei Veränderungen in der Atmosphäre in seinen ursprünglichen Aggregatzustand zurückfällt«.[100]

Auch im Bereich der Diplomatie warnte Bismarck beständig davor, »die Konsequenzen gleich auf die Spitze der Doktrin zu treiben«, denn die Offenheit jeder Situation, ebenfalls der kaum jemals exakt einzuschätzende Handlungsspielraum in jeder Lage seien immer wieder aufs Neue zu reflektieren und zu bestimmen; insofern sei »die Theorie … in der politischen Tätigkeit und auf dem diplomatischen Gebiete noch grauer, als im gewöhnlichen Leben, und kommt noch weniger zur Geltung«.[101] Wenn er im Jahr 1884, also zweiundzwanzig Jahre nach Übernahme der Regierungsgeschäfte in Berlin, einmal die Professoren unter den Parlamentariern für ihre Weltfremdheit schalt, entsprach dies exakt seinem sehr persönlichen Politikverständnis: »Die Politik ist keine Wissenschaft, wie viele der Herren Professoren sich einbilden, sie ist eben eine Kunst, sie ist ebensowenig eine Wissenschaft, wie das Bildhauen und das Malen«.[102] Das mag auf den ersten Blick banal klingen, ist es aber nicht, wenn man die Komplexität, das Ineinandergreifen höchst divergierender politischer Entwicklungen, Prozesse und Handlungsstränge auf den unterschiedlichsten Politikfeldern berücksichtigt, die ein Einzelner, der an der Staatsspitze politische Verantwortung trägt, immer im Auge behalten muss.

Der Blick für das Reale, das Wirkliche, das in einer bestimmten Lage Notwendige, nicht aber für das eventuell Wünschbare, für die Interessen des eigenen Landes, nicht für eigene Gefühle und Vorlieben, muss den erfolgreichen Politiker auszeichnen. Bismarck hat genau dies wieder und wieder betont.»Die Interessen des Vaterlandes dem eignen Gefühl von Liebe oder Haß gegen Fremde unterzuordnen«, heißt es schon 1857 in einem seiner bemerkenswerten Briefe an Leopold von Gerlach,»dazu hat meiner Ansicht nach selbst der König nicht das Recht.«[103] Bismarcks Abneigung gegen politische Ideologen galt *allen* politischen Richtungen; nicht zuletzt deshalb war die Trennung von den altkonservativen Zirkeln und Persönlichkeiten seiner frühen Jahre für ihn notwendig, so sehr sie ihn auch persönlich und menschlich schmerzen mochte.

Zu einem bedeutenden Diplomaten und Politiker musste neben einer gewissen Illusionslosigkeit noch etwas anderes hinzukommen: der Blick für Menschen. Mit Bezug auf Napoleon III. schrieb Bismarck einmal, ebenfalls bereits in seinen ersten Diplomatenjahren:»Die Fähigkeit, Menschen zu bewundern, ist in mir nur mäßig ausgebildet, und vielmehr ein Fehler meines Auges, daß es schärfer für Schwächen als für Vorzüge ist.«[104] Das war – natürlich – ironisch gemeint, denn dieser »Fehler« beinhaltete ja nichts anderes als die eminente Fähigkeit, andere Menschen, vor allem diejenigen, mit denen man es als Diplomat und Politiker beruflich zu tun hatte,»politisch« sehen zu können, das heißt hinter den gerade in diesem Geschäft besonders sorgfältig eingesetzten Masken, soweit möglich, die eigentlichen Persönlichkeiten wahrzunehmen und diese Wahrnehmung beim eigenen politischen Handeln, bei der Durchsetzung eigener Ziele zu berücksichtigen.»Die Aufgabe der Politik«, hat Bismarck gegen Ende seines Lebens einmal gesagt,»liegt in der möglichst richtigen Voraussicht dessen, was andre Leute unter gegebnen Umständen thun werden. Die Befähigung zu dieser Voraussicht wird selten in dem Maße angeboren sein, daß sie nicht, um wirksam zu werden, eines gewissen Maßes von geschäftlicher Erfahrung und Personalkenntniß bedürfte.«[105] In der

Tat besaß Bismarck ein überaus seltenes Maß an scharfer Beobachtungsgabe und psychologischem Einfühlungsvermögen; beides ermöglichte ihm immer wieder, die »Schwächen, Angriffsflächen und Reaktionen« seiner Gegner genauestens zu kalkulieren.[106] Bismarcks Größe als Politiker ist gewiss auch darin zu sehen, dass es ihm fast immer gelungen ist, gerade die besonders wichtigen, in seiner Zeit noch zumeist den Ausschlag gebenden, weil fast immer die letzten Entscheidungen treffenden Persönlichkeiten, die regierenden Monarchen, in ihrer jeweiligen Eigenart wahrzunehmen, sie zutreffend einzuschätzen, sich, wenn nötig, in ihre Gedankenwelt und ihre Stimmungen einzufühlen und auch entsprechend mit ihnen umzugehen. Das vielleicht anschaulichste Beispiel dafür ist sein später fast legendär gewordener Umgang mit Wilhelm I. von Preußen im Verlauf von fast drei Jahrzehnten auch persönlich-menschlich engster Verbindung und politischer Kooperation. Bismarck hat den Monarchen, »seinen« König, dem er fraglos geistig und an politischem Verständnis weit überlegen war, niemals zu manipulieren versucht, sondern stets – wenn auch gelegentlich nach äußerst anstrengenden und den Kanzler persönlich aufreibenden Auseinandersetzungen – überzeugen können. Wenn Wilhelm seinem Ministerpräsidenten und Kanzler am Ende des ereignisreichen Jahres 1871 Dank abstattete und hinzufügte, »die Welt« erkenne »Ihr Seegensreiches Wirken zur Umgestaltung der Europäischen, ja der Welt-Verhältnisse«[107] an, dann waren diese Worte zweifellos ehrlich gemeint.

Wie sehr sich Bismarck auf seinen »königlichen Herrn« einstellen konnte, belegt eine Anekdote aus den Anfangswochen seiner Ministerpräsidentschaft, als der Verfassungskonflikt soeben seinen ersten Höhepunkt erreicht hatte. Als er in diesen Tagen dem König Bericht erstattete und diesen wieder einmal in »gedrückter Stimmung« antraf, unterbrach Wilhelm die Ausführungen seines Ministerpräsidenten mit der Bemerkung, er, der Monarch, könne bereits voraussehen, wie alles enden werde: »Da vor dem Opernplatz, unter meinen Fenstern, wird man Ihnen den Kopf abschlagen und etwas später mir.« Als der König schwieg, antwortete Bismarck mit der Gegenfrage: »*Et après, sire?*«, worauf Wilhelm zur Antwort gab: »Ja, *après*, dann sind wir todt«, und Bismarck erwiderte:»Ja, … dann sind wir todt, aber sterben müssen wir früher oder später doch, und können wir anständiger umkommen? Ich selbst im Kampfe für die Sache meines Königs, und Ew. Majestät, indem Sie Ihre königlichen Rechte von Gottes Gnaden mit dem eigenen Blute besiegeln.«

Je mehr er in diesem Sinne gesprochen habe, erinnerte sich Bismarck drei Jahrzehnte später,»desto mehr belebte sich der König und fühlte sich in die Rolle des für Königthum und Vaterland kämpfenden Offiziers hinein. Er war äußern und persönlichen Gefahren gegenüber von einer seltenen und ihm absolut natürlichen Furchtlosigkeit, auf dem Schlachtfelde wie Attentaten gegenüber. … Der ideale Typus des preußischen Offiziers, der dem sichern Tode im Dienst mit dem einfachen Worte ›Zu Befehl!‹ selbstlos und furchtlos entgegengeht, der aber, wenn er auf eigne Verantwortung handeln soll, die Kritik des Vorgesetzten oder der Welt mehr als den Tod und dergestalt fürchtet, daß die Energie und Richtigkeit seiner Entschließung durch die Furcht vor Verweis und Tadel beeinträchtigt wird«; genau »dieser Typus« sei in König Wilhelm »im höchsten Grade ausgebildet«[108] gewesen. Mit einer Mischung aus Lebenserfahrung, Menschenkenntnis und psychologischem Scharfblick hatte Bismarck offenbar genau erkannt, auf welche Weise dem Monarchen in dieser äußerst kritischen Lage zu helfen war. Wilhelm »fühlte sich bei dem *Port-d'epèe* gefaßt und in der Lage eines Offiziers, der die Aufgabe hat, einen bestimmten Posten auf Tod und Leben zu behaupten, gleichviel, ob er auf demselben umkommt oder nicht. Damit war er auf einem seinem ganzen Gedankengange vertrauten Weg gestellt und fand in wenigen Minuten die Sicherheit wieder … und selbst die Heiterkeit«.[109]

Ein von Anfang an erstaunlich gutes Verhältnis – bis zur letzten, berühmten Begegnung auf dem Schlachtfeld von Sedan am 3. September 1871 – vermochte Bismarck auch zu Napoleon III. zu knüpfen. Nach ihrem ersten Zusammentreffen in Paris beschrieb er ihn als einen gescheiten und im Umgang, trotz seines Status, sogar liebenswürdigen Mann, der jedoch keineswegs so klug sei, wie die Welt meine. Besonders die Deutschen hätten sich daran gewöhnt, den Kaiser »als eine Art *génie du mal* zu betrachten, das immer nur darüber nachdenke, wie es in der Welt Unfug anrichten könne«. Bismarck glaubte hingegen, dass der zweite Bonaparte froh sei,»wenn er etwas Gutes in Ruhe genießen kann; sein Verstand wird auf Kosten seines Herzens überschätzt; er ist im Grunde gutmüthig …«[110] Dieses sicher allzu harmlose Urteil hat Bismarck später zum Teil revidieren müssen, doch *einen* zentralen Aspekt der Persönlichkeit des Kaisers hat er zweifelsfrei getroffen. Den anderen, den des»Abenteurers auf dem Thron«, hat er erst später in seiner ganzen Tragweite wahrnehmen können. Zu Carl Schurz bemerkte Bismarck im Januar 1868, ein solcher Abenteurer könne nicht vom Vertrauensvorschuss des aus angestammtem Herrscherhaus kommenden, also legitimen Monarchen von Gottes Gnaden zehren. Im Gegenteil: Der Abenteurer-Monarch müsse»fortwährend Aufsehen erregen. Seine Sicherheit hängt von seinem persönlichen Ansehen ab, und um dies Ansehen zu erhöhen, müssen sich sensationelle Begebenheiten in rascher Folge drängen«. Und diese müssten »immer neu und frisch bleiben, um den Ehrgeiz, den Stolz oder meinetwegen die Eitelkeit des Volkes zu befriedigen, besonders eines Volkes wie die Franzosen«.[111] Auch auf diesen Monarchen – neben seinem eigenen König wohl derjenige, mit dem er am häufigsten und engsten konferiert und kooperiert hat – vermochte sich Bismarck also vorzüglich einzustellen, nachdem er ihn in gewisser Weise»durchschaut« hatte. Dass der französische Herrscher selbst ihn wiederum lange Zeit als irgendeinen kleinen märkischen Junker, der in Deutschland»Cavour spielen« wollte[112], unterschätzte, kam Bismarck hierbei durchaus zugute.

Ein einziges Mal jedoch hat Bismarck tatsächlich, und zwar mit größtem Geschick, einen Monarchen im wahrsten Sinne des Wortes manipuliert, dazu noch einen, dem er selbst eine nicht geringe, vielleicht etwas merkwürdige Hochachtung entgegenbrachte und dem er in seinen Memoiren sogar ein eigenes Kapitel widmete: König Ludwig II. von Bayern.[113] Tatsächlich gestaltete sich der Eintritt der süddeutschen Staaten in das neu zu errichtende Reich nicht ganz so einfach, wie Bismarck ursprünglich gehofft hatte. Vor allem aus Bayern kam Widerstand, nicht nur seitens der parlamentarischen Opposition und einflussreicher Münchner Politiker, sondern auch vom König selbst, der zunächst noch – längst anachronistisch gewordenen – Ideen von einer auch künftig vermeintlich möglichen Unabhängigkeit Bayerns anhing. Freilich benötigte Ludwig für seine sehr ambitionierten und überaus kostspieligen Schlossbauten auch weiterhin vor allem eines – Geld. Und genau hier konnte Bismarck den Hebel ansetzen: Mit hohen finanziellen Zuwendungen und der Zusicherung der bayerischen »Reservatrechte« im neuen Reich, allerdings auch mit mäßigem politischen Druck, gelang es ihm nicht nur, das größte der süddeutschen Königreiche für die Neugründung zu gewinnen, sondern auch den eigenen König Wilhelm von der ihm anzutragenden Kaiserwürde zu überzeugen.

Denn wenn der amtierende Herrscher des altehrwürdigen Hauses Wittelsbach dem König von Preußen die Kaiserkrone des neuen Reiches anträge, könnte der Hohenzollernkönig dieses ehrenvolle Angebot kaum zurückweisen. Auch hier hatte Bismarck wieder einmal richtig kalkuliert, indem er seine Aktion unter äußerst geschickter Einbeziehung der jeweiligen Charaktere und persönlichen Besonderheiten der beiden Könige in Szene setzte. Von seinen Ministern, aber auch von anderen deutschen Monarchen, wie etwa dem Großherzog Friedrich von Baden, gedrängt, verstand sich Ludwig II. endlich dazu, die Realitäten zu akzeptieren, nicht ohne davon persönlich zu profitieren, denn er beschloss nun, »zu verkaufen, was er offenbar nicht verweigern konnte«.[114] Tatsächlich erhielt der in erheblichen finanziellen Schwierigkeiten steckende und hoch verschuldete Bayernkönig als Ergebnis dieser Unterhandlungen eine Summe von vier Millionen Mark und später noch jährliche geheime Zahlungen in Höhe von 300 000 Mark zugesichert.

Und dafür sandte Ludwig in eigener Handschrift den ihm vorher diskret übermittelten, von Bismarck bereits vorformulierten »Kaiserbrief« nach Versailles, in dem er den preußischen König auch offiziell aufforderte, die deutsche Kaiserkrone anzunehmen.[115] Diese machtvolle Geste wirkte: Wilhelm akzeptierte nun, wenn auch zunächst widerstrebend, den von ihm eigentlich abgelehnten Kaisertitel – und der liberalen Opposition blieb nur noch Hohn und Spott: Wenn »dieser Theaterkönig Ludwig bei der Taufe des deutschen Kaisers Pate steht, so wird er eben doch nur eine lächerliche Figur sein«, und ein »unter solchen Umständen fabrizierte[r] Kaiser« sei doch eigentlich kaum ernst zu nehmen, meinte etwa der liberale Historiker Hermann Baumgarten.[116] Er sollte sich gewaltig irren – wie jeder, der meinte, Bismarck unterschätzen zu können.

Ein Politiker muss in Kenntnis der Richtung, in die er gehen möchte, nach Gelegenheiten und Möglichkeiten Ausschau halten, er muss Lagen und Situationen abschätzen und seine Schlussfolgerungen daraus ziehen können – und kaum etwas wäre verfehlter, als über Jahre hinweg einem festliegenden politischen »Plan« zu folgen. Und selbst wenn er eine Gelegenheit erkennt, eine Möglichkeit wahrnimmt, ist er verpflichtet, stets nach Alternativen zu suchen, um auf Unvorhergesehenes reagieren zu können oder sich Rückzugsmöglichkeiten offenzuhalten. Bismarck war – das gehört sicher zu den Geheimnissen des Erfolgs seiner Politik – ein Meister darin, in Alternativen zu denken. »Es hieße das Wesen der Politik zu verkennen«, bemerkte er einmal in den Jahren nach seinem Rücktritt, vielleicht nicht zufällig im Gespräch mit einem klugen Historiker, dem Österreicher Heinrich Friedjung, »wollte man annehmen, ein Staatsmann könne einen weitaussehenden Plan entwerfen und sich als Gesetz vorschreiben, was er in einem, zwei oder drei Jahren durchführen wolle. Es ist richtig, daß der Gewinn Schleswig-Holsteins einen Krieg wert war; aber in der Politik kann man nicht einen Plan für lange Zeit festlegen und blind in seinem Sinne vorgehen. Man kann sich nur im großen die zu verfolgende Richtung vorzeichnen; diese freilich muß man unverrückt im Auge behalten, aber man kennt die Straßen nicht genau, auf denen man zu seinem Ziele gelangt.« Insofern gleiche also der Staatsmann »einem Wanderer im Walde, der die Richtung seines Marsches kennt, aber nicht den Punkt, an dem er aus dem Forste heraustreten wird. Ebenso wie er muß der Staatsmann die gangbaren Wege einschlagen, wenn er sich nicht verirren soll.«[117]

Der Rückweg muss allerdings – jedenfalls bis zu einem gewissen Punkt – immer offen bleiben bei allem, was man tut, denn gelegentlich wächst, wie Bismarck in seinen Erinnerungen angemerkt hat, beim Begehen eines falschen Weges die Entfernung vom richtigen auf einmal »so rapide, daß der verlassene Strang nicht wieder erreicht werden kann und die Umkehr zu dem Gabelpunkt, wo er verlassen wurde, unausführbar ist«[118] – eine nicht seltene Ursache für politisches Fehlverhalten mit Folgen. Insofern hat Bismarck auch immer wieder etwas betrieben, das er selber mit einem heute ungebräuchlichen Ausdruck als »Conjectural-Politik«[119] bezeichnete und das man wohl als die Kunst der vorausschauenden Erwägung von Eventualitäten umschreiben kann. Wenn es gilt, mögliche Alternativen im Blick zu behalten, dann dürfte dies ohne einen genauen Blick für »Konjekturen«, also für Möglichkeiten, Eventualitäten und Unvorhersehbares, kaum zu bewerkstelligen sein.

Eine das Denken in Alternativen und die »Conjectural-Politik« ergänzende Tugend besteht in dem, was man als die Kunst des Warten-Könnens bezeichnen kann. Auch auf sie kam es an, denn »wir können die Uhren vorstellen, die Zeit geht aber deshalb nicht rascher, u[nd] die Fähigkeit zu warten, während die Verhältnisse sich entwickeln, ist eine Vorbedingung practischer Politik«, so eine später viel zitierte Bemerkung Bismarcks.[120] Die spezifische Kunst liegt darin, während des Abwartens die Geduld nicht zu verlieren, nicht unaufmerksam zu werden, die »Konjekturen« nicht zu verkennen und vor allem – das wäre der schlimmste Fall – den bereits erwähnten, durch Bismarck sprichwörtlich gewordenen Zipfel vom Mantel Gottes, der durch die Geschichte rauscht, nicht zu verpassen.

Nimmt man Bismarcks Denken in Alternativen, eine seiner wichtigsten Fähigkeiten, auch als Grundkomponente seines politischen Handelns ernst, dann ist die früher gern gehegte Legende, er habe bereits seit den frühen 1850er-Jahren auf eine kleindeutsche Einigung unter Ausschluss Österreichs hingearbeitet, hinfällig. Auch in dieser Frage hatte er stets Alternativen im Blick, und eine frühzeitige Einigung der beiden deutschen Großmächte im Sinne einer Neuregelung der Führungsstruktur des Deutschen Bundes wäre in jedem Fall die weniger gefährliche Variante einer politischen Stärkung Preußens gewesen. Keineswegs nur auf die Empfindungen seiner – aus Tradition großdeutsch denkenden – christlich-konservativen Mentoren gemünzt waren etwa Bismarcks im Jahr 1854 angestellte Überlegungen zu einem möglichen »Arrangement« mit Österreich: Man müsse in Wien einsehen, so Bismarck, »daß wir nur dann, aber auch dann gewiß, ein zuverlässiger und williger Bundesgenosse sind, wenn der gegenseitigen Rivalität in Deutschland dadurch ein Ende gemacht wird, daß wir durch ein bündiges, immerhin geheimes Arrangement festere Abgränzungen für die Wirkungskreise jeder der beiden Mächte zu gewinnen suchen, theils geographische, theils sachliche Gränzen, und im Bunde mindestens ein gegenseitiges *veto* und vertragsgemäße Sicherung der gegenseitigen Substitution«[121] – was im Klartext natürlich bedeuten musste: Gleichberechtigung im Bund.

Im Rückblick auf den missglückten Frankfurter Fürstentag von 1863 hat Bismarck Jahrzehnte später auch noch einmal darauf hingewiesen, dass selbst damals eine Einigung zwischen den beiden deutschen Großmächten noch möglich gewesen wäre. Wenn der damalige Wiener Ministerpräsident und Außenminister Johann Bernhard Graf von Rechberg die Chance ergriffen hätte, gerade *nicht* wie seine Vorgänger darauf hinzuarbeiten, »mittels Hinabdrückung Preußens nach Möglichkeit auf den mittelstaatlichen Stand« die alleinige Vorherrschaft Habsburgs in Deutschland festzuklopfen, sondern unter »einer dualistischen Spitze mit Gleichberechtigung Preußens und Oesterreichs« eine neue Politik einzuleiten, dann wäre, bezogen auf Gesamtdeutschland, »unsre innere verfassungsmäßige Entwicklung von der Versumpfung in bundestägiger Reaction und von der einseitigen Förderung absolutistischer Zwecke in den einzelnen Staaten nicht nothwendig bedroht worden sein; die Eifersucht der beiden Großstaaten wäre der Schutz der Verfassungen gewesen« – eben weil beide Großmächte »*bei dualistischer Spitze* auf Wettbewerb um die öffentliche Meinung der Gesammtnation wie in den einzelnen Staaten angewiesen geblieben« wären. Die stete Konkurrenz hätte sich also erfreulich ausgewirkt, weil sie letztlich vor allem »für die Belebung unsrer nationalen Gefühle« gesorgt hätte und zudem noch »für die verfassungsmäßige Entwicklung nützlich«[122] gewesen wäre.

Ähnliches gilt auch für den Bereich der Innenpolitik, wo Bismarck ebenfalls »Conjectural-Politik« betrieb und meistens nach gangbaren Alternativen Ausschau hielt; dies gilt besonders für den preußischen

Verfassungskonflikt, der nicht zuletzt infolge der Intransigenz des Königs um die Jahreswende 1862/63 derart festgefahren war. Wie konnte man damals die Situation aufbrechen, um einen Umschwung herbeizuführen oder auch nur die Dinge erneut in Bewegung zu bringen? Dass Bismarck zeitweilig – auch dies gehörte zu den von ihm erwogenen Konjekturen – in den Jahren 1863 und 1864 zumindest an eine Periode der Diktatur gedacht hat, sei es durch Verhängung des militärischen Ausnahmezustandes, sei es durch eine staatsstreichartige Abschaffung oder Abänderung der Verfassung, und dies auch im engsten Kreis seiner Vertrauten erwog, ist sicher nicht zu bestreiten.[123]

Dieser möglichen scharfen Rechtswendung entsprach aber auch eine weitere Konjektur: nämlich ein radikaler Linksschwenk hin zur damaligen Arbeiterbewegung. Man weiß heute, dass Bismarck im Sommer 1863 mehrere, natürlich beiderseits streng geheim gehaltene Gespräche mit Ferdinand Lassalle führte, um nach einer Möglichkeit zu suchen, seinen Hauptgegner, die bürgerlich-linksliberale Fortschrittspartei, möglichst nachhaltig zu schwächen, eventuell auf dem Weg einer Wahlrechtsreform, nämlich der Abschaffung des – von Bismarck ohnehin wenig geschätzten – Dreiklassenwahlrechts zugunsten eines allgemeinen und vor allem gleichen Wahlverfahrens. Marxistische (also Lassalle grundsätzlich feindlich gegenüberstehende) Historiker haben dazu angemerkt, der bedrängte preußische Ministerpräsident habe hier lediglich »ein wenig auf der Klaviatur der sozialen Demagogie«[124] gespielt, jedoch keinerlei ernsthafte Absichten gehegt.

Dem ist entgegenzuhalten, dass sich Bismarck wohl kaum auf die nicht ungefährliche – weil seine eigene Stellung möglicherweise kompromittierende und gefährdende – Kontaktaufnahme zu Lassalle eingelassen hätte, wenn er nicht gewisse Aussichten für eine zumindest partielle Zusammenarbeit gesehen hätte. Glaubt man einer brieflichen Äußerung Lassalles vom Juni 1863, dann hat Bismarck ihm gegenüber tatsächlich die Möglichkeit angedeutet, »die Krone eines Tages zu jener Umkehr, zur Proklamierung des allgemeinen Wahlrechts und zur Alliance mit dem Volke zu bewegen«.[125] Auch hierin scheint Bismarck also wenigstens zeitweilig eine unter bestimmten Umständen mögliche politische Alternative gesehen zu haben, vielleicht sogar ermutigt durch Lassalles Hinweis, dass es sich tatsächlich um ein »*immenses Machtmittel, die wirkliche ›moralische‹ Eroberung Deutschlands*« handeln würde, wenn es gelänge, »die Wählbarkeit schlechterdings *allen* Deutschen«[126] zu erteilen. Freilich scheint Bismarck bald gemerkt zu haben, dass es sich bei Lassalle zwar um einen überaus machtbewussten Mann, aber eben doch nur um einen General ohne Soldaten handelte, dessen Rückhalt gering war. Und zudem hätte der Ministerpräsident einen derart radikalen Linksschwenk gegenüber dem König kaum durchsetzen können. Das Denken in Alternativen konnte also auch in Sackgassen führen – es kam nur darauf an, diese rechtzeitig als solche zu erkennen!

Wir sehr Bismarck mehr als ein Jahrzehnt nach seinem Eintritt in den diplomatischen Dienst bereits seine Fähigkeit zum politischen Kalkulieren möglicher Alternativen, besonders im Kontext einer gegebenen internationalen Lage, ausgebildet und entwickelt hatte, zeigt auch sein überaus geschicktes Herangehen an die schleswig-holsteinische Frage seit Ende 1863. Hier sprach er im Rückblick einmal von verschiedenen »Abstufungen«, die er als Möglichkeiten von Anfang an vor Augen gehabt habe. Dem *Maximalziel* einer »Erwerbung der Herzogthümer für Preußen« sei als nächste Abstufung die von Preußen mit zu forcierende Einsetzung der Dynastie Augustenburg als neuer Herrscherfamilie und damit »die Herstellung eines neuen Mittelstaates« gefolgt. Wäre jedoch auch dies im Rahmen der gesamteuropäischen Lage nicht erreichbar gewesen, dann wiederum hätten beide deutsche Mächte – das wäre die dritte Stufe gewesen – wenigstens auf eine entschiedene Verbesserung der Lage der Herzogtümer, zumindest auf die Wiederherstellung des seit 1852 bestehenden Status quo[127] dringen müssen. Bismarck fuhr also, wie man heute sagen würde, »mehrgleisig« und wechselte, je nach aktueller Lage und Einschätzung der Gegenseite, zwischen den jeweils möglichen Optionen. Dabei dürfte die spätere Feststellung, er selbst habe von Anfang an unverrückbar an der Annexion der Herzogtümer für Preußen festgehalten, keineswegs aus der Luft gegriffen sein. Genau dies entsprach seinem Denken in Alternativen.

Ein weiteres Beispiel dafür ist die Vorgeschichte des Gasteiner Abkommens von 1865. So wenig befriedigend die Vereinbarung letztendlich aus preußischer Sicht auch sein konnte – voraussehbar waren ihre einzelnen Bestimmungen sicher nicht. Noch im April 1865 hatte Bismarck in einem vertraulichen Erlass an den Berliner Gesandten in Turin angemerkt, er selbst gebe »die Hoffnung auf eine für uns annehmbare Lösung der Schleswig-Holsteinschen Frage durch Verständigung mit Österreich … keineswegs auf«. Nur dürfe man – mit Blick auf ein eventuelles Scheitern dieser Politik –»die Möglichkeit nicht aus den Augen lassen, daß uns ein anderer Weg aufgedrängt werde, und wir müssen die daraus eventuell zu erwartenden Kombinationen beizeiten erwägen«[128], in diesem Fall also ein Zweckbündnis mit dem Königreich Italien.

Und zuletzt sei ebenfalls noch auf die wenig bekannte Geschichte des Vermittlungsversuchs der Brüder Anton und Ludwig von der Gablenz kurz vor Ausbruch des Krieges von 1866 hingewiesen[129]: Ludwig verfügte als österreichischer Statthalter in Holstein über ständigen Kontakt zur Wiener Regierung, während Anton als preußischer Untertan, Gutsbesitzer und Landtagsabgeordneter die Verbindung zur Regierung in Berlin herstellte. Beider Vermittlungsplan sah die Errichtung eines neuen Doppelherzogtums vor, nicht jedoch unter den Augustenburgern, sondern unter einem Herzog aus dem Hause Hohenzollern; außerdem wurde eine Bundesreform vorgeschlagen, die auf eine Gleichberechtigung Habsburgs und Preußens im Bund hinausgelaufen wäre. Mit einzelnen Abänderungen ging der Plan eine Zeitlang hin und her, denn sowohl Bismarck auf der einen als auch Franz Joseph auf der anderen Seite hatten sich auf ernsthafte Verhandlungen eingelassen.

Doch die Gablenz'sche Vermittlungsaktion scheiterte letztlich an der ablehnenden Haltung Wiens; der Vorschlag schien am Ende die österreichischen Interessen doch allzu wenig zu berücksichtigen. Immerhin: Der Krieg hätte nach Annahme des Vorschlags auf eine für beide Seiten gesichtswahrende Weise vermieden werden können. Bismarck hätte sich darauf eventuell eingelassen, auch wenn sein Maximalziel damit nicht erreicht worden wäre. Er hat sich wohl vor allem deshalb so intensiv auf die Verhandlungen eingelassen, weil sie ihm unabhängig vom Ausgang eben »jenes Hintertürchen offenhielten, das ihm notfalls den Rückzug noch von der Schwelle des Krieges erlaubte«.[130] Jahre später, kurz nach seinem Rücktritt, bemerkte er einmal, es sei stets »ein Fehler der Deutschen« gewesen, »alles erreichen zu wollen oder nichts. … Ich war dagegen stets erfreut, wenn ich der Einheit Deutschlands, auf welchem Wege immer, auch nur auf drei Schritte näher kam. Ich hätte jede Lösung mit Freuden ergriffen, welche uns ohne den Krieg der Vergrößerung Preußens und der Einheit zuführte.«[131]

Verantwortlichkeit

Entgegen der lange vermittelten Vorstellung vom »eisernen Kanzler«, der mit »Eisen und Blut« Politik machte – ein Bild, an dessen Etablierung Bismarck selbst allerdings nicht unschuldig war –, hat er selbst die kriegerische Auseinandersetzung nur als äußerstes, letztes Mittel der Politik angesehen, als Ultima Ratio gewissermaßen, einzusetzen nur dann, wenn es nach Maßgabe der zentralen Interessen des eigenen Landes absolut nicht mehr zu vermeiden war. Schon in seiner ersten großen außenpolitischen Rede am 3. Dezember 1850 in der damaligen Zweiten Kammer des Preußischen Landtags sprach er die Worte aus: »Es ist leicht für einen Staatsmann, sei es in dem Kabinette oder in der Kammer, mit dem populären Winde in die Kriegstrompete zu stoßen und sich dabei an seinem Kaminfeuer zu wärmen oder von dieser Tribüne donnernde Reden zu halten, und es dem Musketier, der auf dem Schnee verblutet, zu überlassen, ob sein System Sieg oder Ruhm erwirbt oder nicht. Es ist nichts leichter als das, aber wehe dem Staatsmann, der sich in dieser Zeit nicht nach einem Grunde zum Kriege umsieht, der auch nach dem Kriege noch stichhaltig ist.«[132]

Die von Bismarck hier bereits sehr früh angesprochene Frage nach der Legitimation für einen Krieg hat ihn im weiteren Verlauf seines politischen Lebens immer wieder aufs Neue umgetrieben. Den Präventivkrieg lehnte er aus Überzeugung ab: Der Theorie, dass »es sich empfehle, einen Krieg, der uns früher oder später wahrscheinlich bevorstand, anticipando herbeizuführen, bevor der Gegner zu besserer

Rüstung gelange«, sei er stets entgegengetreten, erinnerte sich Bismarck in der Rückschau auf sein langes Politikerleben, und zwar »in der Ueberzeugung, daß auch siegreiche Kriege nur dann, wenn sie aufgezwungen sind, verantwortet werden können und daß man der Vorsehung nicht so in die Karte sehen kann, um der geschichtlichen Entwicklung nach eigner Berechnung vorzugreifen«.[133] Der *Politiker* widersprach in der Frage nach der Unvermeidbarkeit von Kriegen der *militärischen* Logik also entschieden, und auch dies wiederum spricht für Bismarcks Größe, denn er erkannte genau, dass Kriege nur im äußersten Fall zu rechtfertigen sind.

Die drei Einigungskriege hat Bismarck im Nachhinein – darauf beharrte er auch nach seinem Rücktritt noch entschieden – als »notwendige« Kriege erachtet. Weitere militärische Konflikte aber seien für Deutschland, bemerkte er 1892 in einer Ansprache auf dem Marktplatz zu Jena, in seiner jetzigen Lage absolut unnötig. »Ich halte es für frivol oder ungeschickt, wenn wir uns in weitere Kriege hineinziehen lassen, ohne durch fremde Angriffe dazu gezwungen zu werden. … Aggressive Kabinettskriege können wir nicht führen. Eine Nation, die in der Lage ist, sich zu einem Kabinettskrieg zwingen zu lassen, hat nicht die richtige Verfassung. Ein Krieg, auch ein siegreicher, hat für die Nation keine wohltuenden Folgen.«[134] Der alte Bismarck sagte dies wenige Jahre vor seinem Tod, also bereits in einer Zeit, in der eine neue Generation in Deutschland die politischen Geschicke zu lenken begann. Dass die Jüngeren sehr bald schon die ältere »Gründergeneration« und deren Auffassungen, bei aller Verehrung für den alten »Reichsgründer« im Sachsenwald, auf die Seite schoben und nun ihrerseits »Weltpolitik« betreiben wollten, dürfte Bismarck mindestens mit gemischten Gefühlen zur Kenntnis genommen haben.

Im Grunde scheint er bereits geahnt zu haben, dass die wirklich großen Kriege der Zukunft eigentlich keine »Kabinettskriege« mehr sein würden, von denen er in Jena noch gesprochen hatte. Schon wenige Jahre zuvor hatte er, im Begrüßungsgespräch mit dem neuen französischen Botschafter in Berlin, Jules Herbette, einmal bemerkt, Kriege würden »in unserer Zeit … nicht mehr zwischen fünfzig- oder sechzigtausend Menschen ausgetragen, die sich Zeit lassen und ihre

Winterquartiere beziehen. Die Kriegführenden setzen alles aufs Spiel. Bei ihnen ist das Leben vollständig in der Schwebe und um sie herum ist es beinahe so« – eine Feststellung, die man als vorsichtige Andeutung eines großen Krieges, eines Weltkrieges interpretieren könnte, den Bismarck zumindest nicht für ausgeschlossen hielt. Insofern war es ehrlich gemeint, wenn er anfügte:»Alle meine Anstrengungen sind also auf die Erhaltung des Friedens gerichtet, ich sage nicht aus christlichem Gefühl, das ist ein dehnbarer Begriff, sondern aus Interesse.«[135] Der Krieg der Zukunft würde also unkalkulierbar sein – auch hierin hat Bismarck recht behalten.

Das von ihm in späteren Jahren mehrfach thematisierte Problem der»Verantwortlichkeit« in der Politik hat ihn gerade auch in der beständigen Rückschau auf die drei Einigungskriege zwischen 1864 und 1870 immer wieder umgetrieben. Zwar sei der Krieg von 1866»schwer zu vermeiden« gewesen, bemerkte er 1890 gesprächsweise,»aber wer das Gefühl der Verantwortlichkeit für Millionen auch nur in geringem Maße besitzt, wird sich scheuen, einen Krieg zu beginnen, bevor nicht alle anderen Mittel versucht sind«.[136] Die von ihm geführten Kriege hat er als solche zu keiner Zeit wirklich bereut, eben weil er sie als politisch notwendig ansah, doch er hat – sehr im Gegensatz zu manchen anderen Machtpolitikern des 19. oder 20. Jahrhunderts – über die eigene Verantwortlichkeit reflektiert.

Schon 1867 stellte er einmal im Gespräch mit einem Abgeordneten fest:»Ich habe auf dem Schlachtfelde und was noch weit schlimmer ist, in den Lazaretten die Blüte unsrer Jugend dahinraffen sehen durch Wunden und Krankheit, ich sehe jetzt aus diesem Fenster gar manchen Krüppel auf der Wilhelmstraße gehen, der heraufsieht und bei sich wohl denkt, wäre nicht der Mann da oben und hätte er nicht den bösen Krieg gemacht, ich säße jetzt gesund bei ›Muttern‹. Ich würde«, fügte Bismarck hinzu,»mit diesen Erinnerungen und bei diesem Anblick keine ruhige Stunde haben, wenn ich mir vorzuwerfen hätte, den Krieg leichtsinnig oder aus Ehrgeiz oder auch aus *eitler* Ruhmessucht für die Nation gemacht zu haben.«[137] In ähnlich trüber Stimmung bemerkte Bismarck zehn Jahre später einmal, er habe viele Menschen unglücklich machen müssen:»Ohne mich hätte es drei große Kriege nicht gegeben, wären achtzigtausend Menschen nicht umgekommen, und Eltern, Brüder, Schwestern, Witwen trauerten nicht.« Er habe dies »indessen mit Gott abgemacht«.[138]

Das sind bemerkenswerte Äußerungen, die man ebenfalls zu bedenken hat, wenn man über Bismarcks historische Größe in moralischer Hinsicht reflektiert. Der Unterschied zu anderen in größtem Stil historisch wirksamen Persönlichkeiten ist hier so offenkundig, dass er kaum hervorgehoben zu werden braucht. Nur ein einziger Vergleich sei hier angeführt: Napoleons berühmte Äußerung zu Metternich in ihrem dramatisch verlaufenden letzten Gespräch in Dresden Ende Juni 1813, als die Befreiungskriege bereits begonnen hatten; der österreichische Staatskanzler hat sie überliefert: »Sie sind nicht Soldat … und wissen nicht, was in der Seele eines Soldaten vorgeht. Ich bin im Felde aufgewachsen, und ein Mann wie ich scheert sich wenig um das Leben einer Million Menschen.« Metternich schildert, welche Mühe es ihn kostete, sein Entsetzen über diese Worte zu verbergen, doch der Kaiser der Franzosen fügte noch hinzu: »Die Franzosen können sich nicht über mich beklagen; um sie zu schonen habe ich die Deutschen und die Polen geopfert. Ich habe in dem Feldzug von Moskau dreihunderttausend Mann verloren, es waren nicht mehr als dreißigtausend Franzosen darunter.«[139] – Wenn es unterschiedliche Arten von historischer Größe gibt, dann werden sie im Vergleich dieser Äußerungen Bismarcks und Napoleons besonders deutlich erkennbar.

In den großen parlamentarischen Redeschlachten der 1870er- und 1880er-Jahre hat Bismarck die Verdienste der deutschen Armee stets mit großem Nachdruck hervorgehoben: Er sei nicht ruhmbegierig, stellte er im Januar 1885 einmal im Reichstag fest, sondern gönne den, »sagen wir, eine Million deutscher Soldaten … das Verdienst in unserer ganzen Entwicklung nicht nur des Deutschen Reiches, sondern auch der Politik, die seitdem gerieben worden ist«. Und er fügte hinzu: »… ohne die Armee kein Deutschland: weder wäre es geworden, noch ist es zu halten.«[140] Um den militärischen Schutz Deutschlands war er bis zuletzt besorgt, und er hätte es in späteren Jahren wohl am liebsten gesehen, wenn das Parlament keine Verfügungsgewalt über den Verteidigungsetat gehabt hätte.

Das hinderte den Kanzler allerdings nicht daran, strikt auf dem *Primat der Politik* zu beharren, wenn es notwendig war, und er scheute zur Aufrechterhaltung dieses Grundprinzips jeder Politik auch keineswegs den harten Kompetenzkonflikt mit den führenden Militärs. Der ältere Helmuth von Moltke war fraglos ein genialer Stratege, doch die von ihm vertretene Auffassung, während des Krieges hätten Politik und Diplomatie hinter den Anforderungen der Kriegführung zurückzutreten – oder nach der typischen Bismarck-Formulierung: der Minister der Auswärtigen Angelegenheiten komme »erst wieder zu Wort, wenn die Heeresleitung die Zeit gekommen findet, den Janustempel zu schließen« –, konnte die Politik keineswegs akzeptieren. Um Bismarcks Worte noch einmal aufzunehmen: Es liege »schon in dem doppelten Gesichte des Janus die Mahnung, daß die Regierung eines kriegführenden Staates auch nach andern Richtungen zu sehen hat als nach dem Kriegsschauplatze«.[141] Das war noch sehr milde und freundlich ausgedrückt, deutet aber bereits die Konflikte an, die Bismarck mehr als einmal, bis in die letzten Jahre seiner Amtszeit, mit den Militärs auszutragen hatte und aus denen er stets siegreich hervorging.[142]

Schon 1866 hatten die Generäle zurückstecken müssen, weil sich Bismarck in Nikolsburg am Ende gegen die Annexionsgelüste des Königs und seiner führenden Militärs durchsetzen konnte; natürlich hätte es der *militärischen* Logik entsprochen, etwa einige strategisch wichtige Punkte in Böhmen als Siegesbeute dem Norddeutschen Bund anzugliedern, aber in *politischer* Hinsicht wäre dies, wie Bismarck damals sicher voraussah, verheerend gewesen. Im Krieg von 1870 kam es zu einer erneuten Auseinandersetzung mit führenden Generälen, darunter Moltke, weil Bismarck als »der verantwortliche politische Rathgeber des Königs« für sich die Kompetenz in Anspruch nahm, »die richtige politische Ausnutzung der militärischen wie der auswärtigen Situation« angemessen einschätzen und gegebenenfalls politisch nutzen zu können, und weil es ebenfalls seinem Selbstverständnis als Politiker entsprach, »zu beurtheilen, wann der richtige Moment eingetreten sei, den Uebergang vom Kriege zum Frieden einzuleiten«, denn gerade hierzu seien nun einmal »Kenntnisse der europäischen Lage erforderlich, welche dem Militär nicht geläufig zu sein brauchen«.[143] Bismarck, der um die Jahreswende 1870/71, als der eigentlich bereits gewonnene Krieg in Frankreich noch immer nicht beendet war, sicher nicht grundlos die mögliche Einmischung der anderen Großmächte in den Konflikt fürchtete, plädierte dringend für einen baldigen Friedensschluss und konnte sich damit durchsetzen. Wenn die Schilderung dieser Ereignisse in seinen Memoiren besonders ausführlich ausfiel, dann sicher auch deshalb, weil er hiermit eine bestimmte politische Lehre besonders anschaulich vermitteln wollte: die vom unbedingten Primat politischer vor militärischen Entscheidungen.

Auch in der außenpolitischen Krise 1887/88, als wenigstens für kurze Zeit die Möglichkeit eines militärischen Konflikts der Zweibundmächte mit Russland gegeben schien, überließ Bismarck den Militärs, von denen manche bereits seit einiger Zeit auf einen Präventivkrieg gegen das östliche Nachbarland drängten, ebenfalls nicht das Feld, sondern setzte sich noch einmal gegen den alten, hoch angesehenen Moltke, vor allem aber auch gegen die jüngeren Heißsporne im Generalstab durch. Das war schwierig genug, doch der ebenfalls schon fast dreiundsiebzigjährige Kanzler warf bei dieser Gelegenheit noch einmal sein ganzes Gewicht in die Waagschale. Es ist bemerkenswert, »welch ungeheures Maß an Energie, Zielklarheit und Geschick der mit großer Machtfülle und einem einzigartigen Nimbus ausgestattete Reichsgründer aufwenden mußte, um die ›Halbgötter‹ des Generalstabs zu zähmen«.[144] Dass Bismarck sich hier noch einmal durchsetzen konnte, hatte er nicht nur der eigenen Zähigkeit, sondern vor allem auch seiner inzwischen unerschütterlichen Vertrauensstellung beim alten Kaiser zu verdanken. In der militarisierten Gesellschaft des Kaiserreichs war jede Fundamentalkritik an der militärischen Leitung heikel, doch Bismarck hielt auch jetzt am Primat der Politik eisern fest.

Die politisch wichtige Aussöhnung mit den Besiegten, ein zentraler Aspekt jeder Kunst des Friedensschließens, ist Bismarck keineswegs immer gelungen – zwar mit Österreich, aber eben nicht mit Frankreich –, doch er hat sich darum bemüht, auch *gegen* den zeitweilig entschiedenen Willen der Militärs. »Mir kam es«, hat Bismarck im Rückblick auf 1866 einmal formuliert, »für unsere späteren Beziehungen zu

Österreich darauf an, kränkende Erinnerungen nach Möglichkeit zu verhüten, wenn es sich ohne Beeinträchtigung unsrer deutschen Politik thun ließ. Der siegreiche Einzug des preußischen Heeres in die feindliche Hauptstadt wäre für unsre Militärs natürlich eine befriedigende Erfahrung gewesen, für unsre Politik war er kein Bedürfniß«, gerade weil eine solche Aktion »in dem österreichischen Selbstgefühl … eine Verletzung hinterlassen« hätte, die zu einer starken Belastung für die Zukunft geworden wäre, ebenfalls wie jede »Abtretung alten Besitzes an uns«. Er erinnerte hier an Friedrich den Großen und dessen Eroberung Schlesiens: Auch wir würden, schloss Bismarck seine Betrachtungen ab, »die Errungenschaften des Feldzugs in ferneren Kriegen zu vertheidigen haben«.[145]

Anders – wenn auch ebenfalls historisch – begründete er dreizehn Jahre nach Nikolsburg die von ihm erkannte Notwendigkeit eines besonders engen politischen Zusammengehens mit Österreich-Ungarn, das am Ende zum Abschluss des Zweibundes führen sollte, obwohl Kaiser Wilhelm I. dieser neuen Verbindung etwas reserviert gegenüberstand. Nur ein »Defensivbündnis mit Österreich« könne einen »Ersatz der Garantien« bieten, »welche früher der Deutsche Bund gewährte«, heißt es in einem Immediatbericht Bismarcks an den Monarchen vom Sommer 1879. Er, Bismarck, habe bereits während der Friedensverhandlungen von 1866 »der tausendjährigen Gemeinsamkeit der gesamtdeutschen Geschichte gegenüber das Gefühl gehabt, daß für die Verbindung, welche damals zur Reform der deutschen Verfassung zerstört werden musste, früher oder später ein Ersatz von uns zu beschaffen sein werde«.[146] Das Prinzip einer Versöhnung des Besiegten besaß hier also auch eine handfeste pragmatische Seite; Bismarck wusste genau, dass die Erinnerung an tausend Jahre gemeinsamer Geschichte nicht ausreichen würde, um zu einer in diesem Fall für beide Seiten vorteilhaften engen Zusammenarbeit der beiden mitteleuropäischen Großmächte zu gelangen. Alte Vorbehalte, übrigens auf beiden Seiten, wogen immer noch schwer. Aber Bismarck bewältigte auch dieses Problem.

Wenn man – immer bezogen auf die Grundbedingungen politischen Handelns in der zweiten Hälfte des 19. Jahrhunderts – die gelungene Kriegsbegrenzung und die anschließenden jahrzehntelangen erfolgreichen Bemühungen um die Sicherung des europäischen Friedens für einen Ausweis politischer und historischer Größe hält, dann wird man in diesem Zusammenhang auch eine weitere Eigenschaft Bismarcks nennen dürfen: seine Fähigkeit, in großen Dimensionen zu denken, die ihm half, seit Mitte der 1870er-Jahre sein sehr komplexes, aber im Großen und Ganzen funktionierendes Bündnissystem aufzubauen, die ihn 1878 zum »ehrlichen Makler« des Berliner Kongresses werden ließ und die es ihm letzten Endes ermöglichte, Deutschland auch unter schwierigsten krisenhaften äußeren Bedingungen eine günstige internationale Position zu sichern sowie den Frieden für Europa zu bewahren.

Eine der Grundtatsachen der Existenz und der Geographie des preußischen Staates, über die Bismarck bereits als junger Diplomat reflektierte, mag für die Ausbildung dieser Fähigkeit mit ausschlaggebend gewesen sein: Eine Außenpolitik der »Passivität und Planlosigkeit«, hatte er schon 1857 geschrieben, »die froh ist, wenn sie in Ruhe gelassen wird, können wir in der Mitte von Europa nicht durchführen«.[147] Aber auch das Gegenteil einer gewissermaßen hyperaktiven, über die Wahrung eigener berechtigter Interessen klar hinausgehenden Machtpolitik wäre problematisch, ja im Grunde gefährlich: »Jede Großmacht«, stellte Bismarck 1888 fest, »die außerhalb ihrer Interessensphäre auf die Politik der anderen Länder zu drücken und einzuwirken und die Dinge zu leiten sucht, … die treibt Machtpolitik und nicht Interessenpolitik, die wirtschaftet auf Prestige hin.«[148] Dabei dürften ihm vermutlich das Zweite Kaiserreich und Napoleon III. vor Augen gestanden haben.

Hiermit sind von Bismarck in knapper, aber pointierter Form die beiden aus seiner Sicht zu vermeidenden außenpolitischen Extreme umrissen, vor denen er seine deutschen Zeitgenossen zu warnen versuchte: Eine aktive Außenpolitik muss sein – aber sie hat sich stets an den genuinen, jeweils klar bestimmbaren Interessen des Landes zu orientierten; bloßes Machtstreben um der Macht willen oder um der Akkumulation fremder Territorien oder gar der Unterdrückung anderer Völker willen wird, ja muss sich über kurz oder lang, ungeachtet eventueller Anfangserfolge, bedenklich auswirken. Dies gilt in gleicher Weise aber auch für eine planlos-inaktive Außenpolitik, die ein Land entweder zum Opfer eines zur Machtpolitik entschlossenen Nachbarn machen kann, oder die – keinesfalls weniger gefährlich – das Misstrauen benachbarter Nationen hervorruft und im schlimmsten Fall unbeabsichtigt zu Konflikten führen kann. Es galt, so Bismarcks Überzeugung, stets die richtige Mitte zu finden, die seit 1871 für Deutschland nur darin bestehen konnte, aus einer starken Position heraus eine im eigenen Interesse liegende aktive Friedenspolitik zu betreiben. Es ist die Tragödie Deutschlands, dass seine Nachfolger dies nicht verstanden haben.

Sprache und Stil

Zum Besonderen und Bedeutenden der Persönlichkeit Bismarcks – außerhalb der im engeren Sinne politischen Sphäre – gehören seine ausgeprägte Sprachkunst, sein unverwechselbarer, von Eleganz, Prägnanz und bildkräftiger Formulierungskunst geprägter Stil, von dem seine Briefe, amtlichen Berichte und endlich auch seine Memoiren Zeugnis ablegen. Er war, das ist schon früh bemerkt worden, »ein Feind der Phrase«[149] in jeder Form, der freilich nicht immer spontan und mit Leichtigkeit formulierte, sondern gelegentlich auch erst nach »tage- und nächtelangem Durchdenken« den treffenden Ausdruck »für eine einmalige politische Situation« fand.[150] Das Besondere ist, dass man Bismarcks Sprache, wie richtig beobachtet wurde, gerade dies nicht anmerkt, denn die »Unabsichtlichkeit seiner literarischen Diktion« zeigt sich gerade darin, dass sie »mühelos und ungesucht«[151] wirkt, gewissermaßen als selbstverständliche Äußerungsform eines sprachlichen Naturtalents.

Die Naturmetaphorik der Briefe vor allem aus den 1840er-Jahren ist dabei auffällig, nicht nur, weil sie die Verbindung von Erfahrungs- und Empfindungswelt dieser Lebensepoche gewissermaßen im Medium der Sprache herstellt. An den Verlobungsbriefen wird dies in fast unübertrefflicher, eindringlicher Weise deutlich: »Findet sich Unkraut im

Acker unsres Herzens«, heißt es in einem charakteristischen Brief an Johanna von Puttkammer vom Februar 1847,»so wollen wir gegenseitig bemüht sein, ihn so zu bestellen, daß sein Same nicht aufgehn kann; thut er es doch, so wollen wir es offen *ausziehn*, aber nicht unnatürlich mit Weizenstroh zudecken und verstecken; das schadet dem Korn und zerstört das Unkraut nicht. Deine Meinung war nun wohl, es allein auszuziehn, ohne mich durch den Anblick zu verletzen; aber laß uns auch darin ein Herz und ein Fleisch sein, und wenn mich Deine kleinen Disteln auch mitunter in die Finger stechen sollten, kehr Dich daran nicht und verbirg sie mir nicht. Du wirst an meinen großen Dornen auch nicht immer Freude erleben, so große, daß ich sie nicht verstecken kann, und wir müssen gemeinschaftlich daran reißen, wenn auch die Hände bluten. Übrigens blühn Dornen mitunter recht hübsch, und wenn auf den Deinigen Rosen wachsen, so werden wir sie doch wohl mitunter stehn lassen.«[152] Die Naturmetaphorik wird dabei gelegentlich durch religiös-biblische Anspielungen, auch durch Anleihen bei Praktiken des ländlichen Lebens ergänzt und vervollständigt.

Und wenn die Braut bemüht sein soll, ihre Natürlichkeit *nicht* zu verlieren, sich den Gepflogenheiten der großen Gesellschaft gerade *nicht* anzupassen, dann wird dies vom Verlobten ähnlich bildkräftig formuliert:»Bemühe Dich nicht, eine steife, glatte Hecke zu werden von Haus aus. Die kann kräftig und grün nur dann dastehn, wenn sie wild hinauswächst und vom Gärtner mitten durchs Leben beschnitten wird, und das werde ich ja doch nicht über mein Herz gewinnen; wachse beliebig als Waldrose ...«[153] Dass er sich später, als frischgebackener Frankfurter Diplomat, zum Leidwesen Johannas darum bemühen musste, aus dem Fräulein von Puttkammer eine Frau von Bismarck zu machen, steht auf einem anderen Blatt. Ihren Zweck dürften die Briefe über Disteln, Dornen, Hecken, Wildrosen und über das Ausziehen von Unkraut sowie den Umgang mit von Dornen verwundeten Händen jedenfalls kaum verfehlt haben. Denn welche junge Frau erhielt von ihrem künftigen Ehemann solche Briefe?

Es ist erstaunlich, auch noch aus heutiger Perspektive, wie genau Bismarcks bildkräftige Formulierungen ins Schwarze trafen – so etwa, wenn er über einen Brief Moritz von Blanckenburgs, seines über den Verlust seiner jungen Frau zutiefst verzweifelten Freundes, schreibt, er mache ihm »den Eindruck, als ob ihn ein Todtmüder geschrieben hätte, der sich gewaltsam wach halten will und zwischen den verworrenen Sätzen einnickt«.[154] – Ähnlich prägnant, aber doch wieder ganz anders eine Formulierung aus den *Gedanken und Erinnerungen*, ein Rückblick auf die Krise des Jahres 1866: Hier bemerkt Bismarck, er habe mit Blick auf das Ausland »keine Bedenken getragen, die damals stärkste der freiheitlichen Künste, das allgemeine Wahlrecht … mit in die Pfanne zu werfen, um das monarchische Ausland abzuschrecken von Versuchen, die Finger in unsre nationale *omelette* zu stecken«.[155] Und es gibt weitere, kaum zählbare Formulierungen ähnlicher Art – von den »catilinarischen« Existenzen bis hin zum neuen Deutschland, das schon reiten werde, wenn man es nur in den Sattel setze …

Zu Hochform lief Bismarcks als Stilist jedoch dann auf, wenn es darum ging, andere Personen – meistens solche, die der Zeitgeschichte zuzurechnen und deshalb besonders interessant waren – mittels einer prägnanten Beschreibung ihres Verhaltens zu charakterisieren. Berühmt ist etwa seine Schilderung einer Unterhaltung mit Heinrich von Gagern im Jahr 1851: Er habe, so Bismarck, bei Gelegenheit einer Zusammenkunft unter vier Augen mit Gagern »in ganz sachlicher, nüchterner Weise« über aktuelle politische Fragen sprechen wollen: »Da hätten Sie aber den Gagern hören sollen. Er machte sein Jupitergesicht, hob die Augenbrauen, sträubte die Haare, rollte die Augen und schlug sie gen Himmel, daß es förmlich knackte, und sprach zu mir mit seinen großen Phrasen, wie wenn ich eine Volksversammlung wäre.« Bismarcks Kommentar: Mit dem Herrn aus Frankfurt sei nicht zu reden – »die reine Phrasengießkanne«.[156]

An Prägnanz kaum zu übertreffen ist auch eine weitere, mit Recht berühmte Personenschilderung, und zwar die des französischen Politikers und Ministerpräsidenten der provisorischen Regierung im Konflikt 1870/71, Adolphe Thiers, mit dem Bismarck über den Frieden verhandelte. Thiers war ein typischer Südfranzose, klein, quicklebendig und unaufhörlich redend. Der geistreiche und liebenswürdige Verhandlungspartner sei eigentlich, schreibt Bismarck an seine Frau,

»kein Geschäftsmann für mündliche Unterhandlungen. Der Gedankenschaum quillt aus ihm unaufhaltsam wie aus einer geöffneten Flasche, und ermüdet die Geduld weil er hindert zu dem trinkbaren Stoffe zu gelangen auf den es ankommt. Dabei ist er ein braver kleiner Kerl, weißhaarig, achtbar und liebenswürdig, gute *alt*französische Formen, und es wurde mir sehr schwer so hart gegen ihn zu sein wie ich mußte.«[157]

Doch Bismarck konnte auch ganz andere Töne anschlagen, die sehr viel weniger freundlich klangen. Das berühmte Kapitel »Intriguen« seiner Memoiren beginnt mit einer Schilderung, die einer literarischen Hinrichtung erster Klasse gleichkommt: »Graf Harry Arnim vertrug wenig Wein und sagte mir einmal nach einem Frühstücksglase: ›In jedem Vordermanne in der Carrière sehe ich einen persönlichen Feind und behandle ihn dementsprechend. Nur darf er es nicht merken, so lange er mein Vorgesetzter ist‹. Es war dies in der Zeit, als er nach dem Tode seiner ersten Frau aus Rom zurückgekommen … und in politischen Gesprächen gern Macchiavell und die Werke italienischer Juristen und Biographen citirte. Er posirte damals in der Rolle eines Ehrgeizigen, der keine Scrupel kannte, spielte hinreißend Klavier und war vermöge seiner Schönheit und Gewandtheit gefährlich für die Damen, denen er den Hof machte. Diese Gewandtheit auszubilden, hatte er frühzeitig begonnen, indem er als 16jähriger Schüler des Neustettiner Gymnasiums von den Damen einer wandernden Schauspielertruppe sich in die Lehre nehmen ließ und das mangelnde Orchester am Clavier ersetzte, nachdem er schon früher das Cösliner Gymnasium aus Gründen, welche das Lehrercollegium seiner sittlichen Haltung entnahm, hatte verlassen müssen.«[158]

Bitterböse im Ton, aber glänzend im Ausdruck und brillant in der bis auf die kleinste Nuance stimmigen Charakterisierung. Nicht zuletzt Schilderungen dieser und ähnlicher Art machten die *Gedanken und Erinnerungen* zu einem der einst meist gelesenen deutschen Bücher. Der bedeutende Germanist Friedrich Gundolf bezeichnete Bismarcks Memoiren 1931 einmal als »das gewaltigste politische Schriftwerk unseres Volkes und eines der seltenen Bücher, die ein weltgeschichtlicher Führer als Vermächtnis seines Wirkens hinterlassen hat«.[159] Vom zeitgenössischen Pathos einmal abgesehen, hat Gundolf damit doch etwas Richtiges getroffen, denn die Verbindung von politischem Verstand in höchster Potenz und literarischer Gestaltungskraft ist in Bismarcks Erinnerungen beinahe zur Vollendung gediehen. Das bedeutet aber auch, dass man sie auf der einen Seite (wie Bismarck selbst es wünschte) als eine Art »Lehrbuch der Politik« lesen kann, sie andererseits aber eben auch als literarisches Kunstwerk von hohem Rang zu genießen vermag. Das wird man nur von sehr wenigen politischen Memoiren sagen können. In der deutschen Literatur steht Bismarcks Werk jedenfalls einzig da.

Schließlich Bismarcks Rednergabe: Dass er mit seiner hohen Intelligenz in aller Regel über fast alle seine parlamentarischen und politischen Widersacher rhetorisch (wenn auch nicht immer politisch) triumphierte, ist bekannt. Das musste auch die Gegenseite zugeben: »Die Debatte der beiden letzten Tage war wohl die größte Niederlage, die wir seit langem erlebt haben«, schrieb beispielsweise Theodor Mommsen an Heinrich von Sybel auf dem Höhepunkt des Verfassungskonflikts im Sommer 1865, »vernichtendere Abfertigungen wie die von Löwe und Bunsen [zwei gegnerische Landtagsabgeordnete; H.-C. K.] durch Bismarck habe ich noch nicht erlebt.«[160] Derartige Momente dürfte es öfter gegeben haben. Bismarck selbst sah sich durchaus nicht als gefälligen Redner; er erhebe nicht den Anspruch, »ein Redner und ein Redekünstler zu sein«, sagte er in den späten Jahren seiner Kanzlerschaft einmal, »ich bin Minister, Diplomat und Staatsmann und würde mich für gekränkt halten, wenn man mich einen Redner nennte«.[161] Die unverkennbare, wenn auch nur indirekte Absetzung von den französischen »Advokatenpolitikern« jener Zeit schwingt hier ebenso mit wie eine gewisse Distanz zur rhetorischen Kunst, die seit Jahrhunderten das Parlament von Großbritannien auszeichnete.

Obwohl Bismarck seine politische Karriere 1847 im Vereinigten Landtag zu Berlin begonnen hatte, sah er sich nie als Parlamentarier – und deshalb auch nicht als Redner – im eigentlichen Sinne. Gleichwohl ist seine Redekunst unbestritten, trotz seiner für einen Mann vergleichsweise hohen Stimme und seiner Neigung zu gelegentlich stockender, die Worte und Formulierungen gleichsam suchender Sprechweise. Bismarck habe als Redner, erinnerte sich einer seiner Mitarbeiter später, »den passenden Ausdruck gleichsam mit Gewalt« herbeigeholt: »Zuweilen zögert er vor dem entscheidenden Wort. Aber wenn er es ausgesprochen hat, trifft es, packt! Kein besserer Ausdruck, kein schöneres Bild hätte gefunden werden können.« So seien gelegentlich auch Pausen entstanden, »die fast peinlich wirkten. Bismarck ist eben ein denkender, kein ›fließender‹ Redner. Er übergießt nicht die Zuhörer mit einer Flut hervorquellender Worte und Phrasen.«[162]

Man könnte es auch anders sagen: Bismarck agierte nicht (wie so mancher Politiker vor und nach ihm) als Schauspieler oder als Charaktermaske, sondern er wollte überzeugen, was ihm sicher nicht immer gelungen ist. Gerade deshalb jedoch sei er, hat man einmal bemerkt, kein »charismatischer Führer der deutschen Nation« gewesen.[163] Sollte man das bedauern? Wohl kaum. Denn Charisma ist erfreulicherweise kein notwendiges Attribut historischer Größe.

III.
GRENZEN

Kulturkampf

Wie jeder andere Mensch besaß auch Bismarck Grenzen – Grenzen
seiner Fähigkeiten, seines Charakters, seiner Einsicht in die gegebenen
Wirklichkeiten und Möglichkeiten, endlich auch seines Agierens als
Politiker. Aus diesen Grenzen resultierten – gelegentlich gravierende –
politische Fehlleistungen, die ebenfalls zu den unübersehbaren Kennzeichen der sogenannten »Bismarckzeit« gehören und die unmittelbar
mit bestimmten charakterlichen Eigenheiten, aber auch mit persönlichen Defiziten des »eisernen Kanzlers« zu tun haben.

Das erste Jahrzehnt nach der Reichsgründung wurde – nach der im
Ganzen geglückten Überwindung aller Widerstände, die sich vor dem
18. Januar 1871 gegen eine »kleindeutsche« Einigung gerichtet hatten –
dennoch zu einer Zeit weiterer schwerer politischer Auseinandersetzungen. Die 1870er-Jahre, die eigentlich einer verstärkten inneren
Konsolidierung und auch Befriedung des neu gegründeten Reiches
hätten dienen können – im Sinne einer Gewinnung auch der einstigen
Gegner Preußens in Süd- und Westdeutschland sowie in den 1866 an-
nektierten neupreußischen Gebieten –, waren erfüllt von einer letztlich ebenso sinn- wie ergebnislosen, den inneren Frieden in Deutschland stark belastenden Auseinandersetzung zwischen Staat und Kirche,
die wesentlich von Bismarck persönlich ins Werk gesetzt wurde und
die bis heute unter der im Grunde irreführenden Bezeichnung »Kulturkampf« bekannt ist.

Dieser Begriff wurde, als der große Konflikt bereits im Gange war, durch den linksliberalen Politiker und bedeutenden Mediziner Rudolf Virchow eingeführt, der im Preußischen Landtag die Deutsche Fortschrittspartei vertrat. Das Ziel seiner Partei und der von ihr angestrebten Politik bestehe darin, äußerte Virchow am 17. Januar 1873 im Rahmen einer parlamentarischen Debatte, »die Freiheit der individuellen, religiösen Überzeugung oder des religiösen Glaubens« herzustellen – und hierzu bedürfe es wiederum, der »Emanzipation des Staates« im Sinne einer »Verweltlichung des Staates in allen seinen Richtungen«. Zur modernen Kultur, wie er sie verstand, könne die traditionsorientierte, damit rückwärtsgewandte römische Kirche, in der die Hierarchie inzwischen zum Selbstzweck geworden sei, nichts mehr beitragen, und aus diesem Grund handele es sich bei dem Kampf zwischen den Anhängern der alten Kirche und denen des neuen Fortschritts um nichts weniger als »einen großen Kulturkampf«.[1]

Diese Rhetorik war nicht nur typisch für jene fortschrittsgläubige und zukunftsoptimistische Zeit, sondern sie illustrierte auch ein kämpferisch zugespitztes Überlegenheitsgefühl der damals geistig tonangebenden Kräfte innerhalb des politisch bewussten Bürgertums. Man darf in diesem Zusammenhang nicht vergessen, dass die »Kulturkämpfe«, wenn man den Ausdruck denn als Synonym für die das gesamte 19. Jahrhundert durchziehenden Auseinandersetzungen zwischen Staat und Kirche nehmen will, keineswegs nur ein deutsches, sondern ein gesamteuropäisches Phänomen gewesen sind. Emanzipationsbestrebungen zur Einschränkung des sozialen, gesellschaftlichen, kulturellen und in vielen Ländern auch noch explizit politischen Einflusses der Kirchen prallten hier zusammen mit dem Überlebenskampf der religiösen Großinstitutionen um ihre althergebrachte dominante Stellung und um die Bewahrung ihrer kulturell-sozialen Prägekraft, durch die sie die Geschichte des Kontinents seit Jahrhunderten mitgestaltet und beeinflusst hatten.

Vor allem die katholische Kirche war, auch unter dem Eindruck der Bedrohung der politischen Selbständigkeit des alten Kirchenstaates seit Beginn der italienischen Einigung in den 1860er-Jahren, zum Gegenangriff übergegangen: Mit der Verkündung des »Syllabus errorum« hatte Papst Pius IX. im Dezember 1864 alle »hauptsächlichen Irrtümer unserer Zeit« aufgezählt, darunter Pantheismus, Naturalismus, Nationalismus, Sozialismus, Kommunismus, Indifferentismus und Toleranz, sowie sämtliche vermeintlichen »Irrlehren über die bürgerliche Gesellschaft«. Der »Syllabus« und wenige Jahre später das vom Ersten Vatikanischen Konzil verkündete Dogma der päpstlichen Unfehlbarkeit wurden von den Vertretern des sich »modern« und »aufgeklärt« verstehenden bürgerlichen Liberalismus als Kampfansage an die moderne Welt, an die Wissenschaften sowie an jeglichen sozialen und politischen Fortschritt verstanden, während die Gegenseite wiederum im modernen Denken insgesamt einen Großangriff auf den Glauben und die Kirche zu erkennen meinte. Aus dieser Konstellation erklärt sich zu einem guten Teil die ungewöhnliche Heftigkeit des Konflikts, der in den 1870er-Jahren in Deutschland geführt wurde und der bereits bald nach seinem Beginn aus dem Ruder zu laufen drohte.

Der Ausgangspunkt für Bismarcks Maßnahmen, die zuerst und auch später hauptsächlich gegen die katholische Kirche gerichtet waren, bald aber partiell auch die evangelische Kirche trafen, dürfte in seinem Bestreben zu suchen sein, kurz nach der Reichsgründung die soeben neu gewonnene deutsche Einheit besonders stark zu befestigen, dafür aber im Gegenzug alle wirklichen oder vermeintlichen Feinde dieser Einheit entschieden zu bekämpfen. Im Grunde litt Bismarck in dieser Zeit »an einem Gefühl der Verunsicherung, das erfolgreichen Revolutionären, selbst konservativen, nie erspart bleibt. Das gewaltsam Geschaffene, meinte er, müsse mit Zwangsmaßnahmen geschützt werden, bis es durch Gesetze und Institutionen konsolidiert und durch die Zeit und die allmähliche Entwicklung eines gesellschaftlichen Konsenses legitimiert sein würde.«[2] Typisch für diese Zeit ist eine Äußerung des Kanzlers über seine politischen Alpträume nach Gesprächen mit Parlamentariern aus dem April 1872: Sein Schlaf, bemerkte Bismarck, sei deshalb durchaus »keine Erholung, ich träume weiter, was ich wachend denke, wenn ich überhaupt einschlafe. Neulich sah ich die Karte von Deutschland vor mir, darin tauchte ein fauler Fleck nach dem anderen auf und blätterte sich ab.«[3]

Die römisch-katholische Kirche schien ihm dabei in dreierlei Hinsicht ein besonderer Gefahrenfaktor zu sein: Erstens hatte er bereits in seiner Frankfurter Diplomatenzeit und dann noch einmal während der Jahre seiner Ministerpräsidentschaft seit 1862 in den katholisch geprägten Teilen West- und Süddeutschlands eine starke preußenfeindliche und österreichfreundliche, damit »großdeutsche« Gesinnung feststellen müssen, zweitens beunruhigte ihn besonders stark die deutsche »Polenfrage«, also das Problem der (fast ausschließlich katholischen) polnischstämmigen Bevölkerung in den östlichen Regionen Preußens und damit auch des neuen Reiches. Hier gab es tatsächlich separatistische und nationalistische Bestrebungen, die vom polnischen katholischen Klerus massiv unterstützt wurden. Drittens hatte sich seit den 1850er-Jahren, zuerst in Preußen, neuerdings auch auf Reichsebene, eine eigene katholische Partei, das »Zentrum«, gegründet, um die speziellen Belange des sich nunmehr in der Minderheit befindlichen katholischen Bevölkerungsteils in den Parlamenten zu vertreten. Das war eigentlich eine nachvollziehbare, ja in gewisser Weise – auch vor dem Hintergrund früherer »Kulturkampferfahrungen« – fast selbstverständliche Angelegenheit, doch Bismarck verstand alle diese Entwicklungen als Kampfansage an Preußen, an das neue Reich und letztendlich auch an seine eigene Person. Nur so ist Bismarcks befremdliche und auf den ersten Blick auch kaum verständliche Feststellung im Preußischen Landtag am 30. Januar 1872 zu verstehen, er betrachte es »als eine der ungeheuerlichsten Erscheinungen auf politischem Gebiete …, daß sich eine konfessionelle Fraktion in einer politischen Versammlung«[4] gebildet habe.

Als einen schweren politischen Fehler der Zentrumspartei wiederum wird man es ansehen müssen, dass ihre Fraktion im Deutschen Reichstag eine von allen anderen Parteien befürwortete patriotische Adresse an den neuen Deutschen Kaiser, die am 30. März 1871 mit überwältigender Mehrheit vom Reichstag verabschiedet wurde, geschlossen ablehnte und sich damit – so musste es in der deutschen Öffentlichkeit unweigerlich erscheinen – als einzige politische Kraft von Anfang an gegen Kaiser und Reich stellte. Grund hierfür war lediglich ein Passus, in dem Genugtuung darüber geäußert wurde, dass die Tage der Einmischung in das Leben anderer Völker hoffentlich für immer vorbei seien – diese Worte wurden als Kritik am Papst und am Vatikan gesehen, der soeben infolge der Eingliederung Roms in das Königreich Italien seine frühere politische Selbständigkeit verloren hatte.[5]

Im Nachhinein ist es erstaunlich zu sehen, dass ein so scharfer politischer Analytiker wie Bismarck das Verhängnis, in das er mit seinen ersten gegen die katholische Kirche gerichteten Attacken hineinzutappen begann, gar nicht bemerkte. Als religiöser Mensch wusste er eigentlich um die Macht des Glaubens, um die Beständigkeit kirchlich-religiöser Institutionen und Formen und um die nicht nur geistige, sondern vor allem auch *emotionale* Dimension sämtlicher die Religion auch nur mittelbar betreffenden Angelegenheiten. Man wird also mehr als nur einen Faktor für Bismarcks im Ergebnis jedenfalls höchst verhängnisvolle Kulturkampfpolitik verantwortlich machen können: zuerst sicher eine gewisse Selbstherrlichkeit, die er sich nach einem Jahrzehnt derart bedeutender, vollkommen unerwarteter politischer Erfolge angeeignet hatte und die in ihm den Gedanken, er könne sich in seinem Handeln vielleicht einmal irren, gar nicht erst aufkommen ließen; zum zweiten aber auch bestimmte Bedrohungsängste, die durch die neue politische Lage befördert oder sogar erst hervorgerufen wurden. Schien es nicht nahezuliegen, dass sich in Europa eine explizit gegen Preußen und das neu gegründete, mehrheitlich protestantische Reich gerichtete Verschwörung der »Ultramontanen« gebildet hatte – erkennbar etwa an den Dauerkampagnen der katholischen Presse in allen Teilen Europas? Bereitete sich nicht, eventuell sogar unter Führung des Papstes und unter Beteiligung Habsburgs, eine Allianz katholischer Länder gegen den Neuling im Mächtekonzert des Kontinents vor? Unterstützte Rom denn nicht nur die separatistischen Polen im Osten, sondern auch die politischen Bestrebungen der »Verlierer von 1866«, etwa der welfischen Bewegung, gegen die Politik des Reichskanzlers? Bahnte sich mit der aufstrebenden Zentrumspartei nicht das Wirken einer gefährlichen, weil besonders gut organisierten politischen Fundamentalopposition in Preußen und im Reich an?[6]

Aus heutiger Sicht lässt sich nicht zweifelsfrei sagen, wie weit Bismarcks Befürchtungen wirklich gingen und welche Argumente (oder Pseudoargumente) er lediglich als wirksame Waffen im politischen Kampf gegen seine Widersacher oder auch gegen einen weitgehend imaginierten »inneren Feind« verwendete. Tatsache ist jedoch, dass sämtliche der oben genannten Fragen damals zumindest eine propagandistische Rolle spielten. Hinzu kam noch die Notwendigkeit, dass Bismarck sich angesichts des Zerfalls der alten Konservativen Partei (der sich unter den Bedingungen des Kulturkampfs beschleunigte) noch stärker als zuvor auf den politischen Liberalismus, besonders auf die Nationalliberalen stützen musste. Und hier war man, aus Tradition ebenso wie aus Gesinnung, schroff antiklerikal gesinnt – sei es, dass man (wie im linksliberalen Lager) schon seit Langem ohnehin religionskritisch und kirchenfeindlich eingestellt war, sei es, dass man (wie die Nationalliberalen) jener im Bürgertum weit verbreiteten Ideologie einer spezifisch »deutschen Freiheit« anhing, geprägt durch den Glauben an die Überlegenheit reformatorischer Traditionen, des deutschen Idealismus und des fortschrittlichen Liberalismus über angebliche »römische Unfreiheit«, unaufgeklärte Rückständigkeit und Hörigkeit gegenüber einem von Rom aus gesteuerten katholischen Klerus. Führende norddeutsche Intellektuelle und Politiker, darunter so einflussreiche Gelehrte und Parlamentarier wie Theodor Mommsen und Heinrich von Sybel, vertraten diesen Standpunkt.

Von diesen liberalen Glaubenssätzen war Bismarck zwar weit entfernt, doch er verstand es, sie sich zunutze zu machen, um seine politischen Absichten zu befördern. Dass er damit eine Bewegung in Gang setzte, die bald eine äußerst bedenkliche, ja im Endeffekt politisch schädliche Eigendynamik entwickeln sollte, erkannte er erst viel zu spät. Denn es ging ihm offenkundig noch um etwas anderes, das eng mit seinen Bemühungen um eine verstärkte innere Konsolidierung des neuen deutschen Staatsgebildes zusammenhing – also nicht nur um einen innenpolitischen Präventivkrieg gegen wirkliche oder vermeintliche »Reichsfeinde« – der »negative« Aspekt seiner Politik –, sondern auch um ein zweites, in diesem Fall »positives« Anliegen, nämlich um eine grundlegende Neuordnung des Verhältnisses von

Staat und Kirche, zuerst in Preußen und möglichst bald auch im gesamten Reich, also um einen Beitrag zur Modernisierung des politischen, sozialen und kulturellen Lebens.[7] In diesem Zusammenhang darf man nicht übersehen, dass die Kirchen in dieser Zeit, trotz rückläufiger Tendenzen, noch einen erheblichen sozialen und kulturellen Einfluss ausübten, etwa im Sozial- und Gesundheitswesen, bei der Gestaltung und Kontrolle schulischer Bildung oder auch der Personenstandsangelegenheiten. So gehörte etwa der Kampf um die Zivilehe seit jeher zu den gesellschaftspolitischen Kernforderungen der Liberalen aller Couleur.

Insofern empfiehlt es sich, die von Bismarck während des Kulturkampfs seit 1872 nach und nach – teils im Preußischen Landtag, teils im Reichstag – durchgesetzten »Kirchengesetze« differenzierend zu betrachten und zwischen den rein »negativen«, direkt gegen die katholische Kirche und die Zentrumspartei gerichteten *Repressionsgesetzen* einerseits und den »positiven«, das heißt auf soziale und gesellschaftliche Modernisierung und Veränderung zielenden *Strukturgesetzen* andererseits, die letztlich auch einen Säkularisierungsschub in Deutschland bewirkten, zu unterscheiden.[8]

Zu den Repressionsgesetzen gehörte zunächst einmal der schon im Dezember 1871 (übrigens auf Betreiben der bayerischen Regierung) verabschiedete sogenannte »Kanzelparagraph«, der denjenigen Geistlichen, die in ihren Predigten staatliche Institutionen und Maßnahmen angriffen, Gefängnishaft androhte. Hinzu kamen in den folgenden Jahren weitere Maßnahmen: einmal das im Juli 1872 verfügte Verbot des Jesuitenordens für das gesamte Reichsgebiet; das Expatriierungsgesetz vom Mai 1874, nach dem katholischen Geistlichen, die gegen geltendes Recht verstoßen hatten, die Staatsbürgerschaft aberkannt werden konnte; und das Sperrgesetz vom April 1875, nach dem bestimmten kirchlichen Einrichtungen die finanzielle Unterstützung des Staates entzogen werden konnte. Am Ende stand das ebenfalls im Frühjahr 1875 verabschiedete Gesetz, das ein gesetzliches Verbot von Orden und Kongregationen erleichterte.

Den Repressionsgesetzen standen jedoch die Strukturgesetze gegenüber, die das Verhältnis zwischen Staat und Kirche im Deutschen

Reich dauerhaft reformieren und verändern sollten. Zu ihnen muss als erstes das (preußische) Schulaufsichtsgesetz vom März 1872 gerechnet werden, durch dessen Regelungen alle öffentlichen und privaten, sowie die kirchlichen Schulen staatlicher Aufsicht unterstellt wurden; auch die Leitung des Unterrichts wurde nun (mit Ausnahme des Religionsunterrichts an den Volksschulen) vom Staat übernommen.

Ebenfalls dazu gehören die sogenannten »Maigesetze« des Jahres 1873: das »Gesetz über die Vorbildung und Anstellung der Geistlichen«, das eine wissenschaftliche Staatsprüfung für alle katholischen Geistlichen vorsah; sodann das »Gesetz über die kirchliche Disziplinargewalt und die Errichtung des Gerichtshofs für kirchliche Angelegenheiten«, das den Einfluss der römischen Kurie auf die inneren Verhältnisse der deutschen Kirche stark einschränken sollte; außerdem ein Gesetz zur Einschränkung des Gebrauchs kirchlicher Straf- und Zuchtmittel sowie das »Gesetz betreffend den Austritt aus der Kirche«, das für alle Kirchen und Konfessionen die rechtlichen Rahmenbedingungen für den Kirchenaustritt festlegte. Als besonders folgenreich und vor allem als dauerhaft können noch zwei weitere Reformgesetze aus den Jahren 1874 und 1875 bezeichnet werden: das Gesetz über die Einführung der obligatorischen Zivilehe in Preußen vom März 1874, und ein Jahr später, im Februar 1875, das Reichszivilehegesetz. Neugeordnet wurde im Rahmen dieser Gesetze ebenfalls das gesamte Personenstandswesen, das in Deutschland nun gänzlich in staatliche Hand überführt und reichsweit vereinheitlicht wurde. Diese reformerischen Maßnahmen – seinerzeit zwar seit Längerem gefordert, dennoch als überaus neuartig und modern empfunden – gelten im Kern ihrer Bestimmungen bis heute.

Was im Großen und Ganzen als bedeutender innenpolitischer Erfolg der Bismarck'schen Politik hätte erscheinen können, erwies sich am Ende lediglich als positiver Nebeneffekt einer überwiegend als überflüssig und in den Erscheinungsformen als überaus hässlich empfundenen Repression gegen Teile der katholischen Bevölkerung und insgesamt auch gegen die katholische Kirche in Deutschland. Da nützte es wenig, wenn Bismarck die von ihm begonnene Auseinandersetzung öffentlich immer wieder als Grundsatzstreit zwischen Staat und Kirche zu deuten versuchte – ausgehend von seinem am 14. Mai 1872 im Reichstag gesprochenen, später viel zitierten Wort, man werde nicht nach Canossa gehen, »weder körperlich noch geistig«.[9] Konnte er, so muss man fragen, seine Zuhörer wirklich überzeugen, wenn er, wie etwa im März 1873 im Preußischen Herrenhaus, die These vertrat, es handle sich ausschließlich um einen politischen, nicht um einen konfessionellen oder kirchlichen Konflikt, also »nicht um den Kampf, wie unseren katholischen Mitbürgern eingeredet wird, einer evangelischen Dynastie gegen die katholische Kirche, es handelt sich nicht um den Kampf zwischen Glauben und Unglauben, es handelt sich um den uralten Machtstreit zwischen Königtum und Priestertum, den Machtstreit, der viel älter ist, als die Erscheinung unseres Erlösers in dieser Welt …«?[10]

Dass die innenpolitischen Konflikte durch die Repressionsgesetze entschieden angeheizt und Bismarck mit vielen seiner Redebeiträge im Preußischen Landtag und im Deutschen Reichstag noch zusätzlich Öl ins Feuer goss, steht außer Frage. Schon bald begann der Konflikt den sozialen Frieden in vielen mehrheitlich katholischen Regionen Deutschlands empfindlich zu beeinträchtigen, denn die Repressionsgesetze blieben, entgegen den Erwartungen Bismarcks, in der Sache weitgehend wirkungslos; sie stärkten am Ende nur den passiven Widerstand innerhalb des Katholizismus.[11] Da eine staatliche Priesterausbildung von der Kirche nicht anerkannt wurde, schloss man die kirchlichen Priesterseminare. Kirchenämter und Bischofssitze blieben, wenn sie vakant waren, lieber unbesetzt, als dass die erforderliche staatliche Genehmigung eingeholt worden wäre. Katholische Bischöfe und kirchliche Amtsträger ließen sich lieber inhaftieren als staatlichen Anweisungen zu folgen oder kirchliche Verwaltungs- und Finanzdokumente den staatlichen Behörden auszuliefern. Auch manche der Verwaltungs- und Polizeiorgane in den katholischen Regionen etwa des Rheinlandes oder Westfalens übten vor Ort wenigstens teilweise passiven Widerstand und verhinderten auf diese Weise immer wieder eine konsequente Umsetzung der Kulturkampfgesetze.

Als besonders folgenreich jedoch erwies sich die tiefgehende Verbitterung gegen den Staat, gegen das neue Reich und vor allem gegen den Kanzler, die infolge der Härten des Konflikts breite Teile des katholischen Volksteils erfasst hatte. Im Grunde erreichte Bismarck am Ende das genaue Gegenteil dessen, was er anfangs eigentlich erstrebt hatte: Es gelang ihm nicht nur nicht, die katholische Kirche als politische und moralische Macht in Deutschland – und mit ihr auch die Zentrumspartei – zu schwächen, sondern der Kulturkampf stärkte, im Gegenteil, auch entschieden den Zusammenhalt unter den deutschen Katholiken, gerade auch zwischen Klerus und Kirchenvolk. Die Zentrumspartei wurde politisch nicht an die Wand gedrückt, vielmehr konnte sie sich nun endgültig als ein eigenständiger, unverrückbarer Bestandteil des Parteiensystems im neuen Reich etablieren, als starke politische Kraft, zu deren Vorzügen es gehörte, dass sie sich nicht nur auf *eine* soziale Schicht oder Klasse stützen konnte, sondern über Anhänger aus allen Bereichen des sozialen und gesellschaftlichen Lebens verfügte. Das unter dem enormen staatlichen Druck bedeutend stärker gewordene konfessionelle Zusammengehörigkeitsgefühl überbrückte auch »frühere Gegensätze zwischen liberalen und konservativen Katholiken, festigte … die Bindung an Papst und Papsttum«.[12]

Noch etwas anderes machte Bismarck bald ebenfalls zu schaffen: Es war nicht zu übersehen, dass die im Rahmen des Kulturkampfs beschlossenen Strukturgesetze letztlich nicht nur in die Rechte der katholischen, sondern auch der evangelischen Kirche eingriffen. Der preußische Kultusminister Heinrich von Mühler, der dieses Amt seit 1862 versehen hatte und schließlich aus Protest gegen Bismarcks Politik, die er seit 1871 mit wachsendem Unbehagen verfolgt hatte, im Januar 1872 zurücktrat, gehörte zu den streng protestantisch-konservativen Kreisen, von denen die Strukturgesetze gerade aus evangelischer Sicht nicht akzeptiert werden konnten. »Durch die bestimmte Ansicht Bismarcks«, schrieb Mühler nach seinem Rücktritt, »Staat und Kirche voneinander zu trennen, will er, wie er selbst sagt, das Uebel an der Wurzel fassen, aber er sieht nicht, daß die evangelische Kirche dadurch tödlich verletzt wird und er mit der katholischen auf diesem Wege nicht zum Ziele kommt.« Am liebsten würde Bismarck, so Mühler weiter, »die Kirche und die religiösen Ideen ganz aus dem öffentlichen Leben verbannen und zu einer bloßen Privatsache machen. Trennung der Kirche vom Staat, Absonderung der Schule von der Kirche und vom Religionsunterricht sind ihm geläufige Anschauungen, wie solches die von ihm getanen Schritte und zahlreiche öffentliche und vertrauliche Aeußerungen, die ich verbürge, beweisen«, und hierin sei zweifellos »ein, wenn nicht entschieden unchristlicher, so doch jedenfalls unkirchlicher und separatistischer Zug«[13] Bismarcks zu erkennen. An dieser Stelle schien sich plötzlich ein weiteres Konfliktfeld zu eröffnen, das für Bismarck tatsächlich gefährlich werden konnte. Denn Mühler stand mit seinen Ansichten keineswegs allein. Im Gegenteil: Zahlreiche Konservative, darunter alte Mitstreiter Bismarcks wie Moritz von Blanckenburg, Hans von Kleist-Retzow und vor allem der alte Ernst Ludwig von Gerlach (der seine letzten Jahre sogar als Hospitant der Zentrumsfraktion im Berliner Landtag verbrachte) teilten diese Auffassung und sahen die Auswirkungen der Kirchengesetze mit größter Sorge. Der alte König schließlich, dessen Frömmigkeit bekannt war, akzeptierte Bismarcks Kulturkampfpolitik ebenfalls nur mit ziemlichem Unbehagen – und weil der Kanzler für ihn mittlerweile unersetzbar geworden war. Und endlich dämmerte auch einigen prominenten Liberalen, dass Bismarcks Kulturkampfgesetzgebung zugleich über eine im Grunde genuin antiliberale, nämlich die gerade von ihnen stets erstrebten und verteidigten Freiheitsrechte gefährdende Komponente verfügte. Ließ sich der Spieß, der jetzt auf die Katholiken zielte, gegebenenfalls nicht auch sehr rasch einmal umdrehen?

Bismarck war intelligent genug, um irgendwann einzusehen, dass er sich mit seiner bisherigen Vorgehensweise verrannt hatte, dass er inzwischen weit über das Ziel hinausgeschossen war und mit den Kirchengesetzen auch dort Bedenken, Irritationen und offenen Widerspruch ausgelöst hatte, wo dies gerade nicht beabsichtigt gewesen war. Es dauerte jedoch einige Zeit, bis der Einsicht auch entsprechende Taten folgten. Immerhin versuchte er bereits im April 1874 wenigstens gesprächsweise, für die negativen Aspekte der Kulturkampfpolitik seinen liberalen Kultusminister Adalbert Falk, den Nachfolger des zurückgetretenen Mühler, verantwortlich zu machen: Er, Bismarck, sei mit dem »Kampf gegen die katholische Kirche … gar nicht einverstanden«, dieser sei sogar ganz gegen seine Absicht entstanden! »Ich wollte die Zentrumsfraktion als politische Partei bekämpfen, weiter nichts! Wenn man sich darauf beschränkt hätte, so wäre es auch gewiß von Erfolg gewesen. Daran, daß man weiter gegangen ist und die ganze katholische Bevölkerung aufgeregt hat, bin ich ganz unschuldig.« Und die »dicken Entwürfe« für die Maigesetze, die ihm vom Ministerium aufs Land zugeschickt worden seien, habe er lediglich zum Teil lesen können – jetzt freilich bedaure er es sehr, dass er »jene Gesetze, ehe ich sie unterschrieb, nicht wenigstens gelesen habe, es steht doch gar zu viel dummes Zeug darin, was ich gewiß herausgestrichen hätte«.[14] Endlich habe Falk immer wieder mit Rücktritt gedroht, falls die Maßnahmen zu milde ausfallen sollten.

Das mochte glauben, wer wollte – der sächsische Staatsminister Richard von Friesen, dem gegenüber Bismarck diese Äußerungen fallen ließ, mag es vielleicht getan haben, doch ehrlich war der Kanzler in diesem Fall sicher nicht. Und dass Bismarck noch Jahre später daran festhalten wollte, dass die Hauptschuld bei jenem Kultusminister zu suchen sei, wirft wahrlich kein gutes Licht auf ihn. Er selbst habe als Ministerpräsident nicht auch noch dessen Amt versehen können: »Erst durch die Praxis überzeugte ich mich, daß die juristischen Einzelheiten [der Kulturkampfgesetze; H.-C. K.] psychologisch nicht richtig gegriffen waren. Der Mißgriff wurde mir klar an dem Bilde ehrlicher, aber ungeschickter preußischer Gendarmen, welche mit Sporen und Schleppsäbel hinter gewandten und leichtfüßigen Priestern durch Hinterthüren und Schlafzimmer nachsetzen.« Wer angenommen habe, dass solche kritischen Erwägungen nun »sofort in Gestalt einer Cabinetskrisis zwischen Falk und mir sich hätten verkörpern lassen, dem fehlt das richtige, nur durch Erfahrung zu gewinnende Urtheil über die Lenkbarkeit der Staatsmaschine in sich und in ihrem Zusammenhange mit dem Monarchen und den Parlamentswahlen«. Außerdem wüchsen »Minister von der Begabung Falks … bei uns nicht wild«.[15]

Nach dem Tod Papst Pius' IX. und der Wahl seines von Anfang an versöhnungsbereiten Nachfolgers Leo XIII. im Februar 1878 arbeitete Bismarck kontinuierlich auf die Beendigung der Auseinandersetzung hin – ohne jedoch in den ihm wichtigen Punkten, etwa der staatlichen Schulaufsicht, der »Herrschaft des Staates über die Schule«[16], wie er sie nannte, nachzugeben. Zwar sollte sich die sowohl von Berlin als auch von Rom sehr gewünschte baldige Beilegung des Kulturkampfes am Ende noch einige Jahre hinziehen, doch die besonders verpönten, seit 1872 erlassenen Repressionsgesetze wurden nun nach und nach abgebaut.[17] Mit den sogenannten »Milderungsgesetzen« und den »Friedensgesetzen« der 1880er-Jahre wurde schließlich ein für beide Seiten akzeptabler Kompromiss erreicht. Die vakanten Bischofsstühle wurden wieder besetzt, und auch die im Jahr 1872 abgebrochenen diplomatischen Beziehungen zwischen dem preußischen Staat und dem Heiligen Stuhl wurden 1882 erneut aufgenommen.

Dennoch darf man keinesfalls übersehen, dass die politischen und besonders auch die psychologischen Nachwirkungen des Kulturkampfes in Deutschland noch jahrzehntelang zu spüren waren. Zu den Folgen der Auseinandersetzung gehörte die wenigstens vorübergehende Abdrängung der katholischen Minderheit »in eine sozio-kulturelle-Isolierung, die die Ausbildung einer in sich geschlossenen Sondergesellschaft begünstigte, eingeschlossen eine Inferioritätshaltung«.[18] Die bewusst vollzogene, weitgehende Integration in das Reich gelang erst der folgenden Generation deutscher Katholiken, für die der Kulturkampf der 1870er-Jahre bereits Geschichte war. Und das Zentrum blieb fortan eine starke, sehr einflussreiche politische Kraft in Deutschland, die sich auf ein festes Wählerpotenzial stützen konnte und mit der Bismarck in allem, was er in den folgenden Jahren politisch anstrebte, zu rechnen hatte, die er also – ob er wollte oder nicht – fortan aus seinem Kalkül nicht mehr auszuschließen vermochte. Das jedoch war ursprünglich ganz und gar nicht seine Absicht gewesen.

Gegen die Arbeiterbewegung

Noch auf einem anderen Feld ist Bismarcks Bestreben, das Reich innerlich zu einigen, am Ende gescheitert – geradezu katastrophal gescheitert. Die Ausgrenzung des katholischen Bevölkerungsteils während der Zeit des Kulturkampfs konnte nach der Beendigung des Konflikts wenigstens nach und nach rückgängig gemacht werden, auch wenn die in den 1870er-Jahren geschlagenen Wunden im deutschen Katholizismus noch lange schmerzten.

Noch massiver jedoch griff Bismarck dort ein, wo er eine existenzielle Gefahr für den politischen Bestand des Deutschen Reiches sowie der gesellschaftlich-sozialen Ordnung insgesamt zu erkennen glaubte. Sein in den späten 1870er-Jahren – als der Kulturkampf gerade langsam abzuflauen begann – einsetzender Kampf gegen die sozialistische Arbeiterbewegung wurde von ihm selbst nicht mehr beendet, da er auf dem Höhepunkt der Auseinandersetzung 1890 sein Amt aufgeben musste. Gleichwohl handelt es sich bei der Sozialistenverfolgung um die zweite große innenpolitische Fehlleistung des Kanzlers; sie bürdete der weiteren inneren Entwicklung Deutschlands eine schwere Hypothek auf, die bis zum Ende des Kaiserreichs im November 1918 eine enorme Belastung bleiben sollte.

Für Bismarck, wie für viele andere seiner deutschen und europäischen Zeitgenossen, war die radikal-sozialistische Pariser Kommune, von der die französische Hauptstadt in der Endphase des Deutsch-Französischen Krieges im Frühjahr 1871 für einige Wochen regiert wurde, eine besonders beunruhigende Erfahrung, ein eindringliches Menetekel des politischen und gesellschaftlichen Umsturzes gewesen. Als mögliche Vision der Zukunft kam sie nicht nur ihm wie ein Schreckbild vor. Kurz nach dem wenig rühmlichen Ende der Kommune hatte der Arbeiterführer August Bebel in einer der ersten Sitzungen des neuen Deutschen Reichstags ausdrücklich erklärt, das europäische Proletariat sehe »hoffnungsvoll auf Paris. … Der Kampf in Paris sei nur ein kleines Vorpostengefecht, und ehe wenige Jahrzehnte ins Land gegangen seien, werde der Schlachtruf des Pariser Proletariats, ›Krieg den Palästen, Friede den Hütten, Tod der Not und dem Müßiggang‹, der Schlachtruf des europäischen Proletariats sein.«[19]

In späteren Jahren hat Bismarck mehrmals behauptet, dass diese Rede für ihn ein entscheidender Anstoß für seinen Mitte der 1870er-Jahre gefassten Entschluss gewesen sei, »den sozialistischen Agitationen anders als bisher entgegenzutreten« und auf diese Weise nicht nur den radikalen Theorien und Utopien, wie der Kanzler sich ausdrückte, »fest und direkt zu Leibe zu gehen«. Für ihn selbst sei es noch immer kaum erträglich, »daß die Mörder und Mordbrenner der Pariser Kommune hier eine öffentliche Lobeserhebung vor dem Reichstag erhalten haben, ohne daß eine entgegengesetzte Ansicht ausgesprochen ist«.[20] Mit diesen Worten, ausgesprochen während einer Reichstagsdebatte am 19. Februar 1876, kündigte sich ein innenpolitischer Konflikt an, der zwei Jahre später seinen ersten Höhepunkt erreichen sollte.

Dabei war die Sozialdemokratie in ihren Anfängen noch eine vergleichsweise kleine und unbedeutende politische Gruppierung. Im ersten Reichstag war sie lediglich durch zwei Abgeordnete (von insgesamt 382), seit 1874 im zweiten Reichstag durch neun Abgeordnete (von 397) vertreten; bei den Wahlen von 1877 errang sie zwölf Mandate (von wiederum 397) – das war nicht eben viel und erschien im Grunde auch nicht als sonderlich gefährlich. Wenn die Zahl der Anhänger der Arbeiterbewegung in den folgenden Jahrzehnten stetig anstieg und die Sozialdemokratie zu einer Massenbewegung, am Ende gar zur stärksten Kraft im deutschen Parlament wurde, dann hing das mit den gravierenden sozialen Problemen dieser Zeit zusammen. Der Bevölkerungsanstieg führte zur »Landflucht«, also zur verstärkten Zuwanderung in die Städte, wo Arbeit gesucht und oft, aber nicht immer, gefunden wurde, allerdings nur zu Bedingungen, die das soziale Elend jener Zeit vermehrten und verschärften – erst recht unter den Voraussetzungen der nach dem Gründerkrach 1873 einsetzenden »Großen Depression«.

Das Ausmaß der allgemeinen sozialen Not ist damals, gerade auch von den Vertretern des bürgerlichen Liberalismus, stark unterschätzt worden. Schlechte, oft gesundheitsschädigende Arbeitsbedingungen, überlange Arbeitszeiten, dazu skandalös geringe Löhne waren an der Tagesordnung. Gewerkschaftliche Zusammenschlüsse und Streiks bewegten sich noch außerhalb der damaligen Rechtsordnung; trotzdem fanden bereits erste Arbeitskämpfe statt, die nicht selten gewalttätig abliefen. Immer wieder kam es seit den frühen 1870er-Jahren im Deutschen Reich auch zu sozialen Unruhen, zu Krawallen, die sich etwa gegen überteuerte Lebensmittel oder katastrophale Wohnverhältnisse richteten; besonders das Wohnungselend nahm mit der Zeit erschreckende Ausmaße an. Aber es war nicht etwa ein sozialistischer Agitator, sondern der Direktor des Königlich Preußischen Statistischen Büros, Dr. Ernst Engel, der 1872 berichtete, am Rande Berlins sähe man »eine bunte Reihe der jammervollen Hütten aus den wertlosesten Ausschußbrettern und Abbruchgegenständen zusammengenagelt, überall mit großen und kleinen Öffnungen, durch welche der kalte Wind den Regen peitschte und das Fundament dieser Hütten, den rohen Erdboden, in Brei und Schlamm verwandelt«.[21]

Bismarck erkannte schon bald den engen Zusammenhang zwischen sozialem Elend und politischer Radikalisierung innerhalb der Unterschichten und versuchte beides auf seine Weise, im Rahmen einer Doppelstrategie, zu bekämpfen. Neben die »positive« Bekämpfung der sozialen Probleme durch eine seit den frühen 1880er-Jahren ins Werk gesetzte staatliche Sozialpolitik trat als deren Kehrseite bzw. als »negative« Maßnahme der politische Kampf gegen die Arbeiterbewegung. Nachdem sich die beiden frühen Arbeiterorganisationen, der 1863 von Ferdinand Lassalle gegründete »Allgemeine Deutsche Arbeiterverein« (ADAV) und die von August Bebel und Wilhelm Liebknecht geführte, von Karl Marx inspirierte »Sozialdemokratische Arbeiterpartei« (SDAP), 1875 in Gotha zur neuen »Sozialistischen Arbeiterpartei Deutschlands« (SAP) vereinigt und damit ihre politische Schlagkraft vermehrt hatten, war Bismarck entschlossen, den Gefahren, die er hier entstehen sah, mit aller ihm zu Gebote stehenden Macht entgegenzutreten. Die massiven Einschränkungen der Freiheitsrechte, die mit einem aktiven staatlichen Vorgehen gegen die Sozialisten verbunden sein mussten, bereiteten ihm jedoch einige Probleme, denn der immer noch von den Liberalen beherrschte Reichstag musste von der Notwendigkeit solcher – auch aus liberaler Perspektive keineswegs unbedenklicher – Maßregeln erst einmal überzeugt werden. Das gelang Bismarck trotz intensiver Bemühungen vorerst jedoch nicht.

Da kam ihm der Zufall zur Hilfe, und zwar in Gestalt zweier Attentäter, die im Mai und im Juni 1878 kurz hintereinander versuchten, den alten Kaiser Wilhelm zu ermorden. Der erste Anschlag, ausgeführt von einem Handwerksgesellen namens Max Hödel, verfehlte sein Ziel; der Monarch blieb von den von Hödel abgegebenen Pistolenschüssen verschont. Wenige Wochen später jedoch feuerte, ebenfalls in Berlin, ein weiterer Attentäter namens Karl Nobiling mit einer Schrotflinte auf den Kaiser, der den Anschlag zwar überlebte, jedoch schwere und sehr schmerzhafte Verletzungen davontrug. Die Empörung innerhalb der deutschen Öffentlichkeit war allgemein groß, denn der als »ehrwürdiger Greis« von breiten Bevölkerungskreisen verehrte alte Monarch war – trotz seiner einst sehr umstrittenen politischen Haltung in der Revolution von 1848/49 und während des Verfassungskonflikts – mit den Jahren zu einer in ganz Deutschland überaus populären Persönlichkeit geworden.

Bismarck, dem man hier – obwohl er sicher ehrlich besorgt war – einen gewissen politischen Zynismus nicht absprechen kann, zeigte sich entschlossen, die durch die beiden Attentate in der Bevölkerung hervorgerufenen Bedrohungsängste nach Kräften politisch zu nutzen. Tatsächlich war er eifrig bemüht, Hödel und Nobiling (der erste wurde hingerichtet, der zweite erlag bald den Folgen eines Selbstmordversuchs) als Handlanger einer weitreichenden sozialistischen Verschwörung gegen Kaiser und Reich hinzustellen, wofür eigentlich alle Belege fehlten: Hödel war zwar kurzzeitig Mitglied der Sozialdemokratischen Partei gewesen, jedoch aufgrund von Veruntreuungen bald wieder ausgeschlossen worden. Nobiling wiederum, ein studierter Nationalökonom, hatte angeblich früher einmal sozialistische Neigungen gehegt – mehr nicht. Doch diese kaum belastbaren »Indizien« reichten Bismarck aus, um seine längst geplante große Kampagne gegen die Sozialisten nun endlich auf den Weg zu bringen. Noch im Winter 1875/76 war er mit dem Versuch gescheitert, im Reichstag einen Gesetzentwurf durchzubringen, der jede Art von Aufhetzung zum Klassenkampf oder zum Angriff auf die bestehenden Besitzverhältnisse unter Strafe gestellt hätte.[22]

Unter dem Eindruck des allgemeinen Stimmungsumschwungs, den die beiden Attentate auf den Monarchen jedoch im Frühsommer 1878 bewirkt hatten, entschloss sich der Kanzler jetzt zu einem erneuten Vorstoß. Obwohl im Reichstag und sogar innerhalb der preußischen Regierung auch jetzt noch Widerspruch gegen eine Einschränkung der bürgerlichen Rechte laut geworden war, behielt Bismarck, wie fast stets, die Oberhand: In der Auseinandersetzung mit den preußischen Ministern beharrte er ausdrücklich, wie es im Protokoll hieß, »auf seiner Ansicht, daß man die Sozialdemokratie nur wirksam ins Herz treffen könne, wenn man berechtigt sei, über die Barrieren hinwegzusetzen, die die Verfassung in übergroßer doktrinärer Fürsorge zum Schutze des Einzelnen und der Parteien in den sogenannten Grundrechten errichtet habe. Der Sozialdemokratie gegenüber befinde sich der Staat im Zustande der Notwehr. In der Notwehr aber dürfe man nicht zimperlich in der Anwendung der Mittel sein«.[23]

Eine erste, schon nach dem ersten Attentat im Mai 1878 eingebrachte Gesetzesvorlage wurde jedoch, nachdem der Bundesrat sie angenommen hatte, vom Reichstag mit großer Mehrheit verworfen. Jetzt kamen die Bedenken ausgerechnet von den Nationalliberalen, die in den Jahren zuvor auch die härtesten Kulturkampfgesetze anstandslos hatten passieren lassen. Der bedeutendste nationalliberale Politiker jener Zeit, Rudolf von Bennigsen, begründete am 23. Mai 1878 im Reichstag die Ablehnung der Vorlage durch seine Fraktion ausdrücklich mit dem Schutz der hart erkämpften Freiheitsrechte: »Wollen wir uns die Freiheit erhalten und nicht den Gefahren der Diktatur verfallen, dann sollen wir uns vor allen Dingen mehr wie bisher daran gewöhnen, daß verschiedene Parteien in Vertretung berechtigter politischer oder materieller Interessen notwendig sind, ihre Legitimation haben.« Außerdem sei mit Gewaltmaßnahmen »die Verbreitung der sozialdemokratischen Ideen« nicht zu verhindern; Unterdrückungsgesetze gegen »eine gewaltige, massenhafte Bewegung« hätten letztlich nur den gegenteiligen Effekt und würden lediglich »die Erbitterung derjenigen Klassen, die Sie durch die Vorlage treffen«, massiv verstärken und damit insgesamt zur Radikalisierung der Sozialdemokratie beitragen.[24]

Doch der zweite Mordanschlag, das Attentat Nobilings, änderte plötzlich alles. Bismarcks damaliger Chef der Reichskanzlei, Christoph von Tiedemann, hat die erste Reaktion des Kanzlers überliefert, als er selbst ihm von dem soeben eingegangenen Telegramm über den Mordanschlag berichtete und hinzufügte: »Der Kaiser ist schwer verwundet.« Ohne eine Bemerkung über das Befinden des Monarchen zu machen, habe der Fürst, so Tiedemann, der die Nachricht während eines Spaziergangs erhalten hatte,»in heftiger Bewegung seinen Eichenstock vor sich in die Erde« gestoßen und anschließend»tiefatmend, wie wenn ein Geistesblitz ihn durchzuckte«, gesagt:»Dann lösen wir den Reichstag auf.«[25] Immerhin begab er sich sofort nach Berlin, um nach seinem verletzten Herrscher zu sehen und die in der Tat stark aufgewühlte Stimmung in der Hauptstadt zu erleben. Für kurze Zeit scheint er sogar einen Aufstand befürchtet zu haben; jedenfalls forderte er vom preußischen Kriegsminister Nachricht darüber an,»ob und welche militärischen Anordnungen, namentlich zur Verstärkung der Berliner Garnison für den Fall eines ausbrechenden Straßenkampfes getroffen seien«.[26]

Derartige Maßnahmen erwiesen sich am Ende zwar als nicht notwendig, doch Bismarcks Hoffnung auf einen nun einsetzenden allgemeinen Stimmungsumschwung hatte ihn nicht getrogen. Schon am 11. Juni 1878, neun Tage nach dem zweiten Attentat, wurde der Reichstag aufgelöst, und die unter dem Eindruck dieses Ereignisses Ende Juli stattfindenden Neuwahlen spiegelten die veränderte allgemeine Stimmungslage im Reich wider. Wie vom Kanzler erwartet, kam es zu Verlusten der Linken und zu deutlichen Zugewinnen der Rechten (während das Zentrum weitgehend stabil blieb). Dieses Ergebnis machte bei einer neuerlichen Vorlage des Gesetzes gegen die Sozialdemokratie eine Zustimmung des Parlaments wahrscheinlich. Bismarck hatte also wieder einmal richtig kalkuliert: Schon am 13. August wurde die Gesetzesvorlage vom Bundesrat angenommen, und am 18. Oktober wurde das »Gesetz gegen die gemeingefährlichen Bestrebungen der Sozialdemokratie« in dritter Lesung, wenn auch nach sehr heftig und leidenschaftlich geführter Debatte, mit 221 gegen 149 Stimmen mit der Mehrheit der beiden konservativen Parteien und der Nationalliberalen gegen die Minderheit des Zentrums, der Linksliberalen und natürlich der Sozialdemokraten vom Reichstag angenommen.

Das wichtigste Kennzeichen dieses neuen Repressionsgesetzes war wohl dessen Charakter als ein von vornherein *befristetes* Maßnahmegesetz, das lediglich zweieinhalb Jahre lang gültig sein sollte.[27] Diese Befristung gehörte im Übrigen zu den Bedingungen, von denen die

Nationalliberalen ihre Zustimmung abhängig gemacht hatten und die Bismarck zu seiner Verärgerung akzeptieren musste. Das Sozialistengesetz war zuallererst ein *Verbots*gesetz. Verboten wurden, wie es im Gesetz wörtlich hieß, alle politischen Vereinigungen, »welche durch sozialdemokratische, sozialistische oder kommunistische Bestrebungen den Umsturz der bestehenden Staats- und Gesellschaftsordnung bezwecken« und in einer »den öffentlichen Frieden, insbesondere die Eintracht der Bevölkerungsklassen gefährdenden Weise« agieren.[28] Hinzu kamen ein Versammlungsverbot, ein Druckschriftenverbot sowie ein Verbot jeder Art von Geldsammlung, soweit sie der Unterstützung staatsgefährdender Bestrebungen diente. Bei Zuwiderhandlung drohten strenge Sanktionen, darunter Geld- und Freiheitsstrafen sowie Aufenthaltsbeschränkungen. Darüber hinaus gab es fortan die Möglichkeit, den sogenannten »kleinen Belagerungszustand« zu verhängen, das heißt das gesamte öffentliche Leben innerhalb eines bestimmten als besonders »gefährdet« geltenden Gebiets oder Bezirks für ein Jahr lang unter strenge Polizeikontrolle zu stellen.

Bismarck schaffte es in den folgenden Jahren, das Sozialistengesetz, dessen Entfristung ihm nicht gelang, immerhin vier Mal zu verlängern: 1881, 1884, 1886 und 1888. Erst 1890, nach Bismarcks Rücktritt, scheiterte ein weiterer Verlängerungsantrag – nicht nur, weil der »eiserne Kanzler« inzwischen hatte abtreten müssen, sondern auch, weil die seit 1878 gegen die Sozialisten ergriffenen Maßnahmen letzten Endes einen ähnlichen Effekt hervorgerufen hatten wie zuvor die Kulturkampfgesetze gegen die Katholiken. Statt einen inneren Zerfall der bekämpften Bewegung bewirkten sie, unter entsprechendem Druck, nur die Festigung und Stärkung der Arbeiterbewegung. Die Sozialdemokratie blieb zwar als Partei, also nach damaligem Sprachgebrauch als »politischer Verein«, verboten, nicht aber deren Reichstagsfraktion. Während der Zeit der Sozialistenverfolgung stieg (mit Ausnahme der Wahlen von 1887) die Zahl der für die sozialdemokratischen Reichstagskandidaten abgegebenen Stimmen deutlich an. Die in Deutschland verbotenen Parteitage wurden im benachbarten Ausland, in der Schweiz und in Dänemark, abgehalten.

Kennzeichnend für die letztlich erfolgreiche Taktik der Sozialdemokraten war die »Verbindung von illegaler und legaler Arbeit«[29], also ein Vorgehen, das gerade *nicht* darauf abzielte, die Partei in eine Art Geheimbund zu verwandeln und gewissermaßen aus dem Untergrund heraus zu agieren, sondern das als langfristiges Ziel stets die Rückkehr in die volle Legalität, also die Aufhebung des Sozialistengesetzes, anstrebte. Neben der weiterhin legalen Arbeit der Reichstagsfraktion, die über ihre Tätigkeit öffentlich berichten und die Reden ihrer Mitglieder im Druck verbreiten konnte, gab es allerdings gleichzeitig die illegale Tätigkeit[30], die hauptsächlich darin bestand, Parteibroschüren und Exemplare der Parteizeitung *Der Social-Demokrat* im Ausland (zumeist in der Schweiz und in Belgien) drucken zu lassen, über die deutsche Grenze zu schmuggeln und auf Schleichwegen innerhalb des Reichs zu verteilen. Nach und nach entstanden auch in Deutschland illegale Druckereien, so etwa in Stuttgart, Nürnberg, Köln, Hamburg und Altenburg. Dieses System der »Roten Feldpost«, wie es von den in die Illegalität abgedrängten Sozialdemokraten genannt wurde, funktionierte bald vorzüglich; die polizeilichen Gegenmaßnahmen vermochten diese Aktivitäten zwar zeitweise zu behindern und einzuschränken, nicht jedoch gänzlich zu unterbinden.

Bismarck jedoch gingen alle gegen die Sozialisten gerichteten Gesetze und Maßnahmen immer noch nicht weit genug. Die befreundete Baronin Hildegard von Spitzemberg, in deren Salon sich während des frühen Kaiserreichs die Bismarck-Anhänger sammelten – die Gegner des Kanzlers bevorzugten den Salon der Gattin seines Intimfeindes, Marie von Schleinitz –, notierte schon im Sommer 1878 entsprechende Äußerungen des Kanzlers: Alle Verantwortung für gefährliche Entwicklungen in der Zukunft werde auf ihn fallen, wenn nicht sehr bald »dem Krebsschaden Einhalt getan werde«, und hierbei müsse man auch schon zu etwas härteren Maßregeln greifen: »Wenn ich nicht staatsstreichere, setze ich nichts durch«, so Bismarck wörtlich. Tatsächlich wollte er, wenn man dem Zeugnis der Baronin Spitzemberg glauben darf, die Hauptstadt unmittelbar nach dem Nobiling-Attentat in den Belagerungszustand versetzen, »sechs Regimenter hierher verlegen, die tüchtig patrouillieren und schon durch ihre Anwesenheit dem Mob imponieren«, außerdem verlangte er die Einführung einer

»Passkarte« für alle nach Berlin Zugezogenen sowie eine drastische Verstärkung des Polizeipersonals.[31]

Diese Bemerkungen zeigen bereits, wie ernst Bismarck die Lage einschätzte. Die zustimmenden Randnotizen der Baronin, die sich in ihrem Tagebuch ausdrücklich darüber mokierte, dass die preußische Regierung, »diese Bürokraten, diese Formensklaven … den Mann der Tat« in seinem vermeintlich guten und gerechten Kampf gegen den inneren Feind grässlicherweise lähmten und behinderten[32], deuten darauf hin, dass Bismarcks Einschätzung der Lage in Deutschland kurz nach den zwei Attentaten von vielen Angehörigen der damals sozial und politisch tonangebenden Schichten ohne Einschränkung geteilt wurde. Nachdem das »Gesetz gegen die gemeingefährlichen Bestrebungen der Sozialdemokratie« endlich gegen viele Widerstände – und nach Bismarcks Einschätzung lediglich in stark verwässerter Form – verabschiedet worden war, plante der Kanzler sogleich weitere Verschärfungen. So sollten etwa überführte Sympathisanten oder Parteigänger der Sozialdemokratie, sofern sie in Staatsdiensten standen, unter Verlust aller Pensionsansprüche entlassen werden können: »Die Mehrzahl der schlecht bezahlten Subalternbeamten in Berlin und dann der Bahnwärter, Weichensteller und ähnlicher Kategorien besteht aus Sozialisten, eine Tatsache, deren Gefährlichkeit bei Aufständen und Truppentransporten einleuchtet«, heißt es 1878 in einem Memorandum Bismarcks an seinen Mitarbeiter Tiedemann.[33]

Der Kanzler vertrat sogar die Meinung, es sei auf Dauer unmöglich, »den gesetzlich als Sozialisten erweislichen Staatsbürgern das Wahlrecht, die Wählbarkeit und den Genuß der Privilegien der Reichstagsmitglieder zu lassen«.[34] Anfang 1879 versuchte er tatsächlich, zwei sozialdemokratische Reichstagsabgeordnete verhaften zu lassen – allerdings ohne Erfolg. Auch seine Bestrebungen, eine gesetzliche Handhabe gegen einzelne Abgeordnete, die nach seiner Auffassung ihre parlamentarische Freiheit »mißbrauchten«, zu bekommen, um sie gegebenenfalls aus dem Parlament ausschließen zu können, scheiterten ebenso wie seine Versuche, gegen Presseorgane vorzugehen, die angeblich das Parlament verleumdeten.[35] Die große Mehrheit der Reichstagsabgeordneten weigerte sich, obwohl zweifellos antisozialistisch gesinnt, derartigen Maßregeln zuzustimmen. Bismarck war wieder einmal an seine von der Reichsverfassung gesetzten Grenzen gestoßen. Die konstitutionelle Monarchie bot tatsächlich Widerlager, die – wenn es denn notwendig war – eben auch einen Bismarck stoppen konnten. Nichts widerlegt klarer die These vom angeblich allmächtigen »bonapartistischen Diktator« Bismarck.

Den gegen die Sozialisten gerichteten Maßnahmen waren also Schranken gesetzt, die auch der »eiserne Kanzler« nicht überschreiten konnte. Wäre es ihm gelungen, alle seine Pläne umzusetzen, dann hätte dies wohl den vollständigen, vielleicht sogar dauerhaften Entzug aller bürgerlichen Rechte für die Anhänger der Sozialdemokratie bedeutet, und damit wären sie endgültig in die Illegalität, vermutlich sogar in den politischen Untergrund getrieben worden. Es ist merkwürdig, dass ein so erfahrener Politiker wie Bismarck, der gerade in dieser Zeit das absehbare Scheitern seiner Kulturkampfpolitik konstatieren musste, derart intransigent und unbeirrt diesen Kurs weiterverfolgte. In einer Reichstagsrede zur zweiten Verlängerung des Sozialistengesetzes im Mai 1884 gab er einen Hinweis auf seine Beweggründe, wenn er mehrfach auf die Ermordung des russischen Zaren Alexander II. (am 13. März 1881) zu sprechen kam[36] und damit wenigstens andeutete, gegen welche Art von Gefahr er seinen Kampf zu führen glaubte: gegen Anarchisten und Terroristen, damit also gegen »Nihilisten« nach russischem Vorbild, die in jener Zeit das absolute Schreckbild aller Regierungen Europas darstellten. Auch Bismarck sah sich, wenn es um Revolutionäre ging, von Verbrechern umgeben, zu denen er die deutschen Sozialisten ohne Einschränkung zählte – denn »eine gewaltsame Revolution ist an und für sich ein Verbrechen«.[37]

Man wird es wohl als die zweite große – und im Ergebnis höchst verhängnisvolle – politische Fehlwahrnehmung Bismarcks ansehen müssen, dass er den Doppelcharakter der frühen deutschen Arbeiterbewegung nicht erkannte, denn diese wies in der Zeit kurz nach der Reichsgründung keineswegs überwiegend Revolutionsanhänger, sondern gerade auch eine Vielzahl reformorientierter Kräfte auf, darunter die Anhänger Lassalles. Den meisten von ihnen ging es nicht in erster Linie um eine gewaltsam durchzuführende politische Revolution, sondern um grundlegende soziale Reformen. Einer der Mitkämpfer August Bebels, der sozialdemokratische Reichstagsabgeordnete Julius Motteler, hatte 1874 im Parlament ausdrücklich erklärt, die deutschen Sozialisten verstünden sich als Gegner des Reiches *nur*»insofern das Reich bestimmte Einrichtungen repräsentiert, unter denen wir uns gedrückt fühlen, und unter denen wir leiden; wir sind aber *nicht* Gegner des Reiches als eines solchen, als eines nationalen, als eines staatlichen Ganzen, sondern wir sind Gegner *jener Einrichtungen* im Reich, die uns am meisten beschweren, die uns am gewaltigsten drücken«.[38]

Hier war – gewissermaßen in klassischer Formulierung – präzise ausgedrückt, dass sich die organisierte Sozialdemokratie gerade nicht als *Fundamental*opposition im neuen Reich verstand, sondern den Anspruch erhob, auf legalem Wege für grundlegende politische und soziale Reformen einzutreten – um durch eine aktive Reformpolitik jene»Einrichtungen«, unter denen ihre politische Klientel am meisten zu leiden hatte, entweder abzuschaffen oder doch wenigstens gründlich zu verändern. Das war ein überaus *legitimes* Anliegen, das in ähnlicher Form (wenngleich mit ganz anderen Inhalten) auch ein Liberaler, ein Zentrumspolitiker oder ein Konservativer hätte formulieren können. Doch Bismarck war in diesem Fall schlichtweg unfähig, die Zeichen der Zeit zu erkennen. Wenigstens hätte er *bemerken* können, dass es unter den Sozialisten neben den radikalen Revolutionären auch die gemäßigten Reformisten gab; es hätte vielleicht sogar sein Ziel sein können, seine Widersacher auf der äußersten Linken ebenso zu spalten, wie ihm dies im Jahr 1866 mit den Liberalen und den Konservativen gelungen war. Wäre es wirklich undenkbar gewesen, den *gemäßigten* Sozialdemokraten, wenigstens den alten Lassalleanern, mit ihren frühen Arbeitervereinen und Gewerkschaften entgegenzukommen, sie vielleicht sogar in die Sozialreformpolitik der 1880er-Jahre mit einzubeziehen, und auf der anderen Seite zugleich die radikalen Marx-Adepten politisch zu isolieren oder gar zu marginalisieren?

Das ist und bleibt aus heutiger Sicht zwar nur ein Gedankenspiel, doch man darf immerhin fragen, warum Bismarck es nicht wenigstens versucht hat – ja, warum er hierin nicht einmal eine Chance für den Ausbau seiner politischen Handlungsspielräume gesehen hat, die ihm vielleicht sogar gänzlich neue, unerwartete und strategisch kühne politische Schachzüge ermöglicht hätte? Vermutlich war es die permanente Furcht vor einer Wiederkehr »der Revolution«, die ihm noch von 1848, aber wohl auch unter dem neuerlichen Eindruck der sich seit den 1870er-Jahren häufenden politischen Attentate in den Knochen saß. Sein kühnes Wort aus dem Jahr 1866, er selbst werde, wenn schon Revolution sein solle, diese lieber machen als erleiden[39], hatte Bismarck nur ein Jahrzehnt später bereits vergessen.

Politische Fehleinschätzungen

Überhaupt hat Bismarck nach den überragenden Erfolgen der 1860er-Jahre so manche seiner früheren Einsichten, die ihm einst durch nüchterne Analyse klar geworden waren, aufgegeben – vielleicht auch aufgeben müssen. Erinnert sei an seine frühe briefliche Debatte mit seinem Förderer und politischen Mentor, dem alten General Leopold von Gerlach. In ihrer Auseinandersetzung über das seit Beginn der 1850er-Jahre neu bestehende, nunmehr zweite französische Kaiserreich unter Napoleon III. hatte Gerlach, geprägt durch die Ereignisse der Jahre vor 1815, stets zur Vorsicht gemahnt und mit Blick auf die historischen Erfahrungen in der Zeit des ersten Napoleon strikt vor einer Anlehnung Preußens an Frankreich gewarnt. Der noch junge Diplomat und Außenpolitiker Bismarck hatte dem alten Mann seinerzeit mit einer bemerkenswerten Formulierung geantwortet: Niemand könne Außenpolitik im eigenen Staatsinteresse betreiben, dem nach eigener Entscheidung »ein Theil des europäischen Schachbretts ... verschlossen« bleibe, der sich also auf diese Weise freiwillig »einen Arm principiell festbinde ..., während jeder Andre beide zu unsrem Nachtheil benutzt«.[40] Es sei – im Gegenteil – unumgänglich, ein wenigstens zeitweiliges politisches Zusammengehen mit Frankreich, wenn damit tatsächlich gemeinsame Interessen verfolgt würden, nicht von vornherein auszuschließen.

Vor diesem Hintergrund wirkt der bereits früh gefällte Entschluss Bismarcks zur Annexion des Elsass und Lothringens, die er nach dem

Sieg über Frankreich 1871 auch durchsetzte, wie ein eklatanter Verstoß gegen jene Einsicht. Denn ihm musste klar sein, dass er damit genau das tat, was er seinerzeit dem alten Gerlach vorgeworfen hatte: Indem er Frankreich durch die Annexionen zum stets revanchebereiten Dauerfeind des neu begründeten Deutschen Reiches machte, versperrte er sich selbst genau jene Felder des diplomatischen Schachbretts, deren Besetzung ihm unter Umständen auch *nach* dem Krieg von 1870/71 ein Zusammengehen mit Frankreich hätte ermöglichen können. Und genau dieses Manko sollte der deutschen Außenpolitik – auch noch derjenigen der späten Bismarckzeit vor 1890 – immer größere Probleme bereiten und am Ende Folgen nach sich ziehen, die bis in die Vorgeschichte des Ersten Weltkriegs reichen. Warum, so kann und muss man fragen, folgte Bismarck nicht dem von ihm im Jahr 1866, nach der Auseinandersetzung mit Österreich, eingeschlagenen pragmatischen Weg, als schmerzlich empfundene Annexionen bewusst zu vermeiden, um eine spätere Wiederannäherung oder vielleicht sogar ein erneutes Bündnis möglich zu machen?

Um das zu verstehen, muss man die politischen Denkhorizonte des 19. Jahrhunderts berücksichtigen, in deren Rahmen sich auch die politischen Reflexionen und Planungen eines Bismarck bewegten. Zum festen Bestand dieser Überlegungen gehörte die Überzeugung eines im Kern dauerhaft bestehenden und deshalb unveränderbaren machtpolitischen Gegensatzes zwischen Deutschland und Frankreich[41]: Da Frankreich seine kontinentale Machtstellung, wie die Geschichte von Richelieu bis zum ersten Napoleon gezeigt habe, nur unter der Bedingung einer möglichst schwachen, politisch zersplitterten Mitte Europas habe aufrecht erhalten können, sei es qua ureigenem Machtinteresse bereits als ein genuiner Gegner, ja als ein potenzieller Feind des 1871 neu gegründeten Deutschen Reiches anzusehen. Wären nun – unter Verkennung eben dieser Sachlage – Annexionen unterblieben, die Frankreich militärisch und geostrategisch deutlich schwächten, dann hätte dies eine schwere Gefährdung deutscher Sicherheitsinteressen zur Folge gehabt. Solange man die Tatsache nicht ändern könne, dass Frankreich auch künftig stets und unter allen Umständen der geschworene Feind Deutschlands sein *müsse*, dann sei allein schon deswegen eine dauerhafte militärische Schwächung Frankreichs durch die Annexionen gerechtfertigt.

Noch während des Krieges gegen Frankreich bereitete Bismarck mit Blick auf mögliche europäische Reaktionen die Rechtfertigung der Annexionen von Elsass und Lothringen vor. So heißt es bereits am 21. August 1870 in einem Erlass an den Gesandten in London: »Wir stehn heute im Felde gegen den 12. oder 15. Ueberfall und Eroberungskrieg, den Frankreich seit 200 Jahren gegen Deutschland ausführt. 1814 und 1815 suchte man Bürgschaften gegen Wiederholung dieser Friedensstörungen in der schonenden Behandlung Frankreichs. Die Gefahr liegt aber in der unheilbaren Herrschsucht und Anmaßung, welche dem französischen Volkscharakter eigen ist und sich von jedem Herrscher des Landes zum Angriff auf friedliche Nachbarstaaten mißbrauchen läßt. Gegen dieses Uebel liegt unser Schutz nicht in dem unfruchtbaren Versuche, die Empfindlichkeit der Franzosen momentan abzuschwächen, sondern in der Gewinnung gut befestigter Grenzen für uns. Wir müssen dem Druck ein Ende machen, den Frankreich seit zwei Jahrhunderten auf das ihm schutzlos preisgegebene Süddeutschland ausübt, und der ein wesentlicher Hebel für die Zerrüttung der deutschen Verhältnisse geworden ist. Frankreich hat sich durch die konsequent fortgesetzte Aneignung deutschen Landes und aller natürlichen Schutzwehren desselben in den Stand gesetzt, zu jeder Zeit mit einer verhältnismäßig kleinen Armee in das Herz von Süddeutschland vorzudringen, ehe eine bereite Hilfe da sein kann.« Und im Übrigen, so Bismarck weiter, sei ein künftiges Revanchebedürfnis der Franzosen ohnehin nicht zu vermeiden: »Rache für Metz, für Wörth wird auch ohne Landabtretung länger das Kriegsgeschrei bleiben als Revanche für Sadowa oder Waterloo! Die einzig richtige Politik ist unter solchen Umständen, einen Feind, den man nicht zum aufrichtigen Freunde gewinnen *kann*, wenigstens etwas unschädlicher zu machen und uns mehr gegen ihn zu sichern, wozu nicht die Schleifung seiner uns bedrohenden Festungen, sondern nur die Abtretung einiger derselben genügt.«[42]

So verständlich es sein mochte, die Sicherheit Süddeutschlands als Argument anzuführen – denn tatsächlich hatten die französischen

Einfälle nach Deutschland eineinhalb Jahrhunderte lang, von den Zeiten Ludwigs XIV. bis hin zu Napoleon I., fast stets hier stattgefunden –, sollte dieses Argument sich letztendlich doch als ausgesprochen problematisch erweisen. Schon die Annahme eines scheinbar unveränderlich aggressiven »Volkscharakters« der Franzosen war anfechtbar, weil sie eine Gesinnungsänderung als Folge tiefgreifender historischer Erfahrungen meinte ausschließen zu können. Tatsächlich hatte die Erfahrung der Revolutionszeit und der Napoleonischen Kriege den Franzosen bereits gezeigt, dass eine *dauerhafte* Dominanz über Kontinentaleuropa die eigenen Möglichkeiten weit überstieg. Hinzu sollte bald schon eine weitere, Frankreich beunruhigende Tatsache kommen – nämlich die nach der Reichsgründung einsetzende Dynamik der deutschen Wirtschaftsentwicklung und eines in dieser Form unvorhersehbaren, rasanten Bevölkerungsanstiegs. Aus französischer Sicht war man durch die deutschen Annexionen fortan einer dauerhaften Gefährdung ausgesetzt – und es hätte aus deutscher Perspektive eigentlich nicht sehr viel Phantasie dazu gehört, dies zu erkennen.

Bismarck scheint das hier entstehende Problem vermutlich schon früh geahnt zu haben, doch er sah sich neben den Wünschen der Militärs, die eine Kontrolle der französischen Festungen bis Metz im künftigen deutschen Sicherheitsinteresse für unabdingbar erklärten, noch weiteren Forderungen und Pressionen ausgesetzt, nämlich seitens der deutschen öffentlichen Meinung, die sich gerade in dieser Frage besonders vernehmlich zu Wort meldete. Es waren in erster Linie die politischen Stichwortgeber des national und liberal gesinnten deutschen Bürgertums, die schon kurz nach dem Beginn des Deutsch-Französischen Krieges besonders entschieden die möglichst baldige »Rückkehr« alten deutschen Gebiets wenigstens im Elsass forderten – und Bismarck, der gerade während der schwierigen Gründungsphase des neuen Reiches auf die aktive, nicht zuletzt auch parlamentarische Unterstützung durch den bürgerlichen Liberalismus dringend angewiesen war, konnte diese Stimmen nicht einfach ignorieren.

Heinrich von Treitschke, der einflussreichste unter diesen liberalen Publizisten, hatte bereits Ende August 1870 in den *Preußischen Jahrbüchern* unter der vielsagenden Überschrift »Was fordern wir von Frankreich?« Klartext gesprochen und damit große Resonanz gefunden: Wer dürfe, so Treitschke, angesichts der Pflicht der Deutschen, künftig den »Frieden der Welt« gegen weitere mögliche französische Aggressionen zu sichern, »noch den Einwand erheben, dass die Elsasser und Lothringer nicht zu uns gehören wollen? ... Diese Lande sind unser nach dem Rechte des Schwertes, und wir wollen über sie verfügen kraft eines höheren Rechtes, kraft des Rechtes der deutschen Nation, die ihren verlorenen Söhnen nicht gestatten kann, sich für immer dem deutschen Reiche zu entfremden.«[43] Und Treitschke stand mit seinen Forderungen keineswegs allein da; gerade die führenden bürgerlichen Presseorgane, nicht zuletzt auch in Süddeutschland, wie etwa die *Augsburger Allgemeine Zeitung* oder die *Münchner Neuesten Nachrichten*, hatten bereits kurz nach Beginn des Krieges gegen Frankreich die Annexionen als angemessenen Siegespreis gefordert.[44]

Bismarck hatte zu Kriegsbeginn, als ein rascher Sieg über Frankreich noch keineswegs abzusehen war, diese Stimmungen zunächst durchaus geschürt, ohne jedoch deren mögliche außenpolitische Folgen und Weiterungen immer im Blick zu haben. Bald jedoch wurde ihm klar, wie gefährlich Äußerungen wie diejenigen Treitschkes sein konnten, wenn man sich deren mögliche Wirkungen etwa in Wien oder gar in St. Petersburg vor Augen führte. Man könnte dort – eventuell auch unter dem Eindruck französischer Gegenpropaganda – zu der Auffassung gelangen, es komme der Bismarck'schen Politik auf die Entfesselung einer großen nationalen Bewegung in Deutschland an, um am Ende *alle* Deutschen, auch die in den (russisch beherrschten) baltischen Ländern und eventuell sogar die in den habsburgischen Landen lebenden in ein noch größeres Deutsches Reich einzubeziehen.

Dieser für seine Politik äußerst gefahrvollen Perspektive, an deren möglicher Entstehung er selbst durchaus nicht unschuldig war, versuchte Bismarck schon sehr bald, als sich nach Sedan der Sieg über Frankreich abzuzeichnen begann, kräftig gegenzusteuern. Wieder und wieder betonte er in seinen diplomatischen Runderlassen, es gehe bei den vorzunehmenden Annexionen doch um *nichts anderes* als eigentlich um etwas ganz Pragmatisches, nämlich die künftige Sicherung der deutschen Grenzen gegen französische Revanchegelüste. Und im Übrigen handle man, wenn man künftige französische Aggressionen begrenzen wolle, sogar im genuin europäischen Interesse, »welches das des Friedens ist. Von Deutschland ist keine Störung des europäischen Friedens zu befürchten; nachdem uns der Krieg … trotz unsrer Friedensliebe aufgezwungen worden ist, wollen wir zukünftige Sicherheit als den Preis der gewaltigen Anstrengungen fordern, die wir zu unsrer Vertheidigung haben machen müssen«.[45]

Das war die nach außen immer wieder vertretene »offizielle Lesart« der preußischen und bald auch deutschen Diplomatie, mit der die Annexionen des Elsass und Lothringens begründet wurden. Jedoch gibt es Anzeichen dafür, dass Bismarck das Endergebnis, das eben aus strategischen Gründen auch die Aneignung rein französischsprachiger Gebiete in Westlothringen erforderlich gemacht hatte, mit durchaus gemischten Gefühlen betrachtete. Dem Doppeldruck der durch den Krieg stark aufgeheizten öffentlichen Meinung in Deutschland und der von den Generälen aus strategischen Gründen erhobenen Forderung nach Gewinnung der lothringischen Festungen für Deutschland konnte Bismarck dieses Mal offensichtlich nicht standhalten, obwohl er zuerst darauf hingewirkt hatte, bei der Festlegung der neuen deutsch-französischen Staatsgrenze »so genau wie möglich der Sprachgrenze zu folgen«.[46] Mit der Unterzeichnung des Vorfriedens habe man, schrieb er am 27. Februar 1871 aus Versailles an seine Frau Johanna mit erstaunlicher Offenheit, »mehr erreicht als ich für meine persönliche politische Berechnung für nützlich halte. Aber ich muß nach oben und nach unten Stimmungen berücksichtigen, die eben *nicht* rechnen.«[47] Schon im September 1870 hatte er klar gesagt: »Mir ist zwar die Eroberung von Lothringen politisch unerwünscht; aber die Generale halten Metz für unerläßlich, da es den Wert von wenigstens 120 000 Mann repräsentiert.«[48]

Bismarck beging also offenbar seinen vielleicht schwersten und folgenreichsten außenpolitischen Fehler dort, wo er von seiner eigenen politischen Einsicht abwich, um sich der militärischen Logik zu beugen. Dass die langfristigen *politischen* Kosten einer solchen Entscheidung am Ende deutlich höher ausfallen mussten, als durch einen kurzfristigen militärstrategischen Vorteil zu rechtfertigen war, hat Bismarck vermutlich geahnt. Die Rückgewinnung des einst deutschen Elsass als Siegespreis, inklusive einer den Sprachgegebenheiten folgenden neuen Staatsgrenze, wäre von den Franzosen vermutlich im Laufe der Zeit akzeptiert worden – nicht jedoch die Annexion rein französischen Gebiets in Lothringen. Eben diese Kriegsfolge sorgte dafür, dass Bismarck (um in dem von ihm geprägten Bild zu bleiben) auf dem diplomatischen Schachbrett der »großen Politik« fortan jene Züge versagt blieben, die ihm ansonsten eine erneute Annäherung zwischen Deutschland und Frankreich ermöglicht hätten.

Den letzten Zweifel hinsichtlich dieser nun nicht mehr zu ändernden Tatsache dürfte Bismarck im Jahr 1875 verloren haben, als die sogenannte »Krieg-in-Sicht«-Krise ganz Europa in Aufregung versetzte: Nachdem neue französische Rüstungsanstrengungen in Deutschland bekannt geworden waren, sorgte ein hiergegen gerichteter Zeitungsartikel in einem offiziösen deutschen Blatt, das als Sprachrohr des Reichskanzlers galt, plötzlich für große Unruhe. Unter dem Titel »Ist der Krieg in Sicht?« wurden hier Warnungen gegen Frankreich ausgesprochen, die in Paris (und nicht nur dort) als indirekte Kriegsdrohung aufgefasst werden mussten. Heute ist bekannt, dass dieser Artikel – den man lange Zeit für eine von Bismarck persönlich inspirierte Aktion gehalten hatte – nicht auf ihn selbst, sondern auf einen übereifrigen publizistischen Mitarbeiter des Auswärtigen Amtes zurückging.[49] Aber natürlich trug der Kanzler, der allein die Außenpolitik des Reiches lenkte, hierfür die politische Verantwortung. Die einhellige Reaktion, gerade auch in London und St. Petersburg, war aus Berliner Sicht geradezu katastrophal; dem deutschen Kanzler und der Reichsleitung wurde bei dieser Gelegenheit durch die britische und die russische Regierung mehr oder weniger unmissverständlich klargemacht, dass man eine weitere Schwächung Frankreichs, in welcher Hinsicht auch immer, künftig nicht mehr tolerieren würde – vor allem aus Gründen der Aufrechterhaltung des europäischen Mächtegleichgewichts.

Bismarcks spätere Äußerungen über das deutsch-französische Verhältnis zeigen, dass er diese Lektion rasch gelernt hatte – aber an der französischen Dauerfeindschaft als Folge der Annexion Lothringens war nun nichts mehr zu ändern, so sehr sich Bismarck auch immer wieder um eine grundlegende Verbesserung der wechselseitigen Beziehungen bemühte. Im Januar 1885 etwa lobte er im Rahmen einer außenpolitischen Grundsatzrede im Reichstag ausdrücklich die in dieser Zeit eher guten Beziehungen zwischen beiden Ländern, die »das Ergebnis einer weisen und gemäßigten Regierung in Frankreich« seien, welche »die Wohltaten des Friedens ihrerseits ebenso hoch zu schätzen weiß wie wir; beide Regierungen wissen, daß es auf dem Kontinent keine größere Kalamität gibt als einen deutsch-französischen Krieg. Wir haben das einmal gegenseitig durchgemacht, und für den Sieger und Besiegten ist es ein schweres Unglück, nach beiden Seiten hin; selbst ein siegreicher Krieg von diesen Dimensionen ist ein Unglück für das Land, das genötigt wird, ihn zu führen, und ich glaube, daß auf keiner von beiden Seiten eine Versuchung dazu besteht«.[50] Das war nicht nur berechnet auf das in dieser Zeit beginnende – letztlich nur kurzfristige – gemeinsame kolonialpolitische Agieren gegen das Britische Empire, sondern in der Substanz sicher auch ein ehrlich gemeintes Angebot an Frankreich, die wechselseitigen Beziehungen auf friedlicher Basis dauerhaft zu stabilisieren.

Gegenüber den in Berlin akkreditierten französischen Diplomaten äußerte sich Bismarck ebenfalls recht offen darüber, dass die Annexion wenigstens Lothringens ein – jetzt freilich nicht mehr zu korrigierender – schwerer Fehler gewesen sei, mit dem fortan beide Nationen zu leben hätten: Es liege im ureigenen deutschen Interesse, dass Frankreich sich von seinen schmerzlichen Erinnerungen lösen könne, äußerte Bismarck beispielsweise Ende 1884 gegenüber dem französischen Botschafter Alphonse Chodron de Courcel; schon seit 1871 sei es seine beständige Sorge gewesen, sich so zu verhalten, dass Frankreich Sedan verzeihen könne, »so wie es nach 1815 dahin gelangt ist, Waterloo zu verzeihen«.[51] Noch offener hatte er sich, wie ein weiterer diplomatischer Bericht nach Paris zeigt, bereits 1879 geäußert: Man verstümmele eine Nation nicht ungestraft, »und die Geschichte, dieser große Lehrer der Staatsmänner, zeigt uns, daß man das immer zu bedauern hat. Indem Napoleon Preußen verstümmelte und demütigte, zeugte er die Stein und Scharnhorst; indem wir Euch [den Franzosen;

H.-C. K.] Metz und einen Fetzen von Lothringen wegnahmen, begingen mein kaiserlicher Herr und die Militärs, die ihm diesen Entschluß eingaben, den ärgsten politischen Fehler.«[52]

Doch da war an den harten politischen Fakten, wie sie 1871 nun einmal geschaffen worden waren, bereits nichts mehr zu ändern. Bismarcks Flötentöne wurden in Paris zwar vernommen, doch zu einer wirklich grundlegenden Änderung der französischen Außenpolitik führten sie am Ende nicht.»Wären die Franzosen«, äußerte Bismarck Ende 1890 bei einem seiner vielbeachteten öffentlichen Auftritte nach seinem Abschied vom Kanzleramt,»nicht durch die erfolgte Änderung der Grenzen gegen uns unliebsame Nachbarn geworden, so würde Deutschland mit Frankreich vereint, eine ganz unwiderstehliche Macht bilden.« Wären die Deutschen von ihnen so weit entfernt wie die Franzosen von den Russen, dann, so sei er überzeugt,»würden Deutschland und Frankreich die besten Freunde werden«.[53] Doch die Geographie ließ sich nun einmal nicht ändern – ebenso wenig wie die jüngste Geschichte.

Wenn Bismarck das letztlich fatale Resultat seiner Frankreichpolitik von 1871 immerhin später erkannt hat und versuchte, deren Folgen, so gut es eben ging, zu minimieren, so gilt dies *nicht* für einen anderen Bereich seiner Politik, der ebenfalls die Grenzen seines politischen Handelns aufzeigt. Gemeint ist seine Haltung gegenüber den Polen. Seitdem das sogenannte Kongresspolen im Jahr 1815 zu einem Teil Russlands geworden war, gab es keinen eigenständigen polnischen Staat mehr. Die polnische Bevölkerung war aufgeteilt auf das Zarenreich, den Habsburgerstaat und Preußen – hier als keineswegs unbeträchtliche nationale Minderheit in den beiden Provinzen Posen und Westpreußen ansässig. Nicht zuletzt durch wirtschaftliche Gründe veranlasst, setzte nach der Reichsgründung eine Westwanderung ein, in deren Verlauf aus den russisch-polnischen Gebieten nach und nach illegale Immigranten in die östlichen Gebiete des Reiches einsickerten, wodurch deren polnischer Bevölkerungsanteil nach und nach verstärkt wurde.

Wie auch andere damalige deutsche und preußische Politiker und wie viele im Osten tätige Verwaltungsbeamte sah auch Bismarck hierin eine besondere Gefahr für den inneren Zusammenhalt des Reiches und vor allem für die Sicherheit der östlichen Reichsteile. In Erinnerung an die nationalpolnischen Aufstände, die dem Russischen Reich seit 1815 mehrfach zu schaffen gemacht hatten, befürchtete er ähnliche Entwicklungen für Deutschland; bereits 1863 hatte er mit der »Alvenslebenschen Konvention« einen Beitrag zur Niederschlagung der letzten großen polnischen Erhebung in Russland geleistet. Im Zusammenhang mit dem Kulturkampf stellte sich – so sah es Bismarck – auch das polnische Problem von Neuem, weil in der polnischen Bevölkerung, wie er es einmal ausdrückte, »der Katholizismus mit nationalrevolutionären Bestrebungen sozusagen chemisch verbunden«[54] sei.

Auch außenpolitische Aspekte spielten hier eine nicht zu vernachlässigende Rolle, denn die französischen Sympathien für die Freiheitsbestrebungen der Polen waren ebenso bekannt wie das strikte Eigeninteresse der befreundeten Regierungen in St. Petersburg und in Wien an einer konsequenten Bekämpfung aller nationalpolnischen Anstrengungen.

Wenn Bismarck nach 1871 also darum bemüht war, die nationale polnische Bewegung nach Möglichkeit einzudämmen, ist das aus seiner (und aus preußisch-deutscher) Sicht sowie im Rahmen der Denkhorizonte jener Zeit zumindest verständlich. Ausgesprochen bedenklich allerdings waren die Mittel und die eigentlichen Zielsetzungen seiner Polenpolitik, die letztendlich auf eine Unterdrückung der polnischen Sprache und Kultur sowie auf eine entschiedene »Germanisierung« der bis dahin überwiegend polnisch geprägten Regionen im Osten des Reiches hinausliefen. Die ältere preußische Polenpolitik war einst bestrebt gewesen, die polnischen Einwohner zu preußischen Staatspatrioten heranzuziehen, gerade *indem* man ihnen half, ihre kulturelle und konfessionelle Identität zu wahren und zu schützen – freilich um den Preis einer von Berlin strikt eingeforderten *politischen* Loyalität der nach den Teilungen Polens im späten 18. Jahrhundert hinzugewonnenen neuen Staatsbürger. Bismarck wollte sich mit preußischen Bürgern polnischer Sprache nicht mehr zufrieden geben, wohl vor allem unter dem Eindruck der sich weiter radikalisierenden polnischen Nationalbewegung in Russisch-Polen.

Es kam hier also Verschiedenes zusammen: außen- und innenpolitische Aspekte; die Abwehr radikaler, revolutionärer wie nationaler Bestrebungen; zeitweise auch der Konfessions- und Kulturkonflikt im Osten. All das veranlasste Bismarck am Ende, einer konsequenten Germanisierungspolitik seine Unterstützung zu geben.[55] Die sich seit Ende der 1870er-Jahre verstärkende illegale Einwanderung aus dem Osten wurde von ihm immer entschiedener bekämpft – obwohl die zuwandernden Arbeitskräfte infolge der Auswanderung vieler Einwohner in den deutschen Westen, vornehmlich ins Ruhrgebiet, durchaus benötigt wurden. Das wirtschaftliche Argument zählte für Bismarck hier jedoch nicht; er befürchtete einerseits die politische Infizierung der in Preußen legal ansässigen polnischen Bevölkerung durch aus Russland einsickernde nationalrevolutionäre Agitatoren und andererseits eine verstärkte »Polonisierung« der östlichen Regionen Preußens durch Erhöhung des polnischen bei gleichzeitiger Verringerung des deutschen Bevölkerungsanteils.

Die frühere friedliche, angeblich aber von »Vertrauensseligkeit« gekennzeichnete Polenpolitik im alten Preußen sei, wie er in einer ausführlichen Rede im Januar 1886 im Preußischen Abgeordnetenhaus darlegte[56], bereits seit dem polnischen Aufstand von 1830 von den Ereignissen überholt; seitdem sei die polnische Frage ein internationales Problem »unter Beteiligung und Mitwirkung anderer Nationen« geworden. Die Polen hätten die ihnen einst großzügig gewährte »Freiheit der Bewegung«, etwa im Vereinsrecht und bei der Presse, lediglich genutzt, um die nationalen Gegensätze zu verschärfen, und die radikalen polnischen Revolutionäre der Jahre 1846 und 1863 hätten in ihren Plänen für ein künftiges neues Polen auch vor einer möglichen Aneignung rein preußischer Gebiete nicht Halt gemacht. Den preußischen Untertanen polnischer Herkunft werde jetzt und weiterhin zwar der Schutz gewährt, »auf den sie von der Obrigkeit Anspruch haben«, niemals »und unter keiner Bedingung« werde er jedoch Ansprüche auf »Wiederherstellung irgendeines polnischen Reiches innerhalb preußischer Grenzen« anerkennen – nicht zuletzt auch aus dem Grunde, weil andernfalls »eine polnische Armee immer ein französisches Korps an der Weichsel sein würde«. Nach eigenem Selbstverständnis seien die heute innerhalb Preußens lebenden Polen, erklärte Bismarck – während das Protokoll »große Unruhe bei den Polen« vermerkte – nurmehr Preußen auf Abruf, »auf vierundzwanzigstündige Kündigung«, und genau deshalb befände man sich jetzt im Stadium eines »Kampf[s] ums Dasein zwischen den beiden Nationen, die auf dieselbe Scholle angewiesen sind«. Die Bemühungen einer früheren preußischen Politik, »die polnische Bevölkerung, wenigstens deren Führer, den polnischen Adel, für die preußischen Staatsideen wohlwollend zu gewinnen«, sei nichts anderes als »ein Mißgriff gewesen …, ein Irrtum, dem wir auf die Initiative des hochseligen Königs fünfundvierzig Jahre gefolgt sind, von dem uns loszusagen aber wir für unsere Pflicht gegen unser Land und Deutschland halten«. Angesichts dieser neuen Lage bleibe lediglich »das Bestreben übrig, uns zu bemühen, daß wir die Verhältniszahl zwischen der polnischen und deutschen Bevölkerung möglichst bessern zum Vorteil der Deutschen, um … sichere Leute, die am preußischen Staate festhalten, in jeder Provinz zu gewinnen«.

Die Gegenmaßnahmen, die er ins Werk setzen ließ, um dieses Ziel zu erreichen, waren allerdings ausgesprochen rabiat: einerseits konsequente Ausweisung aller illegal Eingewanderten, andererseits Bereitstellung bedeutender finanzieller Mittel zum umfassenden Ankauf von Agrarland, das sich noch im Besitz polnischer Magnaten befand, um auf diesem Boden deutsche Bauern – etwa solche, die andernfalls nach Nordamerika auswandern würden – ansiedeln zu können. Dem im April 1886 verabschiedeten »Ansiedlungsgesetz«, das diese Maßnahmen befördern sollte, folgten weitere Regelungen, etwas das Verbot des Polnischen als Amtssprache sowie des polnischsprachigen Schulunterrichts. Die mehr als zwei Millionen innerhalb der deutschen Grenzen lebenden Polen sollten auf diese Weise zwangsweise zu Deutschen gemacht werden – und Bismarck scheint tatsächlich geglaubt zu haben, dass alle diese Maßnahmen auf lange Sicht erfolgreich sein würden.

Aber natürlich waren sie es nicht. Wie auch auf anderen Gebieten seiner Innenpolitik war der hier gleichfalls sehr massiv eingesetzte politische Druck auf die polnische Minderheit letzten Endes kontraproduktiv. Der sich verstärkende Widerstand gegen die von Bismarck, aber nicht nur von ihm, aus Überzeugung initiierte und betriebene Germanisierungspolitik heizte den radikalen polnischen Nationalismus nur noch weiter an und spielte gerade denjenigen in die Hände, die sich auch früher schon einer friedlichen Assimilation der polnischen Bevölkerung in den preußischen, später in den deutschen Staat widersetzt hatten. Im Gegensatz zu den Jahrzehnte später, im 20. Jahrhundert, unternommenen und sehr viel übleren deutschen Maßnahmen gegen die polnische Nationalität und Kultur ging es Bismarck jedoch durchaus nicht um eine »Ausrottung« der polnischen Sprache und Lebensformen, sondern, wie er es sah, ausschließlich um Erfordernisse der preußisch-deutschen Staatsräson, die er durch teils extreme Zwangsmaßnahmen durchzusetzen versuchte. Es steht außer Frage, dass er deren Möglichkeiten zur Durchsetzung seiner Politik weit überschätzte, dafür aber die Widerstandskräfte der Polen in geradezu sträflicher Weise unterschätzte. Vermutlich glaubte er bei der Behandlung dieses Problems keine andere Wahl zu haben – die Folgen waren indessen auf lange Sicht verhängnisvoll. Jedenfalls zeigen sich auch an dieser Stelle unübersehbar deutlich die Grenzen seiner Fähigkeiten als Politiker.

Macht und Machtsinn

Zu den Kennzeichen einer bedeutenden, wirkmächtigen historischen Persönlichkeit gehört, wie Jacob Burckhardt ebenfalls einmal gesagt hat, ihr »Machtsinn«. Entscheidend für das große Individuum sei, so der Schweizer Historiker, nicht etwa die Sucht nach Ruhm, sondern »viel eher der *Machtsinn*, der als unwiderstehlicher Drang das große Individuum an den Tag treibt, auch wohl in der Regel mit einem solchen Urteil über die Menschen verbunden« sei, dass diese Persönlichkeiten nicht mehr in erster Linie auf das Denken, den Charakter und das Tun der ihnen untergebenen Menschen sehen, sondern nur noch »auf ihre Unterordnung und Brauchbarkeit«.[57] Damit sprach Burckhardt einen besonders problematischen Aspekt an, nämlich die Fähigkeit des großen Individuums, andere Menschen für sich und für die Zwecke der eigenen Macht zu *instrumentalisieren*. Und dies geschieht keineswegs nur auf dem Wege rationaler Überzeugung (etwa von der Vorzüglichkeit und dem Nutzen der eigenen Politik), sondern auch durch den Einsatz irrationaler Kräfte, durch den von Burckhardt in diesem Zusammenhang beschriebenen »magischen Zwang«, der aus der Bewunderung und Verehrung für jene Menschen, aber eben auch aus Furcht vor ihnen erwächst. Und umgekehrt steigt bei den großen Individuen wiederum die Neigung, die unter ihnen stehenden Menschen geringzuschätzen, ja zu verachten.

Otto von Bismarck verfügte über ein ausgeprägtes, kaum zu erschütterndes Selbstbewusstsein, und er fühlte sich den meisten Menschen in seiner Umgebung nur allzu überlegen; Selbstzweifel kannte er nicht, und seine Fähigkeit zur Selbstkritik war – auch wenn er gelegentlich eigene Fehler zugeben konnte – nicht sonderlich ausgeprägt. Diese Charaktereigenschaften, wie immer man sie einschätzen mag, verfügten natürlich auch über eine Kehrseite, denn der Mensch und Politiker Bismarck war nachtragend und konnte gelegentlich eine geradezu kleinliche Rachsucht an den Tag legen. Dabei muss er in seiner frühen Zeit ganz anders gewesen sein. So berichtet sein langjähriger Mitarbeiter Robert von Keudell, dass Bismarck im Jahr 1863, über eine schriftliche Kritik Keudells an seiner Politik sehr verärgert, nach einer offenen Aussprache und nach Keudells Entschuldigung sofort alles vergessen und verziehen habe – dies sogar mit dem Zusatz, Keudell könne sicher sein, »daß keine unangenehme Erinnerung bei mir ›haken‹ bleibt«.[58]

Bekannt ist auch eine von Bismarck selbst überlieferte Anekdote, den alten Feldmarschall Friedrich von Wrangel betreffend, mit dem er seit einer heftigen Auseinandersetzung während des Deutsch-Dänischen Krieges von 1864 nicht mehr sprach. Bei einem zufälligen Zusammentreffen nach einem Hoffest auf dem Potsdamer Bahnhof redete Wrangel den Ministerpräsidenten jedoch mit der Bemerkung an: »Sie können wohl nie vergessen? Worauf ich kurz antwortete: Nein, Exzellenz! Dann kam er nochmals heran und meinte: Können Sie auch nicht vergeben? Darauf sagte ich: Ja! Wir schüttelten uns die Hand und sind seitdem einig geblieben.«[59] – Doch das sind ausschließlich Zeugnisse aus den Anfangsjahren von Bismarcks Tätigkeit als leitender Politiker; nach der Reichsgründung sollte er sich auch in persönlicher und charakterlicher Hinsicht ändern, was vor allem seine engsten Mitarbeiter zu spüren bekamen.

Die unerwartet großen politischen Erfolge der Jahre 1862 bis 1871 stiegen Bismarck zwar nicht zu Kopf – dafür war er als Mensch zu nüchtern und wohl auch zu misstrauisch –, doch er begann reizbarer zu werden, duldete keinen Widerspruch mehr, zeigte sich dagegen sogar offenkundigen Schmeicheleien gegenüber zugänglicher als früher.[60] Einer seiner engsten frühen Mitarbeiter, der fleißige und treue Heinrich Abeken, der im Sommer 1870 die erste Fassung der »Emser Depesche« formuliert hatte, schrieb im Januar 1871, noch in Versailles, enttäuscht an seine Frau, Bismarck höre neuerdings nicht mehr auf seine Untergebenen, bespreche mit ihnen auch politische Angelegenheiten nicht mehr: »… er will der Alleinherrscher sein, nur Befehle ertheilen, aber keine Meinung hören; es ist ihm schon unbequem genug, daß er im Conseil mit den Ministern oder den Generalen andere Meinungen hören und oft gelten lassen muß; aber im eigenen Hause darf das nicht sein«.[61]

Noch deutlicher wurde in den 1870er-Jahren Bismarcks Chef der Reichskanzlei, Christoph von Tiedemann, der im Rückblick einmal feststellte, Bismarcks »Geisteskraft« habe seinem Selbstbewusstsein in jeder Hinsicht entsprochen: »Es war der hervorstechendste Charakterzug seines Wesens. Er konnte sich alles zutrauen, tat es aber auch, und niemals gab er zu, etwas Verkehrtes getan zu haben. ›Nunquam retrorsum‹[62], rief er mir zu, als ich einmal im Parlamente einen Irrtum eingestanden hatte. Das ging ihm wider den Strich. Dagegen wurde es ihm nicht leicht, ein fremdes Verdienst anzuerkennen. An den Leistungen seiner Ministerkollegen namentlich übte er eine Kritik, die der Objektivität häufig entbehrte. Bei jeder größeren politischen Aktion pflegte er die Erfolge sich selbst zuzuschreiben, während er jeden Mißerfolg dem dabei beteiligten Ressortminister zur Last legte. Zur Zeit des Kulturkampfes klagte er wiederholt darüber, daß er Falk nicht vorwärts bringen könne, daß er zu jedem Kampfgesetz den Impuls geben müsse, und als der Friede mit Rom geschlossen worden, verleugnete er manche dieser Kampfgesetze schlankweg und behauptete, sie seien ohne seine vorherige Zustimmung, ja teilweise sogar ohne sein Wissen ausgearbeitet.«[63]

Die Kehrseite der zweifellos außerordentlichen politischen Fähigkeiten des »eisernen Kanzlers« zeigten sich nicht nur in einem unerschütterlichen Selbstbewusstsein, das gelegentlich in manifeste Selbstüberschätzung ausarten konnte, sondern auch in einem erbarmungslos harten Umgang mit Untergebenen, die ihm offen widersprachen, die seinen Anweisungen zuwiderhandelten oder die er gar als Konkurrenten verdächtigte. Natürlich kann kein leitender Politiker – auch heute nicht – Untergebene dulden, die den vorgegebenen Plänen und Intentionen entgegenarbeiten, Anweisungen missachten und damit im schlimmsten Fall die Politik derjenigen Regierung sabotieren, der sie eigentlich dienen sollen. Bismarck allerdings verfolgte seine Gegner auch dann noch, wenn sie bereits politisch, beruflich und sogar menschlich erledigt waren, und er tat dies, wie etwa seine Auslassungen über Harry Graf von Arnim zeigen, sogar über deren Tod hinaus.

Der Diplomat Arnim, dessen tiefer Fall sich zum größten politischen Skandal der ersten Jahre nach der Reichsgründung entwickelte, stellt das vielleicht bekannteste Beispiel für Bismarcks Umgang mit widerspenstigen Untergebenen dar.[64] Beide kannten sich bereits seit Jahrzehnten, und der preußische Ministerpräsident schätzte den Diplomaten anfänglich so sehr, dass er ihm die politisch äußerst delikate Aufgabe anvertraute, schon Ende 1871 als erster Botschafter des neuen Deutschen Reiches in die Hauptstadt des soeben besiegten Frankreich zu gehen, um in Paris für die Wiederherstellung normaler diplomatischer Beziehungen zu wirken. Arnim beging nun in der Tat zwei Fehler: Zum einen unterstützte er, der ausgesprochen konservativ-legitimistisch gesinnt war, diejenigen politischen Kräfte in Frankreich, die für eine Wiederherstellung der Monarchie eintraten, während Bismarck aus realpolitischen Gründen die republikanische Partei zu unterstützen gedachte – eben weil, wie er meinte, eine französische Republik »von den monarchischen Staaten Europas nicht als bündnisfähig angesehen werde«.[65] Im genuin deutschen Interesse liege unter den gegebenen Umständen nun einmal, wie Bismarck zu betonen nicht müde wurde, ein außenpolitisch möglichst schwaches Frankreich.

Arnim verfolgte jedoch in Paris nicht nur weiter seinen von Bismarck abgelehnten politischen Kurs, sondern er begann zum anderen auch gegen den mächtigen Kanzler zu intrigieren und suchte – anfangs sogar erfolgreich – einen direkten Draht und persönlichen Kontakt zu Kaiser Wilhelm I., der Bismarcks Frankreichpolitik, was die Frage der künftigen Staatsform des westlichen Nachbarn betraf, ebenfalls mit Unbehagen verfolgte. Vermutlich glaubte der zur Selbstüberschätzung neigende Arnim ernsthaft, den in dieser Zeit häufig indisponiblen, krankheitshalber oft auf seinen Gütern weilenden Kanzler und Ministerpräsidenten in seinen Ämtern beerben zu können. Bismarck war jedoch, wie stets in solchen Fällen, auf der Hut; durch Zuträger war er über alle Aktivitäten Arnims genauestens informiert. Als der Botschafter, obwohl von Bismarck bereits einmal verwarnt, bald auch noch begann, mit – von ihm aus amtlichem Material munitionierten – anonymen Zeitungsartikeln in den Kulturkampf einzugreifen, wurde es Bismarck zu viel. Er verlangte vom Kaiser ultimativ Arnims Entlassung aus dem Amt; anschließend ließ er im Oktober 1874 ein Verfahren gegen den unbotmäßigen Diplomaten einleiten, denn Arnim hatte amtliche Akten mitgehen lassen, darunter geheime Berichte und auch Briefe Bismarcks. Insofern hatte er sich »selber den Strick um den Hals gelegt, den Bismarck dann zuzog«.[66]

Und der Kanzler zog daran tatsächlich so kräftig und so lange, bis der Gegner auf der Strecke geblieben war. Arnim musste sich noch während des gegen ihn laufenden Prozesses mit einem Nervenzusammenbruch in die Berliner Charité begeben; gleich nach der Verurteilung zu neun Monaten Haft entzog er sich dem Gefängnis durch hastige Flucht ins Ausland. Bereits dadurch war Arnim gesellschaftlich und beruflich erledigt, denn der Prozess hatte ungeheures Aufsehen erregt. Aber die Sache wurde – nicht ohne Arnims Zutun – noch viel schlimmer, denn nun veröffentlichte er in einer Broschüre einige der von ihm entwendeten geheimen Dokumente; Arnim wurde erneut angeklagt und in Abwesenheit zu fünf Jahren Zuchthaus verurteilt.

Der bereits schwer an Diabetes erkrankte Arnim starb im Mai 1881, offenbar noch immer auf Rehabilitierung hoffend, in seinem selbstgewählten Exil im französischen Nizza.

Die Art und Weise, wie Bismarck den bereits geflohenen und wehrlosen Ex-Diplomaten verfolgen ließ, fiel freilich auf den Kanzler selbst zurück. Sogar ein so großer Bewunderer Bismarcks wie sein langjähriger Petersburger Botschafter Hans Lothar von Schweinitz, der fand, dass der Kanzler mit seiner »Disziplinierung eines ungehorsamen, intrigierenden und das Dienstgeheimnis verletzenden Beamten« durchaus im Recht gewesen sei, konnte nicht umhin, seiner Darstellung der Affäre die Bemerkung hinzuzufügen: »Die Art und Weise aber, in welcher der Schuldige verfolgt, gehetzt und, als er schon längst kampfunfähig am Boden lag, verunglimpft wurde, war widerwärtig. Arnim war kein guter Mensch, aber so niedrigdenkend war er nicht wie manche von denen, die gegen ihn vor Gericht aussagten.«[67]

Auch die sogenannte »Affäre Geffcken« wirft kein besonders erfreuliches Licht auf den Kanzler, der mit zunehmendem Alter nicht etwa milde und weise wurde, sondern, im Gegenteil, zunehmend gereizter auf alle wirklichen oder vermeintlichen Angriffe gegen ihn und seine Politik reagierte. Und es ist nicht zu leugnen, dass sich Bismarck im Laufe der Jahre und Jahrzehnte, in denen er zuerst in Preußen und dann in Deutschland die Politik wesentlich bestimmte, eine Menge Gegner, ja geschworene Feinde gemacht hatte. Und natürlich gab es immer wieder teils gefährliche Intrigen gegen ihn, die er zuweilen nur mit Mühe abwehren konnte.

Zum Kreis um den Kronprinzen, den späteren kurzzeitigen Kaiser Friedrich III., und dessen Gemahlin Viktoria gehörten, wie allgemein bekannt war, einige seiner Intimfeinde. Der General und spätere Admiral Albrecht von Stosch ist hier zu erwähnen, der Bismarck geradezu abgrundtief hasste, ihm in Privatbriefen »Größenwahnsinn« und ein »kranke[s] Gehirn« attestierte und einmal bemerkte, ihm gehe »die Galle über, wenn ich an den Mann denke«.[68] Und Stoschs enger Freund, der einstige badische Außenminister Franz von Roggenbach, ebenfalls seit den 1860er-Jahren einer der entschiedensten Bismarck-Feinde, hasste den Kanzler, dem er ein Regime des »Staatsabsolutismus, verziert mit parlamentarischem Beiwerk und naiver Spielerei mit Scheinkonstitutionalismus«[69] unterstellte, nicht weniger. Roggenbach befand sich, als der schwerkranke Friedrich III. nach nur neunundneunzigtägiger Regierungszeit im Sommer 1888 starb, bereits auf dem politischen Altenteil, während Stosch nach einem schweren Konflikt mit Bismarck von diesem 1883 aus dem Amt gedrängt worden war; beide konnten Bismarck also nicht mehr gefährlich werden. Ein weiterer im Bunde war jedoch der etwas jüngere Straßburger Historiker Heinrich Geffcken, früher ebenfalls ein enger Vertrauer Friedrichs und Viktorias, der sich nach dem Tod des Kaisers aus der Deckung wagte, um den Kanzler möglichst gründlich zu desavouieren. Der verstorbene Kaiser hatte ihm sein Tagebuch aus der Reichsgründungszeit zu lesen gegeben, und Geffcken veröffentlichte anonym noch im Todesjahr des Monarchen in einer Zeitschrift einige Ausschnitte daraus, die geeignet waren, den Kanzler öffentlich zu kompromittieren.

Bismarck hätte es bei einer kurzen »offiziösen« Gegendarstellung belassen können, doch er beging wieder einmal den Fehler, mit Kanonen auf Spatzen zu schießen: In einem (sogleich im *Reichs- und Staatsanzeiger* veröffentlichten) »Immediatbericht« an Kaiser Wilhelm II. bezeichnete Bismarck die veröffentlichten Tagebuchpassagen wider besseres Wissen umgehend als »Fälschung«, nicht ohne hinzuzufügen: Wenn diese Texte den Originalen tatsächlich entsprächen, dann läge hier ein Verrat von Staatsgeheimnissen vor, der strafrechtlich zu ahnden sei.[70] Geffcken, dem nun nichts anderes übrig blieb, gab sich als Autor der umstrittenen Publikation zu erkennen, wurde daraufhin von Bismarck umgehend angezeigt und, als er zu fliehen versuchte, sofort in Untersuchungshaft genommen. Doch das Reichsgericht sprach Geffken im Januar 1889 frei. Bereits jetzt war er, wie ein anderes Mitglied des Kronprinzenkreises, Gustav Freytag, sich ausdrückte, für weite Kreise der liberalen Öffentlichkeit zu »eine[r] Art Märtyrer geworden«.[71] Nichtsdestoweniger begann Bismarck jetzt einen Pressefeldzug gegen den Historiker, der indessen die Aufregungen nicht mehr verkraftete; er konnte nur noch unter Zuhilfenahme schwerer Schlafmittel zur Ruhe kommen und fiel bald darauf den Folgen eines

Zimmerbrands zum Opfer. Tatsächlich hatte Bismarck, so einer seiner Biographen, mit »der Rücksichtslosigkeit seines Angriffs auf Geffcken ... einen Nagel in seinen eigenen politischen Sarg«[72] getrieben.

Im Umgang mit seinen Mitarbeitern wurde Bismarck im Laufe der Jahre immer schwieriger; jede (wie man es damals nannte) »kollegialische« Zusammenarbeit lehnte er entschieden ab; er wollte Untergebene, die seine Anweisungen nicht hinterfragten oder gar kritisierten, sondern ausführten. Schon Ende der 1860er-Jahre hatte er – vermutlich unter dem Eindruck seiner Erfahrungen während des preußischen Verfassungskonflikts – einmal ganz offen festgestellt, er halte »eine kollegialische Ministerverfassung für einen staatsrechtlichen Mißgriff und Fehler, von dem jeder Staat sobald als möglich loszukommen suchen sollte«, und er selbst werde alles dafür tun, dass der Norddeutsche Bund jenes System auch weiterhin vermeide und dafür »nur einen einzigen verantwortlichen Minister« habe.[73] Dieses System übertrug er 1871 auf das neue Deutsche Reich, in dem es neben dem Kanzler bekanntlich keine »Reichsminister«, sondern nur weisungsgebundene Staatssekretäre gab, die ausschließlich dem Kanzler, dem »einzigen Minister« gewissermaßen, unterstanden. Die preußischen Kabinettssitzungen musste er freilich noch ertragen, was er einmal mit den drastischen Worten kommentierte: »Wenn ich einen Löffel Suppe essen will, muß ich erst acht Esel um Erlaubnis fragen«[74], und seine Invektiven gegen die wenig geschätzten Ministerkollegen waren von den Herren gefürchtet. Wer ihm in die Quere kam, wer häufiger widersprach und eigene Ansichten zu vertreten wagte, wurde rücksichtslos aus dem Amt gedrängt; das Beispiel des Kultusministers Heinrich von Mühler, der sich zu Beginn des Kulturkampfs als allzu widersetzlich erwiesen hatte, steht nicht allein.

Im Laufe der Jahre konnten sich auch wohlwollende Betrachter des Eindrucks nicht mehr erwehren, als duldete Bismarck nur noch Jasager und eingeschüchterte subalterne Gestalten, im besten Fall noch überzeugte und eingefleischte »Bismarckianer« um sich, und tatsächlich wird der unerbittliche Kampf gegen den bedauernswerten Harry von Arnim einschüchternd genug gewirkt haben. Mit Männern, die ihm aus vollster eigener Überzeugung zuarbeiteten, wie der preußische Justizminister Heinrich Friedberg, der Landwirtschaftsminister Robert Lucius von Ballhausen, auch mit seinen engeren Mitarbeitern im Reichskanzleramt, wie Rudolf von Delbrück, Christoph von Tiedemann, oder auch (jedenfalls bis 1890) mit seinem späteren Stellvertreter Karl Heinrich von Boetticher kam er im Allgemeinen gut aus. Den allerengsten Vertrauten, neben dem getreuen Lothar Bucher, fand er jedoch in seinem ältesten Sohn Herbert, dessen scharfer politischer Verstand dem des Vaters zumindest nahekam und der als Berufsdiplomat in alle Details vor allem der auswärtigen Politik des Kanzlers eingeweiht war. Seit 1881 arbeitete Herbert von Bismarck im Auswärtigen Amt in der engsten Umgebung seines Vaters.

Ein ohne Frage sehr hellsichtiger Beobachter, der später als »graue Eminenz« im Auswärtigen Amt bekannt gewordene Legationsrat Friedrich von Holstein, bemerkte einmal: »Bismarck …, Egoist bis in die Fingerspitzen, erblickt in seinem ältesten Sohn sein verlängertes Ich«[75] – und so scheint es tatsächlich gewesen zu sein. Das veranlasste manchen Beobachter, vor allem seit Mitte der 1880er-Jahre, schon etwas despektierlich vom »Hausmeiertum« des Kanzlers zu sprechen, gar von der »Dynastie Bismarck« oder der »Firma Bismarck & Söhne«. Und selbst ein dem Kanzler so treu ergebener Gefolgsmann wie der Botschafter von Schweinitz verglich den scheinbar allmächtigen Mann mit jenen deutschen Kaisern des Mittelalters, »die das Reich und die Hausmacht gleichzeitig stark und groß machten«; er fügte sogar hinzu: »Wenn wir nicht, Gott sei es gedankt, eine Dynastie hätten, so würde Bismarck eine solche gründen und, wenn die Merowinger in Berlin regierten, so würde er ein Pipin sein.« Und als Schweinitz seinem Chef gegenüber die »nicht ganz scherzhaft gemeinte Bemerkung« fallen ließ, er selbst nenne »Herbert zuweilen den jüngeren Pitt«, da meinte Bismarck nur, dass William Pitt d. J., Sohn des gleichnamigen legendären englischen Premierministers des 18. Jahrhunderts, selbst bereits »mit 23 Jahren« Regierungschef geworden sei. Diesen Rekord – das war hier offenkundig gemeint – könne Herbert also nicht mehr schlagen. Die Eignung seines Sohnes zum Kanzler und Nachfolger schien Bismarck dagegen keinesfalls zu bezweifeln. Tatsächlich hat er seit den frühen 1880er-Jahren versucht, seinen ältesten Sprössling, den engsten

Vertrauten und daher auch besten Kenner seiner Politik, als seinen Nachfolger aufzubauen. Das allerdings ist ihm am Ende gründlich misslungen.

In diesen Zusammenhang gehört leider auch eine sehr traurige Geschichte, die man als die Lebens- und Liebestragödie Herbert von Bismarcks bezeichnen kann, der als Mensch an einem schweren Konflikt mit seinen Eltern fast zerbrochen wäre.[76] Der Kanzlersohn, ein begabter, dazu gutaussehender, vom Vater protegierter und aufstrebender junger Diplomat, der sein dreißigstes Lebensjahr eben überschritten hatte, traf sich seit Ende der 1870er-Jahre heimlich mit einer Geliebten, von der er allerdings annehmen musste, dass sein Vater sie niemals als Schwiegertochter würde akzeptieren können. Denn Fürstin Elisabeth von Carolath-Beuthen, geborene Gräfin Hatzfeld-Trachenberg, eine seinerzeit viel bewunderte Schönheit aus alter schlesischer Magnatenfamilie, verfügte aus Sicht des Kanzlers gleich über drei Fehler: Sie war nicht nur bereits verheiratet (wenn auch sehr unglücklich) und dazu noch zehn Jahre älter als ihr junger Geliebter, sondern zu ihrer engeren und weiteren Verwandtschaft gehörten auch einige von Bismarck zutiefst verabscheute Persönlichkeiten, darunter ein enger Vertrauter Harry von Arnims sowie vor allem ihre Stiefschwester, die im Hause Bismarck als Intimfeindin angesehene Marie von Schleinitz, fast schon legendäre Berliner Salonnière und Gattin des früheren Außenministers Alexander von Schleinitz.

Zeitweilig scheinen Herbert und seine Geliebte an eine gemeinsame Zukunft geglaubt zu haben: Elisabeth von Carolath ließ sich, um für Herbert frei zu sein, von ihrem Gatten scheiden; anschließend, im Frühjahr 1881, begab sie sich nach Venedig, um auf den Kanzlersohn zu warten. Doch sie wartete vergebens – Herbert kam nicht. Denn im Hause Bismarck spielte sich zur gleichen Zeit ein Konflikt ab, der die beiden Protagonisten, Vater und Sohn, bis an den Rand des Nervenzusammenbruchs trieb. Der Kanzler befand sich gerade auf einem gesundheitlichen Tiefpunkt (Ernst Schweninger fungierte noch nicht als lebenserhaltender Leibarzt) und hatte obendrein schwerste politische Konflikte durchzustehen. Die Familie war für ihn stets ein Ort des Rückzugs in menschlicher und seelischer Hinsicht gewesen, damit zugleich der wichtigste Halt in seinem Leben als erwachsener Mensch und Politiker, und in seinem besonders geliebten ältesten Sohn sah er seinen engsten politischen Vertrauten, dem er sich rückhaltlos öffnen und mit dem er auch die heikelsten Themen besprechen, auf dessen Rat er immer zählen konnte. Dass der Kanzler ausgerechnet diesen Sohn nun an eine Frau verlieren sollte, die nach ihrem aufsehenerregenden Scheidungsprozess, wie man es damals ansah, nicht nur eine Person von wenigstens »zweifelhaftem Ruf« war, sondern nach seinem Empfinden auch noch im Lager seiner erbittertsten Feinde stand, erschien ihm gerade in dieser Zeit als nahezu unerträglich. Und er tat am Ende alles, um diese Eheschließung zu verhindern.

Die wahrhaft erschütternden Briefe, die Herbert von Bismarck damals an seinen engsten Freund Philipp zu Eulenburg schrieb, zeigen die menschliche Tragik des Konflikts in aller Deutlichkeit: Sein Vater, heißt es in einem Brief Herberts vom 28. April 1881, habe ihm allen Ernstes »unter schluchzenden Thränen gesagt, es wäre sein fester Entschluß, nicht weiter zu leben, wenn diese Heirath zustande käme, er hätte genug vom Leben, nur in der Hoffnung auf mich noch Trost bei all seinen Kämpfen gefunden, und wenn das ihm jetzt auch noch genommen würde, wäre es aus mit ihm. Zu den 3 bis 4 Leuten, mit denen er gesprochen hat, soll er sich noch viel unglücklicher und ängstlicher geäußert haben! Denken Sie, das ist doch das Trübste, was er mir je sagen konnte!« Zwei Ärzte seiner herzkranken Mutter hätten ihm zudem mitgeteilt, »daß ihr Zustand gefährlich wäre … und daß eine starke Gemütsbewegung gleich zum äußersten führen würde!«[77]

Aber Bismarck ging noch weiter, um seinen Sohn zur Räson zu bringen. Durch den Kaiser ließ er die Erbschaftsstatuten für adligen Besitz abändern: Der älteste Sohn konnte fortan, wenn er eine geschiedene Frau heiratete, von der gesetzlichen Erbfolge ausgeschlossen werden. Der unter diesen Bedingungen vollkommen mittellose Herbert hätte also im Fall des Falles mit seiner Frau von der Hälfte der Zahlungen ihres geschiedenen ersten Gatten leben müssen – eine Erniedrigung ohnegleichen. Der Vater blieb bei seiner heftigen Ablehnung: Er werde sich, ließ er Herbert wissen, »mit Zähnen und Nägeln« dagegen wehren, dass »diese Frau« seine Schwiegertochter werde; er,

Herbert, müsse am Ende bedenken, dass er »den Namen nicht allein trüge, sondern daß Alles, was denselben träfe, auch ihn und meinen Bruder ebenso berührte«. Schließlich scheint der verzweifelte Vater sogar geäußert zu haben, sofern man Herberts brieflichem Zeugnis Glauben schenken darf, »wenn die Fürstin [Elisabeth von Carolath; H.-C. K.] seinen Namen trüge, würde ihn das zum Selbstmörder machen!«[78]

Diesem Druck, den übrigens *beide* Eltern auf ihn ausübten, konnte der verzweifelte Herbert nicht mehr standhalten; er fuhr am Ende (zumal sein Vater einer vorzeitigen Entlassung aus dem Dienst auch niemals zugestimmt hätte) nicht nach Venedig; auf seine Briefe, mit denen er der Geliebten sein Verhalten zu erklären und zu rechtfertigen versuchte, erhielt er von Elisabeth keine Antwort mehr. Der Sohn hat diesen persönlichen Schlag niemals so recht überwinden können, obwohl er einige Jahre danach in Marguerite Gräfin Hoyos noch eine Frau fand, die ihm ein glückliches Familienleben ermöglichen sollte – freilich erst nach seinem und seines Vaters Rückzug aus dem politischen Leben.

Manche Bismarck-Biographen meinten den Ausgang dieses Familienzwists als den Gipfel von Bismarcks Egoismus, seiner persönlichen Gefühllosigkeit und seines brutalen Umgangs mit allen ihm nahestehenden Menschen deuten zu können. Bismarck habe sich so sehr daran gewöhnt, »Menschen, die ihm im Wege standen, zu zertreten, daß auch die höchsten Gefühle seines geliebten Sohnes leicht wogen gegenüber dem Diktat seines eigenen Hasses«.[79] Ja, er habe »seinen älteren Sohn vernichtet und der langen Liste der Opfer seiner gestörten Persönlichkeit [!] hinzugefügt, die sein Genie unbesehen hinnahm«.[80] Das ist eine sehr einseitige und übertriebene Sichtweise. Zwar kann man sich leicht vorstellen, dass Herbert von Bismarck jahrelang ein unglücklicher Mensch gewesen ist, der die Menschen zu verachten begann, der trank und sich zunehmend herrisch und arrogant aufführte. Doch man sollte andererseits auch versuchen, das scheinbar so egoistische Handeln seines berühmten Vaters wenigstens zu verstehen.

Unter den bedeutenden Biographen Bismarcks hat dies vor allem

Ernst Engelberg getan, der besonders auf den gesundheitlichen Zustand des Kanzlers zur Zeit der Familienkrise des Frühjahrs Jahr 1881 hingewiesen hat: Musste nicht »der nervlich überreizte Kanzler … darum kämpfen, daß der Sohn ihm die schwerer werdende Bürde weiter tragen half und ihm das Refugium eines einträchtigen familiären Kreises erhalten blieb«? Überhaupt sei zu fragen, warum man immer wieder gemeint hat, dass ausgerechnet eine Frau wie Elisabeth Carolath, die »in geradezu erstaunlicher Weise die tiefwurzelnden Bindungen Herberts ans Elternhaus nicht recht verstehen konnte«, dem immerhin zehn Jahre Jüngeren »das ersehnte Glück gebracht haben würde«? Vermutlich, so Engelberg, war Otto von Bismarck eben doch nicht »der Unhold, der sich egoistisch-ungebärdig dem strahlenden Liebesglück des Paares entgegenstellte«, sondern es liege tatsächlich viel näher, »in ihm den der Verzweiflung nahen Vater zu sehen, der um seine zuverlässige und zu dieser Zeit schon notwendige Stütze bangte«.

Sicher hat der Sohn nur zu genau gewusst, »daß die Verzweiflungsausbrüche seines Vaters echt und keine Theatralik waren«, insofern war es Herbert am Ende unmöglich, sich den Wünschen des Vaters zu widersetzen »und die Bindungen ans Elternhaus zu lösen, die in der Familienatmosphäre und -tradition, in der politischen Überzeugung und im Respekt vor der historischen Leistung seines Vaters wurzelten«. Engelberg hat wohl recht, wenn er hinzufügt: »Was Herbert bewegte, war nicht die willenlose Unterwerfung unter ein väterliches Diktat, sondern letztlich die Einsicht in politische und menschliche Notwendigkeiten.«[81] Trotzdem kann man auch heute noch nur mit eher gemischten Gefühlen auf diese traurige Affäre zurückblicken; die Wucht der Bismarck'schen Persönlichkeit neigte gelegentlich dazu, jeden Rahmen emotionaler Grenzen und menschlicher Rücksichten zu sprengen.

Grenzen der Persönlichkeit

Wenn es um die Grenzen der Persönlichkeit des »eisernen Kanzlers« geht, wird man auch dessen materiellen Egoismus ansprechen müssen, der selbst für einen Mann seines historischen Formats recht krass ausgeprägt war. Eine Anekdote mag dies illustrieren: Als Hans Lothar von Schweinitz einmal zu Herbert von Bismarck bemerkte, der ansehnliche und ausgedehnte Garten hinter dem Reichskanzlerpalais und dem Auswärtigen Amt sowie der angrenzende Tiergarten könnten seinem Vater doch »einigen Ersatz für die Wälder von Varzin und Friedrichsruh« geben, antwortete der Angesprochene nur, dass die Gärten im Berliner Regierungsviertel zwar »wirklich groß und schön« seien, »aber sein Vater sage: ›Was mir nicht gehört, interessiert mich nicht‹.«[82] Diese Formulierung, die nicht erfunden zu sein scheint, verweist vielleicht auf frühere persönliche und familiäre Erfahrungen, die Bismarcks anfänglich sehr problematisches Verhältnis zum Geld betreffen – die Geldsorgen des Vaters einerseits, die frühen (und wie man weiß, exorbitant hohen) Spielschulden des Studenten andererseits.

Während seiner Zeit als preußischer Ministerpräsident und als Reichskanzler gelang es Bismarck tatsächlich, ein Millionenvermögen anzuhäufen: vom Besitzer zweier kleiner, dazu noch hochverschuldeter Güter wurde er zu einem der bedeutendsten und reichsten Grundbesitzer Deutschlands. Die schon vor einiger Zeit angestellten umfangreichen Untersuchungen über seine Vermögensverhältnisse haben gezeigt, dass Bismarck zwar seit seinem Eintritt in die Politik stets entschieden auf seinen materiellen Vorteil bedacht war, dass andererseits jedoch nicht die Rede davon sein kann, er habe sich im eigentlichen Sinne unrechtmäßig bereichert oder gar die Vorteile, die sein hohes Amt ihm bieten mochte, finanziell schamlos ausgenutzt. Wie Fritz Stern in einer berühmten Studie zeigen konnte[83], bewies Bismarck mit der Auswahl seiner geschickten und erfahrenen Vermögensverwalter, den erfolgreichen Bankiers Rothschild in Frankfurt und etwas später Bleichröder in Berlin, eine besonders glückliche Hand; beider Anlagestrategien zahlten sich in aller Regel aus. Hinzu kamen 1867 und noch einmal 1871 hohe Dotationen durch die Hohenzollern – als Dank für Bismarcks politische Erfolge.

Das Geld wurde nicht nur in (zumeist sicheren) Papieren im Allgemeinen gut angelegt, sondern auch in die eigenen Gutsbetriebe investiert – hier war Bismarck allerdings nicht immer so erfolgreich. Sein, wie es scheint, nahezu unersättlicher Landhunger zahlte sich finanziell keineswegs immer aus, vor allem dann nicht, wenn die Holzpreise auf niedrigem Niveau stagnierten. Gelegentlich waren freilich kleinere Interessenkonflikte unübersehbar, etwa dann, wenn eifrige Journalisten aufdeckten, dass bestimmte Straßen im Sachsenwald, die in erster Linie dem Holztransport des seit den frühen 1870erJahren in Friedrichsruh ansässigen Fürsten Bismarck dienten, auf Staatskosten angelegt worden waren, oder wenn peinlicherweise bekannt wurde, dass Bismarck hohe Steuernachzahlungen zu leisten hatte. Freilich ist ebenso bekannt, dass Bismarck am sogenannten »Gründungsschwindel«, also an den durch den Wirtschaftsboom und die Staatsinvestitionen der frühen 1870er-Jahre ausgelösten unmäßigen Aktienspekulationen, nachweislich nicht beteiligt war. Gegen diesbezügliche üble Verleumdungen, die ein notorischer Antisemit namens Franz Perrot gegen den Kanzler und seinen Bankier Gerson Bleichröder öffentlich erhoben hatte, ging Bismarck erfolgreich gerichtlich vor.

Insofern wird man sagen können, dass sich Bismarcks nicht zu leugnender materieller Egoismus – legt man die Maßstäbe nicht unserer, sondern seiner Zeit an – am Ende in einigermaßen schicklichen Grenzen hielt. Dabei dürfte nicht zu bestreiten sein, dass er »beim Ausbau seines Privatvermögens den gleichen Trieb zu erwerben, zu konsolidieren und zu beherrschen auslebte, von dem seine politische Tätigkeit zeugt«.[84] Aus heutiger Perspektive wäre manches daran sicher anstößig, doch materielle Bescheidenheit galt vor eineinhalb Jahrhunderten gerade *nicht* als besondere politische Tugend. Fritz Stern hat es trefflich auf den Punkt gebracht, wenn er bemerkt:»Der Gedanke, daß Macht absolut unrentabel sein sollte, daß öffentliche und private Interessen unvereinbar und ihre Verquickung korrumpierend sein könnte, kam weder Bismarck noch anderen Größen des 19. Jahrhunderts in den Sinn. ... Materieller Gewinn bedeutete für sie ebenso wenig eine Bedrohung ihrer Integrität wie Verarmung ein ›Entgelt‹, das sie für den Dienst an König und Vaterland in Kauf genommen hätten[85]«.

Worin zeigen sich am deutlichsten die Grenzen des Politikers Bismarck? Eines wird man sicher nicht übersehen können: Die unerwarteten, anfänglich überaus bedeutenden außen- wie innenpolitischen Erfolge dieses Mannes, die ihm um 1862 niemand zugetraut hätte, bewirkten ungefähr ein Jahrzehnt später so etwas wie einen Persönlichkeitswandel. Der Ministerpräsident, der zum Kanzler des neu gegründeten Reiches geworden war, machte sich nach und nach eine Selbsteinschätzung zu eigen, die im Grunde auf die Überzeugung von der eigenen Unfehlbarkeit hinauslief. Musste er, dem bisher eigentlich alles glänzend gelungen war, was er politisch versucht und – oft gegen härteste Widerstände – in Angriff genommen hatte, nicht auch künftig mit allem, was er anstrebte, prinzipiell recht haben?

Diese Art von Selbsttäuschung, oder besser: Selbstüberschätzung, dürfte es vor allem gewesen sein, die maßgeblich zu Bismarcks großen Fehlleistungen, besonders in der Innenpolitik des frühen Deutschen Reiches, beigetragen hat – zuerst zum Kulturkampf, dessen Aussichtslosigkeit er wenigstens am Ende noch selbst erkannte und den er bei passender Gelegenheit abbrechen konnte, sodann zum Kampf gegen die frühe Arbeiterbewegung und gegen die deutschen Sozialisten, der ebenfalls schon deshalb erfolglos bleiben musste, weil der Aufstieg der Sozialdemokratie nichts anderes war als das unmittelbare Resultat der schweren sozialen und gesellschaftlichen Probleme infolge der damaligen Wirtschaftskrise und überhaupt der rasanten demographischen und ökonomischen Veränderungen der Epoche. Und Ähnliches gilt schließlich auch für die antipolnischen Germanisierungsbestrebungen im preußischen und deutschen Osten, die auf eine manifeste Unterdrückung der dort beheimateten polnischen Kultur und Sprache hinausliefen und schon deshalb härtesten Widerstand seitens der Betroffenen nach sich ziehen mussten.

Alle drei politischen Fehlleistungen – wenn man sie denn so nennen kann –, von denen die späte Regierungszeit Bismarcks überschattet wird, resultieren bei näherem Hinsehen aus der Überzeugung des

Kanzlers, bestimmte Entwicklungen und Ziele unter Einsatz harter Zwangsmaßnahmen gegen den überwiegenden Willen der Betroffenen konsequent und unerbittlich durchsetzen zu können. Bismarck scheint tatsächlich davon überzeugt gewesen zu sein, dass sein unerbittlicher Wille und der von ihm eingesetzte harte Druck so etwas wie eine langfristige Gesinnungsänderung der Betroffenen herbeiführen konnten. Aber da täuschte er sich gewaltig – ja, er erreichte in allem nur das Gegenteil: Die Katholiken wandten sich nicht etwa von Papst und Kirche ab, sondern schlossen sich nur umso fester zusammen; die Sozialdemokraten zerbrachen unter dem Druck keineswegs, sondern festigten ihre organisatorischen Strukturen und gewannen neue Anhänger und Mitkämpfer; und die Polen wiederum vereinigten sich ebenfalls noch enger und fester in ihrem Widerstand gegen politische und vor allem kulturelle Fremdbestimmung. Hier scheiterte Bismarck auf der ganzen Linie.

IV.
LEISTUNGEN

Einheit in Vielheit

Keine politischen Einrichtungen, keine Institutionen und Verfassungs-
ordnungen sind von ewiger Dauer, doch sie können im einzelnen Fall
ein langes Leben haben, sie vermögen dem politischen und gesellschaftlichen Leben Stabilität und wenigstens ein gewisses Maß an Sicherheit zu geben. Das gilt für die Verfassung wie für die Verwaltung
eines Staates gleichermaßen – und erst recht dann, wenn es darum
geht, ein soeben erst entstandenes neues politisches Gebilde dauerhaft
zu etablieren und innerlich zu festigen. Das ist Bismarck, wie wir heute
wissen, in den Jahren nach 1871 nur zum Teil gelungen, doch die innere Konsolidierung des neu gegründeten Deutschen Reiches stellt
fraglos eine säkulare Leistung dar, die auch heute nicht unterschätzt
werden sollte. Vielleicht kann man erst in der Gegenwart, nach der Erfahrung der deutschen Wiedervereinigung von 1989/90, recht ermes-
sen, welch eine bleibende Leistung von Bismarck und seinen Mitarbeitern in den neu geschaffenen obersten Reichsbehörden während der
ersten beiden Jahrzehnte nach der Reichsgründung erbracht wurde.

Man weiß nicht, ob es der Wahrheit entspricht oder nur »gut erfunden« ist, wenn Bismarcks Mitarbeiter Robert von Keudell später
überlieferte, sein Chef habe bereits in den Jahren 1866 und 1867
»mehrmals« die Worte fallen lassen: »Mein höchster Ehrgeiz ist, die
Deutschen zu einer Nation zu machen.«[1] Tatsache ist allerdings, dass
Bismarck es nur wenige Jahre später tatsächlich versucht hat – mit zu-

nächst nur begrenztem, langfristig jedoch unleugbarem Erfolg. Man darf in diesem Zusammenhang nicht vergessen, dass zu jener Zeit der traditionelle deutsche Partikularismus noch in hoher Blüte stand. Die fraglos sehr einflussreichen Anhänger und Protagonisten der liberal-bürgerlichen deutschen Nationalbewegung einmal ausgenommen, verstanden sich die Deutschen mehrheitlich – und das traf gerade auf die immer noch dominierende ländliche Bevölkerung zu – in erster Linie als Württemberger und Bayern, als Hannoveraner, Mecklenburger, Sachsen, natürlich auch als Preußen, und erst in zweiter Linie als Deutsche. Leider könne sich »das Ausland sagen«, bemerkte Bismarck noch in einer Parlamentsrede am 30. Januar 1869, »daß, wenn eine Armee siegreich bei uns vordränge, sie nicht überall auf denselben feindlichen Widerstand stoßen würde, wie er vielleicht bei jeder anderen geschlossenen europäischen Nation zu erwarten wäre.«[2]

Dem preußischen Kronprinzen hatte Bismarck schon im Februar 1867, noch in der Gründungsphase des Norddeutschen Bundes, die weitere Entwicklung, wie er sie sah, plastisch skizziert: »Unsere Politik hat das Gesicht der Zukunft zuzuwenden, unter Beseitigung der Erinnerung an vergangene Stammesfeindschaft die nationale Einheit zu suchen und zu pflegen. Preußen hat an ganz Deutschland zu vollbringen, was es an sich selbst vollbracht hat. Wie es einst in den von Polen, Frankreich, Sachsen erworbenen Landesteilen die Überwundenen die Überwindung vergessen [machte], sie zu dem Gefühl der Gemeinsamkeit und Gleichheit erhoben hat, so hat es jetzt das innerhalb *eines* Volkes auf die Dauer nicht haltbare Verhältnis zwischen Siegern und Unterworfenen zu verwischen, das besondere Stammes- und Staatsbewußtsein zu verschmelzen … in freudiger und stolzer Anhänglichkeit an *ein deutsches* Gemeinwesen, an dessen Spitze der König von Preußen steht.«[3] Diese Bemerkung verwies darauf, dass die 1866 geschlagenen Wunden noch nicht verheilt waren und dass deshalb von preußischer Seite mit den Gefühlen der Unterlegenen pfleglich und rücksichtsvoll umzugehen sei. Freilich – und auch das musste möglichst vielen Deutschen klar gemacht werden – gab es kein Zurück mehr zu den alten Partikularismen der traditionellen deutschen Kirchturmspolitiker.

Insofern schien es für Bismarck nach der erreichten *äußeren* politischen Einigung von 1871 eine vorrangige Aufgabe zu sein, auch die *innere* Einigung zu bewerkstelligen, also aus Württembergern, Bayern, Hannoveranern, Mecklenburgern, Sachsen und Preußen Deutsche zu machen, nicht nur materiell, sondern auch ideell, mit Blick auf ihr Denken und ihr Selbstverständnis. Es fällt auf, dass bald nach dem Zerbrechen des alten Deutschen Bundes eine semantische Verengung des Begriffs »Deutschland« einzusetzen begann, die im Ergebnis darauf abzielte, das nunmehr von Deutschland abgespaltene Habsburgerreich bzw. Österreich als etwas Eigenes, Selbständiges aufzufassen. Jedenfalls lässt sich nachweisen, dass man in den Jahren nach 1866 unter »Deutschland« und »Österreich« zuerst zwei verschiedene Staaten und bald auch zwei unterschiedliche Völker zu verstehen begann.[4] In der Reichsverfassung von 1871 war ausdrücklich davon die Rede, dass »ganz Deutschland« zum Reichsgebiet gehöre, und der offizielle Titel des neuen »Deutschen Kaisers« bekräftigte diesen Anspruch ebenfalls. Kritiker, die meinten, der Name Deutschland solle vermieden werden, da auch außerhalb des Reichsgebietes seit alters her noch »echt deutsche Volksstämme« ansässig seien, konnten sich nicht durchsetzen.

Bismarck verfolgte mit der auch von ihm stets betonten Deutung, das neue »Reich« sei mit dem bestehenden »Deutschland« mehr oder weniger identisch, gewissermaßen eine Doppelstrategie. Zum einen ging es ihm darum, den eventuell gegen das neue Staatsgebilde erhobenen Vorwurf, es sei auf – möglicherweise sogar kriegerische – Erweiterung hin angelegt, konsequent zu widerlegen. Wieder und wieder hat er betont, dass Deutschland fortan politisch »saturiert« sei und nicht das geringste Interesse daran haben könne, etwa die Deutschen im (damals russischen) Baltikum oder gar die Deutschen im Habsburgerreich, in Österreich, Böhmen und Ungarn, dem Reich an- oder einzugliedern. Die spätere Parole »Heim ins Reich« aus dem Jahr 1938 wäre Bismarck absurd erschienen. Ihm kam es gerade nach 1871 darauf an, außenpolitisch in möglichst enger Abstimmung mit St. Petersburg und Wien zu agieren, daher musste jede mögliche Irritation in den östlichen Hauptstädten hinsichtlich der Deutschen in Österreich oder Russland aus seiner Sicht von vorneherein ausgeschlossen werden.

Zum anderen war es ebenfalls Bismarcks Anliegen, die innere Einheit durch die Betonung »deutscher« Gemeinsamkeiten zu stärken und damit ein deutsches Gemeinbewusstsein, ja ein neues nationales Zusammengehörigkeitsgefühl zu schaffen, nicht zuletzt um den (wenigstens teilweise nicht unberechtigten) Ängsten der nichtpreußischen Deutschen, besonders der Unterlegenen von 1866, sie würden im neuen Deutschland »borussifiziert«, entgegenzuwirken.

Nach Bismarcks Überzeugung sollte also ein auf die Gemeinsamkeiten aller Deutschen gerichtetes Nationalbewusstsein gestiftet werden. Als Zusammengehörigkeitsgefühl sollte es letztlich sowohl alle »Stammesunterschiede« als auch alle Differenzen der politischen Gesinnung und Überzeugung ausgleichen. Zehn Jahre nach der Reichsgründung hat er diesen Gedanken in Anspielung auf die Stellung Deutschlands als ein Staat unter Staaten einmal folgendermaßen ausgedrückt: »… in erster Linie kommt die Nation, ihre Stellung nach außen, ihre Selbständigkeit, unsere Organisation in der Weise, daß wir als große Nation in der Welt frei atmen können.« Alles Weitere, auch die Details der inneren Ausgestaltung des Reiches, sei erst einmal zweitrangig, eben »ein Luxus der Einrichtung, der an der Zeit ist, nachdem das Haus festgebaut dasteht. … Schaffen wir zuerst einen festen, nach außen gesicherten, im Innern festgefügten, durch das nationale Band verbundenen Bau, und dann fragen Sie mich um meine Meinung, in welcher Weise mit mehr oder weniger liberalen Verfassungseinrichtungen das Haus zu möblieren sei …«[5] *Zuerst* komme die Einheit (und die durch diese verbürgte Sicherheit nach außen), und *erst dann* sei die Frage zu entscheiden, in welchem Rahmen und mit welchen Mitteln diese Einheit weiter ausgestaltet und gefestigt werden solle. Diese Rangordnung der Dinge immer wieder zu betonen ist Bismarck nie müde geworden.

Sein Appell an das deutsche Einheits- und Nationalbewusstsein besaß allerdings eine Kehrseite, denn das neue Reich umfasste nun einmal nicht nur »Deutsche« im engeren Sinne einer historisch, geographisch und kulturell definierten Zusammengehörigkeit, sondern auch Angehörige anderer Völker: Polen im Osten, Dänen im Norden, Franzosen im Südwesten. Insofern konnte das von Bismarck in seiner Entstehungszeit so entschieden ermutigte und geförderte deutsche Nationalgefühl auch ausgrenzend, letztlich also desintegrierend wirken und damit genau das Gegenteil dessen bewirken, was er sich eigentlich erhoffte. Sehr zu Recht hat einer seiner neueren Biographen deshalb darauf hingewiesen, dass die Betonung des *nationalen* Charakters des neuen Deutschen Reiches es zwar den nichtpreußischen Deutschen am Ende erleichterte, sich als Reichsbürger zu fühlen, dass sie es den nun zu Deutschland gehörenden Polen, Dänen und Franzosen aber eher erschwerten, die Herrschaft des Deutschen Kaisers zu akzeptieren:»Bismarcks taktischer Gebrauch des deutschen Nationalismus zur ideellen Stabilisierung des von preußischer Machtpolitik geschaffenen Reichs konterkarierte sein Bestreben, die ethnischen Minderheiten des Reichs zu assimilieren, und gefährdete damit die Sicherheit seiner Grenzen.«[6]

Den institutionellen Ausbau der inneren Einheit hat Bismarck gleichwohl seit 1871/72 entschieden vorangetrieben – freilich in seinem Sinne, indem er die neuen Einrichtungen und personellen Konstellationen sehr stark auf seine Bedürfnisse zuschnitt. Das verlief nicht immer geradlinig, vielmehr oft auf Umwegen und unter Inkaufnahme kurzzeitiger Fehlentwicklungen, die jedoch meistens rasch korrigiert wurden; Bismarcks Vorgehensweise, stets Alternativen im Blick zu haben, um gegebenenfalls rasch die Richtung wechseln zu können, bewährte sich auch hier. Bei aller vielfach berechtigten Kritik, die später an der inneren Ausgestaltung der Reichsverfassung geübt wurde, darf eines nicht vergessen werden: Der Kanzler hatte es stets mit einer zweistelligen Zahl größerer, mittlerer und kleinerer deutscher Fürsten und Regierungen zu tun, die im Januar 1871 zwar alle aus eigenem Willen Teil des neuen Reiches geworden waren, fortan aber nicht selten das Ziel verfolgten, so viel von ihren alten partikularen Vorrechten wie nur möglich zu bewahren, um ihre eigene Bedeutung zu unterstreichen. Der Bundesrat als Vertretung der einzelnen Bundesstaaten und deren Regierungen in Berlin war denn auch vor allem in den ersten Jahrzehnten nach 1871 bestrebt, die eigentlichen Kerninstitutionen des Reiches nicht zu mächtig werden zu lassen, um – im ureigenen Interesse natürlich – jeder wirklichen oder auch nur vermeintlichen Gefahr eines deutschen Zentralismus entgegenzuwirken.

Um in der Konsolidierungsphase des neuen Reiches solche partikularen Widerstände von vornherein zu minimieren – und keineswegs nur, um seinen eigenen politischen Einflussbereich so umfangreich wie möglich zu gestalten –, hat Bismarck ausdrücklich darauf verzichtet, so etwas wie eine Reichsregierung im engeren Sinne (mit Reichministerien und verantwortlichen Ministern) zu etablieren. Tatsächlich war die Stellung des Reichskanzlers im Rahmen der obersten Reichsleitung und Reichsverwaltung von Anfang an sehr stark ausgeprägt.[7] Den später, in den 1880er-Jahren, von Bismarck nur wenig geliebten Reichstag hatte er zu Anfang noch als ein stark unitarisches, damit den eigentlich eher zentrifugalen Wirkungen des Bundesrates nach Möglichkeit entgegenwirkendes Verfassungselement verstanden. Im Zentrum des konstitutionellen Spannungsfeldes zwischen Kaiser, Bundesrat und Reichstag sollte also der Kanzler stehen, als politisch entscheidendes Element der Reichsverfassung – wenn das Amt denn richtig ausgefüllt wurde und wenn sich der regierende Monarch in seiner Rolle zurücknahm.

Der Kanzler wurde allein vom Kaiser ernannt und entlassen, zudem war er vom Reichstag und auch vom Bundesrat, dem er kraft seines Amtes vorstand, formal unabhängig, doch vermochte er in der politischen Praxis ohne ein Mindestmaß an Vertrauen auch seitens des Parlaments kaum zu regieren. Bismarck hat dies schon sehr früh einmal auf den Begriff gebracht, wenn er am 1. Dezember 1874 im Reichstag feststellte, der Reichskanzler sei zwar »nur ein Beamter der Exekutive, … recht eigentlich ein Diener Seiner Majestät des Kaisers, von dem er ernannt wird«, und in dieser Eigenschaft habe er »über die Ausführung der Gesetze zu wachen«. Hierzu gehöre aber ebenfalls »die Herstellung neuer Gesetze«, und hierbei wiederum entfalle »ein erhebliches Quantum von Mitwirkung bei Herstellung von Gesetzesvorlagen nominell auf den Reichskanzler, tatsächlich auf das Reichskanzleramt«. Jedoch nicht nur hierauf sei »das Gewicht, welches der Reichskanzler in Fragen der Gesetzgebung zu üben hat«, zurückzuführen, vielmehr hänge es »wesentlich ab von dem Vertrauen, von dem Ansehen, welches der Reichskanzler persönlich im Reichstag und im Bundesrat genießt. Denken Sie sich einen mit Mißtrauen betrachteten und nur von einer kleinen Minorität gestützten Reichskanzler, und Sie werden ein ganz anderes Bild haben, als wenn Sie denselben von der Mehrheit im Reichstage und von der Mehrheit der Bundesregierungen mit Vertrauen getragen und gestützt finden.«[8] Dreierlei wird aus dieser Äußerung ersichtlich: Erstens sollte den Abgeordneten die eigene Bedeutung vor Augen geführt werden, und in der Tat hat sich nach Bismarck kein Reichskanzler im Amt halten können, der es nicht verstand, die Stellung und den Rang des Parlaments zu respektieren und mit ihm zu regieren; zweitens hat Bismarck hiermit die Grenzen seiner politischen Gestaltungskraft und seiner Möglichkeiten im Dreieck zwischen Kaiser, Bundesrat, Reichstag – damit seiner eigenen Macht – scharf umrissen; und drittens hat er mit diesen Formulierungen das zumindest angedeutet, was der Verfassungshistoriker Ernst Rudolf Huber einmal als die »doppelte Verantwortlichkeit« des deutschen Reichskanzlers bezeichnet hat, die das »Fundament eines hohen Maßes von Unabhängigkeit« dieses Amtes darstelle, denn der Kanzler konnte sich »gegenüber dem Reichstag … auf seine Bindung an den Kaiser, gegenüber diesem … auf seine Verantwortlichkeit gegenüber dem Reichstag berufen«[9]. Im zweiten Fall allerdings kam es darauf an, dass der Monarch eben dieses Argument des Kanzlers akzeptierte; tat er es nicht, konnte jenes »Fundament« sehr rasch wegbrechen.

Die Einrichtung und der institutionelle Ausbau der obersten Reichsbehörden vollzogen sich im Wesentlichen in den ersten zehn Jahren des neu gegründeten Reiches. Da es sich um eine »Kanzlerregierung« und nicht um eine Kollegialregierung handelte, lag die Leitung *sämtlicher* Ressorts beim Kanzler selbst. Ihm zugeordnet waren die obersten Reichsbehörden, aber eben nicht als Reichs*ministerien* (die sollte es erst in der Weimarer Republik geben), sondern als Reichs*ämter*, die jeweils von einem Staatssekretär geleitet wurden. Die Staatssekretäre unterstanden dem Reichskanzler direkt, sie waren ihm damit auch nicht gleichgeordnet, wie es Minister gewesen wären; eine im eigentlichen Sinne *kollegiale* Regierungsweise, bei der alle wichtigen Entscheidungen im Rahmen von Kabinettssitzungen diskutiert und beschlossen werden, gab es unter Bismarck auf Reichsebene nicht. In Bismarcks

Kanzlersystem besaß der Reichskanzler also, im Unterschied zu den Regelungen des heutigen Grundgesetzes, »das Entscheidungsrecht nicht nur für die ›Richtlinien der Politik‹, sondern für alle Ressortfragen«.[10] Bismarck hielt dies auch deshalb für notwendig, weil er sich in den ersten Jahren nach der Reichsgründung, als die politische Ordnung gewissermaßen noch ungefestigt, ja »fluide« war, einen möglichst großen inneren Gestaltungsspielraum bewahren wollte, um die endgültige Verfassungsordnung genau so zu modellieren, wie es ihm richtig und angemessen erschien. Nur eine starke und entschlossene Exekutive konnte sich – dies war seine feste Überzeugung – allen partikularistischen, die neu gewonnene Reichseinheit gefährdenden Kräften entschieden entgegenstellen.

Die einzelnen Reichsämter wurden nicht auf einen Schlag geschaffen – dies wäre Bismarck vermutlich aufgrund des voraussehbaren Widerstands der Bundesstaaten gegen alle »zentralistischen« Bestrebungen und auch mangels Finanzmasse des Reiches nicht möglich gewesen –, sondern sie gliederten sich nach und nach aus der ersten und anfänglich mächtigsten Reichsbehörde, dem bereits 1867 geschaffenen Bundeskanzleramt des Norddeutschen Bundes, das 1871 in Reichskanzleramt umbenannt wurde, aus. Neben dem Reichskanzleramt stand von Beginn an das Auswärtige Amt des Deutschen Reiches, das allerdings nicht eigens als neue Reichsbehörde geschaffen worden war, sondern sich aus dem preußischen Ministerium des Äußeren entwickelt hatte. Seit Beginn seiner Ministerpräsidentschaft im Jahr 1862 hatte Bismarck dieses Amt in Personalunion geleitet, und es blieb bis zu seinem Rücktritt als Reichskanzler und preußischer Ministerpräsident im März 1890, wie treffend gesagt wurde, »Bismarcks persönliches Instrument«.[11] Er führte es straff und mit großem Geschick, wobei er größten Wert darauf legte, alle Schlüsselstellungen des (bald auch räumlich direkt neben der Reichskanzlei gelegenen) Auswärtigen Amtes mit engen Vertrauten – darunter bekanntlich sein älterer Sohn Herbert – zu besetzen, die seine Weisungen in aller Regel blind befolgten.

Als weitere oberste Reichsbehörde entstand zuerst die Kaiserliche Admiralität, aus der sich bis Ende der 1880er-Jahre das Reichsmarineamt entwickelte. Die Sonderstellung der Marine im wilhelminischen Reich, die im Gegensatz zum Heer eben nicht Sache der einzelnen Bundesstaaten, sondern der Reichsleitung war, besaß hier ihren Ursprung. Es folgte, nach der von Bismarck forcierten Verstaatlichung der Bahnverkehrsnetze, das Reichseisenbahnamt (geschaffen 1873), dem wenige Jahre später das Reichspostamt (1880) nachfolgte. Bereits 1876 wurde durch Ausgliederung einer Abteilung aus dem Reichskanzleramt das Reichsjustizamt geschaffen, und 1879 entstand auf dem gleichen Wege das Reichsschatzamt. In der Folge wandelte sich sodann das Rumpf-Reichkanzleramt in das Reichsamt des Innern um; der Kanzler wiederum erhielt mit seiner Reichskanzlei jetzt eine eigene Behörde mit nunmehr auch eigenem Amtssitz. Fast alle diese Reichsämter (in der wilhelminischen Ära sollten noch weitere hinzukommen) siedelten sich im jetzt entstehenden Berliner Regierungsviertel rund um die Wilhelmstraße an, zwischen den »Linden« im Norden und der Leipziger Straße im Süden. Schon um 1880 konnte der Vorgang der Konstituierung der obersten »Reichsämter« im Wesentlichen als abgeschlossen gelten. Bismarck jedenfalls hat dieser Ausgestaltung der höchsten Reichsinstitutionen, deren anfängliche Finanzierung im Übrigen durchaus problematisch war, unübersehbar seinen Stempel aufgedrückt.

Die Stellung des Kaisers im Reich war stark, und das hatte Bismarck auch so gewollt, jedoch war die Macht des Monarchen keineswegs derart umfassend wie später oft dargestellt oder vermutet. Der Kaiser war nach dem Wortlaut der Verfassung nicht einmal Reichs- oder Staatsoberhaupt, sondern lediglich »Erster unter Gleichen« (*primus inter pares*) im Kreise der Reichsfürsten; eigentlich galt der Bundesrat in seiner Eigenschaft als höchstes Organ des Reiches zugleich als Inhaber der Souveränität in Deutschland. Auch wenn sich dies später etwas änderte und der Kaiser de facto die Stellung des deutschen Staatsoberhauptes einnahm, blieb er doch in den rechtlichen Rahmen der Reichsverfassung eingespannt. Die Stellung des Deutschen Kaisers war faktisch schwächer als die des amerikanischen Präsidenten[12], denn dieser war zugleich Regierungschef, während der deutsche Monarch nur durch Anordnungen und Verfügungen, die vom Kanzler gegengezeichnet waren, politisch agieren konnte; ein Regieren ohne oder gar gegen den Kanzler war deshalb nicht möglich.

Vereinfachend ausgedrückt könnte man die These aufstellen, dass Bismarck das seit dem Vormärz in den meisten deutschen Mittelstaaten und seit 1848 auch in Preußen bestehende System der konstitutionellen Monarchie, kombiniert mit einzelnen, der Tradition des Deutschen Bundes entstammenden föderalen Elementen, auf das neue Reich übertragen hatte, allerdings mit einigen vorher nicht dagewesenen, auf seine Person zugeschnittenen Eigenheiten. Das Reich blieb eine konstitutionelle Monarchie im wörtlichen Sinne, also mit strikter Trennung zwischen Parlamentsbefugnissen und Exekutive. Eine »parlamentarische Regierung, wie sie sich in England in einer langen und höchst eigentümlichen Geschichte entwickelt hat«, stellte Bismarck 1870 fest, komme für einen kontinentaleuropäischen Großstaat derzeit nicht in Frage: Jedenfalls, bemerkte er weiter, sei es »ein Irrtum, daß ein ebensolcher äußerer Apparat von Wahlen, Abstimmungen und Fraktionen anderswo ebenso gehandhabt werden und auf die Dauer ebensolche Resultate liefern könne wie in England«, wo bereits seit Jahrhunderten »die Fehde zwischen Landesherrn und Ständen durch den umfassenden Vergleich von 1689 beigelegt« sei: »Wenn das ganze Volk mit dem Wesentlichen der bestehenden Verfassung zufrieden ist, wenn die begütertsten und gebildetsten Klassen sich im alten Besitz eines bestimmten Anteils an der Staatsgewalt befinden und die innerhalb dieser Klassen vorhandenen Parteien hauptsächlich darum kämpfen, welche von ihnen den gemeinsamen Besitz verwalten und die mit der Verwaltung verbundenen Vorteile genießen soll, wenn die Parteiführer das Regieren und die Parteigenossen das Sichschicken [hier gemeint: in eine vorübergehende Oppositionsrolle; H.-C. K.] gelernt haben: dann kann die parlamentarische Regierung sich so abspielen, wie es nach der von den englischen Zuständen hergenommenen Doktrin geschehen soll.«[13]

Im Prinzip lehnte Bismarck also – stets mit Blick auf das von ihm als Sonderfall angesehene britische Beispiel – eine parlamentarische Regierung keineswegs ab, jedenfalls nicht aus Prinzip, doch in der Realität hielt er deren Einführung in Deutschland für nahezu ausgeschlossen, was er mit der vermeintlichen oder auch wirklichen Unreife der nach seiner Auffassung »doktrinaristischen«, also unerfahrenen und wirklichkeitsfremden deutschen Parlamentspolitiker begründete. Das bedeutete wiederum nicht, dass er den von ihm selbst geschaffenen, nach allgemeinem und vor allem gleichem Wahlrecht gewählten Deutschen Reichstag missachtete, auch wenn er gelegentlich harte Konflikte mit dem Parlament ausfocht. Mit den Argumenten seiner entschiedensten Gegner (die von ihm auch außerparlamentarisch bekämpften Sozialdemokraten einmal ausgenommen) setzte er sich sehr wohl eingehend auseinander, ob diese nun Ludwig Windthorst, Eduard Lasker, Eugen Richter oder Ludwig Bamberger hießen. Die zu Recht berühmten, von Bismarck regelmäßig veranstalteten parlamentarischen »Soireen« in der Reichskanzlei[14] zeigen, welchen Wert er auf regelmäßige Aussprachen mit den Abgeordneten legte und dass er durchaus bestrebt war, wenigstens einem Teil von ihnen seine Ideen, Pläne und Vorhaben auch im privaten Kreis nahezubringen und zu erläutern. Jedenfalls wurde »über das, was er bei diesen Gelegenheiten zu wem sagte, … in der Tagespresse berichtet, und diese Berichte wurden als politisches Barometer gelesen«.[15] Dass der Reichstag, dessen wachsende Bedeutung im Nachhinein klar erkennbar ist, zur inneren Festigung und Konsolidierung des Kaiserreichs in sehr bedeutendem Maße beigetragen hat – vermutlich sogar noch stärker, als Bismarck dies anfänglich erwartet hatte –, dürfte kaum zu bestreiten sein.

Auch andere Maßnahmen, die vom Kanzler sehr bald nach der Reichsgründung vorbereitet und durchgeführt wurden, dienten vorrangig genau diesem Zweck, beispielsweise die für Deutschland eigentlich längst überfällige, aber im Rahmen des alten Deutschen Bundes seinerzeit nicht durchsetzbare, jetzt aber von Bismarck stark forcierte Einführung der Maß-, Gewichts- und vor allem Währungseinheit. Mit dem Reichsmünzgesetz vom 9. Juli 1873 wurde für das gesamte deutsche Reichsgebiet die »Mark« als einheitliche neue Währung eingeführt, damals noch auf Münzbasis, während die Banknoten im heutigen Sinne erst später folgten. Aber auch hierfür legte Bismarck schon Mitte der 1870er-Jahre den Grundstein, konnte er doch nach heftigen Auseinandersetzungen und gegen den anfänglich hart-

näckigen Widerstand des Bundesrates die Einrichtung einer Reichs-
bank mit Sitz in Berlin durchsetzen; diese zentrale Institution wurde
durch ein vom Kaiser ernanntes Reichsbankdirektorium geleitet, an
dessen Spitze der Reichsbankpräsident stand. Die neue Institution war
allerdings der direkten Aufsicht des Kanzlers unterstellt, dessen Weisungen das Direktorium direkt unterworfen war.[16] Auch hier also
überließ Bismarck nichts dem Zufall.

Als eines der in der Folgezeit stärksten unitarischen Elemente
wirkte fraglos ebenfalls die Rechtseinheit, konstituiert durch die immer weiter ausgreifende Gesetzgebungspolitik des Reiches gerade in
den Jahren bis 1879/80. Zu erwähnen sind hier die entscheidenden
Gesetze des Jahres 1877: das Gerichtsverfassungsgesetz sowie die neue,
für das ganze Reich geltende Strafprozessordnung, die beide dem
deutschen Straf- und Zivilrecht eine einheitliche neue Verfahrensord-
nung gaben. Im April 1877 wurde, ebenfalls per Gesetz, als neues
oberstes deutsches Gericht das Reichsgericht geschaffen, das seinen
Sitz nicht in Berlin nahm, sondern – darauf hatte wiederum Bismarck
besonderen Wert gelegt – in Leipzig. Es sollte als »höchste Instanz zur
Wahrung der Rechtseinheit in der staatlich geeinten Nation«[17] fungie-
ren und diese einst unter dem Deutschen Bund vergeblich erstrebte
Funktion auch tatsächlich erfüllen.

Was die angeblichen, vor längerer Zeit einmal sehr umstrittenen
»Staatsstreichpläne« Bismarcks gegen Ende der 1880er-Jahre und die
ihm unterstellte Absicht, sein Werk kurz vor dem Ende seiner Amtszeit zerstören zu wollen, betrifft, so handelt es sich eigentlich um
nichts anderes als ein paar »ins Unreine gesprochene« Bemerkungen,
die von übereifrigen späteren Interpreten stark überschätzt und entsprechend publizistisch ausgeschlachtet wurden.[18] Bismarcks äußerte
sie zu einer Zeit, als er seiner zunehmenden Konflikte mit dem Reichstag müde zu werden begann. Mit der Autorität dessen, der als Urheber
des ersten Entwurfs der Norddeutschen Bundesverfassung sowie als
einer der Hauptmitarbeiter an der geltenden Reichsverfassung gelten
konnte, nahm er ausdrücklich das Recht zur authentischen Verfas-
sungsinterpretation für sich in Anspruch, indem er die These vertrat,
dass der im Jahr 1866 neu geschaffene Bund, auf dem das Reich be-

ruhte, ausschließlich von den deutschen Souveränen, also den Fürsten bzw. den Regierungen der deutschen Einzelstaaten geschlossen worden sei. Insofern könnten, so Bismarcks Resümee, »nöthigen Falls die Fürsten und die Senate der freien Reichsstädte den Beschluß fassen, von dem gemeinschaftlichen Vertrage allseitig zurückzutreten«[19], das Reich also aufzulösen und anschließend – mit anderer Verfassung und gegebenenfalls eben *ohne* einen Reichstag – neu zu gründen.

Das war nun in der Tat kein ernsthafter Plan, keine wirkliche Absicht, sondern lediglich eines jener typisch Bismarck'schen Gedankenspiele, mit denen er, wie schon seit Jahrzehnten, bei Gelegenheit politische Möglichkeiten und Spielräume auszuloten versuchte. Eine korporative, eventuell berufsständische Vertretung schwebte ihm dabei vor, etwa eine Art erweiterter, an der Gesetzgebung direkt beteiligter Reichswirtschaftsrat; jedenfalls hat er zeitweilig, das ist belegt, über die Möglichkeit einer derartigen, für damalige Verhältnisse neuen korporativen Volksvertretung für Deutschland nachgedacht. Es gibt aber keinerlei Hinweise darauf, dass der Kanzler *ernsthaft* versucht hätte, die bestehende Reichsverfassung auf dem hier beschriebenen Wege wirklich abzuschaffen; entsprechende Gedankenspiele in den für ihn besonders prekären letzten Monaten seiner Amtszeit um die Jahreswende 1889/90 wird man bestenfalls als »Eventualerwägungen«[20] bezeichnen können. Gerade angesichts der um 1889/90 überaus prekären internationalen Lage – von allem anderen einmal abgesehen – hätte Bismarck einen solchen Versuch, durch den im Extremfall die politische Existenz des Deutschen Reiches aufs Spiel gesetzt worden wäre, niemals unternommen.

Blickt man zurück auf die Entwicklung der neuen Reichsbehörden ab 1871, die teils aus alten preußischen Institutionen oder aus denen des Norddeutschen Bundes hervorgingen, teils aus der »Mutterbehörde«, dem Reichskanzleramt, hinauswuchsen und teils neu geschaffen wurden, so wird man konstatieren können, dass sie zwar nicht nach einem einheitlichen Plan verlief, wohl aber stets das Endziel einer Stärkung und Absicherung der inneren Einheit und Geschlossenheit des neuen Reiches im Auge behalten wurde.[21] Die durch den Aufbau der Reichsbehörden sowie durch die »einmal in Bewegung geratene, schöpferische Reichsgesetzgebung« in Gang gesetzte Entwicklung schuf »ständig neue Reichsbeziehungen und Reichsklammern, so daß die Einzelstaaten und Dynastien immer stärker in den Reichsorganismus einbezogen wurden«.[22] Gerade hierin aber liegt das Besondere und Charakteristische dieser Entwicklung: Die innere Einigung Deutschlands vollzog sich nicht als »Sieg« des Unitarismus über den Föderalismus, sondern als institutionalisierter *Ausgleich* zwischen beiden. Insofern wird man mit den Worten des Historikers Rudolf Morsey sagen können, dass Bismarck in seinem Bemühen um die »in unitarischen Bahnen fortschreitende Verfassung … den bedingungslos unitarischen Nationalliberalen um jene föderalistische Länge voraus … war, die in Zukunft einen Ausgleich der widerstreitenden Kräfte der deutschen Geschichte ermöglichte«.[23]

Hiermit hatte Bismarck also etwas geschaffen, das auf Dauer, trotz aller weiteren Umbrüche und Katastrophen der deutschen Geschichte im 20. Jahrhundert, festen Bestand haben sollte. Ein starker Unitarismus, verknüpft mit ausgeprägt föderalistischen Institutionen und Eigenrechten der Länder – das ist bis heute das Grundprinzip der föderalen Ordnung des Grundgesetzes der Bundesrepublik Deutschland. Selbst die strikt zentralistischen und antiföderalen Regime des Nationalsozialismus und des SED-Staates konnten, wie die Entwicklung gezeigt hat, den von Bismarck vorgezeichneten und beschrittenen verfassungspolitischen Weg, den man als Einheit in Vielheit bezeichnen könnte, im Kern nicht zerstören und auch nicht dauerhaft beschädigen. Hierin wird man eine der grundlegenden und dauerhaften Leistungen Bismarcks erkennen müssen.

Der Weg zum Sozialstaat

Wenn von Bismarcks Sozialpolitik die Rede ist, dann denkt man heute zumeist an die sozialpolitischen Vorhaben der 1880er-Jahre, also an die vom Kanzler durchgesetzte Einführung der Kranken- und Unfallversicherung sowie der Alters- und Invaliditätsversicherung, die bis heute zu den Fundamenten des deutschen Sozialstaats gehören. Und zugleich hat man den nicht unerheblichen politischen Nebenzweck dieser Politik im Blick, also die Bekämpfung der organisierten Sozialdemokratie. So gut wie vergessen sind hingegen die eigentlichen sozialpolitischen Anfänge Bismarcks als preußischer Ministerpräsident in den frühen 1860er-Jahren: Damals setzte er durch, dass eine Delegation mittelloser niederschlesischer Weber aus dem Kreis Waldenburg, die nach Berlin gekommen waren, um über unhaltbare Zustände in ihrem Betrieb Klage zu führen, vom König persönlich empfangen wurde – gegen heftigste Widerstände der amtlichen Stellen und auch des Fabrikbesitzers, der gleichzeitig liberaler Landtagsabgeordneter war. Die Weber wurden infolge dieser Aktion aus dem Betrieb entlassen, und der preußische Ministerpräsident verschaffte anschließend einer Produktionsgenossenschaft, die einige von ihnen gegründet hatten, staatliche Unterstützung. Doch das Experiment scheiterte bald – nicht nur zur Enttäuschung Bismarcks.[24]

Der sozialkonservative Journalist und Politiker Hermann Wagener, damals noch einer der engsten Mitarbeiter des preußischen Ministerpräsidenten, war hierbei einer der Stichwortgeber, und er dürfte diese Rolle auch gespielt haben, als Bismarck daranging, den Arbeitern die »Koalitionsfreiheit« zu gewähren, also die Erlaubnis, sich zu Berufsgenossenschaften und Gewerkschaften zusammenzuschließen und ihren Forderungen, wenn nötig, auch durch Streiks Nachdruck zu verleihen. Neben »moralischen« und »pädagogischen« Erwägungen erkannte Bismarck, wie er es im Januar 1865 in einem Memorandum an den preußischen Handelsminister Heinrich Friedrich von Itzenplitz formulierte, »in der freien Coalition der Arbeiter ein im Interesse der Wohlfahrtspolizei nicht zu unterschätzendes Correctiv gegen das zeitweilige, krankhafte Wachstum einzelner Industriezweige«. Deshalb sei es notwendig, diesem volkswirtschaftlich im Ganzen schädlichen ökonomischen Wildwuchs angemessen zu begegnen und in diesem Zusammenhang auch »jedes Hindernis, welches ein entsprechendes Steigen der Löhne hemmen oder verzögern würde, wenn möglich, aus dem Wege zu räumen«.[25]

In dieser Zeit befand man sich allerdings noch immer auf dem Höhepunkt des preußischen Verfassungskonflikts, der alle übrigen

Differenzen zwischen Regierung und Parteien überlagerte, und nicht zuletzt deshalb entzündete sich an Bismarcks Unterstützung der Waldenburger Weber im Abgeordnetenhaus eine besonders heftige Debatte. Auf die Angriffe des liberalen Abgeordneten Leonor Reichenheim, des Mitbesitzers jener schlesischen Textilfabrik, der die Arbeiterdelegation entstammte, antwortete Bismarck mit aller Schärfe: Die Krone bedürfe ihm gegenüber keiner »Rechtfertigung, … wenn sie der Stimme des Armen ihr Ohr leiht. Die Könige von Preußen sind niemals Könige der Reichen vorzugsweise gewesen; schon Friedrich der Große als Kronprinz sagte: *Quand je serai roi, je serai un vrai roi des gueux:* ein König der ›Geusen‹. Er nahm sich den Schutz der Armut vor. Dieser Grundsatz ist von unseren Königen auch in der Folgezeit bestätigt worden. An ihrem Throne hat dasjenige stets Zuflucht und Gehör gefunden, welches entstand in Lagen, wo das geschriebene Gesetz in Widerspruch geriet mit dem natürlichen Menschenrecht. Unsere Könige haben die Emanzipation der Leibeigenen herbeigeführt, sie haben einen blühenden Bauernstand geschaffen; es ist möglich, daß es ihnen auch gelingen werde – das ernste Bestreben dazu ist vorhanden – zur Verbesserung der Lage der Arbeiter etwas beizutragen.« Aus dem Vorgefallenen, also aus der Tatsache, dass nicht weniger als zweihundert Arbeiter beschlossen hätten, mit einem »Notschrei vor dem Throne zu erscheinen«, schließe er als Ministerpräsident jedenfalls, »daß hier doch eine Aufgabe vorliegt, die der Mühe lohnt, daß die Gesetzgebung ihr näher trete«.[26]

Mit sehr ähnlichen Formulierungen griff Bismarck dieses hier bereits sehr früh formulierte und projektierte sozialpolitische Programm fünfzehn Jahre später wieder auf. Dass er es erst so spät tat, hing nicht nur mit dem vom Kanzler seit den ausgehenden 1870er-Jahren forcierten Kampf gegen die Sozialdemokratie zusammen, sondern auch mit seiner langjährigen intensiven Zusammenarbeit mit den Liberalen, die nicht zufällig gerade in dieser Zeit ihr Ende fand. Während der »liberalen Ära« der Regierungszeit Bismarcks, beginnend mit der Gründung des Norddeutschen Bundes und endend mit der von ihm vollzogenen Wende von der Freihandels- zur Schutzzollpolitik, war ein verstärktes staatliches Engagement im sozialen Bereich kaum möglich gewesen. In dieser Hinsicht hatte Bismarck den Wirtschaftsinteressen, die besonders von den Nationalliberalen – also den zeitweilig engsten politischen Kooperationspartnern des Kanzlers – repräsentiert wurden, weit entgegenkommen müssen. Seit dem Ende seines Zusammengehens mit den Liberalen brauchte er diese Rücksichten nicht mehr zu nehmen.

Es ist allerdings bis heute umstritten, ob Bismarck, wie gelegentlich behauptet worden ist, ein genuiner Sozialreformer aus eigenem Antrieb war, oder ob er nicht doch eher auf bestimmte, von ihm als potenziell gefährlich angesehene soziale Entwicklungen reagierte. Die Gruppe der sozial- und gesellschaftsreformerischen Nationalökonomen um den »Verein für Socialpolitik«, zu denen etwa Lujo Brentano und vor allem die beiden später an der Berliner Universität lehrenden Professoren Adolph Wagner und Gustav Schmoller gehörten, nahmen Bismarck jedenfalls für die eigene Richtung in Anspruch. Von ihren Gegnern als »Kathedersozialisten« angegriffen, übten sie in den 1880er- und 1890er-Jahren einen gewissen, wenn auch nicht besonders tiefgreifenden Einfluss auf die Sozialpolitik der späten Bismarck-Ära aus, prägten dafür aber die flankierenden wissenschaftlichen und sozialpolitischen Debatten dieser Jahre nachhaltig. Ob Bismarck im Jahr 1875 wirklich gegenüber Schmoller einmal äußerte, er selbst »sei eigentlich auch Kathedersozialist, habe nur noch keine Zeit dazu«, und ob der Kanzler bereits damals, wie Schmoller später ebenfalls behauptete, »dem Manchestertum, den Unternehmerinteressen, dem laissez faire schroff gegenüber«[27] stand, steht nicht mit Sicherheit fest.

Jedenfalls begannen schon im Jahr 1880 auf Bismarcks Anweisung hin die Vorbereitungen für die von ihm geplante Sozialgesetzgebung, und in der Eröffnungssitzung des Reichstages am 15. Februar 1881 kündigte der Vizekanzler Otto Graf zu Stolberg-Wernigerode den Abgeordneten das neue sozialpolitische Programm der Reichsleitung offiziell an: Die »Heilung socialer Schäden im Wege der Gesetzgebung« werde keineswegs ausschließlich »im Wege der Repression socialistischer Ausschreitungen, sondern gleichmäßig auf dem der positiven Förderung des Wohles der Arbeiter zu suchen sein«.[28] Und Bismarck wusste genau, dass er für die Durchsetzung seines höchst umstrittenen Vorhabens um jede Stimme im Reichstag würde kämpfen müssen.

Recht effektvoll inszenierte er deshalb schon am 1. Februar 1881 eine seiner bereits bekannten und sehr beliebten parlamentarischen Soireen in der Reichskanzlei, wo er die neuen Pläne ebenfalls ankündigte, denn es müsse nun, wie er sagte, mit der »Erfüllung des Versprechens, durch positive Maßregeln die Sozialdemokratie zu bekämpfen, ... Ernst gemacht werden«. Aus diesem Grund sei nicht nur eine Unfallversicherung, sondern auch bereits eine Altersversicherung in Planung. Mit Blick auf die anwesenden Pressevertreter (die dann am folgenden Tag in ihren Blättern auch detailgetreu über alles berichteten) mahnte der Kanzler »Arbeitgeber und Arbeiter«, stets daran zu denken, »daß sie Bürger eines und desselben Staates seien und den Fremden gegenüber gleiche Interessen hätten«. Endlich nahm, wie berichtet wurde, sogar noch »ein Arbeiter das Wort und pries mit warmen Worten den heutigen Tag, wo der Arbeiter über die Interessen, die ihn bewegten, mit dem Fürsten Bismarck direkt verhandeln dürfe«.[29]

Obwohl es Bismarck gelang, das von ihm beabsichtigte große Aufsehen zu erregen und das öffentliche Interesse an den geplanten Sozialgesetzen zu mobilisieren, erreichte er sein Ziel vorerst nicht. Zuvor hatte er in einer seiner längsten Reichstagsreden am 2. April 1881 noch sehr geschickt versucht, sowohl die Konservativen als auch die Liberalen zu überzeugen: erstere, indem er die leitenden Motive für das zur Abstimmung stehende Unfallversicherungsgesetz ausdrücklich als »praktisches Christentum, aber *sans phrase*«, bezeichnete, letztere, indem er klar betonte, es sei nicht möglich, »die ganze Sache der Industrie aufzubürden«, zumal es Industriezweige gebe, »bei welchen der Arbeitslohn nur ein minimaler Beitrag der Gesamtproduktionskosten« sei. Besonders die deutsche Exportindustrie müsse auch in Zukunft »mit dem Auslande ... konkurrenzfähig« bleiben; auch diesen Aspekt habe die Reichsleitung stets im Blick zu halten. Im Übrigen seien die anfallenden Kosten, so Bismarck ebenfalls, letztlich nicht sehr erheblich, denn die Regierung verlange lediglich »die Erlaubnis, den Staat an die Stelle der armenpflegenden Gemeinden treten zu lassen und dann eine kleine, mäßige Zulage für den Erwerbsunfähigen«.[30] Aber es reichte am Ende nicht: Die erste Unfallversicherungsvorlage scheiterte zwei Mal, 1881 und 1882.

Bismarcks Prinzip einer neuen, in Deutschland bis dahin nicht dagewesenen staatlichen Sozialpolitik wurde treffend als »korporative Selbsthilfe der Arbeitnehmer und Arbeitgeber unter Vermittlung und Beistand des Staates«[31] bezeichnet, in der allerdings (mit Ausnahme der Krankenversicherung) die finanzielle Beteiligung des Staates inbegriffen war. Diese *dreifache* Finanzierung: erstens, soweit überhaupt möglich, durch Beiträge der Arbeiter selbst, zweitens durch Zahlungen der Arbeitgeber und drittens endlich durch Zusatzleistungen des Staates, erachtete Bismarck aus mehreren Gründen als notwendig. Die bisherige bloße »Fürsorge« der Gemeinden sollte schon deshalb überwunden werden, um die Betroffenen, die durch ihre eigenen Beiträge einen Rechtsanspruch erwarben, in den entstehenden Sozialstaat einzubinden, ihnen auf diese Weise aber auch zu zeigen, dass sie imstande waren, sich an der Vorsorge gegen Notlagen selbst zu beteiligen, und im Extremfall eben nicht mehr auf bloße Almosen angewiesen waren. Der Arbeitgeberseite wurde eingeschärft, dass auch sie im Rahmen des ökonomisch Möglichen am entstehenden Sozialstaat, der nicht zuletzt den sozialen Frieden sichern sollte, mitzuwirken hätten. Die vorgesehene Zwangsmitgliedschaft in der Sozialversicherung und der hiermit verbundene Beitragszwang, auch die Subventionierung durch den Staat, wurden zwar damals und später, vorwiegend vonseiten der Liberalen, immer wieder kritisiert, doch sie schufen letzten Endes ein ungemein funktionsfähiges Modell, dessen Dauerhaftigkeit seine hohe Qualität im Nachhinein mehr als bestätigt hat.

Kampf um die Sozialgesetze

Jedenfalls ließ sich Bismarck durch das Scheitern des ersten Entwurfs nicht entmutigen; Sozialpolitik sei zugleich praktisches Christentum wie auch »Staatssozialismus«, äußerte er Ende Juni 1881: »Der, welcher uns am leichtesten Geld aufbringen kann, der Staat muß die Sache in die Hand nehmen. Nicht als Almosen, sondern als Recht auf Versorgung, wo der gute Wille zur Arbeit nicht mehr kann. … Diese Sache wird sich durchdrücken. Sie hat ihre Zukunft. Es ist möglich, daß unsre Politik einmal zu Grund geht, wenn ich tot bin. Aber der Staatssozialismus paukt sich durch. Jeder, der diesen Gedanken wieder aufnimmt, wird ans Ruder kommen. Und die Mittel haben wir ...«[32] Diese später häufig zitierte Wendung vom »sich durchpaukenden« Staatssozialismus lässt erkennen, in wie starkem Maße der Kanzler hier von der Richtigkeit und Notwendigkeit seines Vorgehens überzeugt war. Die allgemeine soziale Notlage der Unterschichten hatte auf dem ersten Höhepunkt der damaligen Wirtschaftskrise ein Ausmaß erreicht, das entschlossenes und baldiges Handeln erforderlich machte – so scheint es Bismarck jedenfalls gesehen zu haben.

Damit hängt vermutlich ebenfalls zusammen, dass er sich jetzt gar nicht mehr scheute, den Begriff »Sozialismus« auch öffentlich zu verwenden: »Sozialistisch sind viele Maßregeln, ... die wir zum großen Heile des Landes getroffen haben, und etwas mehr Sozialismus wird sich der Staat bei unserem Reiche überhaupt angewöhnen müssen. Wir werden den Bedürfnissen auf dem Gebiete des Sozialismus reformierend entgegenkommen müssen«, bemerkte er am 12. Juni 1882 im Reichstag, wobei er sein Vorhaben ausdrücklich in die Tradition der Stein-Hardenberg'schen Reformen einreihte. Durch die Bauernbefreiung der Jahre nach 1806 habe man »einen sehr wohlhabenden, freien Bauernstand erhalten, und ich hoffe, wir werden mit der Zeit Ähnliches für die Arbeiter erreichen«. Den immer noch sehr zahlreichen Gegnern der sozialen Gesetzesvorhaben rief er zu: »... wenn Sie glauben, mit dem Worte ›Sozialismus‹ jemand Schrecken einflößen zu können oder Gespenster zu zitieren, so stehen Sie auf einem Standpunkt, den ich längst überwunden habe und dessen Überwindung für die ganze Reichsgesetzgebung durchaus notwendig ist.«[33]

Diese Bemerkungen waren sicher nicht nur taktisch gemeint, so wenig wie sie nicht nur patriotische Empfindungen etwa der liberalen und konservativen Abgeordneten wecken sollten, vielmehr scheint Bismarck wirklich daran geglaubt zu haben, sich im vollen Einklang mit der alten preußischen Staatstradition eines vermeintlich »sozialen Königtums« zu befinden. Sein neuer »Staatssozialismus« knüpfte, das hatte er in einer Rede im Januar 1882 schon einmal festgestellt, ausdrücklich an die seit mehr als einem Jahrhundert betriebene soziale

Politik der Hohenzollern an; es gehöre, bemerkte er damals, »zu den Traditionen der Dynastie, der ich diene, sich des Schwachen im wirtschaftlichen Kampfe anzunehmen«.[34] Dass der »Staatssozialismus« im Grunde ein vaterländisches, ein patriotisches Anliegen sei, das dazu noch im völligen Einklang mit der Tradition der Hohenzollern seit Friedrich dem Großen stehe und sich bereits vor der Reformzeit in Preußen bewährt habe – diese Argumentation konnte zu jener Zeit vermutlich nur Bismarck ernsthaft vertreten.

Es ist schwer zu sagen, was am Ende wirklich überzeugend wirkte: Bismarcks in der Sache reichlich abenteuerliche historische Herleitung seiner Sozialpolitik, sein Argument, man müsse den Gefahren der organisierten Arbeiterbewegung auch mit »positiven« Maßregeln begegnen, oder doch wohl das Bewusstsein, den bestehenden sozialen Notlagen im Land begegnen zu müssen – jedenfalls konnte im Frühjahr 1883 das erste der großen Sozialversicherungsgesetze erfolgreich durch den Reichstag gebracht werden: die Einführung der Krankenversicherung. Ein Staatszuschuss hatte hier zwar unterbleiben müssen, der Versicherte trug zwei Drittel, der Arbeitgeber ein Drittel der Beiträge, auch blieb das Kassenwesen dezentralisiert, dafür wurde jedoch die allgemeine Versicherungspflicht eingeführt. Der Reichstag verabschiedete das neue Gesetz, wohl zur Überraschung des Kanzlers, am 15. Juni 1883 mit bedeutender Mehrheit.

Ein Jahr später, im Sommer 1884, konnte Bismarck, nunmehr im dritten Anlauf, endlich das so lange vorbereitete und umstrittene Unfallversicherungsgesetz durch den Reichstag bringen. Der Endfassung dieser Gesetzvorlage waren wiederum heftige parlamentarische wie auch außerparlamentarisch-öffentliche Auseinandersetzungen vorausgegangen; es handelte sich bei dem Endprodukt also um einen hart erstrittenen Kompromiss.[35] Träger der neuen Versicherung zur Versorgung von Berufsinvaliden sollten die Berufsgenossenschaften sein – unter ausdrücklicher Beteiligung von Arbeiterausschüssen –, denen allerdings als Oberbehörde ein neu zu gründendes Reichsversicherungsamt übergeordnet werden sollte. Auch hier wurde für die Arbeiter ein Versicherungszwang, allerdings kein Beitragszwang eingeführt, denn die Beiträge hatten ausschließlich die Arbeitgeber zu übernehmen. Die von Bismarck eigentlich vorgesehenen Reichszuschüsse waren parlamentarisch nicht durchsetzbar; der schließlich erreichte Kompromiss sah vor, dass nur für den Fall Reichsmittel zugeschossen werden sollten, dass die Berufsgenossenschaften die vorgesehenen Zahlungen nicht mehr leisten konnten.

Zuvor hatte Bismarck sich allerdings noch einmal mit der ganzen Wucht seiner Persönlichkeit für den dritten Gesetzentwurf zur Unfallversicherung eingesetzt: In einer seiner längsten Parlamentsreden, die er am 15. März 1884 im Reichstag hielt[36], verteidigte er das geplante Sozialgesetz gleich gegen zwei Gegner, die Sozialdemokraten und die Liberalen, von denen die Regierungsvorlage aus jeweils entgegengesetzter Perspektive kritisiert wurde. Den Sozialdemokraten warf er vor, sie wollten aus eigennützigen Gründen, um ihre Wähler nicht zu verlieren, eine durch die Sozialgesetze zu erreichende Verbesserung der Lage der Arbeiter verhindern, während er den Liberalen wiederum vorhielt, sie würden die Pflicht des Staates verkennen, »den Arbeiter vor Unfall und vor Not, wenn er geschädigt oder wenn er alt wird, zu schützen«. Den von liberalen Abgeordneten und Kritikern des Entwurfs immer wieder aufs Neue erhobenen Vorwurf, hierbei handle es sich um »Sozialismus«, scheute er in keinem Fall: »Es fragt sich, wo liegt die erlaubte Grenze des Staatssozialismus? Ohne einen solchen können wir überhaupt nicht wirtschaften. Jedes Armenpflegegesetz ist Sozialismus.« Er ging sogar noch weiter, indem er erklärte, dass »der Staat gar nicht ohne einen gewissen Sozialismus bestehen kann«.[37]

Wenn man fragt, wie Bismarck den Begriff »Sozialismus« verstanden hat, dann ist klar, dass er sich natürlich nicht die bereits damals geläufige Definition der Vertreter der sozialistischen Arbeiterbewegung zu eigen machte, also Sozialismus nicht etwa als eine Form der Verstaatlichung oder Vergesellschaftung der Produktionsmittel auffasste, sondern dass er ein allgemeineres, weiteres Verständnis im Blick hatte: Sozialismus war für ihn zuerst einmal »Staatssozialismus« – nicht zufällig verwendete er beide Begriffe weitgehend synonym –, also ein, wenn nötig, durchaus entschiedenes Eingreifen des Staates in die Wirtschaftsentwicklung durch staatlich veranlasste und geregelte soziale Maßnahmen zum Schutz der unmittelbar von Verarmung und materieller Not bedrohten Bevölkerungsteile. Bismarck war sich sehr wohl darüber im Klaren, dass er hiermit einen vollkommen neuen Weg beschritt, dass er, wie er sich ausdrückte, »als Pfadfinder in einem unbekannten Lande, das zu betreten wir für eine staatliche Pflicht halten«, etwas erprobte, das es in dieser Form vorher noch nicht gegeben hatte.

Und auch die längerfristige, weniger soziale und ökonomische, dafür aber genuin *politische* Perspektive verlor er dabei niemals aus dem Blick, wenn er im Reichstag (auch unter Bezug auf das Sozialistengesetz) ausdrücklich erklärte, dass es ihm und der Reichsleitung eben nicht nur um die Besserung vorhandener sozialer Notlagen gehe, sondern dass »uns ehrlich darum zu tun ist, den inneren Frieden und namentlich den Frieden zwischen Arbeiter und Arbeitgeber zu festigen und zu einem Ergebnis zu gelangen, wodurch wir in den Stand gesetzt werden, auf eine Fortsetzung dieses Ausnahmegesetzes, das wir Sozialistengesetz benennen, zu verzichten, ohne das Gemeinwesen neuen Gefahren dadurch auszusetzen«.[38] Diese Bemerkungen, mit denen Bismarck seine Reichstagsrede zum Unfallversicherungsgesetz beendete, waren wohl nicht nur zuvorderst auf die liberalen Gegner des Gesetzentwurfs und auf etwa noch zweifelnde Konservative oder Zentrumsparlamentarier gemünzt, sondern dürften recht genau das ausgedrückt haben, was Bismarck sich von dem Gesetz erhoffte, das er so hartnäckig angestrebt und im dritten Anlauf endlich durchgesetzt hatte: die Wiederherstellung des inneren politischen und sozialen Friedens – freilich in *sehr* langfristiger Perspektive.

Führt man sich die starken öffentlichen Widerstände vor Augen, die sich der Einführung des deutschen Sozialversicherungssystems in den 1880er-Jahren entgegenstellten[39], dann wird man wohl zu dem Schluss kommen müssen, dass es tatsächlich in erster Linie der Einfluss, die Macht und vor allem die Durchsetzungskraft des Kanzlers waren, die letztendlich zur Begründung und ersten Fundierung des deutschen Sozialstaats führten. Es ist klar, dass die in dieser Zeit vom Staat schwer bedrängten Sozialdemokraten die Sozialgesetze, auch wenn sie zuerst vorrangig der eigenen Klientel zugutekamen, schon aus Gründen des politischen Überlebens ablehnen mussten. Den Linksliberalen wiederum war jeder Eingriff des Staates in die Wirtschaftsordnung prinzipiell zuwider; sie fürchteten die Einschränkung, ja Behinderung der Privatinitiative und argwöhnten, es komme Bismarck mit seinen Maßnahmen nur darauf an, sich vom Staat abhängige brave »Untertanen« heranzuziehen.

Bismarck konnte seine Vorhaben also am Ende nur mit den Stimmen der Nationalliberalen, der Konservativen und des Zentrums durchsetzen; seine Betonung der religiösen Motivation – erinnert sei an den von ihm hier geprägten Begriff »praktisches Christentum« – war natürlich vor allem auf die Konservativen und das Zentrum berechnet, und die von ihm mehrfach wiederholten Hinweise darauf, dass der noch bestehenden revolutionären und sozialistischen Gefahr nur durch die Integration auch der Arbeiter in den nationalen Staat mit Hilfe einer aktiven und nachhaltigen Sozialpolitik zu begegnen sei, richteten sich vor allem an die Nationalliberalen, die den größten Teil des deutschen Wirtschaftsbürgertums politisch vertraten. Die Zentrumspartei wiederum konnte er nicht nur durch den in dieser Zeit beginnenden Abbau der Kulturkampfmaßregeln gewinnen, sondern vor allem auch – das war der Kompromiss, den Bismarck eingehen musste – durch Einschränkungen der (in den ersten Entwürfen noch vorgesehenen) finanziellen Zuwendungen des Staates. Denn der politische Katholizismus, der die Tendenz zum »Zentralismus« in Deutschland bekämpfte, sah sich als Hüter des Föderalismus und war aus diesem Grund bestrebt, den Aufgabenbereich und die Zuständigkeiten des Reiches möglichst klein zu halten.

Die dritte der drei ersten Säulen des deutschen Sozialstaates, die Alters- und Invaliditätsversicherung, konnte Bismarck erst 1889, also kurz vor dem Ende seiner Amtszeit als Reichskanzler, durchsetzen. Das hatte unterschiedliche Gründe, innenpolitische ebenso wie außenpolitische. Denn Bismarck musste den seit Mitte der 1880er-Jahre einsetzenden neuen außenpolitischen Gefährdungen wenigstens zeitweilig seine Hauptaufmerksamkeit zuwenden, und ebenso bedurfte es »langer vorbereitender Erwägungen und auch der Auswertung der Ergebnisse der beiden ersten Reichsversicherungsgesetze«[40], bevor die Reichsleitung darangehen konnte, dem deutschen Parlament einen weiteren, noch einmal besonders tief in das soziale Leben eingreifenden Gesetzentwurf vorzulegen. Hinzu kamen im Frühjahr 1889 schwere soziale Konflikte und Arbeitskämpfe im Reich, die in einem Massenstreik der Bergarbeiter an der Ruhr gipfelten, an dem sich im Mai dieses Jahres fast einhunderttausend Arbeiter beteiligten.

Vor allem der junge Kaiser Wilhelm II., der nach dem kurz hintereinander erfolgten Tod seines Großvaters und seines Vaters im Sommer des Vorjahres den Thron bestiegen hatte, drängte von Anfang an auf eine rasche Fortsetzung der staatlichen Sozialgesetzgebung. Schon im November 1888 hatte er in seiner Thronrede zur Reichstagseröffnung vor den Abgeordneten ausgeführt, er betrachte es als »ein teures Vermächtnis Meines in Gott ruhenden Herrn Großvaters …, die von ihm begonnene socialpolitische Gesetzgebung fortzuführen«. Er, der Kaiser, gebe sich zwar »der Hoffnung nicht hin, daß durch gesetzgeberische Maßnahmen die Not der Zeit und das menschliche Elend sich aus der Welt schaffen lassen«, er erachte es jedoch als genuine Aufgabe der Staatsgewalt, »auf die Linderung vorhandener wirtschaftlicher Bedrängnisse nach Kräften hinzuwirken und durch organische Einrichtungen die Bethätigung der auf dem Boden des Christentums erwachsenen Nächstenliebe als eine Pflicht der staatlichen Gesamtheit zur Anerkennung zu bringen. Die Schwierigkeiten, welche sich einer auf staatliches Gebot gestützten durchgreifenden Versicherung aller Arbeiter gegen die Gefahren des Alters und der Invalidität entgegenstellen, sind groß, aber mit Gottes Hilfe nicht unüberwindlich.«[41]

Der Stil dieser Formulierungen entsprach zwar bereits unübersehbar dem Naturell des Kaisers, der Inhalt aber deckte sich – noch – genau mit dem, was Bismarck mit diesem neuen Gesetzesvorhaben anstrebte. In die langen Reichstagsverhandlungen des Frühjahrs 1889 schaltete sich der Kanzler noch einmal persönlich ein – es sollte indessen die letzte parlamentarische Redeschlacht seines langen Politikerlebens sein. Da er die offizielle Begründung des Gesetzentwurfs zuerst seinem Vizekanzler Heinrich von Boetticher, dem Staatssekretär des Inneren, überlassen hatte, war das Gerücht aufgekommen, der Kanzler selbst sei an diesem Gegenstand nur noch mäßig interessiert. Bismarck protestierte sogleich im Reichstag entschieden: Er sehe es »fast als eine Beleidigung« an, wenn man ihm unterstelle, er werde das dritte nun einzubringende Sozialversicherungsgesetz »im Augenblicke der Entscheidung im Stich lassen. … Ich darf mir die erste Urheberschaft der ganzen sozialen Politik vindizieren« – hier vermerkt das Reichstagsprotokoll »hört! hört! Bravo! sehr richtig! rechts« –, »einschließlich des letzten Abschlusses davon, der uns jetzt beschäftigt«. Warum solle ausgerechnet er selbst, fuhr er fort, »nun dahin kommen, dieses unter meiner Initiative ins Leben gerufene Werk dicht vor dem Abschlusse zu verleugnen, ja sogar zu bekämpfen? Es hieße das nicht nur das Andenken des alten Kaisers, sondern auch den Dienst meines jetzigen Herrn vollständig verraten und verlassen«.[42]

Diese Worte machten offenkundig großen Eindruck, weil sie noch einmal die entschiedene und unzweifelhafte *persönliche* Identifikation des alten Kanzlers mit dem dritten großen und vielleicht wichtigsten sozialpolitischen Gesetzesvorhaben zum Ausdruck brachten; sie zeigten also, dass Bismarck bereit war, bei dieser Gelegenheit noch einmal sein gesamtes politisches Gewicht in die Waagschale zu werfen, um den Entwurf im Parlament durchzubringen. Sie zeigten ebenfalls, dass der Kanzler dies mit einem patriotischen Appell verband, indem er nochmals darauf hinwies, dass jenes Gesetzesvorhaben dem ausdrücklichen Willen des Kaisers entspreche und in der sozialpolitischen Tradition der Hohenzollern stehe. Freilich zeigte die Heftigkeit der Debatte ebenfalls, wie stark umstritten auch dieses letzte der drei großen Sozialversicherungsgesetze nicht nur im Reichstag, sondern auch in Deutschland selbst immer noch war.

Auch die bemerkenswerte – übrigens allerletzte – Rede, die Bismarck im Reichstag am 18. Mai 1889 hielt, galt der Verteidigung und Begründung der Alters- und Invaliditätsversicherung, die er nun ausgerechnet gegen die Konservativen in Schutz nehmen musste, deren Reihen er ursprünglich selbst entstammte und auf die er in der Vergangenheit fast immer hatte zählen können. Aufseiten der Deutschkonservativen Partei, die vornehmlich die Interessen der ostelbischen Gutsbesitzer vertrat, war der Vorwurf laut geworden, der auch für die Altersversicherung notwendige Arbeitgeberzuschuss könne von den Inhabern landwirtschaftlicher Betriebe mangels Finanzmasse nicht aufgebracht werden; man forderte also mehr oder weniger eine Ausnahmeregelung. Das ließ Bismarck nicht gelten; er redete dieses Mal ausgerechnet den Konservativen eindringlich ins Gewissen, indem er ihnen vorwarf, wer sich mit egoistischen Absichten offen »auf die Seite der Kirchturmspolitik, des Lokalpatriotismus, des Provinzialpatriotismus« stelle, der verfehle die Aufgaben, die von den Angeordneten des Deutschen Reichstages zum Wohl des Ganzen zu erfüllen seien. Es komme jetzt, im Gegenteil, auf den Gemeinsinn aller Deutschen an, nämlich darauf, »das im ganzen Land gebilligte Programm der Kaiserlichen Botschaft auszuführen«, sowie auf die »Bereitwilligkeit, den Hilflosen und Notleidenden unserer Mitmenschen entgegenzukommen«. Und endlich könne doch niemand leugnen, dass die Etablierung einer Rentenversicherung für alle wirklich Bedürftigen »auch den gemeinen Mann das Reich als eine wohltätige Institution anzusehen lehren« werde.[43] Das war das letzte sozialpolitische Wort, das Bismarck im Reichstag sprach.

Das Gesetz konnte am 24. Mai 1889 mit der knappen Mehrheit von 165 gegen 145 Stimmen im Plenum verabschiedet werden, aber ebenfalls wiederum nur gegen harte Widerstände von mehreren Seiten: von den Konservativen, aber auch von der Zentrumspartei, die beide nochmals, wie schon bei der Beratung der ersten beiden Sozialgesetze, gerade die vorgesehene Staatsbeteiligung scharf kritisierten. Doch dieses Mal konnte die von Bismarck prinzipiell vorgesehene drittelparitätische Finanzierung der Alters- und Invaliditätsversicherung (bestehend aus Eigenbeteiligung, Arbeitgeberanteil und staatlichem Zuschuss) durchgesetzt werden. Der einzige Kompromiss, den Bismarck jetzt einging, bestand in der Dezentralisierung der vorgesehenen Rentenversicherung; anstelle einer weiteren »unitarischen« Reichsanstalt wurden im Sinne des föderalen Prinzips nun Landesversicherungsanstalten gegründet. Ebenfalls wurde hier, wie schon bei den beiden früheren Gesetzen, die Versicherungs- und Beitragspflicht eingeführt. Da jedoch erst das vollendete 70. Lebensjahr zum Bezug einer Altersrente berechtigte, war die Zahl derjenigen, die als erste in den Genuss dieser Versorgung kamen, anfänglich noch recht überschaubar.[44]

Im Hinblick auf weitere Maßnahmen zum »Arbeiterschutz«, etwa die Beschränkung der Arbeitszeit und die Einführung eines »Normalarbeitstages«, der Kampf gegen gesundheitsschädigende Arbeitsbedingungen, eine weitere gesetzliche Beschränkung der Frauen- und Kinderarbeit und das Verbot der Sonntagsarbeit, zeigte Bismarck jedoch auffallende Zurückhaltung. Ging es ihm darum, die durch die Beiträge zur Sozialversicherung ohnehin schon stark beanspruchte deutsche Industrie am Ende nicht zu stark zu belasten, also – wie er es einmal bildkräftig formulierte – Sozialpolitik zu betreiben, »ohne dem Arbeiter die Henne zu schlachten, die ihm Eier legt«?[45] Dass die deutsche Wirtschaft international konkurrenzfähig bleiben müsse, hat er immer wieder auch öffentlich betont. Der Verfassungshistoriker Ernst Rudolf Huber hat die Vermutung aufgestellt, dass es Bismarck vorrangig darum gegangen sei, die von ihm insgesamt als notwendig erachteten Sozialreformen nicht auf einmal, sondern nacheinander ins Werk zu setzen; insofern sei es als »wohlbedacht« anzusehen, dass der Kanzler, »nachdem er sich für den Vorrang der Arbeiterversicherung entschieden hatte, die Frage des Arbeiterschutzes dilatorisch behandelte«.[46]

Andere Interpreten, wie der marxistische Bismarck-Biograph Ernst Engelberg, warfen Bismarck, dem Gutsunternehmer und genauen Kenner der *ländlichen* Verhältnisse, eine prinzipielle innere »Fremdheit« gegenüber dem städtischen Industriearbeiter vor, gepaart mit einem grundsätzlichen Misstrauen gegen dessen politische Betätigung und gegen einen – von manchen Sozialreformern der Zeit vorgeschlagenen – bescheidenen Grunderwerb durch Arbeiter: »Wachsamkeit also, Niederhalten, Nichthochkommenlassen und Nicht-außer-Kontrolle-geraten-lassen – das und nichts anderes waren die sozialpolitischen Staatsweisheiten, mit denen Otto v. Bismarck hier aufzuwarten hatte.«[47]

Diese beiden Extrempositionen belegen anschaulich, wie schwer es auch heute noch ist, in der Bewertung von Bismarcks Sozialpolitik zu einem eindeutigen Urteil zu gelangen. Andere Kenner der Materie wiederum haben von der merkwürdigen »Mischung aus Realismus, Idealismus und Religion«[48] gesprochen, von der diese Politik bestimmt gewesen sei, oder davon, dass »in Bismarcks Sozialpolitik … persönliche Erfahrungen und Enttäuschungen, patriarchalische, staatssozialistische und wirtschaftlich-manchesterliche Gesichtspunkte in eigentümlichem Gemenge beieinander« gelegen hätten.[49] Richtet man den Blick jedoch nicht nur auf die in der Tat sehr komplexen Motive, die Bismarck zu dieser Politik veranlassten, sondern wendet sich eher der Bedeutung und den Wirkungen dieser Politik zu, dann wird man den Feststellungen eines amerikanischen Forschers zustimmen müssen, der einmal anmerkte, dass Bismarcks Sozialversicherungsgesetze zuerst einmal eines waren: »bahnbrechende Maßnahmen zur Herstellung sozialer Gerechtigkeit, die in anderen Ländern jahrzehntelang nicht ihresgleichen hatten und denen in mancher Hinsicht die Vereinigten Staaten noch heute nichts Gleichwertiges zur Seite stellen können«.[50] In anderen europäischen Ländern, etwa in Großbritannien, begann man erst Jahrzehnte später damit, Ähnliches auf den Weg zu bringen. Jedenfalls wird man, wenn man von Bismarcks bleibenden Leistungen spricht, hierzu wenigstens die von ihm gelegten *Fundamente* und die *Anfänge* des deutschen Sozialstaates zählen müssen. Dass es bis heute zu den Grundlagen deutschen Staatsdenkens gehört, in der »Daseinsvorsorge« eine der zentralen Aufgaben des modernen Staates zu sehen, verdankt sich immer noch in erster Linie der Politik Bismarcks.

Und an dieser Einschätzung ändert sich auch dann nichts, wenn man darauf hinweist, dass die Sozialpolitik des Kaiserreichs im Kontext ihrer Entstehungszeit noch nichts zur Milderung der damaligen ausgeprägten Klassengegensätze beitragen konnte und dass sie in ihren ersten Jahren nur einen vergleichsweise bescheidenen Beitrag zur Linderung der allgemeinen Notlage der Unterschichten zu leisten vermochte. Aber es war immerhin ein Anfang. Auf den von Bismarck in den 1880er-Jahren gelegten Fundamenten konnte aufgebaut werden; weitere Säulen des Sozialversicherungssystems in Deutschland sollten später hinzukommen, und Reformen, Verbesserungen, Ergänzungen haben den Sozialstaat seit den ersten bescheidenen Anfängen der späten Bismarckzeit zu einem Kernelement moderner deutscher Staatlichkeit gemacht. Und dass die Grundlegung des Sozialstaates zu den herausragenden Leistungen des »eisernen Kanzlers« zählt, wird heute, bei aller möglichen Kritik im Einzelnen, kaum jemand mehr bestreiten.

Der Bündnispolitiker

Der britische konservative Politiker und mehrmalige Premierminister Benjamin Disraeli ließ am 9. Februar 1871 im Londoner Unterhaus – zu dieser Zeit noch in seiner Eigenschaft als Führer der parlamentarischen Opposition Ihrer Majestät – die später viel zitierten Worte fallen, der Sieg Deutschlands über Frankreich und die Gründung des Deutschen Reiches stellten nichts Geringeres dar als eine »Revolution« – »the German Revolution« – und seien als solche sogar ein »größeres politisches Ereignis« als die Französische Revolution von 1789, weil hierdurch die »balance of power«, das traditionelle, seit 1815 bestehende europäische Mächtegleichgewicht, zerstört worden sei.[51] Aus der Perspektive des 20. Jahrhunderts mochte diese Einschätzung, wenigstens zeitweilig, manches für sich haben – in der Sache allerdings war sie blanker Unsinn, nichts weiter als eine rhetorisch geschickte, jedoch nur pseudohistorisch aufgemachte Polemik gegen die Außenpolitik der damaligen liberalen Regierung Gladstone-Granville.

Machte man sich bereits damals die Mühe, etwas genauer hinzusehen, dann war zu erkennen, dass sich im Jahr 1871 im Grunde kaum etwas verändert hatte; letztlich waren lediglich die vier süddeutschen Länder (Bayern, Württemberg, Baden, Hessen-Darmstadt) dem Norddeutschen Bund beigetreten, der sich nun zum Reich wandelte. Im Grunde waren lediglich die Gewichte *innerhalb* des bestehenden Mächtesystems ein wenig verschoben worden – oder anders gesagt: Die beiden deutschen Großmächte hatten nur die Plätze getauscht. Das immer schwächer werdende, zunehmend von inneren Krisen erschütterte Habsburgerreich hatte den Platz der kleinsten und letztlich schwächsten europäischen Großmacht, den vormals Preußen innegehabt hatte, eingenommen, während das unter der Führung Berlins entstandene neue Deutsche Reich von 1871 nunmehr die Stellung einnahm, die einst, nach 1815, von Metternichs Österreich ausgefüllt worden war.

Das bedeutete jedoch, dass Bismarck den Stil seiner bisherigen Außenpolitik in mehr als einer Hinsicht deutlich ändern musste. Die frühere kleinste europäische Großmacht war jetzt, Österreich ablösend, an die Spitze Deutschlands getreten und hatte damit einen Machtzuwachs erhalten, der unter gewissen Umständen – die merkwürdige Äußerung Disraelis belegte es anschaulich – von den Politikern der übrigen europäischen Mächte als Bedrohung empfunden werden konnte. Das im Zentrum Europas plötzlich neu entstandene politische Gebilde des Deutschen Reiches war anfänglich immer noch schwer einzuschätzen, und ein Politiker wie Bismarck, dem es in den Jahren seit 1864 stets gelungen war, seinem Land Preußen einen politischen Vorteil nach dem anderen zu verschaffen und sich dabei immer auf der richtigen Seite zu befinden, hatte sich dadurch, vorsichtig ausgedrückt, in Europa nicht nur Freunde erworben. Jedenfalls war das Misstrauen, das sich schon bald gegen die Politik des ersten deutschen Reichskanzlers richtete, groß.

Diesem Misstrauen entsprach auf der anderen Seite jedoch *keine* erneute aggressive Haltung, sondern, im Gegenteil, die Notwendigkeit, das Erreichte erst einmal zu festigen und vor allem das soeben erst begründete neue Reich innerlich wie äußerlich zu konsolidieren. Salopper formuliert: Deutschland benötigte jetzt, »als saturierter Staat, ... Zeit, um zu verdauen, was es verschlungen hatte«. Oder, noch anders gesagt: Die Zeit war gekommen, um »auf die revolutionäre Außenpolitik der letzten Jahre eine konservative folgen zu lassen«.[52] Das hieß im Klartext, die künftige deutsche Außenpolitik musste vor allem eines sein: Friedenspolitik, da durch einen neuen Krieg für Deutschland letztlich nicht nur nichts mehr zu gewinnen, sondern, im Gegenteil, vieles, vielleicht alles zu verlieren war. Und diese Bismarck'sche Einsicht musste zuerst einmal den Außenpolitikern und Diplomaten der übrigen europäischen Großmächte, die seit einem knappen Jahrzehnt einen allerdings sehr anderen Stil des früheren preußischen Ministerpräsidenten und jetzigen Kanzlers gewohnt waren, glaubhaft vermittelt werden. Und das war keine leichte Aufgabe.

Es klingt daher einleuchtend, wenn Bismarck später in seinen Memoiren hierzu feststellte:»Mein ideales Ziel, nachdem wir unsre Einheit innerhalb der erreichbaren Grenzen zu Stande gebracht hatten, ist stets gewesen, das Vertrauen nicht nur der mindermächtigen europäischen Staaten, sondern auch der großen Mächte zu erwerben, daß die deutsche Politik, nachdem sie die *injuria temporum*, die Zersplitterung der Nation, gut gemacht hat, friedliebend und gerecht sein will. Um dieses Vertrauen zu erzeugen, ist vor allen Dingen Ehrlichkeit, Offenheit und Versöhnlichkeit im Falle von Reibungen und *untoward events* nöthig.« Er selbst habe, so Bismarck im Rückblick, dieses politische Rezept nach 1871 befolgt und dabei als einziges zentrales politisches Ziel stets nicht mehr als »den Anspruch des deutschen Volkes« vor Augen gehabt, »in Gleichberechtigung mit den andern großen Mächten Europas ein autonomes politisches Leben zu führen, wie es auf der Basis der uns eigenthümlichen nationalen Leistungsfähigkeit möglich ist«.[53] Tatsächlich fiel es den meisten der führenden Politiker Europas nicht so leicht, an Bismarcks selbstgewählte neue und sehr ungewohnte Rolle als Friedenstaube zu glauben, hatten sie doch nur wenige Jahre zuvor noch einen völlig anderen Bismarck kennengelernt. Im Grunde sollte es bis zum Berliner Kongress von 1878 dauern: Erst als sich der deutsche Kanzler dort wirklich als »ehrlicher Makler« und tatsächlich uneigennütziger Friedensvermittler bewährte, begann man ihm zu glauben.

In den frühen Jahren nach der Reichsgründung war Bismarck zunächst bemüht, ein schon seit Längerem verfolgtes Ziel zu erreichen: die Wiederannäherung an Österreich und die Aussöhnung mit Habsburg. Das war durchaus nicht so einfach, wie es heute vielleicht scheinen mag, denn die führenden Politiker Wiens hatten sich mit der schmerzlichen Niederlage von 1866 noch keineswegs abgefunden, auch wenn das unterlegene Habsburgerreich von Bismarck seinerzeit ausgesprochen schonend behandelt worden war. Tatsächlich hatte die Wiener Regierung nach dem Ausbruch des Deutsch-Französischen Krieges im Juli 1870 zuerst auf eine Annäherung an Frankreich spekuliert, um am Ende ein, wie man hoffte, besiegtes Preußen entsprechend demütigen oder doch wenigstens mit den süddeutschen Staaten einen »Südbund« gründen zu können. Als Maximalziel hatte man, wenigstens kurzzeitig, die Wiedererlangung der Hegemonie in Deutschland fest im Blick gehabt, ungeachtet der Tatsache, dass die große Mehrheit der österreichischen Bevölkerung von Kriegsbeginn an mit Preußen und dessen Verbündeten sympathisierte.[54] Alle diese Gedankenspiele waren allerdings mit der überraschend schnellen Niederlage des französischen Zweiten Kaiserreichs obsolet geworden.

In Österreich-Ungarn folgte auf die Reichsgründung eine kurze Periode der Unsicherheit über die künftige außenpolitische Orientierung der Doppelmonarchie, und da eine Hinwendung zu dem jetzt republikanischen, dazu politisch deutlich geschwächten Frankreich keine Option mehr darstellen konnte, begann in Wien ein langsames Umdenken, das von Berlin aus mit allen möglichen Mitteln unterstützt wurde. Insofern bedeutete es einen Glücksfall, dass der dem neuen Reich ausgesprochen freundlich gesinnte Graf Julius Andrassy im November 1871 von Kaiser Franz Joseph zum neuen Außenminister der Monarchie ernannt wurde; im Gegensatz zu seinem Vorgänger Friedrich Ferdinand von Beust, Bismarcks Intimfeind aus den Tagen des vergangenen Deutschen Bundes, galt der kluge Ungar in den Augen des deutschen Kanzlers als vertrauenswürdiger und zuverlässiger, wenn auch zuweilen etwas eigensinniger, jedenfalls sehr geschickt agierender politischer Partner.

Eigentlich gab es für das neue Deutsche Reich kaum eine andere außenpolitische Option als eine möglichst baldige Annäherung der deutschen Großmächte, was man auch in Wien sehr genau wusste. Für Bismarck galt es vor allem *eine* (im möglichen Fall für Deutschland höchst fatale) Entwicklung zu vermeiden, nämlich eine eventuelle künftige Wiederannäherung Österreichs an Frankreich, auf dessen Dauerfeindschaft man in Berlin wenigstens vorerst gefasst sein musste. Aber auch für das Habsburgerreich bot sich die – nicht zuletzt innerhalb der eigenen Bevölkerung höchst populäre – deutsch-österreichische Option nachgerade an, denn das Verhältnis zwischen Wien und St. Petersburg war seit dem Krimkrieg immer noch gestört, auch wenn inzwischen, trotz bleibendem Interessengegensatz gerade auf dem Balkan, eine oberflächliche Wiederannäherung stattgefunden hatte.

Das zwar im Allgemeinen Habsburg-freundlich eingestellte, aber in dieser Zeit immer noch bindungsunwillige Großbritannien kam als langfristiger und enger Partner ebensowenig in Frage wie das soeben erste besiegte Frankreich, und erst recht nicht der kleinste europäische Aufsteiger, das seit den Kriegen von 1859 und 1866 noch immer mit Habsburg verfeindete Italien. Zu dem von Bismarck geführten frisch geeinten Deutschland als Bündnispartner gab es also nach der Reichsgründung von 1871, die zugleich die deutsche Frage endgültig beantwortet hatte, für Österreich kaum eine Alternative.

Solange Frankreich besiegt, geschwächt und innenpolitisch noch nicht dauerhaft neu geordnet war, konnte man in Berlin vor diesem Hintergrund ein neues Bündnis mit Wien noch mit einem weiteren Argument begründen, nämlich mit der revolutionären Gefahr, die den legitimen Monarchien aus dem Westen drohte. Die Pariser Kommune, besonders deren spezifische Radikalität, hatte tatsächlich auch in Wien einen tiefen Eindruck hinterlassen, der wiederum das Misstrauen gegen eine neu zu gründende französische Republik – es wurde nach 1792 und 1848 bereits die dritte – deutlich verstärkte. Und hierdurch war eine Konstellation entstanden, die Bismarck möglichst lange für sich nutzen wollte. Sein Konflikt mit dem aufmüpfigen Harry von Arnim war nicht zuletzt gerade aus *diesem* Bestreben heraus entstanden, das der deutsche Botschafter mit seinen Sympathien für eine eventuelle Restauration der französischen Monarchie zu sabotieren versucht hatte. Als Arnim noch im Amt gewesen war, hatte ihm Bismarck diese von ihm verfolgte politische Linie immer wieder einzuschärfen versucht: Wenn das Bedürfnis des neu gegründeten Reiches darin bestehe, »von Frankreich in Ruhe gelassen zu werden und zu verhüten, daß Frankreich, wenn es uns den Frieden nicht halten will, Bundesgenossen finde«, schrieb Bismarck Ende 1872 an Arnim, dann sei ein *republikanisches* Frankreich einer Erneuerung der dortigen Monarchie in jedem Fall vorzuziehen – eben weil »eine französische Republik ... sehr schwer einen monarchischen Bundesgenossen gegen uns finden«[55] werde.

Das war vom Kanzler vor allem mit Blick auf Österreich-Ungarn, aber auch bereits auf Russland gesagt, und er unterließ kaum etwas, um den alten, Europa seit der Französischen Revolution bewegenden politischen Gegensatz zwischen »legitimer« Monarchie einerseits und »illegitimer« Republik andererseits erneut zum Thema zu machen und für seine in den Jahren nach der Reichsgründung forcierte Bündnispolitik zu instrumentalisieren. Die damals im monarchischen Europa gehegten Ängste und Befürchtungen kannte Bismarck wie wohl kaum ein Zweiter; und er verstand es, auf dieser Klaviatur zu spielen wie kein anderer Außenpolitiker seiner Zeit. Aber wie stets hatte er Alternativen im Blick: Für den Fall, dass Russland für eine Annäherung an die beiden anderen europäischen Kaiserstaaten momentan wenig aufgeschlossen gewesen wäre, hatte Bismarck seine Fühler seit 1870 immer wieder, wenn auch nur sehr vorsichtig, nach London ausgestreckt – doch die in jenen Jahren dort regierenden Liberalen hatten schließlich immer wieder betont, wie wichtig ihnen auch weiterhin die Aufrechterhaltung der britischen Neutralitätspolitik in allen europäischen Bündnisangelegenheiten sei.[56] Hier war also am Ende nichts zu machen, aber wenigstens drohte kein britisch-französisches Zusammengehen.

Umso mehr musste sich Bismarck also nun um Russland bemühen, genauer gesagt darum, Russland an das im Entstehen begriffene deutsch-österreichische Bündnis heranzuführen. In seinen *Gedanken und Erinnerungen* hat Bismarck es später so dargestellt, als ob er von Anfang an – schon seit September 1870 – konsequent auf den »Bund der drei Kaiser« hingearbeitet habe, »mit dem Hintergedanken des Beitritts des monarchischen Italiens und gerichtet auf den, wie ich befürchtete, in irgend einer Form bevorstehenden Kampf« zwischen dem »System der Ordnung auf monarchischer Grundlage« und der »sociale[n] Republik, auf deren Niveau die antimonarchische Entwicklung langsam oder sprungweise hinabzusinken pflegt, bis die Unerträglichkeit der dadurch geschaffnen Zustände die enttäuschte Bevölkerung für gewaltsame Rückkehr zu monarchischen Institutionen in cäsarischer Form empfänglich macht«. Damit spielte er natürlich auf die jüngere Geschichte Frankreichs an, genauer gesagt: auf die beiden erfolgreichen Staatsstreiche des ersten und des dritten Napoleon. Es ist im Rückblick erstaunlich, dass Bismarck hier bereits gleichzeitig die sozialen *und* die nationalen Motive einer radikalen, in der Konsequenz revolutionären Politik präzise in den Blick nahm, als er in diesem Zusammenhang anmerkte:»Wenn die monarchischen Regierungen für das Bedürfniß des Zusammenhaltens im Interesse staatlicher und gesellschaftlicher Ordnung kein Verständniß haben, sondern sich chauvinistischen Regungen ihrer Unterthanen dienstbar machen, so befürchte ich, daß die internationalen, revolutionären, socialen Kämpfe, welche auszufechten sein werden, um so gefährlicher und für den Sieg der monarchischen Ordnung schwieriger sich gestalten werden.« Mit genau diesen Überlegungen begründete er später aus der Rückschau der frühen 1890er-Jahre seine frühen Bemühungen um einen»Dreikaiserbund«, den er sich in erster Linie als»Assecuranz« gegen revolutionäre Bestrebungen aller Art gedacht hatte.[57]

Die erste außenpolitische Leistung Bismarcks nach der Reichsgründung bestand darin, dass ihm dieses Dreierbündnis tatsächlich gelang – man hätte es früher in Anspielung auf die Staatswappen der drei Mächte wohl den erneuerten Bund der drei schwarzen Adler genannt –, obwohl Wien und St. Petersburg am liebsten jeweils allein mit dem Deutschen Reich ein Bündnis abgeschlossen hätten. Das jedoch ließ Bismarck, dem es aus wohlerwogenen Gründen eben vor allem auf jene *Dreier*kombination ankam, nicht zu. Das nach längeren und schwierigen Bemühungen schließlich im Oktober 1873 erfolgreich vereinbarte Abkommen der drei Kaiser fiel zwar in der Substanz deutlich schwächer aus als von Bismarck eigentlich gewünscht, aber es schuf am Ende dennoch – und das war die Hauptsache – eine politische Konstellation, die dem jungen Deutschen Reich wenigstens ein begrenztes Maß an Sicherheit gab. Dabei handelte es sich nicht um ein Militärbündnis im eigentlichen Sinne, sondern lediglich um ein Abkommen, das die beteiligten drei Mächte verpflichtete, im Krisenfall miteinander in Konsultationen einzutreten, um ein eventuelles gemeinsames Vorgehen gegen einen Friedensstörer zu vereinbaren. Das war deutlich mehr als nichts; das Abkommen neutralisierte vorerst den russisch-österreichischen Gegensatz und stellte ohne Frage einen Beitrag zur weiteren mächtepolitischen Isolierung Frankreichs dar. Im Ganzen konnte Bismarck also zufrieden sein.

Gleichwohl musste der deutsche Reichskanzler bereits eineinhalb Jahre später in der »Krieg-in-Sicht«-Krise die schwerste diplomatische Niederlage seiner gesamten Laufbahn als Außenpolitiker einstecken. Das hatte mehrere Ursachen; eine der wichtigsten wird man wohl im höchst problematischen Gesundheitszustand des zuweilen wochen-, ja monatelang von der Hauptstadt abwesenden Kanzlers sehen müssen. Im Februar 1875 hatte einer seiner engsten Mitarbeiter, Robert Lucius von Ballhausen, notiert:»Bismarck verliert wahrscheinlich durch Unwohlsein oder Abwesenheit den Zusammenhang. Er sieht die Kollegen zu selten, läßt sie ohne Direktive und tritt gewalttätig dazwischen, nachdem sie sich schon in bestimmter Richtung engagiert haben.«[58] So war es, wie sich wenig später zeigen sollte, tatsächlich. Obwohl der Zeitungsartikel»Ist der Krieg in Sicht?«, der die internationale Krise des Mai 1875 auslöste, letztlich gar nicht auf Bismarcks direkte Einwirkung zurückging, hatte der Kanzler in seiner Eigenschaft als Leiter der Außenpolitik des Reiches die Verantwortung dafür zu tragen, dass die sich nun bedroht fühlenden Franzosen in den Hauptstädten der übrigen europäischen Mächte Alarm schlugen, um vor einem vermeintlich erneut aggressiv werdenden Deutschland zu warnen.

Bismarck konnte die Folgen dieser Aktion zwar durch beruhigende Erklärungen an die führenden Politiker Europas geschickt abschwächen und auf diese Weise die Wogen der europäischen Außenpolitik wieder glätten, doch blieb ein fader Nachgeschmack zurück. Die Regierungen in Wien und Rom hatten sich mit Rücksicht auf Berlin zurückgehalten, doch in London und St. Petersburg war man augenscheinlich sehr beunruhigt gewesen; die von der britischen und russischen Regierung gemachten – letztlich nicht benötigten – Vermittlungsangebote waren ein deutliches Signal an Bismarck gewesen, dass weder Russland noch Großbritannien eine weitere Schwächung Frankreichs hinnehmen würden. Die deutsche Außenpolitik der folgenden fünfzehn Jahre, in denen Bismarck dem Auswärtigen Amt in der Berliner Wilhelmstraße noch vorstand, sollten zeigen, dass der deutsche Kanzler die ihm von Briten und Russen erteilte Lektion gelernt hatte. Das Vertrauen Bismarcks zu Russland und zur Außenpolitik Fürst Alexander Gortschakows hatte nun allerdings einen Riss bekommen, denn der russische Staatskanzler war so weit gegangen, nachträglich in einem diplomatischen Zirkular erklären zu lassen, dass der – vermeintlich von Deutschland bedrohte – europäische Frieden nur durch das Eingreifen der russischen Regierung gerettet worden sei. Bismarck scheute sich denn auch nicht, seinem alten Petersburger Bekannten und langjährigen Rivalen auf der internationalen Bühne lebhafte Vorwürfe wegen seines nicht eben freundschaftlichen Verhaltens zu machen.

Die Situation des Mai 1875 hatte nichtsdestoweniger eine kurzzeitig überaus brenzlige Lage herbeigeführt, die der deutsche Kanzler nur mit einiger Mühe in den Griff bekommen hatte. Noch Monate später führte er beruhigende Gespräche mit dem französischen Botschafter, dem Vicomte de Gontaut-Biron, um eine Entspannung in den deutsch-französischen Beziehungen herbeizuführen: »Diese falschen Gerüchte« eines angeblich bevorstehenden deutschen Angriffs auf Frankreich seien vermutlich durch »eine Liga von Börsenspekulanten«[59] aus leicht durchschaubaren Motiven in die Welt gesetzt worden. Ob der Botschafter sich hiervon überzeugen ließ, ist nicht bekannt. Immerhin scheint dieser etwas dürftige und möglicherweise vorgeschobene Erklärungsversuch zu einer Beruhigung der Situation beigetragen zu haben.

Und so vorsichtig man bei der Auswertung der Bismarck'schen Erinnerungen auch sein muss, um nicht späteren Stilisierungen und Legendenbildungen des memoirenschreibenden Altkanzlers auf den Leim zu gehen: In seinen Bemühungen um eine Zerstörung der »Legende von unsrer Absicht, 1875 Frankreich zu überfallen«, wird man ihm recht geben müssen: »Mir lag eine solche damals und später so fern«, stellte er hier fest, »daß ich eher zurückgetreten sein würde, als zu einem vom Zaune zu brechenden Kriege die Hand zu bieten, welcher kein andres Motiv haben würde, als Frankreich nicht wieder zu Athem und zu Kräften kommen zu lassen.« Nach seiner Auffassung hätte ein solcher Krieg durchaus »nicht zu haltbaren Zuständen in Europa … geführt, wohl aber eine Uebereinstimmung von Rußland, Oesterreich und England in Mißtrauen und eventuell in activem Vorgehen einleiten können gegen das neue und noch nicht consolidirte Reich«; nicht zuletzt würde das übrige Europa in einem solchen Vorgehen Deutschlands »einen Mißbrauch der gewonnenen Stärke erblickt haben«. Es sei, im Gegenteil, »gerade der friedliche Charakter der deutschen Politik nach den überraschenden Beweisen der militärischen Kraft der Nation« gewesen, der am Ende wesentlich zur Akzeptanz des neuen deutschen Nationalstaats durch seine Nachbarn beigetragen und die anderen Mächte in die Lage versetzt habe, sich »mit der neudeutschen Kraftentwicklung zu versöhnen und das Reich zum Theil mit Wohlwollen, zum Theil als einstweilen annehmbaren Friedenswächter sich entwickeln und festigen zu sehen«.[60]

Diese Formulierungen wurden zwar knapp zwei Jahrzehnte nach den aufregenden Ereignissen des Frühsommers 1875 niedergeschrieben, aber sie geben recht genau Bismarcks Einschätzung der Lage wieder, wobei freilich stets – die politischen Aktionen Gortschakows auf dem Höhepunkt der Krise hatten es gezeigt – Russland als Unsicherheitsfaktor im Spiel blieb. Zwar war schon vor Ausbruch der Krise, im Februar 1875, der Diplomat Joseph von Radowitz als eine Art Sonderbotschafter von Bismarck nach St. Petersburg entsandt worden, um die nächsten Ziele der russischen Außenpolitik zu eruieren[61], doch auch diesem sehr versierten Mitarbeiter des Kanzlers war es am Ende nicht gelungen, die verschlungenen außenpolitischen Wege Zar Alexanders II. und seiner – über die letzten Ziele der Politik des Zarenreichs durchaus nicht einigen – Mitarbeiter zu erkunden. Man beließ es dort stets bei Andeutungen, durch welche die in Berlin gehegten Befürchtungen, es könne eben vielleicht doch einmal zu einem Zusammengehen Russlands mit Frankreich kommen, nicht vollkommen ausgeräumt wurden. Das Zarenreich blieb also, trotz aller intensiven Bemühungen Bismarcks um *beide* östlichen Kaiserreiche, weiterhin ein genuiner Unsicherheitsfaktor im Spiel, und daran sollte sich auch bis zum Ende von Bismarcks Amtszeit nichts mehr ändern. Das Problem Russland beschäftigte ihn bis zuletzt.

Heute weiß man, dass die außenpolitische Krise des Jahres 1875 Bismarck wohl schwerer getroffen hatte als nach außen hin sichtbar war. Der inzwischen sechzigjährige, in dieser Zeit tatsächlich von vielerlei – oft selbstverschuldeten – gesundheitlichen Problemen geplagte deutsche Kanzler und preußische Ministerpräsident dachte ernsthaft an Rücktritt, und sein am 4. Mai 1875 verfasstes Gesuch an Kaiser Wilhelm I., ihn aus allen Ämtern zu entlassen, war wohl, im Gegensatz zu früheren und späteren Rücktrittsgesuchen, ernst gemeint. Er befände sich nicht mehr im Zweifel darüber, heißt es darin, »daß ich eine Wirksamkeit, wie solche von meinem Amte unzertrennlich ist, fernerhin durchzuführen außer Stande bin, und daß nach einer 24jährigen Tätigkeit auf dem Felde der höheren Politik, von welcher mehr als die Hälfte durch die verantwortliche Stellung als erster politischer Ratgeber E[uer] M[ajestät] ausgefüllt wurde, meine Kräfte nicht mehr ausreichen, um den hohen Aemtern … in gewissenhafter Weise ferner vorstehen zu können«.[62]

Der alte König und Kaiser, der in dieser Zeit bereits fest davon überzeugt war, auf Bismarck nicht mehr verzichten zu können, reagierte ehrlich bestürzt und, wie es in einem ersten kurzen Antwortschreiben heißt,»tief erschüttert«. Er gewährte Bismarck zuerst einmal einen langen Urlaub und entband ihn im Juni »von den regelmäßigen Geschäften Ihrer Stellungen« – allerdings mit dem »herzlichsten Wunsch, daß diese Geschäftseinrichtungen Ihre Gesundheit von Neuem befestigen mögen«.[63] Im Rahmen einer längeren Aussprache lehnte er das Gesuch Bismarcks jedoch entschieden ab.[64] Manche Historiker sind der Ansicht, dass Bismarck dennoch hätte zurücktreten sollen; einer von ihnen bemerkte etwa, dass Bismarck »die Stunde, mit Würde aus dem Amt zu scheiden – zu seinem Besten und vielleicht dem seines Landes – … im Frühjahr 1875 … vorübergehen«[65] ließ. Andererseits stellt sich die Frage, ob es in der, wie auch Bismarck zu Recht immer wieder betonte, noch ungesicherten, ungefestigten Lage, in der sich das neu gegründete Reich Mitte der 1870er-Jahre befand, ratsam gewesen wäre, den Lotsen von Bord gehen zu lassen. Mit Blick auf die außenpolitischen Dilettanten, die es damals (und leider auch später noch) in Deutschland gab, wird man im Nachhinein wohl sagen können, dass der von Bismarck verfolgte Kurs, wie der Berliner Kongress schon bald zeigen sollte, der richtige war, weil er gleichzeitig den europäischen Frieden erhalten und die immer noch prekäre Stellung des

Reiches festigen konnte. Anders ausgedrückt: Im Jahr 1875 gab es zu Bismarck als Lenker der deutschen Außenpolitik noch keine Alternative.

Das sollte bereits der nächste große politische Konflikt zeigen, die Orientkrise der Jahre 1876 bis 1878, die Europa an den Rand eines großen Krieges brachte, der am Ende nur mit großer Mühe und im Wesentlichen durch das vermittelnde Eingreifen des deutschen Reichskanzlers verhindert werden konnte. Der auf dem Balkan im Sommer 1876 ausgebrochene Krieg, entstanden durch Aufstände der von den Türken unterdrückten kleineren slawischen Völker, begann ein Jahr später zu eskalieren, als Russland – vorgeblich, um den »slawischen Brüdern« zu Hilfe zu kommen, in Wirklichkeit aber mit Blick auf die schon seit Jahrzehnten erstrebte Öffnung der Meerengen zum Mittelmeer – dem Osmanischen Reich den Krieg erklärte. Damit bedrohte Russland jedoch gleichzeitig die Lebensinteressen des mit Deutschland verbündeten Habsburgerreichs und – was machtpolitisch bedeutend mehr wog – die geostrategischen Interessen des britischen Empire, das seine seit 1815 nur mühsam errungene Kontrolle über das östliche Mittelmeer und damit die Sicherung des Seewegs nach Indien um keinen Preis gefährdet sehen wollte. Ein großer Krieg schien unmittelbar bevorzustehen.

In genau dieser Zeit, am 15. Juni 1877, diktierte der wieder einmal genesungsbedürftige Bismarck während einer Kur in Bad Kissingen ein Memorandum, das durch eine Aufzeichnung seines ältesten Sohnes Herbert überliefert ist und als »Kissinger Diktat« in die Geschichte einging. Angesichts des »*cauchemar des coalitions*«, einer »Art Alp« vor feindlichen Koalitionen gegen Deutschland, den ein französisches Blatt in der Sache sehr zu Recht ihm, Bismarck, zuschreibe, sei ein britisch-russischer Ausgleich in der Orientfrage ebenso zu wünschen wie eine noch festere Anbindung Österreichs an das Reich. Im Grunde müsse es das Hauptziel der deutschen Außenpolitik bleiben, eine Koalition »auf russisch-österreichisch-französischer« Basis – für Bismarck tatsächlich der Alptraum schlechthin – unter allen Umständen zu verhindern. Insofern würde er, heißt es in dem Memorandum weiter, »als wünschenswerte Ergebnisse der orientalischen Krisis für uns ansehn: 1. Gravitierung der russischen und der österreichischen Interessen und gegenseitigen Rivalitäten nach dem Osten hin, 2. der Anlaß für Rußland, seine starke Defensivstellung im Orient … zu nehmen und unseres Bündnisses zu bedürfen, 3. für England und Rußland ein befriedigender status quo, der ihnen dasselbe Interesse an Erhaltung des Bestehenden gibt, welches wir haben, 4. Loslösung Englands von dem uns feindlich bleibenden Frankreich wegen Ägyptens und des Mittelmeers, 5. Beziehungen zwischen Rußland und Österreich, welche es beiden schwierig machen, die antideutsche Konspiration gegen uns gemeinsam herzustellen, zu welcher zentralistische oder klerikale Elemente in Österreich etwa geneigt sein möchten«.[66]

Bismarck, für den noch im Jahr zuvor (ein weiteres Diktat vom 2. Oktober 1876 belegt es) das wichtigste Nahziel der deutschen Außenpolitik »die Erhaltung des Friedens und der Freundschaft zwischen Rußland und Österreich«[67] gewesen war, sah sich nun zum Umsteuern genötigt, denn der Versuch Russlands, Österreich durch Kriegsaktivitäten auf dem Balkan unter Druck zu setzen, konnte von deutscher Seite nicht unwidersprochen bleiben. Die schon im Herbst 1876 von Zar Alexander II. mündlich ausgesprochene berühmte »Doktorfrage« (wie Bismarck sie nannte), ob sich Deutschland im Falle eines russisch-österreichischen Krieges ebenso verhalten werde wie Russland im Jahr 1870 – konkret: ob es ebenfalls neutral bliebe –, konnte Bismarck beim besten Willen nicht mit Ja beantworten. Bei aller traditionell bewährten Freundschaft zu Russland werde das Reich eine Zerstörung der europäischen Großmacht Habsburg im eigenen Interesse und auch im Interesse der Erhaltung des europäischen Mächtegleichgewichts letztlich nicht hinnehmen können. Denn so wenig es im deutschen Interesse liegen könne, etwa »die Machtstellung Rußlands wesentlich und dauernd geschädigt zu sehen«, so wenig sei es für Deutschland akzeptabel, »wenn die österreichische Monarchie in ihrem Bestande als europäische Macht oder in ihrer Unabhängigkeit derart gefährdet würde, daß einer der Faktoren, mit denen wir im europäischen Gleichgewicht zu rechnen haben, für die Zukunft auszufallen drohte«.[68] Das war zwar diplomatisch-freundlich formuliert, in der Sache jedoch unzweideutig klar ausgedrückt. Indessen schien der

Tag langsam näherzurücken, an dem, wie Ulrich von Hassell es später formulieren sollte, »Berlin zu wählen haben würde zwischen einer unversehrten, von Deutschland verteidigten Fortdauer der Doppelmonarchie und einer Freundschaft mit Rußland, die Österreich als *Objekt der Politik* behandelte«.[69]

Der »ehrliche Makler«

Trotz der sich seit 1875/76 verstärkenden Probleme mit Russland, die Bismarck allerdings immer noch geschickt einzuhegen wusste, kam ihm die 1876 ausbrechende und ganz Europa in Atem haltende große Orientkrise nicht vollkommen ungelegen. Denn sie verdrängte einerseits umgehend die Erinnerung an die diplomatische Niederlage des deutschen Kanzlers im Frühsommer 1875 – die »Krieg-in-Sicht-Krise« war ein Jahr später tatsächlich ebenso rasch vergessen, wie sie entstanden war. Andererseits konnte Bismarck sich jetzt – in der gegebenen gefährlichen Lage auch durchaus überzeugend – als deutscher Friedenspolitiker präsentieren, dem nun im ureigenen deutschen Interesse ausschließlich daran gelegen war, den Frieden zwischen den europäischen Großmächten zu erhalten.

Das hat Bismarck gerade in seinen öffentlichen Äußerungen seit Ende 1876 wieder und wieder betont, am markantesten vielleicht in seiner berühmten Reichstagsrede vom 5. Dezember 1876, in der er erstens – ungeachtet aller (sich freilich im Geheimen abspielenden) Querelen – nach außen hin demonstrativ die Einigkeit zwischen den drei Ostmächten zu Schau stellte: Den liberalen Gegnern des Zarenreiches inner- und außerhalb Deutschlands werde es niemals gelingen, »unser gutes und solides Verhältnis zu Rußland irgendwie zu alterieren und in die erprobte hundertjährige Freundschaft, die zwischen beiden Regierungen besteht, einen Riß zu machen«. Auch Zweifel an der Festigkeit des Dreikaiserbundes ließ er – wenn auch wider besseres Wissen – nicht zu, denn es bestehe »das Bündnis, welches die drei Monarchen seit langer Zeit vereinigt, ... in voller Geltung, und ich kann Sie auch versichern, daß trotz der entgegengesetzten Stimmen, die in der österreichischen Presse hier und da laut werden, … das Verhältnis zwischen Rußland und Österreich von jeder Trübung weit entfernt ist und … daß das Dreikaiserbündnis noch heute seinen Namen in vollstem Maße verdient und sich im vollsten Bestande befindet«.[70]

Das war das Eine, denn Bismarck kam es zweitens darauf an, vor der deutschen wie vor der internationalen Öffentlichkeit das demonstrative Desinteresse des Reiches an der Gestaltung der künftigen politischen Ordnung auf dem Balkan offen darzulegen und bei dieser Gelegenheit ausdrücklich auf die, wie er es ausdrückte, »durch eine lange Geschichte bewährte Gemeinsamkeit mannigfacher Interessen und Meinungen zwischen uns und England« hinzuweisen. Und er betonte, jetzt direkt auf den Balkankonflikt bezogen, ebenfalls unmissverständlich (mit einer später fast zur Redensart gewordenen Formulierung): »Ich werde zu irgendwelcher aktiven Beteiligung Deutschlands an diesen Dingen nicht raten, solange ich in dem Ganzen für Deutschland kein Interesse sehe, welches auch nur – entschuldigen Sie die Derbheit des Ausdrucks – die gesunden Knochen eines einzigen pommerschen Musketiers wert wäre«; das Deutsche Reich müsse, fügte er an, mit dem Blut seiner Soldaten »sparsamer sein …, als es für eine willkürliche Politik einzusetzen, zu der uns kein Interesse zwingt«.[71]

Damit hatte Bismarck die konsequent neutrale Position Deutschlands in diesem Konflikt öffentlich und mit kaum missverständlicher Deutlichkeit markiert, und an diesem Kurs hat er – insgesamt zum Nutzen nicht nur Deutschlands, sondern ganz Europas – auch bis zum Ende des Konflikts festgehalten. Für Deutschland wäre nichts gefährlicher geworden als zwischen die Fronten eines sich in dieser Zeit anscheinend anbahnenden russisch-britischen Konflikts zu geraten; insofern entsprach es geradezu dem Lebensinteresse des Reiches, so formulierte Bismarck es im Juni 1877, kurz nach der russischen Kriegserklärung an die Türkei, »einen Ausgleich zwischen England und Rußland zu fördern, der ähnliche gute Beziehungen zwischen beiden, wie im Beginn dieses Jahrhunderts, und demnächst Freundschaft beider mit uns in Aussicht stellt. Ein solches Ziel bleibt vielleicht unerreicht, aber wissen kann man das auch nicht. Wenn England und Rußland auf der Basis, daß ersteres Ägypten, letzteres das Schwarze Meer hat, einig würden, so wären beide in der Lage, auf lange Zeit mit Erhaltung des status quo zufrieden zu sein«[72] – beide hätten damit gute Beziehungen zu Deutschland, und Großbritannien stünde zugleich auf kritischem Fuß mit dem ebenfalls an Ägypten interessierten Frankreich. Damit hatte Bismarck ein Jahr vor Beginn des Berliner Kongresses im Kern bereits die Grundlinien seiner Vermittlungspolitik des folgenden Jahres skizziert.

Wie kam es zu diesem Kongress? Auf dem östlichen Kriegsschauplatz war es den Russen nach mehrfachem Wechsel des Kriegsglücks kurz nach der Jahreswende 1877/78 schließlich gelungen, die Türken in die Defensive zu drängen; der zwischen beiden im März 1878 geschlossene Friedensvertrag von San Stefano brachte dem Sieger Russland große strategische und geopolitische Vorteile auf dem Balkan; vor allem musste die Türkei die Schaffung eines großen bulgarischen Staates mit einem Zugang zum Ägäischen Meer anerkennen. Dieses Faktum konnte jedoch, aus jeweils unterschiedlichen Gründen, weder von den Briten noch von den Österreichern akzeptiert werden; als kurz darauf die englische Flotte ins Marmarameer einlief, schien ein neuer Krieg, diesmal zwischen Großbritannien und Russland, unmittelbar bevorzustehen.

Nun war es der österreichische Außenminister Andrassy, der einen Kongress vorschlug, und ausgerechnet Gortschakow stimmte zu – mit der weiteren wohlbedachten Anregung, hierfür nach Berlin zu gehen. Dass beide Vorschläge auch von den übrigen beteiligten Mächten umgehend akzeptiert wurden, kann durchaus als Anerkennung für Bismarck und seine Außenpolitik angesehen werden. Der letzte gesamteuropäische Friedenskongress, der seinerzeit den Krimkrieg beendete, hatte 1856 in Paris stattgefunden und war damals allgemein als Aufwertung der internationalen Position Napoleons III. verstanden worden. Wenn man nun nach Berlin ging, dann erkannte man in der Tat »den Wandel des europäischen Gleichgewichts an, den die deutschen Siege über Österreich und Frankreich herbeigeführt hatten«[73]; zudem traute man dem deutschen Kanzler, der erfolgreich immer wieder die deutsche Neutralität in den Auseinandersetzungen um den Balkan betont hatte, offensichtlich das politische Gewicht zu, einen Kompromiss zu erreichen und damit den Mächten Europas aus der inzwischen eingetretenen verfahrenen Lage herauszuhelfen.

So wurde Bismarck im Sommer 1878 tatsächlich zum »ehrlichen Makler« zwischen den europäischen Mächten. Auch dieser noch heute geläufige Begriff stammt von dem deutschen Kanzler selbst, der schon im Februar 1878 in einer Reichstagsrede, noch vor dem Abschluss des umstrittenen Friedens von San Stefano, eine deutsche Vermittlung anbot. Voraussetzung hierfür müsse jedoch eine strikte deutsche Zurückhaltung sein; die »deutsche Karte« dürfe deshalb nicht so ohne Weiteres ausgespielt werden. Im Gegenteil: »Die freie Hand, welche Deutschland sich erhalten hat, die Ungewißheit über Deutschlands Entschließungen mögen nicht ganz ohne Mitwirkung in der bisherigen Erhaltung des Friedens sein.« Insofern sei es vor allem notwendig, erst einmal *nicht* aus der Deckung zu treten, denn »die Vermittlung des Friedens denke ich mir nicht so, daß wir nun bei divergierenden Ansichten den Schiedsrichter spielen und sagen: So soll es sein, und dahinter steht die Macht des Deutschen Reiches, sondern ich denke sie mir bescheidener, ja … mehr die eines ehrlichen Maklers, der das Geschäft wirklich zustandebringen will«.[74]

Und er fügte bei dieser Gelegenheit noch hinzu: »Wir sind in der Lage also, einer Macht, die geheime Wünsche hat, die Verlegenheit zu ersparen, bei ihrem … Kongreßgegner … sich entweder einen Korb oder eine unangenehme Antwort zu holen. Wenn wir mit beiden gleich befreundet sind, können wir zuvor sondieren und dem anderen sagen: Tue das nicht, versuche es so und so anzubringen. Das sind geschäftliche Hilfsmittel, die sehr zu schätzen sind«[75], dies könne er selbst aufgrund seiner langjährigen Erfahrung sagen. Das war mehr oder weniger (wenn auch natürlich unausgesprochen) an die russische Seite gerichtet, um deren Ansprüche es im Rahmen des vorgesehenen Kongresses wohl vor allem gehen würde. Begeistert war Bismarck von dieser Aufgabe, zu der ihn vor allem die österreichischen und die russischen Verbündeten drängten, allerdings ganz und gar nicht. Abgesehen von seinem immer noch sehr prekären Gesundheitszustand sah er bereits voraus, dass – wie immer der Kongress am Ende auch ausgehen mochte – der jeweils Unterlegene oder mit dem Ergebnis Unzufriedene vor allem ihm, dem nach eigenem Anspruch »ehrlichen Makler«, die Schuld geben würde[76], was sicher keine erfreuliche Aussicht war.

Was die Organisation des Kongresses und die Vorbereitungen der Sitzungen anbetraf, so überließ Bismarck als erfahrener Diplomat alter Schule nichts dem Zufall. Als Sekretäre dieser Zusammenkunft fungierten ein Deutscher und ein Franzose: Joseph von Radowitz und Charles de Mouy. Der letztere hat einen aufschlussreichen Bericht über Bismarcks Vorbereitungen und Anordnungen für den im Zentrum der deutschen Macht, dem Reichskanzlerpalais in der Wilhelmstraße, stattfindenden Kongress, hinterlassen: Am Konferenztisch präsidierte der deutsche Kanzler, neben ihm saßen die Vertreter Österreich-Ungarns zu seiner Rechten, die Frankreichs zu seiner Linken; auf den Seiten sodann die Delegationen der beiden Hauptkontrahenten England und Russland sowie der Türkei und Italiens. An den beiden Enden des hufeisenförmigen Verhandlungstischs saßen die Sekretäre, die unter anderem für das Protokoll zuständig waren. Die Protokolle mussten auf Anordnung Bismarcks »nachts fertiggestellt, am Morgen gedruckt und jedem Bevollmächtigten [musste] ein Exemplar vor der Sitzung überreicht werden«. Diese sofortige Verschriftlichung war wichtig, um keine Unstimmigkeiten über bereits erzielte Ergebnisse der Verhandlungen aufkommen zu lassen. Zwar hatte der Kanzler verfügt, dass »nach der feierlichen Eröffnung den Bevollmächtigten drei Tage frei bleiben sollten, um sich kennenzulernen, um ihre persönlichen Beziehungen zu regeln und sich über das Programm der Beratungen zu verständigen, daß aber dann die Sitzungen sich täglich – Sonntage ausgenommen – ohne Unterbrechungen folgen sollten«.[77]

Damit wie auch mit seiner von Anfang an festgesetzten zeitlichen Begrenzung des Kongresses auf genau einen Monat (13. Juni bis 13. Juli 1878) übte Bismarck einen nicht unerheblichen Druck auf alle Beteiligten aus, um zu einer für alle akzeptablen Einigung zu gelangen. Bedenkt man seinen in dieser Zeit sehr prekären Gesundheitszustand, dann leistete Bismarck tatsächlich schon in physischer Hinsicht Enormes, denn es gelang ihm, die zweifellos sehr anstrengenden Verhandlungen, die er zudem noch auf Französisch leiten musste, bis zum Ende durchzuhalten, wenn auch nur mit einiger Mühe, wie er wenige Wochen später, im Herbst 1878, einem englischen Gesprächspartner anvertraute:»Ganz abgesehen von der Wichtigkeit der Verhandlungen ist es äußerst angreifend, in einer fremden Sprache, wenn man dieselbe auch noch so fließend spricht, sich so korrekt auszudrücken, daß es ohne weiteres ins Protokoll aufgenommen werden kann. – Ich schlief selten vor sechs, oft auch erst um acht Uhr morgens einige Stunden, war dann bis zwölf Uhr für niemanden zu sprechen, und in welcher Verfassung ich dann für die Sitzungen war, können Sie sich denken. Mein Gehirn war wie eine gallertartige, unzusammenhängende Masse. Ehe ich in den Kongreß ging, trank ich zwei bis drei … Biergläser allerstärksten Portweines …, um das Blut ordentlich in Wallung zu bringen – ich wäre sonst ganz unfähig gewesen zu präsidieren.«[78]

Ganz so schlimm scheint es nun doch nicht gewesen zu sein – Bismarck liebte im Gespräch bekanntlich Übertreibungen –, und ein offensichtlich angetrunkener Verhandlungsleiter hätte die Eile, die Bismarck an den Tag legte, wohl kaum durchgehalten. Im Ganzen benötigte er nur zwanzig Sitzungen, um am Ende ein annehmbares Verhandlungsergebnis vorzuweisen, das von allen Beteiligten mehr oder weniger akzeptiert werden konnte.[79] Dies gelang ihm durch eine spezielle Verhandlungstaktik, die sich vor allem auf die Hauptfragen und zentralen Konflikte konzentrierte, sich jedoch nicht im Gestrüpp der Detailfragen verlor, von denen die meisten noch später geklärt werden konnten. Gerade bei dieser Gelegenheit kam ihm erneut seine bekannte und seit vielen Jahren bewährte Fähigkeit zugute, in Alternativen zu denken. Wenn bei der lebhaften Diskussion zentraler Streitfragen eine Einigung zuerst nicht möglich, ja in weite Ferne zu rücken schien, konnte er den uneinigen Delegationen plötzlich genau überlegte Kompromissvorschläge präsentierten, die in den meisten Fällen dann auch erleichtert angenommen wurden. Im Ganzen lässt sich sagen, dass Bismarck »seinen« Kongress nahezu unangefochten leitete. Vor allem legte er größten Wert darauf, die von ihm selbst beanspruchte Rolle des »ehrlichen Maklers« niemals aufzugeben.

Um die Berliner Verhandlungen des Sommers 1878 gewissermaßen für die Ewigkeit festzuhalten, wurde der bekannte preußische Hofmaler Anton von Werner, der bereits das berühmte Gemälde des Reichsgründungsaktes im Spiegelsaal von Versailles geschaffen hatte, mit einem Gruppenporträt der Verhandlungsdelegationen beauftragt, das der Maler nach vielen Vorstudien erst drei Jahre später fertigstellen konnte. Das sehr bekannte Bild ist, was die Gruppierung und Stellung der dargestellten Personen betrifft, außerordentlich aufschlussreich: Bismarck – natürlich – in der Mitte, dem gemäßigten, mit dem deutschen Kanzler auch persönlich harmonierenden russischen Verhandlungsführer Peter Schuwalow die Hand reichend, links neben ihm Andrássy. Die Briten rechts und links, entfernt vom Zentrum; Premierminister Disraeli im Gespräch mit einem auf der linken Bildseite schwer in einem Sessel versunkenen alten, gebrechlich erscheinenden Gortschakow, dem achtzigjährigen Senior der Konferenz; die Franzosen, Italiener und Türken an den Rändern oder im Hintergrund. Tatsächlich bestätigte die weitere Entwicklung des deutsch-russischen Verhältnisses die Darstellung Werners auf geradezu unheimliche Weise[80], denn Gortschakow sollte schon bald nach dem Ende der Verhandlungen die Schuld für die aus Sicht des russischen Zaren vergleichsweise »mageren« Verhandlungsergebnisse eben jenen beiden Händeschüttlern, Bismarck und Schuwalow, zuschieben.[81]

Was die Ergebnisse der für alle beteiligten Staatsmänner – nicht nur für Bismarck – ausgesprochen anstrengenden Berliner Verhandlungen[82] betraf, so wurden zunächst einmal die kleineren Balkanstaaten, die sich gegen die Türken erhoben hatten, nämlich Serbien, Montenegro und Rumänien, für unabhängig erklärt; Griechenland wurde vergrößert. Russland durfte fast alle im Krieg bereits besetzten Gebiete behalten und erhielt obendrein noch Bessarabien (das vorher zu Rumänien gehört hatte). Auch die übrigen am Konflikt direkt oder indirekt beteiligten und am Kongress teilnehmenden Großmächte gingen nicht leer aus: Österreich-Ungarn erhielt nun das Recht zur militärischen Besetzung Bosniens und der Herzegowina. Bereits kurz vor Beginn des Kongresses hatten sich die Briten die Zusage des türkischen Sultans gesichert, die Insel Zypern besetzen zu dürfen (gewissermaßen als Lohn dafür, dass sie in Berlin die Interessen der Türkei unterstützten), und Frankreich erhielt noch während des Kongresses die geheime Zusicherung zur künftigen Besetzung Tunesiens – beides war als Kompensation gedacht für die Erweiterung des Russischen Reiches. Nur die Italiener, die anfangs gehofft hatten, sich auch ein Stück aus den nordafrikanischen Besitztümern des Osmanischen Reiches herausbrechen zu dürfen, gingen leer aus.

Eigentlich hätten also fast alle zufrieden sein können, doch gerade die Russen, deren Ansprüche die Krise ja erst ausgelöst hatten, waren unzufrieden. Denn das im Friedensvertrag von San Stefano nach ihrem Willen geschaffene Großbulgarien wurde in der Schlussakte des Berliner Kongresses stark verkleinert. Es wurde reduziert auf das nördlich des Balkangebirges gelegene Kernbulgarien, zu dem noch das Gebiet südlich davon hinzukam, allerdings mit einem Sonderstatus; der im russisch-türkischen Friedensvertrag noch vorgesehene Zugang Bulgariens zum Ägäischen Meer war nach der neuen Grenzziehung nicht mehr vorhanden. Das Osmanische Reich schließlich hatte alle diese Gebietsverluste zu akzeptieren und musste darüber hinaus zusichern, den Grundsatz der Religionsfreiheit innerhalb des eigenen Landes künftig genau zu beachten. Die geostrategisch ungemein wichtigen türkischen Meerengen zwischen Schwarzem Meer und Mittelmeer blieben weiterhin für die zivile Schifffahrt geöffnet, für Kriegsschiffe dagegen gesperrt.

Das Deutsche Reich ging, was Gebietserweiterungen und Einflussgewinn in fremden Territorien, etwa auf dem Balkan, betraf, als einzige der Großmächte Europas leer aus, aber es hatte – und dies war das unbestreitbare Verdienst Bismarcks – einen außerordentlichen Gewinn an Prestige und internationalem Ansehen zu verzeichnen. Als alle anderen darangingen, sich auf Kosten der immer schwächer werdenden Türkei auf die eine oder andere Weise zu bereichern, stand Deutschland zurück; es verzichtete nicht nur auf jeden noch so kleinen Vorteil, sondern beschränkte sich ausschließlich darauf, als neutraler, ehrlicher Vermittler zwischen den Mächten den Frieden für ganz Europa zu sichern. Zum ersten Mal hatte, wie der deutsche Sekretär Joseph von Radowitz nach dem Abschluss der Berliner Zusammenkunft treffend feststellte, ein solcher Kongress nicht erst nach einem Krieg stattgefunden, sondern diesen im Vorfeld verhindert.[83]

So war der Dank, den Andrassy im Namen aller Kongressteilnehmer am Ende an Bismarck richtete, sicher mehr als nur eine diplomatische Floskel, sondern ehrlich gemeint: Der deutsche Reichskanzler habe als Präsident der Zusammenkunft »unverrückbar im Auge das Ziel gehabt, den Frieden zu sichern und zu festigen. Er hat seine ganze Mühe darauf verwandt, Gegensätze auszugleichen und die Unsicherheit so rasch wie möglich zu beenden, die so drückend auf Europa lastete. – Dank der Klugheit und unermüdlichen Tatkraft, mit der unser Präsident unsere Arbeit geleitet hat, hat er in hohem Maße zum raschen Erfolg des Friedenswerkes beigetragen, das wir gemeinsam begonnen haben«; insofern sei es sein Anliegen, im Namen aller Anwesenden »S[einer] D[urchlaucht] dem Fürsten v. Bismarck unseren wärmsten Dank auszusprechen«. – Er selbst dürfe behaupten, bemerkte Bismarck in seiner Antwort, mit der er die Zusammenkunft offiziell schloss, »daß sich der Kongreß sehr um Europa verdient gemacht hat. Wenn es auch unmöglich war, alle Hoffnungen der öffentlichen Meinung zu erfüllen, so wird die Geschichte jedenfalls dem, was wir wollten, und dem, was wir erreichten, die gerechte Beurteilung nicht versagen. Die Bevollmächtigten dürfen das Gefühl haben, im Rahmen des Möglichen Europa den Segen des Friedens, der so ernsthaft bedroht war, wiedergegeben und gesichert zu haben«.[84] Man wird nicht zu weit gehen, wenn man die Vermittlungsarbeit dieses Kongresses, der immerhin für vierunddreißig Jahre (bis zum Beginn des ersten Balkankriegs 1912) den Frieden in Europa sichern sollte, zu den großen und historisch bleibenden Leistungen Bismarcks zählt.

Dem Prestigegewinn Deutschlands und dem persönlichen Ansehenszuwachs des deutschen Reichskanzlers stand jedoch etwas anderes gegenüber, das sich künftig verhängnisvoll auswirken sollte. Denn der russische Zar und seine Regierung waren, wie bereits angemerkt, mit dem Ergebnis des Kongresses, das nun einmal ein Kompromiss sein musste, unzufrieden. Bismarck hatte zwar (soweit es ihm als offiziell neutralem Präsidenten des Kongresses möglich gewesen war) auf diskrete Weise alles getan, um die russischen Interessen angemessen zu berücksichtigen, doch besonders der äußerst geschickt verhandelnden britischen Delegation war es zu verdanken, dass die meisten Bulgarien betreffenden Bestimmungen des türkisch-russischen Vertrages von San Stefano wieder rückgängig gemacht werden mussten. Russland, das Bulgarien als seinen Satelliten betrachtete und auf einen auf bulgarischem Gebiet liegenden Marinehafen am Mittelmeer spekuliert hatte, sah sich getäuscht. Aus St. Petersburger Perspektive hieß der Hauptschuldige jedoch nicht etwa Disraeli, sondern Bismarck. Dem deutschen Kanzler wurde nicht nur vorgeworfen, sich ungenügend für die Interessen des Zarenreichs eingesetzt zu haben, sondern sich auch undankbar für die wohlwollende russische Neutralität in den Jahren 1866 und 1870/71 gezeigt zu haben.

»Bei den diplomatischen Verhandlungen über Ausführung der Bestimmungen des Berliner Congresses«, erinnerte sich Bismarck später, »wurde in Petersburg erwartet, daß wir jede russische Auffassung der österreichisch-englischen gegenüber ohne weiteres und namentlich ohne vorgängige Verständigung zwischen Berlin und Petersburg unterstützen und durchsetzen würden. Meine angedeutete, endlich ausgesprochene Forderung, die russischen Wünsche uns vertraulich, aber deutlich auszusprechen und darüber zu verhandeln, wurde eludirt [ausweichend beantwortet; H.-C. K.], und ich erhielt den Eindruck, daß Fürst Gortschakow von mir, wie eine Dame von ihrem Verehrer, erwartete, daß ich die russischen Wünsche errathen würde, ohne daß Rußland selbst sie auszusprechen und dadurch eine Verantwortlichkeit zu übernehmen brauchte«, und es sei am Ende sogar noch schlimmer geworden, denn selbst in den Fällen, »wo wir gewiß annehmen durften, der russischen Interessen und Absichten völlig gewiß zu sein, und glaubten, der russischen Politik einen Beweis unserer Freundschaft freiwillig geben zu können, ohne eigne Interessen zu schädigen, erfuhren wir statt der erwarteten Anerkennung eine nörgelnde Mißbilligung, weil wir angeblich in Richtung und Maß nicht das von unsrem russischen Freunde Erwartete getroffen hatten«.[85]

Dass Bismarck mit diesen rückblickenden Bemerkungen den damaligen Sachverhalt traf, wird nicht nur aus seinen in den 1870er-Jahren immer wieder unternommenen Versuchen einer Einigung zwischen den drei Kaisermächten ersichtlich, sondern auch aus weiteren Tatsachen und Dokumenten, die das Ausmaß der russischen Verstimmung gegen Deutschland nach dem Berliner Kongress belegen. Das wohl berühmteste dieser Schriftstücke ist jenes wegen seiner sehr deutlichen, alles andere als »diplomatischen« Formulierungen als »Ohrfeigenbrief« bekannte Schreiben, das Zar Alexander II. im August 1879 an seinen Onkel, den deutschen Kaiser Wilhelm II. sandte und in dem er über die Politik des deutschen Kanzlers Beschwerde führte. Der russische Herrscher beklagte sich darin ganz offen über die deutschen Diplomaten im Osmanischen Reich, in deren Haltung sich angeblich »eine Feindseligkeit gegenüber Rußland offenbart, die in völligem Widerspruch zu den Überlieferungen freundschaftlicher Beziehungen steht, die seit mehr als einem Jahrhundert die Beziehungen unserer beiden Regierungen geleitet hatten und die durchaus ihren gemeinsamen Interessen entsprechen«. Er, der Zar, halte es für seine Pflicht, den »liebe[n] Onkel« bei dieser Gelegenheit »auf die traurigen Folgen« hinzuweisen, »die diese Politik »für unsere freundnachbarlichen Beziehungen nach sich ziehen könnte«. Im Übrigen erinnerte Alexander seinen Onkel Wilhelm daran, dass dieser erklärt habe, den Dienst, den Russland 1870 dem damaligen Preußen erwiesen habe, »niemals vergessen zu wollen«.[86]

Dieser Brief war gewissermaßen das Tüpfelchen auf dem i, denn Bismarck war schon längst klar geworden, dass man künftig nicht mehr um das bloße Wohlwollen des russischen Herrschers und seiner Regierung werde buhlen können, sondern dass die deutsche Außenpolitik – wenn eine einvernehmliche Wiederherstellung des Dreikaiserbündnisses aufgrund der russischen Differenzen mit Österreich und jetzt auch mit Deutschland nicht mehr möglich war – eine Richtungsänderung vornehmen müsse. Schon im April 1879 hatte er zu dem deutschen Botschafter in St. Petersburg, Hans Lothar von Schweinitz, bemerkt, »das beständige Kokettieren Gortschakows mit Frankreich«, sodann die Truppenaufmärsche und Rüstungen an den russischen Westgrenzen, endlich auch »die tobsüchtige Sprache der Petersburger und Moskauer Presse« hätten ihn, Bismarck, zu der Überzeugung gebracht, dass »kein Verlaß mehr auf Russland ist und selbst auf dessen Beherrscher nicht in demselben Grade wie früher; man könne sich also nicht um der unsicheren russischen Freundschaft willen mit den anderen Mächten verfeinden und namentlich nicht mit England und mit Österreich«. Mit dem Habsburgerreich solle dagegen ein noch engeres, gewissermaßen »organische[s]« Verhältnis, ein möglichst enges Bündnis im Sinne eines festen Zusammenschlusses angestrebt werden.[87]

Viele Jahre später hat Bismarck das russische Verhalten einmal mit einer wiederum fast zur Redensart gewordenen Bemerkung kommentiert: »Irrthümer in der Cabinetspolitik der großen Mächte strafen sich nicht sofort, weder in Petersburg noch in Berlin, aber unschädlich sind sie nie. Die geschichtliche Logik ist noch genauer in ihren Revisionen als unsre Oberrechenkammer.«[88] Das bedeutete: Jeder schwere außenpolitische Fehler würde sich einmal rächen – irgendwann. Bismarck konnte, als er diese Worte nach seinem Rücktritt in den frühen 1890er-Jahren niederschrieb, noch nicht wissen, *wie* recht er mit dieser Feststellung haben sollte. Denn die Rechnung wurde ein Vierteljahrhundert später gleich zweimal präsentiert: Russland erhielt sie 1917, Deutschland ein Jahr später.

Bündnispolitik

Schon bevor nach dem Ende des Berliner Kongresses die ersten deutsch-russischen Irritationen einzusetzen begannen, hatte Bismarck Überlegungen über die von ihm künftig zu verfolgende Bündnispolitik angestellt. Sein zentraler außenpolitischer Grundsatz, den er in konzentrierter Form im »Kissinger Diktat« zum Ausdruck gebracht hatte, lautete: Wenn in Europa fünf Großmächte miteinander konkurrieren, befindet man sich nur dann in einer relativ sicheren Position, wenn man sich stets darum bemüht, eine von dreien zu sein. Wenn dem aber so sei, dann liege es nahe, die Beziehungen wenigstens zu *einer* der anderen Mächte möglichst eng zu knüpfen. Und hierfür kam aus der Perspektive Berlins eigentlich nur das Habsburgerreich in Frage.

Schon seit Mitte der 1870er-Jahre, besonders aber nach dem Ausbruch der Orientalischen Krise, hatte Bismarck diesen Gedanken tatsächlich wieder und wieder erwogen: »Was beiden Teilen nützlich sein würde«, stellte er 1877 gesprächsweise einmal fest, »wäre eine dauernde organische Verbindung, welche … weder eine Fusion noch eine Konfusion, weder eine wirtschaftliche und finanzielle Gemeinschaft noch eine wechselseitige Einmischung in innere Fragen und territoriale oder partikuläre Differenzen anstrebt, sondern alles das auf das bestimmteste und strikteste ausschlösse, welche aber den beiderseitigen gegenwärtigen Besitzstand garantierte und sich zur Aufrechterhaltung des mitteleuropäischen Friedens, zu Schutz und Trutz, mittelst bleibender Institutionen verpflichtete«. Der Kanzler ging sogar noch weiter und deutete zumindest an, dass er sich – hierüber hinausgehend – die Weiterentwicklung eines solchen Bündnisses vorstellen könnte, etwa durch Schaffung gleichartiger »Einrichtungen auf den Gebieten der Rechtspflege, der Gesetzgebung, der Verwaltung sowie der wirtschaftlichen und sozialpolitischen Dinge«. Ein derart gestaltetes enges Zusammenwirken könnte »ohne Zweifel sehr segensreich sein … zwischen zwei Gemeinwesen, welche so sehr berufen sind, einander zu ergänzen«.[89]

Tatsächlich ging die Annäherung zwischen den beiden deutschen Großmächten, die 1879 schließlich zum Zweibund führen sollte, zuerst von Deutschland aus, obwohl die Wiener Regierung seit der Reichsgründung im Grunde ebenfalls eine engere Anbindung an das Deutsche Reich wünschte. So hatte sie sich während der »Krieg-in-Sicht«-Krise, als der deutsche Kanzler kurzzeitig in Bedrängnis geriet und am Ende eine schwere diplomatische Schlappe hinnehmen musste, im Gegensatz zu den Regierungen in St. Petersburg und London klugerweise zurückgehalten – und Bismarck hatte es nicht vergessen. Als engerer Bündnispartner kam das Habsburgerreich jedoch nicht nur aus diesem Grund in Frage, auch nicht nur aufgrund der Tatsache, dass nach der endgültigen Regelung der deutschen Frage im Jahr 1871 eigentlich gar keine Interessengegensätze mehr zwischen Berlin und Wien existierten, sondern auch, weil ein engerer deutsch-österreichischer Zusammenschluss bei der Bevölkerung beider Länder in dieser

Zeit besonders populär war. Genau dieses nicht zu unterschätzende Faktum bezog Bismarck in sein politisches Kalkül mit ein, als er nach dem Ende des Berliner Kongresses an die Vorbereitung seines großen Vorhabens ging.

Es gab nur ein Problem, nämlich den alten Kaiser Wilhelm I., der noch die Befreiungskriege und die in dieser Zeit entstandene enge preußisch-russische Kooperation und Freundschaft miterlebt hatte und dessen 1860 verstorbene Schwester Charlotte – verheiratet mit dem Zaren Nikolaus I. – zugleich die Mutter des jetzt regierenden russischen Herrschers Alexander II. war. Die im Grunde schon etwas sentimentale Anhänglichkeit der Hohenzollern an die mit ihnen eng verwandten Romanows gehörte ebenso zu den politischen Faktoren, mit denen Bismarck in seiner Außenpolitik stets rechnen musste, wie das alte, seit dem 18. Jahrhundert bestehende innerdeutsche Konkurrenzverhältnis zwischen Hohenzollern und Habsburgern. Insofern kostete es ihn tatsächlich allergrößte Anstrengungen, den alten Kaiser vom Sinn und Zweck eines engeren deutsch-österreichischen Bündnisses zu überzeugen, denn Wilhelm sah wohl voraus, dass man, gerade angesichts der Konflikte während der letzten Orientkrise, einen solchen deutsch-österreichischen Bund in St. Petersburg als eine zuerst und vor allem gegen Russland gerichtete Aktion begreifen würde.

Auch der vom Zaren Alexander an seinen Onkel in Berlin geschriebene »Ohrfeigenbrief«, der Bismarck gerade in dieser Situation zuerst als ein Geschenk des Himmels erscheinen musste, änderte an dieser Haltung des Kaisers vorerst nur wenig, zumal der Zar schon sehr bald seinen schweren Fauxpas erkannte und ihn wiedergutzumachen versuchte, indem er den alten Kaiser nach Alexandrowo in Westrussland einlud. Der Onkel folgte dieser Einladung seines Neffen, dem er auch persönlich große Sympathie entgegenbrachte, obwohl Bismarck dem alten Herrn dringend von der Reise abgeraten hatte. Doch Wilhelm ließ sich nicht nur von seinem Kanzler nicht beirren, sondern in den ersten Septembertagen des Jahres 1878 auch gleich noch, wie Bismarck befürchtet hatte, von seinem charmanten und in der psychologischen Behandlung enger Verwandter offenbar sehr geschickten Neffen beruhigen: Der Onkel habe, so der Zar, das als »Ohrfeigenbrief« bekannte

Schreiben vollkommen missverstanden; es gebe lediglich einzelne kleinere Meinungsverschiedenheiten hinsichtlich der Auslegung gewisser Detailbestimmungen der Berliner Kongressakte, zudem sei das deutsch-russische Verhältnis hiervon kaum betroffen.

Tatsächlich hatte sich Wilhelm, wie sich rasch herausstellte, von seinem Neffen Alexander mehr oder weniger einwickeln lassen, denn in Russland schien man bereits Wind davon bekommen zu haben, dass sich zwischen den beiden deutschen Mächten eine engere Verbindung anzubahnen begann. Bismarck bat den Kaiser dringend um seine Zustimmung, möglichst bald mit Andrassy in Verhandlungen einzutreten. Doch der alte Mann machte jetzt Schwierigkeiten; sogleich nach seiner Rückkehr aus Russland ließ der Kaiser dem Kanzler mitteilen, er habe nach seinen Gesprächen in Alexandrowo »die vollste Überzeugung gewonnen, daß Rußland nach wie vor zu uns halten will und ein großes Interesse hat, dies zu tun«; insofern sei er »Gewissens halber außerstande, auf den Vorschlag des Reichskanzlers einzugehen«, mit der Wiener Regierung in Bündnisverhandlungen einzutreten. Er, der Kaiser, befinde sich deshalb »in einem schauderhaften Dilemma; aber lieber will ich vom Schauplatz abtreten und die Regierung meinem Sohne übergeben, als daß ich wider meine bessere Überzeugung handle und eine Perfidie gegen Rußland begehe«; er fügte hinzu: »Ich habe … dem Fürsten das Terrain offen gehalten; *will er mit dem Grafen Andrássy in eine Besprechung über gewisse Zukunftseventualitäten eintreten, so mag es sein*; aber eine Allianz – nein, da gehe ich nicht mit. Dieselbe würde doch immer ihre Spitze gegen Rußland kehren und wäre in ihren Folgen unberechenbar.«[90]

Bismarck ließ allerdings nicht mehr locker; er war bereits vor Wilhelms überraschender Russlandreise entschlossen gewesen, sich gegen den in dieser Hinsicht politisch naiven und voreingenommenen alten Kaiser durchzusetzen, und das sollte ihm am Ende auch gelingen. Er bombardierte Wilhelm seit Ende August 1879 förmlich mit Briefen und Denkschriften, in denen er ihm immer wieder seinen politischen Kurs einzuschärfen versuchte. Ein amerikanischer Diplomatiehistoriker des frühen 20. Jahrhunderts, William L. Langer, hat diese Bismarck'schen Memoranden später vollkommen zu Recht als Beispiele höchster politischer Reflexionsfähigkeit und ebenso präziser wie folgerichtiger Durchdringung und Interpretation komplexer politischer Zusammenhänge gewürdigt, für die in den Dokumenten der modernen Diplomatie kein vergleichbares Beispiel zu finden sei.[91]

Tatsächlich kann man Bismarcks Argumentation, mit der er den Kaiser am Ende überzeugen und für sein geplantes deutsch-österreichisches Bündnis gewinnen konnte, nur als meisterhaft bezeichnen – zudem war sie genau auf die Empfindungen und die in starkem Maße durch dynastische Überzeugungen bestimmte Denkweise Wilhelms berechnet. Zunächst stellte der Kanzler die persönliche Ehrenhaftigkeit des Zaren, dessen Gesinnung sowie dessen Gutwilligkeit mit keinem Wort in Frage; er wies lediglich darauf hin, dass Alexander II. an seinem Hof mannigfachen Einflüssen ausgesetzt sei, die einer deutsch-russischen Verständigung konsequent entgegen arbeiteten. Wie wäre es sonst zu erklären, dass man nicht nur in St. Petersburg gegenwärtig bemüht sei, das russische Volk durch eine gegen Deutschland gerichtete Pressekampagne aufzuhetzen, sondern dass auch Truppenbewegungen an der Westgrenze des Zarenreiches festzustellen seien, die vonseiten Deutschlands nur als Bedrohung wahrgenommen werden könnten. Er, Bismarck, könne angesichts all dieser Vorgänge »das Vertrauen nicht festhalten, daß dem Kaiser die geistige Unabhängigkeit und Energie noch verblieben sei, welche erforderlich wäre, um auf die Dauer den sich gleichbleibenden Einflüssen unserer Feinde Widerstand zu leisten«.[92]

Kehre man die Perspektive jedoch um, so könne eine deutsch-österreichische Defensivallianz für das Russische Reich durchaus »nichts Verletzendes haben, da ihr jede Absicht und jede Möglichkeit zum Angriff fehlt und da ein ähnliches Assekuranzbündnis zwischen Preußen und Österreich in der Gestalt des früheren Deutschen Bundes 50 Jahre lang in völkerrechtlicher Wirksamkeit war, ohne jemals von Rußland als eine Bedrohung oder Verletzung empfunden zu werden«; die Wirkung einer solchen Verbindung auf Russland könne im Grunde nur eine positive sein, denn das Zarenreich werde Frieden halten, »wenn es die deutschen Mächte ohne aggressive Tendenz zur Abwehr geeint weiß: es wird aber in absehbarer Frist den Frieden brechen, wenn diese Einigung unterbleibt«. Gleichzeitig betonte er, dass die Leitung der deutschen Außenpolitik in keinem Fall beabsichtige, die Brücken nach Russland abzubrechen – im Gegenteil: Russland werde auch künftig »jederzeit der Dritte in diesem Bunde der beiden deutschen Mächte ... werden können, wenn es sich nur entschließen kann, ebenso wie zur Zeit des Deutschen Bundes auf seiner Westgrenze Frieden zu halten«. Eine gegen Russland gerichtete aggressive Tendenz werde ein deutsch-österreichisches Bündnis niemals haben, »und wenn Österreich Rußland angreifen wollte, so würde es das ... auf eigene Gefahr und ohne uns tun müssen«.[93]

Und noch ein weiteres, keineswegs unwichtiges Argument führte Bismarck an: Bestimmte Anzeichen – darunter Gerüchte über eine eventuelle Ablösung des deutschfreundlichen Andrássy – deuteten darauf hin, dass die Wiener Regierung »sich die Annäherung an Frankreich offen halten« wolle; denn sollte das Habsburgerreich »bei Deutschland keinen Schutz gegen unberechenbare Entschließungen Rußlands« finden, werde es »dem Bedürfnis, bei Frankreich Anlehnung zu suchen, auf die Dauer nicht widerstehen, denn England kann ihm auf dem Kontinente nicht hinreichend Beistand leisten«. Eine denkbare »österreichisch-französische Intimität birgt ... für Deutschland dieselben Gefahren, wie eine österreichisch-russische«, schlimmstenfalls könnte sogar – und hier spielte Bismarck gegenüber dem Monarchen sehr geschickt auf ein altes Trauma der preußischen Könige an – eine gegen das Reich gerichtete österreichisch-französisch-russische »Triplealliance«[94] wie einst im Siebenjährigen Krieg entstehen. Im Übrigen sei man in Wien längst übereinstimmend zu der Überzeugung gelangt, »Österreichs Heil beruhe für die Zukunft nur im engsten Anschluß an Deutschland«, und auch Kaiser Franz Joseph habe inzwischen »auf jede Neigung, in Deutschland je wieder eine Rolle zu spielen, für immer verzichtet«.[95]

Der geballten Kraft dieser mehr oder weniger einleuchtend formulierten Bismarck'schen Argumente konnte sich der alte Kaiser zwar einige Zeit, nicht jedoch sehr lange widersetzen. Bismarck erreichte, wie fast immer, was er sich vorgenommen hatte, doch wirklich überzeugen konnte er den Monarchen nicht. Am Ende eines den ganzen September 1879 andauernden hektischen Brief- und Telegrammwechsels zwischen ihm und dem Kaiser war der Kanzler einmal mehr genötigt, ernsthaft mit Rücktritt zu drohen. Inzwischen nahe daran, die Geduld zu verlieren, ließ er dem Kabinettsrat des Monarchen mitteilen, ihn als verantwortlichen Kanzler leite ausschließlich »die Überzeugung, daß die Ablehnung des österreichischen Anerbietens ein so verhängnißvoller politischer Fehler sein würde, daß mir das Gefühl der politischen Mitverantwortlichkeit für denselben nicht mehr erträglich sein würde«; er steigerte diese Drohung noch durch die weitere Mitteilung, dass er die Ablehnung eines neuerlichen Rücktrittsgesuchs durch den Kaiser nicht akzeptieren, sondern im Fall des Falles seinen Rücktritt umgehend »nach Maßgabe des Reichsbeamtengesetzes officiell erklären«[96] würde. Spätestens hier musste der inzwischen von seinem Kanzler und Ministerpräsidenten vollkommen abhängige Monarch einlenken – wenn auch nur äußerst ungern; zum Botschafter Schweinitz bemerkte er immerhin: »Bismarck ist notwendiger als ich.«[97]

Als er sich zu den abschließenden Verhandlungen über das neue Abkommen zwischen dem Reich und der Doppelmonarchie nach Wien begab, durfte Bismarck zu seiner nicht geringen Überraschung erleben, dass ihm aus den Reihen der österreichischen Bevölkerung begeisterte Zustimmung entgegengebracht wurde. »Auf der langen Fahrt von Gastein über Salzburg und Linz wurde mein Bewußtsein, daß ich mich auf rein deutschem Gebiete und unter deutscher Bevölkerung befand, durch die entgegenkommende Haltung des Publikums auf den Stationen vertieft«, erinnerte er sich Jahre später: »In Linz war die Masse so groß und ihre Stimmung so erregt, daß ich aus Besorgniß, in Wiener Kreisen Mißverständnisse zu erregen, die Vorhänge der Fenster meines Wagens vorzog, auf keine der wohlwollenden Kundgebungen reagirte und abfuhr, ohne mich gezeigt zu haben.« In Wien erging es ihm nicht anders, und er deutete dieses ihn ohne Zweifel stark bewegte Erlebnis als unzweideutigen »Ausdruck des Wunsches der Bevölkerung« Österreichs, »eine enge Freundschaft mit dem neuen Deutschen Reiche als Signatur der Zukunft beider Großmächte sich bilden zu sehen«.[98]

Bei Kaiser Franz Joseph fand der deutsche Kanzler ebenfalls »eine

sehr huldreiche Aufnahme und die Bereitwilligkeit, mit uns abzuschließen«.[99] Nur um die einzelnen Details des Abkommens musste
Bismarck mit seinem Amtskollegen Andrássy hart ringen. Jedenfalls
war man in Wien wenigstens vorerst nicht bereit, die von Bismarck
gewünschte »organische« Verbindung zwischen beiden Mächten herzustellen, von der Bismarck gehofft hatte, dass man sie nicht nur öffentlich machen, sondern auch von den Parlamenten beider Länder
absegnen lassen könnte. Andrássy bestand hingegen auf einem Geheimvertrag traditioneller Art, zudem sollte die Verbindung nur auf
fünf Jahre befristet sein. Bismarck musste einlenken. Auch gelang es
ihm nicht, bei den Detailbestimmungen eine Gleichbehandlung Frankreichs und Russlands durchzusetzen: Würde eine der beiden vertragschließenden Mächte von Russland angegriffen, dann sollte die jeweils
andere zu sofortigem militärischen Beistand verpflichtet sein. Für den
Fall jedoch, dass Frankreich der Angreifer wäre, vereinbarte man
lediglich die wohlwollende Neutralität des Bündnispartners, der wiederum nur dann zum Eingreifen verpflichtet sein sollte, wenn der Angreifer von Russland unterstützt würde. Mehr war im Jahr 1879 für
Bismarck nicht zu erreichen. Im Oktober dieses Jahres fand die Unterzeichnung durch die beiden Herrscher statt; immerhin – und das bedeutete sicher eine gewisse Genugtuung für den deutschen Kanzler –
gehörte Kaiser Franz Joseph zu den entschiedensten Befürwortern des
neuen Abkommens.[100]

Damit war der Kern einer neuen politischen Konstellation in Europa geschaffen worden, die von Bismarck zwar als besonders feste
Verbindung beider deutscher Großmächte geplant und gedacht war,
keineswegs jedoch als ein auf vermeintlicher »Nibelungentreue« beru-
hender unzertrennlicher Zusammenschluss der beiden Vertragspartner; dieser bedenkliche Begriff, den Bismarck wohl als höchst un-
zweckmäßig abgelehnt hätte, ist erst von einer späteren Generation
auf den Zweibund angewendet worden. Vor allem wollte Bismarck
unter keinen Umständen, dass dieser Zweibund als ein genuin antirus-
sisches Bündnis verstanden werden sollte: Sein Ziel sollte es vor allem
sein, sowohl ein (von Bismarck wenigstens als Möglichkeit gesehenes)
russisch-österreichisches als auch ein österreichisch-französisches, ge-

gen Deutschland gerichtetes Bündnis zu verhindern. Derartige Konstellationen ließen sich, reflektierte Bismarck später im Rückblick, »paralysiren, wenn wir zwar fest auf Treue gegen Oesterreich, aber auch darauf halten, daß der Weg nach Petersburg von Berlin frei bleibt. Unsre Aufgabe ist, unsre beiden kaiserlichen Nachbarn in Frieden zu erhalten« – das hieß ebenfalls: beide von einem Krieg gegeneinander abzuhalten!

In jedem Fall sollte die Verbindung nach Osten auch weiterhin gepflegt werden, wenigstens solange »die Brücke, die nach Petersburg führt, nicht abbricht und keinen Riß zwischen Rußland und uns herstellt, der sich nicht überbrücken ließe«. Denn – auch dies hat Bismarck beinahe prophetisch vorausgesehen – »wenn aber der Bruch zwischen uns und Rußland … unheilbar erschiene, würden auch in Wien die Ansprüche wachsen, die man an die Dienste des deutschen Bundesgenossen glauben würde stellen zu können«[101], und genau dies sollte unter allen Umständen vermieden werden. Im Zentrum der Bismarck'schen Außenpolitik der folgenden Jahre stand deshalb das stete Bemühen, die beiden östlichen Kaiserstaaten einander wieder anzunähern, Konflikte zu schlichten, Differenzen auszuräumen und Auseinandersetzungen vermeiden zu helfen.

Bündnispolitik im europäischen Mächtesystem

Nach dem Abschluss des im Großen und Ganzen erfolgreich zu Ende gebrachten Berliner Kongresses schienen die wichtigsten Streitfragen zwischen den europäischen Mächten erst einmal geklärt und geschlichtet zu sein, doch unter der Oberfläche der internationalen Politik blieb es weiterhin unruhig. Bis zur nächsten großen Krise knapp ein Jahrzehnt später lag stets eine latente Spannung in der Luft, die Bismarck – mit bildkräftiger Anschaulichkeit wie stets – im Herbst 1879 einmal gegenüber dem ihm befreundeten russischen Diplomaten Nikolai Orloff mit den Worten kennzeichnete: »Die Großstaaten unserer Epoche sind wie Reisende, die, miteinander unbekannt, der Zufall in einem Wagen vereinigt: sie beobachten sich gegenseitig, und wenn der eine die Hand zur Tasche führt, macht der andere schon seinen Revolver zurecht, um für den ersten Schuß bereit zu sein«, worauf Orloff entgegnete, »daß der Nachbar vielleicht nur ganz einfach sein Taschentuch aus der Tasche hätte ziehen wollen, und daß Verdacht ebensogut wie Unbesonnenheit zum Irrtum führen können«.[102] Natürlich hatten beide recht, der Kanzler ebenso wie der Diplomat, und beide werden auch gewusst haben, wie schwierig es in der hohen Politik manchmal sein kann, Missverständnisse zu vermeiden, Vertrauen zu bewahren und Verbindungen aufrecht zu erhalten.

Was nun das um 1879 arg lädierte deutsch-russische Verhältnis anbetraf, war Bismarck tatsächlich in den folgenden Jahren intensiv um Schadensbegrenzung bemüht. Wenn es darauf ankam, in einer international sehr unsicheren, von fünf miteinander rivalisierenden Großmächten geprägten Situation möglichst einer von dreien zu sein, dann reichte das feste Bündnis mit dem – ohnehin schon etwas schwächelnden – Habsburgerreich letztlich nicht aus, und nach Lage der Dinge kamen als dritte Partner eben nur noch Russland und Großbritannien in Frage. Solange das britische Inselreich sich jedoch als genuin bindungsunwillig erwies, gab es zu einer Wiederannäherung Deutschlands an Russland keine Alternative. Problematisch schien freilich, dass einerseits die Hohenzollern, vor allem Wilhelm I., aufgrund ihrer engen verwandtschaftlichen Beziehungen mit den Romanows eine solche Annäherung und erneute enge Bindung an das Zarenreich mit Nachdruck wünschten, während diese Ostorientierung andererseits bei fast allen gesellschaftlichen Gruppierungen und Parteien im Reich, mit Ausnahme der Konservativen, äußerst unpopulär, ja verhasst war. Alle diese kaum kalkulierbaren außen- wie innenpolitischen Faktoren und Unwägbarkeiten machten Bismarcks Russlandpolitik in den 1880er-Jahren zu einem ungemein schwierigen Geschäft, und es zählt wiederum zu seinen wirklich herausragenden Leistungen, dass es ihm, gegen härteste Widerstände von vielen Seiten, am Ende doch noch gelingen sollte, den für das Deutsche Reich im Grunde lebenswichtigen »Draht nach St. Petersburg« *nicht* abreißen zu lassen. Den verhängnisvollen Fehler, die Bedeutung der Verbindung zwischen Deutschland und Russland zu unterschätzen, begingen erst seine Nachfolger.

Tatsächlich hatte Bismarck, als er gegen den entschiedenen Willen des alten Kaisers den Zweibund mit Österreich-Ungarn durchsetzte, richtig kalkuliert: Dieses neue Bündnis eröffnete der deutschen Politik nicht nur neue Handlungsmöglichkeiten und Optionen, sondern übte nach einiger Zeit die gewünschten Wirkungen auf das Zarenreich aus, denn in St. Petersburg schien man bald zu begreifen, dass es aufgrund der Differenzen mit Großbritannien in Asien und auch angesichts der Tatsache, dass die Republik Frankreich immer noch wenigstens potenziell »revolutionärer« Tendenzen verdächtig schien, letztlich keine Alternative zu einer Wiederannäherung an die beiden anderen Kaisermächte gab. Genau dies versuchte Bismarck auf direktem und indirektem Wege den verantwortlichen Politikern des Zarenreiches immer wieder deutlich zu machen. Am 7. Oktober 1879, dem Tag, an dem in Wien der Zweibundvertrag geschlossen wurde, ließ er einen »offiziösen« Zeitungsartikel, verfasst von einem Pressereferenten des Auswärtigen Amtes, mit der Überschrift »Für den Frieden« veröffentlichen, in dem die Erwartung ausgesprochen wurde, Russland werde schon »mit der Zeit zur Erkenntnis gelangen, daß dieses Bündnis faktisch zu seinem Nutz und Frommen geschlossen wird«. Die Regierung des Zarenreichs werde »sich der Wahrnehmung nicht für immer verschließen können, daß es mit erobernder Politik sich selbst am meisten schadet und daß es den Mächten zu Dank verpflichtet ist, welche es tatsächlich an der Entwicklung solcher Tendenzen verhindern, ohne ihrerseits seinem Besitzstand zu nahe zu treten«.[103]

Tatsächlich sollte es noch einige Zeit dauern, bis man in St. Petersburg die von Bismarck ausgesandten, eigentlich recht deutlichen Signale wahrnahm und außerdem verstand, dass der Zweibund – über dessen Existenz, nicht jedoch über dessen einzelne Bestimmungen man in Russland informiert war – eben kein direkt gegen das Zarenreich und dessen Interessen geschlossenes Bündnis darstellte. Bismarck hatte um die Jahreswende 1879/80 diese Signale noch weiter verstärkt, als erkennbar wurde, dass mit einer – von den Österreichern dringend gewünschten – britischen Annäherung an den Zweibund nicht zu rechnen wäre. Man habe, ließ Bismarck in Richtung Wien signalisieren, »ausschließlich die defensive Sicherstellung des Friedens und der Unabhängigkeit beider Reiche gegen russische Angriffe im Sinne gehabt«, aber durchaus keine wie auch immer geartete Unterstützung der (gegen Russland gerichteten) britischen Politik im Orient. Insofern werde, so Bismarck weiter,»unsere Sympathie für die englische Politik daselbst … natürlich in dem Maße wachsen, in welchem sich letztere als friedliebend, die russische aber als gefährlich für den Frieden Europas«[104] erweise. Verlassen könne man sich auf London allerdings bisher nicht, und im Weiteren dürfe die Gefahr, die in einer allzu deutlichen Annäherung des Zweibundes an das britische Reich liege, nicht unterschätzt werden, denn am Ende bestünde das aus Berliner und Wiener Sicht gleichermaßen höchst unerwünschte Resultat darin, dass man Russen und Franzosen einander geradezu in die Arme treibe.

In langen, beiderseits diskret behandelten Unterredungen mit dem russischen Botschafter in Berlin, Peter Saburow, konnte Bismarck die Motive seiner Politik, nach und nach schließlich auch dem Zaren selbst verständlich machen, und gegen Ende des Jahres 1880 hatte sich beide Seiten auf einen vorläufigen Vertragsentwurf geeinigt. Natürlich war der deutsche Kaiser, der dem Abschluss des Zweibundes nur mit großem Widerwillen zugestimmt hatte, entsprechend erleichtert, dass Bismarck nun wieder auf das Zarenreich zuging, um das alte, erst 1873 neu begründete gute Verhältnis zwischen den drei Kaisermächten, soweit es eben möglich war, wiederherzustellen. Nach der Zustimmung der Petersburger Regierung musste nun wiederum die Wiener politische Spitze für eine Erneuerung des früheren Verhältnisses gewonnen werden, und das war vor dem Hintergrund der Erfahrungen der letzten Orientkrise nicht eben einfach, denn vor allem Andrássys Nachfolger im Auswärtigen Ministerium, der ebenso ehrgeizige wie misstrauische Heinrich von Haymerle, widersetzte sich zunächst, auch im Gegensatz zu dem hier deutlich aufgeschlosseneren Kaiser Franz Joseph, einem neuen Abkommen.

Nach längeren Verhandlungen, in deren Verlauf Bismarck den Druck auf Wien immer wieder erhöhen und am Ende sogar mit dem definitiven Abbruch der Verhandlungen drohen musste, gelang es im Sommer 1881, die beiden östlichen Kaiserreiche endlich für ein neues

Dreierabkommen zu gewinnen. Das Zustandekommen dieses Vertrages, der »durch die wenig geschickte und noch weniger staatsmännische Behandlung der Sache durch Baron Haymerle fast gescheitert wäre«, so Bismarck in seinem Bericht an Wilhelm I., sei im Ganzen doch »ein sehr erfreulicher Zuwachs zu den Bürgschaften des allgemeinen Friedens«. Für die Politik des deutschen Kaisers und seiner Regierung sei es »immer eine besonders wichtige Aufgabe, den Frieden zwischen den beiden uns benachbarten und befreundeten großen Monarchien zu erhalten«, denn jeder Bruch zwischen ihnen »würde uns in die schwierige Lage bringen, die Feindschaft des einen direkt auf uns zu nehmen oder es mit beiden zu verderben, und würde außerdem die Festigkeit des monarchischen Prinzips in Europa dem revolutionären gegenüber wesentlich erschüttern«.[105] Das letztere Argument war natürlich nicht nur auf den deutschen Kaiser, sondern auch auf den Zaren berechnet, in dessen Umfeld Bismarck bestimmte Ratgeber vermutete, die einer russisch-französischen Annäherung (mit klar antiösterreichischer und antideutscher Stoßrichtung) das Wort redeten.

Diese Gefahr schien nun vorerst gebannt, als der zweite Dreikaiserbund am 18. Juni 1881 abgeschlossen wurde, als Geheimvertrag übrigens, der die Bande sogar noch etwas enger knüpfte als der erste acht Jahre zuvor. Denn nun beschränkten sich die drei vertragschließenden Partner nicht nur darauf, im Konfliktfall einander zu konsultieren, sondern sie sicherten sich für den Fall, dass eine der drei Mächte mit einer vierten in Konflikt geriete, jeweils wohlwollende Neutralität zu. Zudem sollten alle eventuell eintretenden Veränderungen auf der Balkanhalbinsel nur nach vorheriger gemeinsamer Abstimmung geregelt werden. Die einzige Bedingung, die Bismarck hatte akzeptieren müssen, stammte wiederum von Haymerle: Der Vertrag sollte auf nur drei Jahre befristet sein. Indessen rechnete Bismarck, hier wohl etwas zu optimistisch, fest mit dessen Verlängerung, denn die Vorteile für alle Beteiligten schienen auf der Hand zu liegen: Russland war der selbstverschuldeten Isolierung und Österreich einem möglichen Balkankonflikt mit dem Zarenreich entkommen, während Deutschland in einem auch weiterhin durchaus instabilen System aus fünf europäischen

Großmächten eine von drei miteinander verbündeten Mächten war. Das Attentat, dem Zar Alexander II. am 13. März 1881 noch vor dem Abschluss der Verhandlungen zum Opfer fiel, änderte jedoch nichts mehr an der Richtung der russischen Politik; der Sohn und Nachfolger Alexander III. folgte hier dem vom Vater eingeschlagenen Weg.

Mit dieser für Deutschland ohne Zweifel entschieden günstigeren Konstellation gab sich Bismarck jedoch nicht zufrieden, denn er misstraute auch weiterhin den in Frankreich und Russland erkennbaren Aktivitäten, die beide jeweils auf eine gegen die deutschen Mächte gerichtete engere Verbindung zwischen St. Petersburg und Paris hinarbeiteten; der soeben auf den Thron gelangte junge Zar schien diesen Strömungen etwas aufgeschlossener gegenüberzustehen als sein ermordeter Vater. Mit der erfolgreichen Erneuerung des Dreikaiserbündnisses war also jener »cauchemar des coalitions« keinesfalls von der Bildfläche verschwunden.

In dieser Situation kam Bismarck ein neuer, seit Ende 1881 im Mittelmeerraum schwelender Konflikt zu Hilfe. In der Folge des Berliner Kongresses hatten sich Großbritannien und Frankreich darauf geeinigt, ihre Interessengebiete in dieser Region gegeneinander abzugrenzen: Während London seinen Einfluss in Ägypten zu sichern gedachte, bekam Paris freie Hand im westlichen Mittelmeer, und bald darauf wurde Tunesien kurzerhand zum französischen Schutzgebiet erklärt. Dies beunruhigte wiederum die italienische Regierung, die das gegenüber von Sizilien liegende tunesische Gebiet bisher stets als eigenes Einflussgebiet angesehen hatte. Dieser plötzlich entstandene französisch-italienische Konflikt führte am Ende zu einer Umorientierung der Politik Roms, wo man bisher, in Erinnerung an die Auseinandersetzungen seit 1859, das Habsburgerreich als den eigentlichen Hauptgegner angesehen hatte. Bismarck scheint sofort die Chance erkannt zu haben, die sich aus dieser neuen Konstellation für Deutschland und für den Zweibund bot; zudem wurde die österreichische Außenpolitik inzwischen, nach dem Tod Haymerles, von einem etwas wendigeren und aufgeschlosseneren Politiker geleitet, Graf Gustav Kálnoky, mit dem zusammen Bismarck nun daranging, die neuen Chancen der veränderten Lage auszuloten.

Nach längeren Verhandlungen kam es im folgenden Jahr, am 20. Mai 1882, zur Einbeziehung des Königreichs Italien in den Zweibund, der damit zum Dreibund erweitert wurde. Es handelte sich abermals um einen Geheimvertrag, in dem sich die drei Partner verpflichteten, die jeweils anderen beiden Beteiligten im Falle eines nichtprovozierten Angriffs durch Frankreich zu unterstützen, ansonsten verpflichtete man sich zu gegenseitiger Neutralität im Kriegsfall. Den Wert dieses Abkommens setzte Bismarck allerdings nicht besonders hoch an; immerhin wären französische Truppen im Falle eines Krieges mit Deutschland im Süden gebunden gewesen, während Österreich in Richtung Balkan den Rücken frei bekam. Und Italien konnte nun sicher sein, dass angesichts der noch immer ungelösten »römischen Frage« fortan keiner der beiden Kaiserstaaten mehr für die *politischen* Interessen des Papstes mit militärischen Mitteln eintreten würde.[106]

Der so entstandene Dreibund (dessen stabiler Kern der deutsch-österreichische Zweibund war und blieb) rundete Anfang der 1880er-Jahre das kunstvoll geknüpfte Bismarck'sche Bündnissystem in Mitteleuropa durch eine Ergänzung im Süden ab. Der deutsche Kanzler verstand es als ein mehr oder weniger provisorisches System der Friedenssicherung, das weder vollständig war noch dauerhafte Sicherheit bot. In einer Zeit, in der, wie er selbst gesagt hatte, die großen Mächte sich gegenseitig ständig belauerten und grundsätzlich misstrauten, stellte der Dreibund das Zentrum einer auf die Aufrechterhaltung des europäischen Friedens gerichteten Bündnisordnung dar – ein Zentrum, das sich mit Blick auf das britische Inselreich als potenziell erweiterungsfähig verstand. Nach dem Zerfall seines ersten, kurz nach der Reichsgründung errichteten Bündnissystems in der großen Orientkrise war es Bismarck wenige Jahre nach dem Berliner Kongress damit tatsächlich erneut gelungen, eine unter den gegebenen Umständen wenigstens halbwegs stabile neue Ordnung zu begründen. Es fragte sich nur, wie lange sie unter den Bedingungen einer sich immer hektischer und unübersichtlicher gestaltenden internationalen Politik Bestand haben würde.

Denn schon bald musste sich Bismarck einer neuen Herausforderung stellen; es ging darum, ob Deutschland ein eigenes Kolonialreich erwerben sollte oder nicht. Anfang des Jahres 1881 hatte er einmal apodiktisch erklärt:»So lange ich Reichskanzler bin, treiben wir keine Kolonialpolitik. Wir haben eine Flotte, die nicht fahren kann … und wir dürfen keine verwundbaren Punkte in fernen Weltteilen haben, die den Franzosen als Beute zufallen, sobald es losgeht.«[107] Schon aus dieser frühen, eher beiläufigen Äußerung geht hervor, welche Motive für die ablehnende Haltung des Kanzlers ausschlaggebend waren – nämlich ausschließlich außenpolitische. Die Kolonialkonflikte zwischen Großbritannien und Frankreich in Afrika einerseits, zwischen Russland und dem britischen Empire in Asien andererseits vor Augen, konnte Bismarck in Kolonialgebieten, die vom Mutterland weit entfernt und deren ökonomischer Nutzen zudem überaus umstritten war, nur eine Belastung, im schlimmsten Fall sogar eine Gefahr erkennen. Er dachte stets von Europa her: Wenn es möglich war, europäische Konflikte nach außen, an die koloniale Peripherie, abzulenken, dann konnte er ein solches Vorgehen nur begrüßen, wenn sich das Verhältnis jedoch umkehrte, es also gewissermaßen zu einem Import überseeischer Rivalitäten und Differenzen nach Europa kommen konnte, stellte dies aus seiner Sicht eine große Gefahr dar. Im Falle des Erwerbs deutscher Kolonien in Afrika konnten, wie er voraussah, sowohl Differenzen mit Großbritannien als auch mit Frankreich entstehen, und schon aus diesem Grund lehnte der deutsche Reichskanzler die Bestrebungen der überaus rührigen und auch öffentlich immer einflussreicher werdenden deutschen Kolonialenthusiasten jahrelang strikt ab.

Dennoch kam es dann in den Jahren 1884/85 unter Rückendeckung des Deutschen Reiches zum Erwerb einer Reihe von kolonialen »Schutzgebieten« in Afrika und im pazifischen Raum. Man hat lange über die Gründe gerätselt, und im Laufe der Jahrzehnte wurden die unterschiedlichsten Erklärungsversuche formuliert: Sollte der deutsche Handel durch den Erwerb von überseeischen Stützpunkten gefördert werden, um im internationalen Konkurrenzkampf mit den anderen Kolonialmächten bestehen zu können? Sollten die inneren politischen und sozialen Spannungen im Deutschen Reich nach außen abgeleitet werden? Sollte vor dem Hintergrund der allgemeinen Kolonialbegeisterung vieler Deutscher eine neue große »nationale Aufgabe« für das Reich propagiert werden? Oder ging es darum, den mit Sicherheit entstehenden Gegensatz zum ebenfalls in dieser Zeit stark expandierenden Großbritannien zu nutzen, um zu einer kolonialen Kooperation mit Frankreich zu gelangen, die sich innerhalb Europas entspannend ausgewirkt, das heißt den deutsch-französischen Gegensatz nach Möglichkeit stark vermindert hätte? Oder lag das Hauptmotiv darin, einer angesichts der Kränklichkeit des alten Kaisers drohenden Regierungsübernahme durch den Kronprinzen, der als ausgesprochen englandfreundlich galt, entgegenzusteuern? Ein akuter deutsch-britischer Gegensatz hätte Bismarcks Verbleiben im Amt auch unter einem neuen, ihm nicht freundlich gesinnten Kaiser wohl unentbehrlich gemacht.

Vermutlich war es von allem etwas. Bismarcks überraschende kolonialpolitische Wende, die zum Erwerb von vier Schutzgebieten in Afrika (Deutsch-Südwestafrika, Kamerun, Togo, Deutsch-Ostafrika) sowie im Pazifik (Nord-Neuguinea, genannt: Kaiser-Wilhelm-Land, Bismarck-Archipel) führte, hing sicher auch damit zusammen, dass der Kanzler auf den starken innenpolitischen Druck der kolonialen Bewegung in Deutschland reagieren musste: Wenn das Deutsche Reich mit den übrigen europäischen Großmächten, Habsburg einmal ausgenommen, politisch gleichziehen wollte, dann konnte es, so argumentierte man hier, auf Kolonien und das hieß vor allem: auf internationale ökonomische wie politische Präsenz, nicht länger verzichten. »Die öffentliche Meinung legt gegenwärtig in Deutschland ein so starkes Gewicht auf die Kolonialpolitik«, stellte Bismarck im Januar 1885 in einem Erlass an den deutschen Botschafter in London fest, »daß die Stellung der Regierung im Innern von dem Gelingen derselben wesentlich abhängt«[108], und das war sicher nicht nur auf die Bedenken der britischen Politiker gegen ein deutsches koloniales Engagement berechnet. Auch das enge Zusammengehen mit Frankreich gegen die britische Kolonialpolitik, die in dieser Zeit die deutschen wie die französischen kolonialen Ausdehnungsbestrebungen massiv zu behindern versuchte, gehörte ohne Frage ebenso zu den treibenden Motiven für Bismarcks Politik[109] wie die aktive Vorsorge gegen die Möglichkeit einer Entlassung des Kanzlers durch einen plötzlich auf den Thron gelangten neuen Kaiser Friedrich III. und dessen dominante, als besonders bismarckfeindlich bekannte Gemahlin Viktoria.[110] Eine einfache, gewissermaßen monokausal angelegte Erklärung reicht hier jedenfalls nicht aus; Bismarck verfolgte auch mit seinen kolonialen Aktivitäten, wie so oft, mehrere Ziele gleichzeitig.

Sicher ist nur, dass der deutsche Reichskanzler kein deutsches »Empire«, das heißt kein ausgedehntes, umfassendes Kolonialreich mit expliziter politischer Anbindung an das Mutterland anstrebte, sondern lediglich in erster Linie wirtschaftlich zu nutzende, also von Handelsgesellschaften zu unterhaltende »Schutzgebiete« – ein Begriff, der übrigens von Bismarck eigens erfunden wurde, um die von ihm nicht gewünschte Bezeichnung »Kolonien« vermeiden zu können.[111] Dies schrieb er den deutschen Kolonialenthusiasten denn auch ausdrücklich ins Stammbuch, wenn er im November 1885 im Reichstag erklärte, dass »wir keine staatliche Organisation, keine Kolonien im französischen Sinne, keine Garnisonen und dergleichen anstreben, sondern daß wir nur beabsichtigen, dem deutschen Handel mit unserem Schutze zu folgen, da, wo er sich einrichtet«. Sein Ziel sei im Übrigen zuerst »der regierende Kaufmann und nicht der regierende Bürokrat in jenen Gegenden, nicht der regierende Militär und der preußische Beamte – unsere Geheimen Räte und versorgungsberechtigten Unteroffiziere sind ganz vortrefflich bei uns: aber dort in den kolonialen Gebieten erwarte ich von den Hanseaten, die draußen gewesen sind, mehr, und ich bemühe mich, diesen Unternehmern die Regierung zuzuschieben. Das gelingt nicht leicht; die Herren wollen es sich auch leichter machen; die wollen, daß der Staat nach gewohnter preußischer oder deutscher Art die Fürsorge für sie übernimmt und es ihnen bequem macht. Mein Ziel ist die Regierung kaufmännischer Gesellschaften, über denen nur die Aufsicht und der Schutz des Reiches und des Kaisers zu schweben hat.«[112]

Doch dieses Konzept, das sich an den ursprünglichen Erfahrungen der älteren Kolonialmächte orientierte, die ihre überseeischen Reiche seit dem 17. Jahrhundert zumeist ebenfalls auf diese Weise – also durch private Akteure, durch Handelsgesellschaften – aufgebaut hatten, funktionierte im Zeitalter des Hochimperialismus letztlich nicht mehr. Und auch Bismarck musste, ob er wollte oder nicht, den einmal eingeschlagenen Weg in anderer Richtung fortsetzen als ursprünglich beabsichtigt. Die koloniale Konkurrenz war in Zeiten, in denen die Jagd auf die letzten »freien« Gebiete der Welt eingesetzt hatte, so stark geworden, dass der Aufbau wenigstens rudimentärer staatlicher Strukturen, inklusive der Etablierung kleiner kolonialer Truppenverbände, auch in den deutschen Schutzgebieten auf die Dauer nicht mehr zu vermeiden war. Es gelang dem Kanzler am Ende also nicht, diese Anstrengungen den an deutschen Kolonien so interessierten hanseatischen Handelsherren zuzuschieben. Rasch verlor er deshalb in den folgenden Jahren das Interesse an den Überseegebieten, zumal sich die politische Lage in Europa schon bald erneut zu verändern und kurz darauf gefährlich zuzuspitzen begann: »Ihre Karte von Afrika ist ja sehr schön«, bemerkte Bismarck im Dezember 1888 zu dem deutschen Afrikareisenden Eugen Wolf, »aber meine Karte von Afrika liegt in Europa. Hier liegt Rußland und hier ... liegt Frankreich, und wir sind in der Mitte; das ist meine Karte von Afrika.«[113]

Erosion des Systems

Um die Mitte des Jahres 1885 schien es so auszusehen, als sei die Außenpolitik Bismarcks endlich allseits vom verdienten Erfolg gekrönt, als hätte der deutsche Reichskanzler nun alle wesentlichen, in den letzten eineinhalb Jahrzehnten unter großen Anstrengungen verfolgten Ziele erreicht und auf diese Weise das Deutsche Reich erstmals in der sicheren, international geachteten Position einer europäischen Friedensmacht etabliert. Sogar ein Ausgleich mit Frankreich schien endlich in greifbarer Nähe, denn die enge kolonialpolitische Kooperation mit der Pariser Regierung des Ministerpräsidenten Jules Ferry hatte nach langen Jahren endlich zu einer unverkennbaren Verbesserung der deutsch-französischen Beziehungen geführt; auch hierauf hatte Bismarck seit 1871 und verstärkt seit 1878 konstant hingearbeitet.[114] Und das deutsch-österreichisch-russische Dreikaiserbündnis schien sich inzwischen ebenfalls etabliert und gefestigt zu haben; jedenfalls war 1884 die erste Verlängerung dieses Vertrages auf weitere drei Jahre problemlos vonstatten gegangen. Deshalb war es ohne Frage ehrlich gemeint, wenn Bismarck im Januar 1885 im Reichstag erklärte: »Wir sind von Freunden umgeben in Europa. ... Wir sind von Regierungen umgeben, die mit uns das gleiche Interesse haben, den Frieden zu erhalten.«[115]

Doch noch bevor dieses ereignisreiche Jahr zu Ende gegangen war, hatte sich alles wieder vollkommen verändert, und Bismarck stand schon bald, wie im Jahr 1877, erneut vor den Trümmern seines bisherigen außenpolitischen Systems. Das zeigt, wie instabil die Resultate und Festlegungen des Berliner Kongresses letzten Endes gewesen waren und wie brüchig die internationale Ordnung in dieser Zeit bereits geworden war, in der ein zunehmend radikaler werdender Nationalismus die internationalen Beziehungen immer stärker belastete und das letztlich immer noch auf Verständigung und Kompromiss ausgerichtete Agieren der führenden Außenpolitiker Europas zunehmend behinderte – zuerst in Russland und Frankreich, bald auch in Großbritannien, Deutschland und im Habsburgerreich.

In Ostrumelien, dem nach den Regelungen des Berliner Kongresses noch immer dem Sultan in Konstantinopel unterstehenden südlichen Teil Bulgariens, war im Herbst 1885 unerwartet ein Aufstand gegen die türkische Oberherrschaft ausgebrochen, und der von den Russen einst installierte bulgarische Herrscher, Fürst Alexander von Battenberg, war mehr oder weniger gezwungen, sich dem Aufstand anzuschließen und das Gebiet militärisch zu besetzen. Das war jedoch nicht nur eine Verletzung der Berliner Kongressakte, sondern auch eine mit St. Petersburg nicht abgesprochene Aktion, die – nach bereits vorangegangenen Differenzen zwischen dem bulgarischen Fürsten und dem russischen Zaren – zum endgültigen Bruch mit Russland führte. In eigenartiger Verkehrung der früheren Frontstellung in den Jahren 1877/78 kehrten sich die Verhältnisse auf dem Balkan plötzlich um, denn jetzt versuchten ausgerechnet die Briten den Fürsten von Bulgarien zu stützen, während die Russen ihn fortan als Feind betrachteten und aus Sofia zu verdrängen suchten.[116] Angesichts dieser Lage wäre es naheliegend gewesen, auf der Einhaltung der Berliner Bestimmungen zu beharren, doch genau dies verhinderte die Londoner Regierung. Der russische Diplomat Peter Saburow brachte die Dinge mit dem verwunderten Ausspruch »Verkehrte Welt!« auf den Punkt: Nachdem Großbritannien im Jahr 1878 die Unterschrift der russischen Regierung unter den Berliner Vertrag beinahe erzwungen habe, um einen drohenden Zusammenbruch des Osmanischen Reiches aufzuhalten, nehme es jetzt auf einmal genau diesen Vertrag zum Ausgangspunkt, um das von den Russen seinerzeit begonnene Zerstörungswerk fortzusetzen.[117]

Daraufhin eskalierte die Situation: Serbien begann einen Krieg gegen den Konkurrenten Bulgarien, wurde aber schon bald empfindlich zurückgeschlagen; am Ende konnten nur noch die Österreicher – damals mit den Serben noch verbunden – eine Katastrophe für Belgrad verhindern. Nun aber griffen wiederum die Russen ein und stürzten den ihnen inzwischen äußerst verhassten Fürsten Alexander von Battenberg; allerdings gelang es ihnen nicht, anschließend die Lage in Bulgarien wieder zu stabilisieren. Hierfür machten sich nun bald schon die Regierungen in Wien und St. Petersburg gegenseitig verantwortlich – fast drohte die Situation zwischen den beiden eigentlich verbündeten Kaisermächten zu explodieren. Bismarck jedenfalls fühlte sich nach eigener Aussage zwischen Österreichern und Russen »wie zwischen zwei bissigen Hunden, welche aufeinanderstürzen würden, wenn er das Halsband loslasse«.[118] Und was das Schlimmste war: Der nur wenige Jahre zuvor so mühsam und gegen so viele Widerstände zustandegebrachte, 1884 noch einmal verlängerte Dreikaiservertrag war damit faktisch tot; eine neue Verlängerung, die für das Jahr 1887 anstand, schien angesichts der neuen Differenzen ausgeschlossen.

Bald drohte, ebenfalls ganz unerwartet, auch aus dem Westen Gefahr, denn in Frankreich war nach den Oktoberwahlen des Jahres 1885 die Regierung Ferry, die kurz zuvor noch mit Bismarck zusammengearbeitet hatte, plötzlich gestürzt worden; Monarchisten und radikale Nationalisten beherrschten jetzt in Paris das Feld, und der neue Kriegsminister, General Georges Boulanger, ein besonders militanter Nationalist und entschiedener Deutschenfeind, avancierte schon bald zum eigentlichen »starken Mann« der neuen französischen Regierung.[119] Plötzlich erschien sogar ein französischer Revanchekrieg gegen Deutschland, den Bismarck bisher wegen Frankreichs internationaler Isolierung eigentlich ausgeschlossen hatte, im Bereich des Möglichen. Und brandgefährlich konnte es für das neue Reich werden, wenn sich angesichts der soeben ausgebrochenen neuen Balkankrise die beiden Flügelmächte in West und Ost, Frankreich und Russland, gegen die im Zweibund verbündeten Reiche Deutschland und Österreich zusammenschließen würden.

Im folgenden Jahr 1886 verschärfte sich die Lage, denn nun begannen auch die russischen Nationalisten mobil zu machen und öffentlich für ein russisch-französisches Bündnis zu werben. Ein im Zarenreich höchst einflussreicher und viel gelesener Journalist und politischer Kommentator, Michail Katkow, bislang ein Anhänger des russischen Zusammengehens mit Deutschland, änderte plötzlich seine Meinung und begann sich auf Bismarck einzuschießen. In seiner *Moskauer Zeitung* veröffentlichte Katkow Ende Juli 1886 einen Artikel, in dem er daranging, den politischen Mythos Bismarck gewissermaßen seiner Aura zu entkleiden: Der deutsche Kanzler habe inzwischen, neben seinem durchaus »wohlverdienten Ruhm … gewisse mythologische Eigenschaften erworben«, weshalb die Politiker im außerdeutschen Europa »in allen Ereignissen unserer Zeit … seine Hand« vermuteten, »man glaubt, er besäße einen Talisman, vor dem alle Hindernisse weichen und sich alle Schlösser öffnen. Es wird einem zu verstehen gegeben, daß man ohne seine Zustimmung sich weder niederlegen noch erheben könne; er regiert die ganze Welt.« Es sei nunmehr an der Zeit, sich von dieser Auffassung zu verabschieden und sich wieder darauf zu besinnen, dass Deutschland seine Einheit nur mit russischer Unterstützung habe erreichen können. Für eine Großmacht wie Russland sei es nachgerade »unnatürlich …, unter dem Deckmantel einer Freundschaft … sich andauernd oder nur auf längere Zeit einem Willen von außen wie unter Hypnose blind zu unterwerfen«.[120] Wenigstens indirekt plädierte der russische Publizist für eine Annäherung seines Landes an Frankreich – und er fand damit durchaus Gehör, auch in Regierungskreisen.

Es ist klar, dass Bismarck hierdurch alarmiert sein musste. Auf die bedrohlich erscheinenden neuen Rüstungsanstrengungen des neuen Pariser Kriegsministers antwortete der Kanzler mit einer – von ihm allerdings nur mit Mühe im Reichstag durchgesetzten – Heeresverstärkung. Um die aufgrund der Lage auf dem Balkan ohnehin bereits angespannten deutsch-russischen Beziehungen nicht noch weiter zu strapazieren, unterband er anschließend ebenso konsequent wie rigoros den sogar von der britischen Königin unterstützten Heiratsplan der Enkelin Wilhelms I. (sie hieß wie ihre Mutter und ihre Großmutter Viktoria), die sich ausgerechnet mit dem soeben aus Bulgarien verjagten Alexander von Battenberg verlobt hatte. Eine Ehe der zweiten Tochter des künftigen deutschen Kaisers mit diesem Mann hätte man in Petersburg als wirkliche Provokation empfunden, zumal, wie Bismarck bald erfuhr, »der Battenberger dem Kaiser Alexander von Grund der Seele verhaßt ist, vielleicht die verhaßteste Persönlichkeit, die er kennt«; insofern werde der Zar den entthronten Fürsten »immer als entschiedenen Feind betrachten, … und seine Aufnahme unter die Mitglieder des deutschen Kaiserhauses müßte ihn mit einem Argwohn erfüllen, der ihm mit keiner Kunst auszureden sein würde«.[121] Bismarck verhinderte, dieses Mal auch mit Hilfe des alten Kaisers, dass angesichts der mittlerweile bestehenden gefährlichen Spannungen von der kronprinzlichen Familie noch Öl ins Feuer gegossen wurde. Immerhin befand sich Deutschland während des Winters 1886/87 tatsächlich »in einer der gefährlichsten Situationen seiner neueren Geschichte«.[122]

Bis heute ist eher unklar, wie bedenklich die Lage in Frankreich damals wirklich war; jedenfalls versuchte der französische Botschafter in Berlin, Jules Herbette, in längeren Unterredungen den deutschen Kanzler davon zu überzeugen, dass seine Besorgnisse unnötig seien; Frankreich beabsichtige in keinem Fall, einen Revanchekrieg gegen Deutschland zu beginnen. Bismarck traute dem Frieden jedoch nicht und traf – trotz offizieller Friedensbekundungen – Gegenmaßnahmen; neben der Aufstockung des Heeres ließ er im Februar 1887 im Elsass ein großangelegtes Militärmanöver abhalten. Die Lage im Westen spitzte sich noch einmal gefährlich zu, als ein französischer Geheimagent namens Guillaume Schnaebelé, der offiziell als Zollbeamter tätig war, über die deutsche Grenze gelockt und festgenommen wurde. Bevor beiderseits die nationalen Emotionen hochkochten, tat Bismarck das einzig Richtige und befahl die sofortige Abschiebung Schnaebelés. Wenig später, im Mai 1887, wurde Boulanger in Paris gestürzt, und damit begann sich die Lage wenigstens im Westen langsam zu entspannen.

Im Osten dauerten die Probleme dagegen an. Auf die Vorstöße der britischen und der österreichischen Regierung, sich im Falle eines erneuten russischen Ausgreifens nach den türkischen Meerengen zwischen dem Schwarzen Meer und dem Mittelmeer offen gegen Russland zu stellen, musste Bismarck natürlich ablehnend reagieren; immerhin gelang es ihm, diskret ein geheimes Abkommen zu vermitteln, durch das zuerst Großbritannien und Italien, kurz darauf auch noch Österreich ein gemeinsames Vorgehen im östlichen Mittelmeer und im Orient vereinbarten – diese Absprache war natürlich gegen die russischen Ambitionen gerichtet. Das Interesse Deutschlands bestand aus Bismarcks Sicht vor allem darin, einerseits nicht direkt in die östlichen Auseinandersetzungen verwickelt zu werden, andererseits Großbritannien wenigstens indirekt an den Dreibund heranzuholen. Beides gelang durch die im Februar und März 1887 zwischen den drei beteiligten Mächten abgeschlossene »Mittelmeerentente«.

Nur das russisch-österreichische Verhältnis war angesichts der bestehenden starken Differenzen auf dem Balkan letztendlich nicht mehr zu kitten; das Dreikaiserbündnis lag damit in Trümmern. Hätte Bismarck es dabei belassen, wäre es unweigerlich, auch angesichts der gegen das Zarenreich gerichteten neuen Zusammenarbeit der drei Mächte Großbritannien, Italien und Österreich in der Mittelmeerentente, zu einer Annäherung, vermutlich zu einem engen politischen Zusammengehen Russlands und Frankreichs gekommen, ein beständiger Albtraum Bismarcks, und genau dem galt es so entschieden wie möglich entgegenzuwirken. Innerhalb der russischen Führung herrschte inzwischen Uneinigkeit über den künftigen außenpolitischen Kurs; auch Zar Alexander III. begann nun einzusehen, dass eine enge russisch-französische Kooperation im Grunde keine wirkliche Alternative zu einem Zusammengehen mit den Deutschen Reich darstellte. Zu einer Verlängerung des Dreikaiserbundes – in Bismarcks Augen eigentlich die bestmögliche Regelung – war der Zar trotzdem nicht mehr bereit. Es musste also eine andere Lösung gefunden werden, und wer anders als Bismarck hätte sie finden können?

Ihm kam der Wunsch der russischen Regierung nach einem geheimen Separatabkommen mit Deutschland entgegen, über das Bismarck diskret in den ersten Monaten des Jahres 1887 und dann noch einmal im Mai verhandelte. Heraus kam am Ende der berühmte »Rückversicherungsvertrag«, der später lange Zeit als ein bedeutendes Meisterstück der Bismarck'schen Diplomatie galt, in Wirklichkeit jedoch nicht sehr viel mehr als einen – allerdings überaus geschickt eingefädelten – Notbehelf darstellte, durch den Deutschland einen praktikablen Ausweg aus der Gefahrenlage der Jahre 1886/87 erhalten sollte. Überdies bot er ein geeignetes Instrument, um Russland noch einmal die Hand zur Verständigung zu bieten, was am Ende tatsächlich gelang. Bismarck kam dem russischen Partner noch einmal weit entgegen; er weihte ihn sogar (nach vorher eingeholter Zustimmung Wiens) während der Verhandlungen in den geheimen Zweibundvertrag ein, um, wie er sagte, von Anfang an mit offenen Karten zu spielen.

Und der Vertrag selbst, der am 18. Juni 1887 endlich abgeschlossen wurde[123], bedeutete in seinen wesentlichen Inhalten ebenfalls ein deutliches Zugeständnis Deutschlands an die Interessen des Zarenreichs. Im Hauptvertrag des geheimen Defensivbündnisses zwischen dem Reich und Russland wurde gegenseitige Neutralität im Kriegsfall vereinbart, die jedoch für die Möglichkeit eines deutsch-französischen oder russisch-österreichischen Krieges nur im Fall eines *unprovozierten* Angriffs gelten sollte – was unter Umständen Interpretationssache sein konnte. Da Berlin angesichts des Zweibundes dem Vertragspartner in St. Petersburg noch etwas Weiteres bieten musste, enthielt der Rückversicherungsvertrag zudem noch ein als »ganz geheim« bezeichnetes, erst nach dem Ersten Weltkrieg bekannt gewordenes Zusatzprotokoll, das nur den wichtigsten Persönlichkeiten der politischen Führungen beider Länder bekannt gemacht wurde: Deutschland sicherte Russland hierin zu, ihm bei der Neuordnung Bulgariens vollkommen freie Hand zu lassen und bei der Verhinderung einer eventuellen Rückkehr Alexander von Battenbergs behilflich zu sein; zudem verpflichtete sich das Reich zu wohlwollender Neutralität und diskreter diplomatischer Beihilfe, sollte es dem Zaren gefallen, künftig einmal »zur Wahrung der Rechte Rußlands selbst die Aufgabe der Verteidigung des Zugangs zum Schwarzen Meere zu übernehmen«, um auf diese Weise, wie es im Vertrag wörtlich hieß, »den Schlüssel seines Reiches in der Hand zu behalten«.[124]

Man kann im Nachhinein trefflich darüber streiten, ob – und wenn ja, inwiefern – der Rückversicherungsvertrag mit den beiden anderen Vertragswerken, dem Zweibund und dem Mittelmeerabkommen, zu vereinbaren war: Immerhin war das letztere geschlossen worden, um eine weitere Ausdehnung des Zarenreiches und eine weitere Destabilisierung der Türkei zu verhindern – nur: Deutschland hatte das Abkommen zwar vermittelt und unterstützt, jedoch nicht unterzeichnet. Und weiterhin sollte der Zweibund die gemeinsame Sicherheit der beiden Kaiserreiche Deutschland und Österreich-Ungarn auch gegen russische Bestrebungen garantieren – nur eben nicht um den Preis einer zu engen Anbindung des einen an die Interessen des anderen. In einer Instruktion für den deutschen Botschafter in Wien, Heinrich VII. Prinz Reuß, hat Bismarck im Dezember 1887 die Grenzen des Zweibundes hinreichend deutlich umrissen: »Für uns liegt ein Kriegsmoment niemals in den Balkanfragen, sondern immer nur in dem Bedürfnis, die Unabhängigkeit Österreichs auch unsererseits zu vertreten, sobald sie durch Rußland bedroht wird. Österreich hat keine Pflicht übernommen, bei französischen oder dänischen und anderen Verwicklungen für uns einzutreten, und wir nicht für die außerhalb seiner Landesgrenze liegenden orientalischen Interessen Österreich-Ungarns. Das ist beiderseits festzuhalten. Der Unberechenbarkeit der russischen Politik gegenüber müssen wir *beide* gegen russischen Überfall *stark* gerüstet sein, aber an einem Angriff auf Rußland wollen wir uns nicht beteiligen, auch wenn unsere Militärs überzeugt sind, daß wir den Krieg heut unter günstigeren Verhältnissen führen können wie später.«[125]

Damit waren wenigstens zwei Dinge klargestellt: Die in dieser Zeit entworfenen Präventivkriegsszenarien einiger deutscher Spitzenmilitärs lehnte der deutsche Kanzler ebenso strikt ab wie bestimmte Hoffnungen auf eine etwaige deutsche Unterstützung österreichischer Aktivitäten auf dem Balkan, die wenigstens gelegentlich in Wien gehegt werden mochten. Hier zeigt sich in aller Deutlichkeit, worauf die letzten Ziele der Bismarck'schen Außenpolitik der späteren 1880er-Jahre gerichtet waren: auf die Bewahrung des Friedens unter allen Umständen. Deshalb dienten Bismarcks späte Verträge nicht nur Deutschland, sondern auch Europa, indem sie Frankreich und Russland erst einmal erfolgreich auseinanderhielten, sodann »die Kriegstreiber beider Länder bändigten und das Mächtegleichgewicht so stabilisierten, daß in der bedrohlichsten internationalen Krise zwischen 1871 und 1914 der Frieden gewahrt blieb«.[126] Hierin wird man, nach der großen Friedensvermittlung im Rahmen des Berliner Kongresses, ohne Frage die zweite herausragende außenpolitische Leistung Bismarcks in den beiden Jahrzehnten nach der Reichsgründung erkennen können.

Die späte Bismarck'sche Außenpolitik ist sehr unterschiedlich beurteilt worden. Für die Bewunderer des »eisernen Kanzlers« stellten seine höchst diffizilen Aktionen im Spannungsfeld der erneuten Balkankrise, der britisch-russischen und österreichisch-russischen, aber auch deutsch-französischen Gegensätze der späten 1880er-Jahre den Gipfelpunkt seiner großen diplomatischen Staatskunst dar. Eine eher nüchtern-abgewogene Betrachtungsweise kam hingegen zu einer zurückhaltenderen Bewertung und erkannte im späten außenpolitischen System Bismarcks nurmehr ein sehr gewagtes, fraglos riskantes, wenn auch wenigstens bis 1890 durchaus erfolgreiches »System der Aushilfen«[127], das lediglich dazu gedient habe, den Zusammenbruch des seit 1873 sorgsam aufgebauten Bündnissystems abzufangen und mit dem riskanten Hilfsmittel des Rückversicherungsvertrages die kritische Situation noch einmal zu meistern. In einer Zeit, in der (nach Bismarcks Formulierung im Januar 1887) die Lage zweier Großmächte dem Verhalten zweier misstrauischer Unbekannter im Walde glich, »von denen keiner dem anderen vollständig traut«[128], war wohl kaum etwas anderes möglich. Jede »Aushilfe« erschien unter diesen Umständen besser als Krieg.

Krisenmanagement und Rücktritt

Man wird sagen können, dass sich Bismarck im Jahr 1887 auf dem Höhepunkt seines Einflusses und seiner Macht befand. Trotz der außenpolitischen Gefahrenlage, der er am Ende noch einmal mit einer erfolgreichen Gegenstrategie begegnen konnte, gelang ihm auch innenpolitisch letztlich alles, was er sich vorgenommen hatte; der alte, inzwischen neunzigjährige Kaiser hatte es längst aufgegeben, sich noch einmal in die Politik des jetzt konkurrenzlos dominierenden, fast allmächtigen Kanzlers einzumischen. Die Gesundheit des inzwischen zweiundsiebzigjährigen Kanzlers hingegen erwies sich durch das Einwirken seines Arztes Ernst Schweninger und eine inzwischen praktizierte gesündere Lebensweise als so gut wie seit Jahren nicht mehr. Die für Deutschland gefährliche Situation, die durch die orientalischen Streitigkeiten, den russisch-österreichischen Konflikt sowie durch das Auftreten Boulangers und der französischen Revanchisten entstanden war, nutzte Bismarck äußerst geschickt aus, um seine innenpolitischen Ziele voranzubringen, zu denen eine Verstärkung des deutschen Heeres gehörte, die jedoch wegen der sehr hohen Kosten (und vielleicht auch in Erinnerung an den preußischen Verfassungskonflikt der 1860er-Jahre) bei den Deutschen wenig populär war. Um die Verteidigungsstärke des Reiches nicht von alljährlichen Geldbewilligungen abhängig zu machen, hatte Bismarck sich mit dem Reichstag auf eine siebenjährige Bewilligungsfrist, das sogenannte »Septennat«, geeinigt.

Obwohl das im Jahr 1880 für die Periode ab 1881 bewilligte Septennat erst im März 1888 ablief, brachte Bismarck bereits Ende 1886 den Antrag für die nächste Bewilligungsperiode im Reichstag ein. Die Erhöhung fiel nicht übermäßig aus, aber der frühe Zeitpunkt war ungewöhnlich: Bismarck hatte die vorangegangenen Septennatsbewilligungen nur mit einiger Mühe durch das Parlament bringen können und hoffte jetzt, die angesichts der stark angespannten internationalen Lage aufkeimende allgemeine Furcht vor einem neuen Krieg ausnutzen zu können. Für den Fall, dass angesichts der derzeit besonders starken Opposition eine Mehrheit für die neue Wehrvorlage im Reichstag nicht zu gewinnen wäre, hatte der Kanzler von vorneherein eine

Parlamentsauflösung und Neuwahlen ins Auge gefasst. Die Debatten, die zwischen dem 11. und dem 13. Januar 1887 stattfanden, zählen im Rückblick zu den großen parlamentarischen Redeschlachten im alten Reichstag, die allergrößtes öffentliches Interesse fanden. Um einen Platz auf der Zuschauertribüne des Sitzungssaales zu erhalten, hatten Tausende stundenlang in der Januarkälte vor dem damals noch in der Leipziger Straße befindlichen Reichstagsgebäude ausgeharrt.[129]

Sie wurden nicht enttäuscht: Schon am 11. Januar hielt Bismarck eine seiner berühmtesten und längsten Reden – er sprach über zwei Stunden –, in der er einen großangelegten und ohne Frage meisterhaft formulierten Rückblick auf seine bisherige Außenpolitik seit dem Beginn seiner preußischen Ministerpräsidentschaft gab.[130] Zwei große Kriege hätten geführt werden müssen – er spielte auf 1866 und 1870/71 an –, um den Deutschen das Recht zu sichern, »als große Nation zu leben und zu atmen«; damals seien »kriegerische Kämpfe« nun einmal unvermeidlich gewesen, »durch welche die Herstellung der deutschen Einheit, das nationale Leben der Deutschen geschaffen und sichergestellt werden mußte«. Indessen hegten die Deutschen keinerlei kriegerische Bedürfnisse mehr, sondern gehörten heute zu den »saturierten Staaten«, die schon deshalb noch mehr als alle anderen Mächte am Erhalt des Friedens interessiert sein müssten, um das Reich innerlich wie äußerlich zu konsolidieren. Ja mehr noch: »Unsere Aufgabe haben wir zuerst darin erkannt, die Staaten, mit denen wir Kriege geführt hatten, nach Möglichkeit zu versöhnen.« Vollständig gelungen sei dies inzwischen mit Österreich-Ungarn, und darüber hinausgehend habe die deutsche Politik »auch die Neubegründung der Freundschaft zwischen den jetzigen drei Kaisermächten« als ihre zentrale Aufgabe betrachtet: »Unsere Freundschaft mit Rußland hat in der Zeit unserer Kriege gar keine Unterbrechung erlitten und ist auch heute über jeden Zweifel erhaben.« Das war zweifellos eine krasse Beschönigung, aber Bismarck wusste genau, warum er diese Formulierung hier gebrauchte.

»Nicht minder aufrichtig und angestrengt«, fuhr er fort, »sind unsere Bemühungen gewesen, nach dem französischen Kriege die Versöhnung mit Frankreich herbeizuführen«; hier habe man, wie jedenfalls vermutet werden könne, nicht ganz so viel Erfolg gehabt, obwohl deutscherseits »alles getan« worden sei, »um die Franzosen zum Vergessen des Geschehenen zu bewegen.« Was die derzeitige Lage angehe (man befand sich immerhin auf dem Höhepunkt der Boulanger-Krise!), stellte Bismarck apodiktisch fest: »Wir werden Frankreich nicht angreifen, unter keinen Umständen«, obwohl es westlich des Rheins viele Franzosen gebe, die nur hierauf warteten, eben »weil sie lieber einen Verteidigungskrieg als einen Angriffskrieg führen wollen, weil es so viele gibt, bei denen der französische Angriff auf Deutschland nicht populär ist«. Bismarck ging indessen noch weiter; er schoss sich auf die Pariser Regierung ein und stellte anschließend die Behauptung auf, dass die derzeit amtierenden französischen Politiker, »sobald sie glauben, zu siegen«, auch den Krieg anfangen würden: »Das ist meine feste, unumstößliche Überzeugung.«

Nachdem er vor den Abgeordneten und den übrigen Zuhörern dieses Gefahrenszenario entwickelt hatte, drohte er ganz unverhohlen mit der Möglichkeit von Neuwahlen, als er anmerkte, das deutsche Heer sei »eine der fundamentalsten Haupteinrichtungen und Grundlagen«, ohne die das Deutsche Reich nicht bestehen könne; die Abgeordneten möchten sich diese Tatsache stets vor Augen halten, »wenn Sie diese Hauptbedingung seiner Existenz ihm unter den Füßen wegziehen und es gefährden; denn geschützt sein wollen wir alle, auch Ihre Wähler – rechnen Sie darauf!« Es komme bei künftigen Wahlen darauf an, »Leute gewählt zu sehen, die mit demselben Patriotismus, mit derselben Zurückstellung der Parteifragen gegenüber der Frage des Patriotismus für unsere Wehrhaftigkeit stimmen, wie das in allen anderen Ländern, mit alleiniger Ausnahme von Deutschland, der Fall ist, soweit parlamentarische Einrichtungen bestehen«. Jedenfalls seien der Kaiser und die verbündeten Fürsten im Bundesrat ebenfalls, wie die Reichsleitung, entschlossen, für die Sicherheit des Reiches angemessen zu sorgen. Und das bedeute wiederum: Eine Zurückweisung oder Aufweichung der Septennatsvorlage werde von der Reichsleitung angesichts der bestehenden außenpolitischen Gefahrenlage nicht akzeptiert.[131]

Obwohl sogar noch der ebenfalls im Reichstag sitzende alte Helmuth von Moltke das Wort ergriff und eine sorgenvolle Rede »über den Ernst der Zeit, in welcher wir uns befinden« hielt, in der er zudem offen über die Möglichkeit sinnierte, dass irgendein europäischer Politiker vielleicht doch versucht sei, die »Brandfackel in den Zündstoff zu werfen, welcher mehr oder weniger in allen Ländern angehäuft ist«[132], zeigte sich die Mehrheit der Abgeordneten nicht überzeugt; sie einigte sich auf einen Kompromiss und bewilligte die von Bismarck verlangten Militärausgaben – jedoch nicht für sieben, sondern nur für drei Jahre. Unmittelbar nach Auszählung der Stimmen (183 gegen 154) verlas Bismarck den schon vorbereiteten kaiserlichen Erlass zur Auflösung des Reichstags; die Neuwahlen wurden auf den 21. Februar 1887 festgesetzt.[133] Als der Reichskanzler nach der Auflösung das Sitzungsgebäude verließ, wurde er, wie die Presse berichtete, von einer großen wartenden Menschenmenge »mit brausendem Hurra und Hüteschwenken … begrüßt«.[134] Tatsächlich tat Bismarck alles, um die deutsche öffentliche Meinung – gelegentlich auch mit Hilfe beunruhigend wirkender alarmistischer Zeitungsartikel – in seinem Sinne zu beeinflussen.

Mit Bismarcks Unterstützung schlossen sich, wenn auch auf der äußersten Rechten eher ungern, die beiden konservativen Parteien und die Nationalliberalen zu einem Wahlkartell zusammen, das Bismarck schon seit Längerem im Blick gehabt hatte, um für seine Politik sichere Mehrheiten im Reichstag zu bekommen[135]; dieses Mal klappte es: Durch Koordination im Wahlkampf, durch Wahlkreisabsprachen und die gegenseitige Verpflichtung, nur Kandidaten aufzustellen, von denen man sicher sein konnte, dass sie dem Septennat zustimmen würden, erreichten die drei Kartellparteien – trotz Zugewinnen bei den Sozialdemokraten und einem guten Ergebnis auch des Zentrums – eine sichere Mehrheit im Parlament: 220 gegen 177 Mandate.[136] Die Wahlbeteiligung erreichte die bis dahin im Reich nicht gekannte Rekordhöhe von 77 Prozent. Zwischen dem 7. und dem 11. März wurde im neu gewählten, jetzt von den Kartellparteien dominierten Reichstag noch einmal über das Septennatsgesetz debattiert, bevor es mit einer unerwartet großen Mehrheit von 227 gegen 31 Stimmen (bei 84 Enthaltungen überwiegend aus der Zentrumspartei) angenommen wurde.[137] Wie es schien, standen Bismarck jetzt bis zum Ende der neuen Wahlperiode alle Mittel zur Verfügung, um seine Politik durchzusetzen, doch der Schein trog: Nicht nur in den Reihen der Zentrumspartei sowie der meist oppositionellen Freisinnigen, sondern sogar innerhalb des Kartells, am rechten Flügel der Deutschkonservativen Partei, begannen sich Widerstände zu regen, die dem Kanzler sehr bald schon zu schaffen machten.[138]

Daher trifft die Behauptung auch nicht zu, Bismarck habe mit dem harten und aufreibenden Kampf um das Septennat, der in der Parlamentsauflösung und den folgenden Neuwahlen gipfelte, »dem Reichstag den bisher härtesten Schlag seiner Geschichte«[139] versetzt. Bismarck hielt sich, im Gegenteil, streng an die Regeln der monarchisch-konstitutionellen Reichsverfassung; er schätzte die außenpolitische Lage – es war noch vor dem Sturz Boulangers in Paris – allerdings als derart gefährlich ein, dass er alles tat, um eine Mehrheit »seiner« Parteien, also des Kartells, im Reichstag zustandezubringen. Dass der Wahlkampf mit manipulativen Mitteln geführt wurde, ist nicht zu bestreiten – aber für welchen Wahlkampf gilt das *nicht*? Man wird, im Gegenteil, auch angesichts der besonders hohen Wahlbeteiligung bei den Neuwahlen, davon sprechen können, dass die Reichsverfassung auch in Zeiten äußerer Krisen funktionierte, oder anders gesagt: dass der amtierende Reichskanzler, der das Vertrauen des Kaisers besaß, immer noch in der Lage war, für seine Politik im Reichstag Mehrheiten zu finden.

Am Ende des Jahres 1887 konnte sich Bismarck sagen, dass die innere und äußere Krise überwunden war, in der sich das Reich noch ein Jahr zuvor befunden hatte. Der Kartellreichstag hatte das Septennatsgesetz bewilligt, die (von ihm in ihrer Gefährlichkeit wohl etwas überschätzte) Drohung aus dem Westen war mit dem Sturz Boulangers vorerst verschwunden und der lebenswichtige »Draht nach St. Petersburg« hatte mit dem Abschluss des geheimen Rückversicherungsvertrages immerhin aufrechterhalten werden können, auch wenn die gegenseitigen Beziehungen noch immer belastet waren; selbst ein Kurzbesuch des Zaren Alexander III. in Berlin im November 1887 konnte die wechselseitigen Verstimmungen nicht völlig ausräumen. Immerhin gelang es Bismarck bei dieser Gelegenheit, eine Reihe von gefälschten Briefen, die man dem Zaren zugespielt hatte, um ihn gegen den deutschen Kanzler aufzubringen[140], als solche zu entlarven. Aber auch dieser Vorgang zeigte, wie dünn jener »Draht« zwischen beiden Hauptstädten bereits geworden war; als strapazierfähig konnte man die deutsch-russischen Beziehungen fortan jedenfalls nicht mehr bezeichnen, und niemand wusste dies besser als Bismarck.

Der Tod des alten Kaisers kurz vor seinem einundneunzigsten Geburtstag am 9. März 1888 bedeutete – obwohl er nicht gerade unerwartet eintrat – eine schwere Belastung für Bismarck, die noch durch den Umstand verstärkt wurde, dass der Thronfolger, der nunmehrige Kaiser Friedrich III., an Kehlkopfkrebs erkrankt war und voraussichtlich nur noch wenige Monate zu leben hatte. Das bedeutete gleichzeitig, dass in absehbarer Zeit der noch junge, erst neunundzwanzig Jahre alte Kronprinz Wilhelm den deutschen Kaiserthron besteigen würde – und was von dem jungen Mann erwartet werden konnte, vermochte der Kanzler einstweilen nur schwer abzuschätzen. In einer bewegenden Erklärung unterrichtete Bismarck den Reichstag vom Ableben Wilhelms I., nicht ohne noch einmal zu betonen, der soeben verstorbene Kaiser habe es als beruhigend empfunden, dass im Reichstag mit seltener Einstimmigkeit »dasjenige beschlossen wurde, was für die Sicherstellung der Zukunft des Deutschen Reiches auf jede Gefahr hin, die uns bedrohen könnte, als Bedürfnis von den verbündeten Regierungen empfunden wurde«.[141]

Früher einmal gehegte Befürchtungen, was den kommenden Thronwechsel betraf, erwiesen sich in der gegebenen kritischen Situation als unbegründet, denn der tatsächlich bereits todkranke neue Kaiser dachte nicht mehr daran, den Kanzler, mit dem er in den vergangenen Jahrzehnten oft die Klingen gekreuzt hatte, jetzt zu entlassen. Denn der vorhersehbare doppelte Thronwechsel, vor allem der damit verbundene Übergang des Kaiseramts von einem Neunzigjährigen auf einen Neunundzwanzigjährigen, konnte sich im ungünstigsten Fall auf das erst achtzehn Jahre alte Deutsche Reich krisenhaft auswirken, in welcher Weise auch immer. Bismarck zeigte sich entschlossen zu bleiben: der Kaiser sei mittlerweile »so völlig schwach und willenlos, daß man ihn sich nicht überlassen dürfe«; er selbst wiederum würde sich, bemerkte er zu einem Mitarbeiter, »fest an seinen Stuhl halten und nicht gehen, selbst wenn man ihn hinauswerfen wolle«[142] – diesen Verdacht hegte er nämlich gegen die neue Kaiserin Viktoria, die seit jeher seine Gegnerin gewesen war.

Doch eine solche Aktion wäre gar nicht nötig gewesen; bereits nach genau neunundneunzig Tagen, am 15. Juni 1888, starb Kaiser Friedrich III. nach langem und schwerem Leiden. Die von ihm verkörperte politische Generation der um 1830 Geborenen, geprägt durch die Revolution von 1848 und das Erlebnis der Reichsgründungszeit, wurde in Deutschland damit übergangen, denn der 1859 geborene neue Kaiser Wilhelm II. war nach eigenem Selbstverständnis in deutlicher politischer Opposition gegen seine Eltern, und das bedeutete: als Bewunderer seines Großvaters und Otto von Bismarcks aufgewachsen. Noch im Dezember 1887 hatte der damalige Prinz Wilhelm, dessen rascher Aufstieg zur Macht in diesen Tagen noch nicht abzusehen war, dem Kanzler seine »hohe, warme Verehrung und herzliche Anhänglichkeit« mitgeteilt und hinzugefügt: »Ich ließe mir stückweise ein Glied nach dem anderen für Sie abhauen eher, als daß ich etwas unternähme, was Ihnen Schwierigkeiten machen oder Unannehmlichkeiten bereiten würde.«[143] Nicht nur diese Zeilen hatte Bismarck, wie seine Randbemerkungen im Original des Briefes zeigen[144], mit eher gemischten Gefühlen gelesen, doch immerhin konnte er sicher sein, dass auch der zweite Thronwechsel innerhalb eines Jahres seine Position als Reichskanzler nicht in Frage stellen würde. – Vielleicht kann man es als Bismarcks letzte große politische Leistung bezeichnen, dass es ihm am Ende tatsächlich gelungen ist, auch diese für das Reich nicht vollkommen ungefährliche Sukzessionskrise des Dreikaiserjahres 1888 zu meistern. Der doppelte Übergang auf dem Thron des Reiches und Preußens hatte sich in verfassungsgemäßer Weise nahezu reibungslos vollzogen, und das bedeutete: Die bestehenden Institutionen funktionierten.

Die Zusammenarbeit des alten Kanzlers und des jungen Kaisers ließ sich zunächst gut an. Noch am Tag vor dem Tod seines Vaters hatte Kronprinz Wilhelm ein langes Gespräch mit Bismarck geführt und dem Kanzler hierbei versichert, er wolle »die Regierung im Sinne seines Großvaters führen, die Rechte der Souveräne und der Volksvertretung achten. Sich nicht auf die Extreme, sondern auf die Kartellparteien stützen.«[145] Diese Haltung entsprach vollständig den Wünschen und Erwartungen des Kanzlers, auch die feierliche Reichstagseröffnung am 25. Juni 1888 im Weißen Saal des Berliner Stadtschlosses – später für die Nachwelt von Anton von Werner in einem imposanten Staatsgemälde festgehalten – wurde als Demonstration der Eintracht zwischen dem Monarchen und dem Reichskanzler aufgefasst, denn nach der Verlesung der Thronrede »reichte der Kaiser Bismarck die Hand, welche dieser sich tief verneigend küßte« – eine Szene die, wie überliefert ist, »mit einem besonderen ›Bravo‹ begrüßt« wurde. Dazu beeilte sich der Kaiser, aufgekommene Gerüchte, es werde in Königsberg wieder eine Krönung stattfinden, zu widerlegen, übrigens unter lebhafter Zustimmung Bismarcks, der hierzu anmerkte, es sei besser, »ohne weitere Formalitäten den Übergang der Krone als geschehen hinzustellen«.[146]

Blickt man zurück, dann hätte es eigentlich nahegelegen, dass Bismarck den neuen, noch nicht einmal dreißig Jahre alten Monarchen persönlich in die Interna der Staatsgeschäfte eingeführt hätte, doch der alte Kanzler verbrachte in den Jahren 1888 und 1889 die meiste Zeit des Jahres, schon aus gesundheitlichen Gründen, auf seinen Landsitzen; im Reichstag und im Preußischen Landtag ließ er sich inzwischen kaum noch blicken. Wäre er jünger, bemerkte er 1889 einmal zur Gräfin Spitzemberg, die ihn in Friedrichsruh besuchte, dann würde er täglich Kontakt zum jungen Kaiser suchen und ihn, wie einst Wilhelm I., »um den Finger wickeln, aber so läßt er sich von einzelnen Menschen, von Adjutanten, überhaupt von Militärs, beeinflussen«.[147] Bismarck bemühte sich, den gerade außenpolitisch noch gänzlich unerfahrenen Kaiser vorsichtig in die Geheimnisse seiner komplizierten Bündnispolitik einzuführen und ihn vor vielleicht gut gemeintem, jedoch voreiligem politischen Aktionismus zu warnen, nicht zuletzt mit Hinweisen auf die charakterlichen Eigenschaften der jeweiligen Gesprächspartner. Des Kanzlers im Juli 1888 verfasste Denkschrift für Wilhelm II. zur Vorbereitung eines Staatsbesuchs bei seinem Onkel, dem als äußerst misstrauisch bekannten russischen Zaren Alexander III., kann man geradezu als ein Meisterstück politischer Erziehung ansehen.[148]

Ob nun die mangelnde räumliche Nähe und der fehlende persönliche Kontakt zwischen Kaiser und Kanzler ausschlaggebend waren oder nicht – im folgenden Jahr 1889 begann jedenfalls zwischen beiden eine schleichende Entfremdung einzusetzen, die jetzt auch in immer stärkerem Maße von Persönlichkeiten aus der Reichsleitung, den Reichsämtern, sogar aus der engsten Umgebung des meist abwesenden Reichskanzlers zunächst nur sehr vorsichtig, bald aber immer offener geschürt wurde. Dazu gehörte beispielsweise der später als »graue Eminenz« im Auswärtigen Amt bekannt gewordene Geheime Legationsrat Friedrich von Holstein, der seit den frühen 1880er-Jahren, wie erst viel später bekannt werden sollte, gegen Bismarck, vor allem gegen die Russlandpolitik des Kanzlers, heimlich intrigierte und mit Hilfe seiner vielfältigen Verbindungen ins Ausland alles tat, um die Position seines obersten Vorgesetzten zu schwächen.[149]

Auch andere hohe Beamte, Politiker und Offiziere – darunter besonders der einflussreiche General Alfred von Waldersee, der von der bismarckfeindlichen Presse gelegentlich schon als Nachfolger auf dem höchsten Posten des Reiches gehandelt wurde – waren den allmächtigen Kanzler allmählich leid und warteten im Grunde nur auf dessen Eintritt in den Ruhestand. Endlich waren es auch führende Parteipolitiker, vor allem der Frankfurter Oberbürgermeister Johannes Miquel, ein sehr einflussreicher Nationalliberaler, die gegen Bismarck verdeckt oder gelegentlich bereits offen agierten. Zur Entfremdung zwischen Kaiser und Kanzler trug allerdings die häufige Abwesenheit Bismarcks vom Zentrum der Macht vermutlich eher bei »als die Intrigen ehrgeiziger Feinde und die Unsicherheit der Minister und Beamten, die spürten, dass ihre Karriere auf dem Spiel stand, und die deshalb verzweifelt zu erraten versuchten, wie die Würfel fallen würden«.[150] Wäre Bismarck häufiger in der Hauptstadt oder in der engeren Umgebung des bald wochenlang umherreisenden Kaisers präsent gewesen, hätte er die Situation wohl auch weiterhin im Griff gehabt.

So aber sammelte sich im Verlauf des Jahres 1889 zwischen den beiden mächtigsten Persönlichkeiten des Reiches nach und nach immer mehr innen- wie außenpolitischer Konfliktstoff an, der sich zunächst nur in diversen, eigentlich eher belanglosen Meinungsverschiedenheiten ausdrückte. Manche davon konnten rasch beigelegt werden, andere jedoch erwiesen sich bald als kaum zu überbrückende Differenzen. Im Grunde scheint Wilhelm II. die überaus komplexen Strukturen von Bismarcks spätem außenpolitischen System der Jahre seit 1886 kaum verstanden zu haben, so sehr sich der Kanzler auch bemühte, dem jungen Monarchen diesen Gegenstand in mehreren sorgfältig formulierten Denkschriften nahezubringen. Aber der Kaiser las längere Schriftstücke kaum oder nur widerwillig, er verfügte wohl auch nicht über die Intelligenz und Geistesschärfe, um alle Überlegungen des Kanzlers nachvollziehen zu können. Hingegen öffnete sich Wilhelm mehr und mehr den Einflüsterungen der entschiedenen Gegner Bismarcks, wie etwa des Generalstabschefs Waldersee, der sich seit Anfang 1889 bemühte, den Kanzler auf subtile Weise als alt, abgenutzt, selbstbezogen, politisch uneinsichtig und unfähig, sich auf neue Lagen einzustellen, zu denunzieren.[151]

Angesichts der immer noch unübersichtlichen außenpolitischen Lage und eventueller weiterer Differenzen mit Russland versuchte Bismarck nun erneut eine außenpolitische Doppelstrategie zu betreiben, also – wie schon früher so oft – mit Alternativen zu arbeiten. Zum einen leitete er möglichst früh Verhandlungen mit der St. Petersburger Regierung über eine für das Jahr 1890 anstehende Verlängerung des Rückversicherungsvertrages ein, zum anderen vollzog er eine überraschende Annäherung an Großbritannien, die schließlich in einem Bündnisangebot gipfelte.[152]

Der damalige Premierminister Salisbury wäre, wie er andeutete, zu einem solchen Abkommen angesichts der internationalen Konkurrenz seines Landes zu Frankreich wohl bereit gewesen, doch politisch hätte er es im Unterhaus nicht durchsetzen können – einstweilen könne er, wie er Herbert von Bismarck vertraulich versicherte, »nichts tun, als möglichst demonstrativ mit uns Hand in Hand zu gehen«.[153] Aber auch das nützte Bismarck bereits, denn seine »britische Rochade« gab den Russen »einen drohenden Wink auf den immer noch vorhandenen Manövrierraum deutscher Außenpolitik«.[154] Tatsächlich zeigten sich der Zar und seine Regierung denn auch Anfang 1890 zur Verlängerung des Rückversicherungsvertrages bereit – und wie ernst es ihnen augenscheinlich damit war und welchen Wert sie auf eine Verlängerung legten, zeigte sich darin, dass sie sich sogar bereit erklärten, künftig auf das »ganz geheime« Zusatzprotokoll zu verzichten.

Doch inzwischen hatte sich im Verlauf der zweiten Hälfte des Jahres 1889 das Verhältnis zwischen Kanzler und Kaiser derart verschlechtert, dass eine Staatskrise – mindestens jedoch eine Kanzlerkrise – bevorzustehen schien. Der zwischen beiden ausgebrochene Streit drehte sich allerdings weniger um äußere, dafür vor allem um innere Angelegenheiten; neben den für den Februar 1890 anstehenden Reichstagswahlen ging es in erster Linie um die Reaktion auf einen großen Massenstreik der Bergarbeiter im Ruhrgebiet, der im Frühjahr des Jahres ausgebrochen war und dessen Folgen sich noch über Monate hinzogen. Der Kaiser versuchte sich in dieser Zeit als Sozialpolitiker und ließ Maßnahmen zu einer Arbeiterschutzgesetzgebung vorbereiten, die der Kanzler aus grundsätzlichen Erwägungen heraus ablehnte, nicht zuletzt auch aus Rücksicht auf die Nationalliberale Partei, die immer noch das Rückgrat des Kartells im Reichstag darstellte. Dagegen forderte Bismarck, der jetzt tatsächlich die innere Brisanz der Lage nicht mehr vollständig zu überblicken schien, bald noch härtere Maßnahmen gegen die Arbeiterbewegung; er plante sogar eine unbefristete Verlängerung des Sozialistengesetzes.

Anfang 1890 spitzte sich der Konflikt an der Spitze des Reiches noch weiter zu. Bismarck und der Kaiser trugen wohl gleichermaßen die Schuld daran, dass geplante politische Maßnahmen nicht mehr durchzusetzen waren: Die anstehende Verlängerung des Sozialistengesetzes ging nicht mehr durch den Reichstag, und bei den Wahlen am 20. Februar mussten die Kartellparteien (darunter besonders die Nationalliberalen) eine krachende Niederlage hinnehmen: Die Zahl der vom Kartell gehaltenen Mandate sank von 220 auf 135. Die Opposition – Zentrum, Linksliberale und Sozialdemokraten – konnte dagegen durchweg Gewinne verzeichnen.[155] Darin konnte man durchaus einen Bankrott der bisherigen Innenpolitik des Kaisers und des Kanzlers seit 1888 erkennen. Bismarck jedenfalls begann sich mittlerweile auf kommende schwere innenpolitische Auseinandersetzungen, ja sogar auf einen inneren Präventivkrieg vorzubereiten, – anstatt weitere dringend nötige innenpolitische Reformen in den Blick zu nehmen, um Dampf aus dem Kessel zu lassen. Insofern konnte eine Entscheidung an der politischen Spitze Deutschlands jetzt nicht mehr lange ausbleiben.

Im März 1890 war die Situation reif: Bismarck reichte nach einem weiteren Konflikt beim Kaiser sein Entlassungsgesuch ein, das zwar nicht unbedingt, wie einmal gesagt worden ist, »eine großartige Staatsschrift« war, die Wilhelm II. »in jeder Weise … ins Unrecht« setzte[156], die jedoch ein präzise formuliertes Resümee der bestehenden Situation enthielt und den Kern des Konflikts auf den Punkt brachte. Die in Preußen wie im Reich bestehende monarchisch-konstitutionelle Verfassung erfordere geradezu zwingend ein engstes politisches Zusammengehen zwischen dem Ministerpräsidenten bzw. dem Kanzler auf der einen und dem regierenden Monarchen, also dem Deutschen Kaiser und König von Preußen auf der anderen Seite. Nachdem er die Überzeugung gewonnen habe, schloss Bismarck sein Gesuch, dass »Euere Majestät«, der Kaiser, mittlerweile der »Erfahrungen und Fähigkeiten eines treuen Dieners Ihrer Vorfahren … nicht bedürfen, darf ich aus dem öffentlichen Leben zurücktreten, ohne zu befürchten, daß mein Entschluß von der öffentlichen Meinung als unzeitig verurtheilt werde«.[157] Der Kaiser akzeptierte den seit Längerem von ihm erwarteten Rücktritt umgehend, und er scheint im Rückblick durchaus nicht die Wahrheit gesagt zu haben, wenn er Jahrzehnte später anmerkte, dass für ihn »der Abgang des Fürsten Bismarck … doch ziemlich unerwartet eintrat«. Andererseits wird man ihm noch nachträglich zustimmen müssen, wenn er sich dem Ansinnen des alten Kanzlers, »die Sozialisten im Falle revolutionärer Betätigung durch Kanonen und Bajonette … bekämpfen« zu wollen, entschieden widersetzte.[158]

Erzwungener Ruhestand

War Bismarcks Rücktritt am 18. März 1890 überfällig, oder bedeutete er den Beginn einer Tragödie für Deutschland? Für beide möglichen Standpunkte gibt es gute Argumente, und wie so oft kann es auch hier keine völlig eindeutige Antwort geben. Bezogen auf die Innenpolitik wird man Wilhelm II. recht geben müssen; hier hatte der Kanzler die Lage inzwischen offenkundig nicht mehr im Griff, während außenpolitisch, unter maßgeblichem Einfluss des nun offen gegen die bisherige Bismarck'sche Politik agierenden Holstein, jener Grundfehler begangen wurde, der am Ausgangspunkt der späteren, für das Deutsche Reich am Ende so fatalen internationalen Konstellation stand: Obwohl die russische Seite ausdrücklich eine Verlängerung des Rückversicherungsvertrages wünschte, gingen der Kaiser und die deutsche Reichsleitung unter Bismarcks Nachfolger Leo von Caprivi hierauf – ohne Not, wie man ausdrücklich sagen muss – nicht mehr ein. Damit verdorrten die noch von Bismarck gepflanzten und stets sorgsam gehegten »zarten Keime der Verständigung«[159] zwischen den beiden Mächten, und der von Bismarck über die Jahre hinweg trotz aller außenpolitischen Krisen stets bewahrte »Draht nach St. Petersburg« riss schließlich ab. Die Folgen sind bekannt: Die Annäherung Russlands und Frankreichs legte seit 1894 das Fundament zur zwei Jahrzehnte später festgefahrenen Bündniskonstellation von 1914, die wiederum die Konfrontationslinien des Großen Krieges bestimmen sollte. Der (nach der berühmten Karikatur des britischen Zeitschrift *Punch*) von Bord gegangene »Lotse« Bismarck hatte das Schiff der europäischen Politik endgültig verlassen; eine neue politische Generation, die froh war, den Alten endlich losgeworden zu sein, bestimmte in Deutschland fortan die Politik des Reiches.

Im Ausland sah man das etwas anders; hier äußerten sich die Stimmen der Besorgnis deutlich vernehmlicher als in Deutschland, wo man auf den jungen Kaiser Rücksicht zu nehmen hatte. Die große Macht des von Bismarck gegründeten Reiches werde fortan, notierte etwa der Wiener Diplomat Graf Alexander Hübner, ein unehelicher Sohn Metternichs, »weiß Gott wie lange in den Händen eines jungen unbekannten Mannes liegen. Man schreibt ihm Energie und Geist zu. Das ist möglich, aber nicht sicher.« Es sei nur eine Frage der Zeit, fuhr Hübner fort, bis das allzu ostentative sozialreformerische Anliegen des noch sehr unerfahrenen deutschen Herrschers ins Gegenteil umschlagen müsse: Der Zeitpunkt werde kommen, da er die revolutionären Massen des Vierten Standes werde »bekämpfen müssen«, und am Ende »wird es ein Konflikt werden, in dem die Monarchie verschwindet. Das ist ein bißchen schwarz gesehen, aber es ist alles möglich. Er hat absolut nichts allein gemacht, die Richtung kam aus Varzin.«[160]

Fortan zog sich Bismarck grollend in den Sachsenwald zurück; den ihm vom Kaiser zum Abschied gegen seinen ausdrücklichen Willen verliehenen Titel eines Herzogs von Lauenburg hat der alte Mann niemals akzeptiert. Doch Bismarck wäre nicht Bismarck gewesen, wenn er fortan verstummt wäre und sich im besten Fall auf die Rolle eines »elder statesman« zurückgezogen hätte. Er wollte, künftig eben auf Nebenwegen, weiterhin politisch agieren, indem er die Möglichkeiten nutzte, die ihm am Ende noch verblieben waren: Tatsächlich kandidierte er erfolgreich für den Reichstag (an dessen Sitzungen er dann aber niemals teilnahm), er schrieb oder inspirierte Zeitungsartikel (für die er die offene Verantwortung freilich nicht mehr übernahm), er hielt, wenn auch nur gelegentlich, öffentliche Reden – und er verfasste seine Memoiren.[161]

Da ihm seine bislang so willfährigen Blätter, etwa die *Post* oder die *Norddeutsche Allgemeine,* auf Druck der neuen Reichsleitung nicht mehr zur Verfügung standen, fand er mit Unterstützung eines ihm treu ergebenen Hamburger Journalisten namens Hermann Hofmann in den *Hamburger Nachrichten* ein neues Sprachrohr. Hofmann besuchte den Altkanzler regelmäßig im nahe gelegenen Friedrichsruh und wurde von diesem mit Texten, Anregungen, Hintergrundinformationen sowie mit allerhand weiterem Material versorgt, das der eifrige Pressemann dann für seine Artikel verwenden konnte. Geschickt ließ Hofmann durchblicken, wessen Gedanken er in seinem Blatt Raum gab, und bald schon stieg die Auflage der *Hamburger Nachrichten* deutlich an; die Artikel wurden im In- und Ausland aufmerksam gelesen und nachgedruckt. Bismarck zeigte, dass er sich nach seinem

Rücktritt nicht mundtot machen ließ und dass er auch weiterhin in der Politik mitzureden gedachte.[162]

In seinen öffentlichen Reden, die Bismarck in den ersten Jahren seines erzwungenen Ruhestandes noch gelegentlich hielt, bevor seine Gesundheit ihn daran zu hindern begann, musste er sich freilich mehr Zurückhaltung auferlegen; offene Kritik am Kaiser war selbstverständlich tabu, und auch die politischen Nachfolger in Berlin konnten bestenfalls indirekt kritisch beleuchtet werden. Natürlich dienten diese Ansprachen, vor allem vor den Delegationen und Besuchergruppen, die zu ihm als einem vermeintlichen politischen Orakel nach Friedrichsruh oder an seinen Urlaubsort Bad Kissingen pilgerten, nicht zuletzt dazu, den eigenen Ruhm zu pflegen, gelegentlich auch zur Verkündung staatsmännischer Weisheiten und Betrachtungen über das Wesen richtiger und falscher Politik. Diese Reden wurden zumeist mitstenographiert und anschließend – nach vorheriger genauer Überprüfung durch den »Hofstaat« des Altkanzlers – an die Presse weitergegeben.[163] Auch auf diesem Wege konnte Bismarck also immer noch Millionen von Menschen erreichen. Die äußerliche »Versöhnung« zwischen Kanzler und Kaiser hingegen, die Wilhelm II. im Januar 1894 in Berlin mit großem Aufwand vor der deutschen Öffentlichkeit inszenierte, blieb eine rein politische Aktion, ohne dass sich am seit 1890 bestehenden gestörten Verhältnis zwischen dem Monarchen und dem immer noch grollenden Altkanzler irgendetwas geändert hätte.

Die Anfang der 1890er-Jahre entstandenen Memoiren, *Erinnerung und Gedanke* (wie der eigentliche Titel lautete), sollten neben einer umfassenden, freilich höchst subjektiven Bilanz des eigenen Lebens und Wirkens auch die Abrechnung mit dem Kaiser enthalten. Bismarck erarbeitete sie in mühseliger Anstrengung zusammen mit einem seiner getreuesten Mitarbeiter, der kurioserweise ein alter Achtundvierziger und Emigrant gewesen war, sich später aber zu Bismarcks Politik bekehrt hatte: Lothar Bucher. Ohne den sehr verdienst- und vor allem entsagungsvollen Einsatz Buchers wären die wohl berühmtesten Memoiren deutscher Sprache kaum zustande gekommen.[164] Da der Altkanzler seine Erinnerungen ausdrücklich als eine Art Lehrbuch der Politik angelegt hatte[165] – die Widmung lautete nicht zufällig: »Den

Söhnen und Enkeln zum Verständnis der Vergangenheit und zur Lehre für die Zukunft«[166] –, glaubte er sich der Pflicht enthoben, auch über eigene Fehler, die er bekanntlich gar nicht oder nur äußerst ungern zugab, nachdenken zu müssen. Gleichwohl hinterließ er – der die Veröffentlichung und den ungeheuren Erfolg seines Buches nicht mehr erlebte – ein Memoirenwerk, das trotz aller Einseitigkeiten und Gewaltsamkeiten sowohl als literarische Leistung wie auch als genuin politische Schrift seine Faszination bis heute keineswegs verloren hat – auch dies eine Leistung, die bleiben wird.

Die letzten Jahre Bismarcks waren allgemein von Freudlosigkeit und zunehmender Krankheit gezeichnet. Er musste es erleben – für ihn ein besonders schweres persönliches Unglück –, dass seine geliebte Johanna vor ihm starb, ganz plötzlich am 27. November 1894. Der achtzigste Geburtstag am 1. April 1895 wurde noch einmal reichsweit mit einer Fülle von Kundgebungen gefeiert; Bismarck hielt bei dieser Gelegenheit zwei seiner letzten Ansprachen.[167] Überhaupt erreichte der Bismarckkult, der bereits vor 1890 eingesetzt hatte, bald seinen ersten Höhepunkt; die Bismarckdenkmäler und Bismarcktürme vermehrten sich überall in Deutschland von Jahr zu Jahr mit großer Geschwindigkeit.[168] Vermutlich hat sich der alte Mann darüber nicht mehr gefreut. Die früher begangenen Sünden einer höchst ungesunden Lebensweise begannen sich jetzt zu rächen: Bismarck litt bald beständig unter Schmerzen und konnte sich in seinen letzten beiden Lebensjahren fast nur noch im Rollstuhl fortbewegen. Eine von Franz von Lenbach im Februar 1896 in Friedrichsruh aufgenommene Fotografie, nach welcher der Maler später ein stark geschöntes Porträt anfertigte, zeigt einen müden, kranken, sichtbar unter Schmerzen leidenden, eigentlich nur noch auf den Tod wartenden alten Mann.

Das Ende kam im Sommer 1898.[169] Bereits im Frühjahr hatte Bismarck seine letzten Ausfahrten ins Freie abbrechen müssen; er dämmerte fortan im Park von Friedrichsruh im Rollstuhl sitzend vor sich hin. Das letzte Mal nahm er am 28. Juli am Abendessen der Familie teil, las anschließend, wie stets, die Zeitungen und rauchte seine Pfeifen. Zwei Tage später, am 30. Juli 1898, starb er an den Folgen eines Lungenödems, im vierundachtzigsten Lebensjahr stehend. Noch nach seinem Tod siegte er ein letztes Mal über den Kaiser: Die vom Monarchen ausdrücklich gewünschte Bestattung im Berliner Dom fand nicht statt, auch nahm die Familie an der dort abgehaltenen offiziellen Trauerfeier in Gegenwart Wilhelms II. nicht teil. Bismarck wurde, wie er es gewünscht hatte, in einem kleinen Mausoleum in Friedrichsruh beigesetzt; sein Grab trägt die von ihm selbst formulierte Inschrift: »Ein treuer deutscher Diener des Kaisers Wilhelm I.«

Epilog

Am 1. Juli 1944, zwanzig Tage vor dem gescheiterten Attentat auf Adolf Hitler, besuchte einer der Verschwörer aus dem deutschen Widerstand, der Diplomat Ulrich von Hassell – er wäre nach einem geglückten Anschlag neuer Außenminister geworden – die mit ihm befreundete Familie von Bismarck in Friedrichsruh; in seinen Tagebuchaufzeichnungen notierte er: »Alles trat … zurück hinter die Erinnerung an den Großen, im Haus, im Mausoleum, im kleinen Museum. Kaum zu ertragen, ich war dauernd an Tränen beim Gedanken an das zerstörte Werk. Ich habe mich in den letzten Jahren viel mit ihm beschäftigt, und er wächst als Außenpolitiker dauernd bei mir. Es ist bedauerlich, welch falsches Bild wir selbst in der Welt von ihm erzeugt haben, als dem Gewaltpolitiker mit Kürassierstiefeln, in der kindlichen Freude darüber, daß jemand Deutschland endlich zur Geltung brachte. In Wahrheit war die höchste Diplomatie und das Maßhalten seine große Gabe. Er hat verstanden, die Gegner auszumanövrieren und *trotzdem* in einziger Weise in der Welt Vertrauen zu erwecken, genau umgekehrt wie heute.«[170]

Das Reich, Bismarcks Werk, lag tatsächlich nicht einmal ein Jahr später in Trümmern – zerstört durch Diktatur, Gewaltpolitik und Verbrechen. Ulrich von Hassell selbst sollte dieses Ende nicht mehr erleben, er wurde nach dem misslungenen Anschlag hingerichtet. Ein dem Widerstand ebenfalls nahestehender Enkel Bismarcks, der zweite Sohn Herberts, entkam dem Galgen nur wegen seines Namens. Das Andenken Bismarcks geriet tatsächlich nach 1945 recht bald schon ins

Zwielicht, denn viele seiner Kritiker sahen in ihm den vermeintlichen Ahnherrn einer preußischen und deutschen Kriegs- und Gewaltpolitik, die in letzter Konsequenz zur Katastrophe geführt habe. Um sich jedoch von den verfälschenden Legenden des von Ulrich von Hassell sehr zu Recht und treffend kritisierten früheren Bismarckkults zu entfernen, war es nach dem Krieg nicht nur gerechtfertigt, sondern auch notwendig, Bismarcks Leben und Werk in neuer Perspektive in den Blick zu nehmen und kritisch zu analysieren. Dass man dabei nicht selten abermals über das Ziel hinausschoss und das Pendel dieses Mal gelegentlich zu weit nach der anderen Seite hin ausschlagen ließ, war wohl kaum zu vermeiden.

Erst heute – zwei Jahrhunderte nach seiner Geburt – scheint ein genügend großer Abstand gewonnen zu sein, um das Werk dieses Mannes weitgehend unvoreingenommen zu bewerten und zu würdigen. Bismarck gehört heute eigentlich auch nicht mehr, wie noch etwa vor fünfzig Jahren, zu jenen Gestalten der deutschen Geschichte, die wirklich polarisierend wirken können. Die von ihm begangenen politischen Fehler, in denen sich die *Grenzen* seiner Einsicht und seines Handelns ausdrücken, liegen so unbestritten und so klar zu Tage, dass darüber kaum mehr zu diskutieren sein dürfte. Ähnliches gilt für die historische *Größe*, die ihm ebenfalls zukommt und die ihn bis heute zu einer der herausragenden, unbestritten wirkmächtigsten Persönlichkeiten nicht nur der deutschen, sondern auch der europäischen Geschichte macht.

Am ehesten noch streiten und kontrovers debattieren können wird man wohl noch über Bismarcks *Leistungen*. Die vielleicht wichtigste bleibende Leistung ist, man mag es drehen und wenden, wie man will, immer noch die deutsche Einheit. Bismarck hat, um es auf eine einfache, aber präzise Formel zu bringen, aus der deutschen *Kulturnation* eine politische, eine *Staatsnation* gemacht, er hat die Deutschen gerade darin politisch geeint, dass er aus Preußen, Bayern, Sachsen, Hannoveranern, Hessen, Württembergern, Mecklenburgern und anderen Deutsche gemacht und ihnen ein *gesamtdeutsches politisches Bewusstsein* vermittelt hat. Genau dieses Bewusstsein ist nach allen Katastrophen der deutschen Geschichte des 20. Jahrhunderts doch am Ende erhalten geblieben; selbst in den Zeiten der Besatzung und der von den Siegermächten verhängten Teilung hat es, sozusagen subkutan, jahrzehntelang überlebt und gewirkt. Noch einmal erlangte dieses Bewusstsein als Zusammengehörigkeitsgefühl unmittelbare politische Bedeutung, als im Jahr 1990 die friedliche Wiedervereinigung Deutschlands gelang. Und wirkt es, wird man fragen dürfen, vielleicht nicht auch darin weiter, dass es, im Gegensatz zu mancherlei separatistischen und spalterischen Tendenzen überall im gegenwärtigen Europa (man denke an Großbritannien, Spanien, Italien, Belgien), gerade in Deutschland nichts dergleichen mehr gibt?

Bismarck vermittelte den Deutschen außerdem, dass es – jenseits von Stagnation und Apathie, aber auch von realitätsfernem Aktionismus – so etwas wie eine *Politik mit Augenmaß*, mit Blick für das Mögliche und Machbare geben kann, eine Politik, die gleichwohl auch die Gefährdungen der Macht stets in das eigene Kalkül mit einbeziehen und dementsprechend vorsichtig sein muss. Er hat den Blick auf die vorhandenen Realitäten gerichtet, ja im eigentlichen Sinne dieses umstrittenen Begriffs »Realpolitik« betrieben, ohne die Bedeutung von Ideen und Idealen zu verkennen, aber auch ohne die Gefahren aus den Augen zu verlieren, die aus blindem Idealismus und naiv-voreingenommenem Utopismus in der Politik entstehen können. Und er hat ebenfalls zeigen können, dass kluges politisches Handeln niemals nur auf den »Mantel Gottes in der Geschichte« warten, niemals auf vermeintlich »unabdingbar« eintretende Ereignisse setzen darf, sondern stets mit *Alternativen* arbeiten oder doch wenigstens mit ihnen rechnen können muss. Er war ein »weißer Revolutionär« gerade darin, dass er das Neue stets mit dem Alten verknüpfte, dass er auf Kontinuität auch dort setzte, wo er in seiner Politik Neuland betreten wollte und gelegentlich musste.

Eine zentrale Leistung des »eisernen Kanzlers« war, ist und bleibt darüber hinaus weiterhin die *Grundlegung des deutschen Sozialstaates*. Mag man auch noch so sehr die materielle Dürftigkeit und die (aus heutiger Perspektive so gesehene) Mangelhaftigkeit der Anfänge in den 1880er-Jahren ins Spiel bringen – *dass* hier überhaupt ein Anfang gemacht wurde, *dass* die schwere soziale Not in der Ära der Frühindustrialisierung mit Mitteln des Staates, auch unter Einbeziehung der Arbeitgeber, nicht nur der damals noch kaum leistungsfähigen unmittelbar Betroffenen, im Rahmen des seinerzeit Möglichen angegangen und damit zugleich ein weit in die Zukunft weisender Prozess eingeleitet wurde, an dessen Ende der heutige deutsche Sozialstaat steht, bleibt eine einmalige Pionierleistung, die Bismarck persönlich auf den Weg gebracht hat. Krankenversicherung, Unfallversicherung, Alters- und Invaliditätsversicherung bildeten in jener Zeit ein allererstes Fundament, auf dem später aufgebaut, das ergänzt und verbessert werden konnte, auch wenn das Ziel eines umfassenden sozialen Friedens in Deutschland erst sehr viel später erreicht wurde. Manchmal ist es unabdingbar, dass erst einmal ein *Anfang* gemacht wird. Dort, wo damals, in der Zeit rasanter ökonomisch-technischer Hochentwicklung, eine sozialpolitische Fundierung der Lebensbedingungen sozial benachteiligter Unterschichten, wie sie in Deutschland unter Bismarck stattfand, unterblieb, sind die Folgen bis heute spürbar.

Schließlich und endlich ist die ab 1871 betriebene aktive *europäische Friedenspolitik* zu nennen, auf die Bismarck am Ende seines Lebens in der Tat stolz sein konnte, auch wenn er gelegentlich durchaus sorgenvoll in die Zukunft blickte. Die eindrucksvolle Vermittlungsleistung auf dem Berliner Kongress, die einen großen Krieg in den späten 1870er-Jahren verhinderte, und seine späte Außenpolitik im Zeichen der erneuten Orientkrise Ende der 1880er-Jahre, die den europäischen Frieden noch einmal für zweieinhalb Jahrzehnte rettete, gehen gleichfalls auf das Konto des Kanzlers. Ist dies nicht auch eine Leistung Bismarcks, die in mancher Hinsicht die gegenwärtige Lage der heutigen Deutschen vorwegnahm – sind also nicht auch wir gerade in dieser Hinsicht die eigentlichen »Erben Bismarcks«? Vor nicht allzu langer Zeit wurde im Leitartikel einer großen deutschen Tageszeitung die Feststellung getroffen, Deutschland sei heute auch deshalb »so beliebt, weil es keine erkennbaren strategischen Ambitionen hat, weil es zwar stark ist, aber ein europäischer Hegemon nicht sein will. Weil es zwar zum Westen gehört, sich aber auch seine Stellung in Russland und seinen guten Ruf in der arabischen Welt nicht verderben und ein ›ehrlicher Makler‹ sein will«.[171] Spiegelt sich in diesen, unsere heutige

»saturierte« Lage anschaulich beschreibenden Worten nicht ebenfalls das Erbe Bismarcks – sogar bis hin zu der direkt von ihm übernommenen Formulierung vom »ehrlichen Makler«?

Was die Generationen, die nach dem »eisernen Kanzler« kamen, doppelt verspielten, haben die heutigen Deutschen nach dem Überstehen schlimmster Katastrophen und nach überaus mühsamen Anstrengungen erneut erringen können, wenn auch in deutlich bescheidenerem Maßstab. Die heutige Erinnerung an Leben und Größe, Grenzen und Leistungen Otto von Bismarcks sollte nicht zuletzt dazu beitragen, die Bedeutung dieses Erbes zu erkennen und es nicht noch einmal aufs Spiel zu setzen, also aus der Erfahrung der Vergangenheit, auch aus der Geschichte Bismarcks – um eine Formulierung Jacob Burckhardts abzuwandeln[172] – zwar vielleicht nicht »weise für immer«, aber doch wenigstens »klug für ein andermal« zu werden.

ANHANG

Vorbemerkung: Bismarck-Zitate erfolgen im Allgemeinen nach der derzeit am leichtesten greifbaren Ausgabe, der im Rahmen der »Freiherr-vom-Stein-Gedächtnisausgabe« durch Rudolf Buchner u. a. edierten neunbändigen Sammlung: Otto von Bismarck: Werke in Auswahl (1962–1983). Die dort nicht abgedruckten Texte werden nach den älteren Sammlungen der Werke und Reden Bismarcks sowie der diplomatischen Akten der Bismarckzeit zitiert. Die übrigen Quellen sowie die wissenschaftliche Literatur werden in den Anmerkungen abgekürzt (Verfasser, Kurztitel) angeführt.

Abkürzungen

Bismarcks
Reden I–XIV   Bismarck, Otto von: Die politischen Reden des Fürsten Bismarck. Historisch-kritische Gesammtausgabe, hrsg. von Horst Kohl, Bde. I–XIV, Stuttgart – Berlin 1892–1905.

Busch I–III   Moritz Busch: Tagebuchblätter, Bde. I–III, Leipzig 1899.

GP I–VI   Die Große Politik der europäischen Kabinette. Sammlung der diplomatischen Akten des Auswärtigen Amtes, hrsg. v. Johannes Lepsius/Albrecht Mendelssohn Bartholdy/Friedrich Thimme, Bde. I–VI (Die Bismarck-Zeit), Berlin 1922.

GW I–XV   Otto von Bismarck: Die gesammelten Werke. Friedrichsruher Ausgabe, Bde. I–XV, Berlin 1924–1932.

Huber, Dok. II   Ernst Rudolf Huber (Hrsg.): Dokumente zur deutschen Verfassungsgeschichte, Bd. II: Deutsche Verfassungsdokumente 1851–1900, 3. Aufl. Stuttgart – Berlin – Köln – Mainz 1986.

SEG   Schulthess' Europäischer Geschichtskalender, Nördlingen 1860ff.

WA I–VIIIb   Otto von Bismarck: Werke in Auswahl, hrsg. v. Rudolf Buchner u. a., Bde. I–VIIIb, Darmstadt 1962–1983.

Quellen und Literatur

Abeken, Heinrich: Ein schlichtes Leben in bewegter Zeit, aus Briefen zusammengestellt, Berlin 1898.

Albrecht, Dieter: König Ludwig II. von Bayern und Bismarck, in: Historische Zeitschrift 270 (2000), S. 339–64.

Baumgart, Winfried: Europäisches Konzert und nationale Bewegung 1830–1878, Paderborn – München – Wien – Zürich 1999.

Baumgart, Winfried (Hrsg.): General Albrecht von Stosch. Politische Korrespondenz 1871–1896, München 2014.

Bebel, August: Aus meinem Leben, Bde. I–III, Berlin 1946.

Becker, Otto: Bismarcks Ringen um Deutschlands Gestaltung, hrsg. v. Alexander Scharff, Heidelberg 1958.

Bismarck, Otto von: Die politischen Reden des Fürsten Bismarck. Historisch-kritische Gesammtausgabe, hrsg. von Horst Kohl, Bde. I–XIV, Stuttgart – Berlin 1892–1905.

Bismarck, Otto von: Die gesammelten Werke. Friedrichsruher Ausgabe, Bde. I–XV, Berlin 1924–1932.

Bismarck, Otto von: Werke in Auswahl, Bde. I–VIIIb, Darmstadt 1962–1983.

Bornhak, Conrad/Eppstein, Georg von: Bismarcks Staatsrecht. Die Stellungnahme des Fürsten Otto von Bismarck zu den wichtigsten Fragen des Deutschen und Preußischen Staatsrechts, 2. Aufl., Berlin 1923.

Bornkamm, Heinrich: Die Staatsidee im Kulturkampf (1950), Neudruck Darmstadt 1969.

Brauer, Arthur von: Bismarcks Schreibweise, in: Erinnerungen an Bismarck. Aufzeichnungen von Mitarbeitern und Freunden des Fürsten, mit einem Anhange von Dokumenten und Briefen. In Verbindung mit Arthur von Brauer gesammelt von Erich Marcks/Karl Alexander von Müller, Stuttgart – Berlin – Leipzig 1924, S. 223–238.

Brauer, Arthur von: Im Dienste Bismarcks. Persönliche Erinnerungen, Berlin 1936.

Bülow, Bernhard Fürst von: Denkwürdigkeiten, hrsg. v. Franz von Stockhammern, Bde. I–IV, Berlin 1930–1931.

Burckhardt, Jacob: Weltgeschichtliche Betrachtungen, hrsg. v. Rudolf Marx, Stuttgart 1978.

Busch, Moritz: Tagebuchblätter, Bde. I–III, Leipzig 1899.

Bußmann, Walter: Das Zeitalter Bismarcks, Handbuch der Deutschen Geschichte, hrsg. von Leo Just, Bd. 3/II, 4. Aufl., Frankfurt a. M. 1968

Canis, Konrad: Bismarcks Außenpolitik 1870–1890. Aufstieg und Gefährdung, Paderborn – München – Wien – Zürich 2004.

Conte Corti, Egon Caesar/Sokol, Hans: Der alte Kaiser Franz Joseph I. Vom Berliner Kongreß bis zu seinem Tode, 3. Aufl., Graz – Wien – Köln 1956.

Craig, Gordon: Deutsche Geschichte 1866–1945. Vom Norddeutschen Bund bis zum Ende des Dritten Reiches, München 1980.

Diwald, Hellmut (Hrsg.): Von der Revolution zum Norddeutschen Bund. Politik und Ideengut der preußischen Hochkonservativen. Aus dem Nachlaß von Ernst Ludwig von Gerlach, Bde. I–II, Göttingen 1970.

Dülffer, Jost/Hübner, Hans (Hrsg.): Otto von Bismarck. Person – Politik – Mythos, Berlin 1993.

Engelberg, Ernst: Revolutionäre Politik und Rote Feldpost 1878–1890, Berlin 1959.

Engelberg, Ernst: Bismarck, Bde. I–II, Berlin 1985–1990.

Eulenburg-Hertefeld, Fürst Philipp zu: Aus 50 Jahren. Erinnerungen, Tagebücher und Briefe aus dem, Nachlaß [hrsg. v. Johannes Haller], 2. Aufl., Berlin 1925.

Eyck, Erich: Bismarck. Leben und Werk, Bde. I–III, Erlenbach/Zürich 1941–1944.

Franz, Georg: Kulturkampf. Staat und katholische Kirche in Mitteleuropa, München 1954.

Gall, Lothar: Bismarck. Der weiße Revolutionär, Frankfurt a.M. – Berlin – Wien 1980.

Gall, Lothar/Lappenküper, Ulrich (Hrsg.): Bismarcks Mitarbeiter, Paderborn – München – Wien – Zürich 2009.

Geiss, Immanuel (Hrsg.): Der Berliner Kongreß 1878. Protokolle und Materialien, Boppard a. Rh. 1978.

Gerhardt, Johannes: Der Erste Vereinigte Landtag in Preußen von 1847. Untersuchungen zu einer ständischen Körperschaft im Vorfeld der Revolution von 1848/49, Berlin 2007.

Gerlach, Ernst Ludwig von: Aufzeichnungen aus seinem Leben und Wirken, hrsg. von Jakob von Gerlach, Bde. I–II, Schwerin 1903.

Görlitz, Walter: Die Junker. Adel und Bauer im deutschen Osten, Limburg a.d.L. 1964.

Groepper, Horst: Bismarcks Sturz und die Preisgabe des Rückversicherungsvertrages, Paderborn – München – Wien – Zürich 2008.

Gründer, Horst: Geschichte der deutschen Kolonien, 4. Aufl., Paderborn 2000.

Grypa, Dietmar: Der Diplomatische Dienst des Königreichs Preußen (1815–1866). Institutioneller Aufbau und soziale Zusammensetzung, Berlin 2008.

Gundolf, Friedrich: Bismarcks Gedanken und Erinnerungen als Sprachdenkmal (1931), in: Derselbe: Beiträge zur Literatur- und Geistesgeschichte, hrsg. v. Victor A. Schmitz/Fritz Martini, Heidelberg 1980, S. 302–317.

Hank, Manfred: Kanzler ohne Amt. Fürst Bismarck nach seiner Entlassung 1890–1898, 2. Aufl., München 1980.

Hartung, Fritz: Bismarck und Graf Harry Arnim, in: Ders.: Staatsbildende Kräfte der Neuzeit, Berlin 1961, S. 345–375.

Hassell, Ulrich von: Im Wandel der Außenpolitik. Von der Französischen Revolution bis zum Weltkrieg, 3. Aufl. München 1940.

Heffter, Heinrich: Die Kreuzzeitungspartei und die Kartellpolitik Bismarcks, Leipzig 1927.

Helmolt, Hans F. (Hrsg.): Gustav Freytags Briefe an Albrecht von Stosch, Stuttgart – Berlin 1913.

Heyderhoff, Julius/Wentzcke, Paul (Hrsg.): Deutscher Liberalismus im Zeitalter Bismarcks. Eine politische Briefsammlung, Bde. I–II, Bonn – Leipzig 1925–26.

Heyderhoff, Julius (Hrsg.): Im Ring der Gegner Bismarcks. Denkschriften und politischer Briefwechsel Franz v. Roggenbachs mit Kaiserin Augusta und Albrecht v. Stosch 1865–1896, Leipzig 1943.

Hildebrand, Klaus: Das vergangene Reich. Deutsche Außenpolitik von Bismarck bis Hitler 1871–1945, Stuttgart 1995.

Hildebrand, Klaus/Kolb, Eberhard (Hrsg.): Otto von Bismarck im Spiegel Europas, Paderborn – München – Wien – Zürich 2006.

Hildebrand, Klaus: Die »Krimkriegssituation«. Wandel und Dauer einer historischen Konstellation der Staatenwelt, in: Ders.: Der Flug des Ikarus. Studien zur deutschen Geschichte und internationalen Politik, hrsg. v. Joachim Scholtyseck/Christoph Studt, München 2011, S. 67–77.

Hillgruber, Andreas: Otto von Bismarck. Gründer der europäischen Großmacht Deutsches Reich, Göttingen – Zürich – Frankfurt a. M. 1978.

Hillgruber, Andreas: Bismarcks Außenpolitik, Freiburg i. Br. 1981.

Hofmann, Hermann: Fürst Bismarck 1890–1898, Bde. I–III, Stuttgart 1922.

Hohenlohe-Schillingsfürst, Chlodwig zu: Denkwürdigkeiten. Im Auftrage des Prinzen Alexander zu Hohenlohe-Schillingsfürst hrsg. v. Friedrich Curtius, Bde. I–II, Stuttgart – Leipzig 1906.

Huber, Ernst Rudolf: Deutsche Verfassungsgeschichte seit 1789, Bd. III: Bismarck und das Reich, 3. Aufl. Stuttgart – Berlin – Köln – Mainz 1988; Bd. IV: Struktur und Krisen des Kaiserreichs, 2. Aufl., ebda. 1982.

Huber, Ernst Rudolf (Hrsg.): Dokumente zur deutschen Verfassungsgeschichte, Bd. II: Deutsche Verfassungsdokumente 1851–1900, 3. Aufl., Stuttgart – Berlin – Köln – Mainz 1986.

Ingrim, Robert: Bismarck selbst. Tausend Gedanken des Fürsten Otto von Bismarck, Stuttgart 1950.

Irvine, William D.: The Boulanger Affair Reconsidered. Royalism, Boulangism, and the Origins of the Radical Right in France, New York – Oxford 1989.

Janorschke, Johannes: Bismarck, Europa und die »Krieg-in-Sicht«-Krise von 1875, Paderborn u. a. 2010.

Jansen, Christian: Otto von Bismarck: Modernität und Repression, Gewaltsamkeit und List. Ein absolutistischer Staatsdiener im Zeitalter der Massenpolitik, in: Frank Möller (Hrsg.): Charismatische Führer der deutschen Nation, München 2004, S. 63–83.

Kardorff, Siegfried von: Bismarck. Vier Vorträge. Ein Beitrag zur deutschen Parteigeschichte, Berlin 1929.

Kennan, George F.: Bismarcks europäisches System in der Auflösung. Die französisch-russische Annäherung, 1875 bis 1890, Frankfurt a. M. – Berlin – Wien 1981.

Keudell, Robert von: Fürst und Fürstin Bismarck. Erinnerungen aus den Jahren 1846 bis 1872, Berlin – Stuttgart 1902.

Kissinger, Henry: Der weiße Revolutionär: Reflexionen über Bismarck, in: Lothar Gall (Hrsg.): Das Bismarck-Problem in der Geschichtsschreibung nach 1945, Köln – Berlin 1971, S. 392–428.

Kohl, Horst (Hrsg.): Kaiser Wilhelm I. und Bismarck, Stuttgart – Berlin 1901.

Kohl, Horst (Hrsg.): Briefe des Generals Leopold von Gerlach an Otto von Bismarck, Stuttgart – Berlin 1912.

Kolb, Eberhard: Der Kriegsausbruch 1870. Politische Entscheidungsprozesse und Verantwortlichkeiten in der Julikrise 1870, Göttingen 1970.

Kolb, Eberhard: Gezähmte Halbgötter? Bismarck und die militärische Führung 1871–1890, in: Lothar Gall (Hrsg.): Otto von Bismarck und Wilhelm II. – Repräsentanten eines Epochenwechsels?, Paderborn 2001, S. 41–60.

Kraus, Hans-Christof: Ursprung und Genese der »Lückentheorie« im preußischen Verfassungskonflikt, in: Der Staat 29 (1990), S. 209–234.

Kraus, Hans-Christof: Ernst Ludwig von Gerlach. Politisches Denken und Handeln eines preußischen Altkonservativen, Bde. I–II, Göttingen 1994.

Kraus, Hans-Christof: Bismarck und die preußischen Konservativen, Friedrichsruh 2000.

Kraus, Hans-Christof / Heidenreich, Bernd / Kroll, Frank-Lothar (Hrsg.): Bismarck und die Deutschen, Berlin 2005.

Kraus, Hans-Christof: Von Hohenlohe zu Papen. Bemerkungen zu den Memoiren deutscher Reichskanzler zwischen der wilhelminischen Ära und dem Ende der Weimarer Republik, in: Franz Bosbach/Magnus Brechtken (Hrsg.): Politische Memoiren in deutscher und britischer Perspektive, München 2005, S. 87–112.

Kraus, Hans-Christof: Emanzipation eines »diplomatischen Säuglings« – ein Brief Otto von Bismarcks an Leopold von Gerlach, in: Jörg Schuster/Jochen Strobel (Hrsg.), Briefkultur. Texte und Interpretationen von Martin Luther bis Thomas Bernhard, Berlin – Boston 2013, S. 183–199.

Krausnick, Helmut: Holsteins Geheimpolitik in der Ära Bismarck 1886–1890. Dargestellt vornehmlich auf Grund unveröffentlichter Akten des Wiener Haus-, Hof- und Staatsarchivs, Hamburg 1942.

Kroll, Frank-Lothar: Der intellektuelle Bismarck, in: Kraus, Hans-Christof/Heidenreich, Bernd/Kroll, Frank-Lothar (Hrsg.): Bismarck und die Deutschen, Berlin 2005, S. 157–168.

Kunisch, Johannes (Hrsg.): Bismarck und seine Zeit, Berlin 1992.

Langer, William L.: European Alliances and Alignments 1871–1890, 2. Aufl., New York 1962.

Lappenküper, Ulrich: Die Mission Radowitz. Untersuchungen zur Rußlandpolitik Otto von Bismarcks 1871–1875, Göttingen 1990.

Lepsius, Johannes/Mendelssohn Bartholdy, Albrecht/Thimme, Friedrich (Hrsg.): Die Große Politik der europäischen Kabinette. Sammlung der diplomatischen Akten des Auswärtigen Amtes, Bde. I–VI (Die Bismarck-Zeit), Berlin 1922.

Linke, Horst Günther (Hrsg.): Quellen zu den deutsch-russischen Beziehungen 1801–1917, Darmstadt 2001.

Lucius von Ballhausen, Robert Freiherr: Bismarck-Erinnerungen, Stuttgart – Berlin 1921.

Lütgert, Wilhelm: Die Religion des deutschen Idealismus und ihr Ende, Bd. IV, Gütersloh 1930.

Lutz, Heinrich: Österreich-Ungarn und die Gründung des Deutschen Reiches. Europäische Entscheidungen 1867–1871, Frankfurt a.M. – Berlin – Wien 1979.

Marcks, Erich: Bismarcks Jugend 1815–1848, Stuttgart – Berlin 1909.

Masur, Gerhard: Bismarcks Sprache (1933), in: Ders.: Geschehen und Geschichte. Aufsätze und Vorträge zur europäischen Geistesgeschichte, Berlin 1971, S.100–112.

Mayer, Gustav: Bismarck und Lassalle. Ihr Briefwechsel und ihre Gespräche, Berlin 1928.

Meyer, Arnold Oskar: Ders.: Bismarcks Glaube. Nach neuen Quellen aus dem Familienarchiv, München 1933.

Meyer, Arnold Oskar: Bismarck. Der Mensch und der Staatsmann, Stuttgart 1949.

Mommsen, Wilhelm: Otto von Bismarck in Selbstzeugnissen und Bilddokumenten, Reinbek bei Hamburg 1966.

Mommsen, Wolfgang J.: Großmachtstellung und Weltpolitik. Die Außenpolitik des Deutschen Reiches 1870 bis 1914, Frankfurt a.M. – Berlin 1993.

Morsey, Rudolf: Die oberste Reichsverwaltung unter Bismarck 1867–1890, Münster 1957.

Morsey, Rudolf: Der Kulturkampf, in: Der soziale und politische Katholizismus. Entwicklungslinien in Deutschland 1803–1963, hrsg. v. Anton Rauscher, Bd. I, München 1981, S.72–109.

Neitzel, Sönke: Bismarck und die Generale – Zum Kampf um den Primat der Politik, in: Kraus/Heidenreich/Kroll (Hrsg.): Bismarck und die Deutschen, S.89–101.

Nipperdey, Thomas: Deutsche Geschichte 1866–1918, Bd. II: Machstaat vor der Demokratie, 2. Aufl., München 1993.

Noack, Ulrich: Bismarcks Friedenspolitik und das Problem des deutschen Machtverfalls, Leipzig 1928.

Obst, Michael A. (Hrsg.): Die politischen Reden Kaiser Wilhelms II. Eine Auswahl, Paderborn 2011.

Oncken, Hermann: Rudolf von Bennigsen. Ein deutscher liberaler Politiker, Bde. I–II, Stuttgart – Leipzig 1910.

Orloff, Fürst Nikolai: Bismarck und Katharina Orloff. Ein Idyll in der hohen Politik, München 1936.

Parisius, Ludolf: Deutschlands politische Parteien und das Ministerium Bismarck, Berlin 1878.

Pflanze, Otto: Bismarck, Bde. I–II, München 1997–1998.

Pöls, Werner: Studien zur Bismarckzeit. Aufsatzsammlung zum 60. Geburtstag, hrsg. v. Günther Grünthal/Klaus Erich Pollmann, Hildesheim – Zürich – New York 1986.

Poschinger, Heinrich Ritter von: Bismarck und die Parlamentarier, Bde. I–III, Breslau 1894–1896.

Rassow, Peter: Die Stellung Deutschlands im Kreis der Großen Mächte 1887–1890, in: Akademie der Wissenschaften und der Literatur Mainz, Abhandlungen der Geistes- und Sozialwissenschaftlichen Klasse, Nr. 4, S.187–231.

Redlich Joseph: Kaiser Franz Joseph von Österreich. Eine Biographie, Berlin 1928.

Reichle, Walter: Zwischen Staat und Kirche – Das Leben und Wirken des preußischen Kultusministers Heinrich v. Mühler, dargestellt unter Benutzung des schriftlichen Nachlasses des Ministers, Berlin 1938.

Rein, Gustav Adolf: Die Revolution in der Politik Bismarcks, Göttingen – Berlin – Frankfurt a. M. 1957.

Richter, Günter: Friedrich von Holstein. Politiker im Schatten der Macht, Göttingen – Zürich – Frankfurt a. M. 1969.

Richter, Werner: Bismarck, Frankfurt a. M. 1977.

Riehl, Axel T. G.: Der »Tanz um den Äquator«. Bismarcks antienglische Kolonialpolitik und die Erwartung des Thronwechsels in Deutschland 1883 bis 1885, Berlin 1993.

[Rochau, August Ludwig von]: Grundsätze der Realpolitik, angewendet auf die staatlichen Zustände Deutschlands, Stuttgart 1853.

Rothfels, Hans (Hrsg.): Bismarck und der Staat. Ausgewählte Dokumente, 3. Aufl., Stuttgart 1958.

Schmidt, Rainer F.: Otto von Bismarck (1815–1898). Realpolitik und Revolution, Stuttgart 2004.

Schmoller, Gustav: Vier Briefe über Bismarcks sozialpolitische und volkswirtschaftliche Stellung und Bedeutung (1898), in: ders.: Charakterbilder, München – Leipzig 1913, S. 27–76.

Schoeps, Hans-Joachim: Bismarck über Zeitgenossen – Zeitgenossen über Bismarck, Frankfurt a. M. – Berlin – Wien 1972.

Schwarzmüller, Theo: Otto von Bismarck, München 1998.

Schweinitz, Hans Lothar von: Denkwürdigkeiten, Bde. I–II, Berlin 1927.

Schweninger, Ernst: Blätter aus meiner Erinnerung, in: Erinnerungen an Bismarck. Aufzeichnungen von Mitarbeitern und Freunden des Fürsten, mit einem Anhange von Dokumenten und Briefen. In Verbindung mit Arthur von Brauer gesammelt von Erich Marcks/Karl Alexander von Müller, Stuttgart – Berlin – Leipzig 1924, S. 177–222.

Sempell, Charlotte: Unbekannte Briefstellen Bismarcks, in: Historische Zeitschrift 207 (1968), S. 609–616.

Simpson, James Young: The Saburov Memoirs, or Bismarck & Russia. Being Fresh Light on the League of the Three Emperors 1881, Cambridge 1929.

Steinberg, Jonathan: Bismarck. Magier der Macht, Berlin 2012.

Stern, Fritz: Gold und Eisen. Bismarck und sein Bankier Bleichröder, Frankfurt a. M. – Berlin 1978.

Stickler, Matthias: »... denn wo du bist, ist Deutschland« – Bismarckkult und Bismarckdenkmäler im Kaiserreich, in: Kraus, Hans-Christof/Heidenreich, Bernd/Kroll, Frank-Lothar (Hrsg.): Bismarck und die Deutschen, Berlin 2005, S. 169–181.

Stribrny, Wolfgang: Bismarck und die deutsche Politik nach seiner Entlassung (1890–1898), Paderborn 1977.

Studt, Christoph: Lothar Bucher (1817–1892). Ein politisches Leben zwischen Revolution und Staatsdienst, Göttingen 1992.

Taylor, A[lan] J[ohn] P[ercivale]: The Struggle for Mastery in Europe 1848–1918, Oxford History of Modern Europe, 8. Aufl., Oxford 1988.

Thadden, Rudolf von: Trieglaff. Eine pommersche Lebenswelt zwischen Kirche und Politik 1807–1948, Göttingen 2011.

Tiedemann, Christoph von: Aus sieben Jahrzehnten. Erinnerungen, Bd. II: Sechs Jahre Chef der Reichskanzlei unter dem Fürsten Bismarck, Leipzig 1909.

Treitschke, Heinrich von: Zehn Jahre Deutscher Kämpfe. Schriften zur Tagespolitik, Bde. I–II, 3. Aufl., Berlin 1897.

Treitschke, Heinrich von: Briefe, hrsg. v. Max Cornicelius, Bde. I–III, Leipzig 1914–1920.

Urbach, Karina: Bismarck's Favourite Englishman. Lord Odo Russell's Mission to Berlin, London 1999.

Vierhaus, Rudolf (Hrsg.): Das Tagebuch der Baronin Spitzemberg geb. Freiin v. Varnbüler. Aufzeichnungen aus der Hofgesellschaft des Hohenzollernreiches, Göttingen 1963.

Vierhaus, Rudolf: Handlungsspielräume. Zur Rekonstruktion historischer Prozesse, in: Ders.: Vergangenheit als Geschichte. Studien zum 19. und 20. Jahrhundert, hrsg. v. Hans Erich Bödeker/Benigna von Krusenstjern/Michael Matthiesen, Göttingen 2003, 30–48.

Vogel, Walter: Bismarcks Arbeiterversicherung. Ihre Entstehung im Kräftespiel der Zeit, Braunschweig 1951.

Waldersee, Alfred Graf von: Denkwürdigkeiten, hrsg. v. Heinrich Otto Meisner, Bde. I–II, Stuttgart – Berlin 1923.

Wertheimer, Eduard von: Bismarck im politischen Kampf, Berlin 1929.

Wilhelm II.: Ereignisse und Gestalten aus den Jahren 1878–1918, Leipzig – Berlin 1922.

Windelband, Wolfgang: Herbert Bismarck als Mitarbeiter seines Vaters, Stuttgart – Berlin 1921.

Windelband, Wolfgang: Bismarck und die europäischen Großmächte 1879–1885. Auf Grund unveröffentlichter Akten, 2. Aufl., Essen 1942.

Wolter, Heinz (Hrsg.): Otto von Bismarck. Dokumente seines Lebens, Leipzig 1989.

Zechlin, Egmont: Staatsstreichpläne Bismarcks und Wilhelms II. 1890–1894, Stuttgart – Berlin 1929.

Anmerkungen

Kapitel 1

1 WA VIIIa, S.1.
2 WA VII, S.613.
3 Richard Dietrich (Hrsg.): Die politischen Testamente der Hohenzollern, Köln 1986, S.230.
4 Busch I, S.250.
5 Die Zitate: Engelberg, Bismarck I, S.1f.
6 Gall, Bismarck, S.28.
7 Hedwig von Bismarck: Erinnerungen aus dem Leben einer 95jährigen, Halle 1910, S.28ff.; hier zit. nach Pflanze, Bismarck I, S.46–48.
8 Vollständig abgedruckt in Pflanze, Bismarck I, S.45f.; die unterdrückten Stellen wurden erstmals veröffentlicht von Sempell, Unbekannte Briefstellen Bismarcks, S.609f.; die ältere (gekürzte) Fassung noch in: WA I, S.96–102, hier S.99.
9 WA I, S.99f.
10 Alle Zitate aus Ballhausen, Bismarck-Erinnerungen, S.137f.
11 Hierzu und zum Folgenden siehe Pflanze, Bismarck I, S.568ff.
12 Ebda., S.569.
13 Karl Alexander von Müller: Mars und Venus. Erinnerungen 1914–1919, Stuttgart 1954, S.79; vgl. auch Schweninger, Blätter aus meiner Erinnerung, S.207ff.
14 Pflanze, Bismarck I, S.578.
15 WA VIIIa, S.1.
16 Nach dem Faksimile des Abgangszeugnisses in Gall: Bismarck, gegenüber S.192.
17 WA I, S.5.
18 Bismarck-Jahrbuch, Bd. 3, hrsg. v. Horst Kohl, Berlin 1896, S.13f., hier S.14.
19 WA I, S.17; vgl. S.14.
20 Gall, Bismarck, S.40.
21 Bismarck-Jahrbuch, Bd. 3, S.22.
22 Zit. nach Marcks, Bismarcks Jugend, S.153.
23 Vgl. Gall, Bismarck, S.39.
24 Auch diese Passage ist von späteren Bismarck-Editoren jahrzehntelang unterdrückt worden; sie wurde erstmals gedruckt von Sempell, Unbekannte Briefstellen Bismarcks, S.610f.
25 WA I, S.47.
26 Ebda., S.48.
27 Zur pommerschen Lebenswelt zwischen Biedermeier und Vormärz siehe auch Thadden, Trieglaff, S.15ff., passim.
28 Görlitz, Die Junker, S.236.
29 Im Folgenden zitiert nach dem Abdruck in: WA I, S.63–67.
30 Engelberg, Bismarck I, S.235f.
31 WA I, S.94f.
32 Ebda., S.383.
33 Zit. in: Meyer, Bismarck, S.86.
34 Lütgert, Die Religion des deutschen Idealismus IV, S.10.
35 Meyer, Bismarcks Glaube, S.7.
36 Pflanze, Bismarck I, S.67.
37 Busch I, S.247.
38 Meyer, Bismarcks Glaube, S.65; Meyer gibt an, diese Äußerung sei ihm von der zweiten Schwiegertochter des Kanzlers, Gräfin Sibylle von Bismarck, gesprächsweise mitgeteilt worden.
39 Vgl. Kraus, Gerlach I, S.352ff.
40 Vgl. Gerhardt, Der Erste Vereinigte Landtag, S.72.
41 WA I, S.138.
42 Ebda., S.155.
43 Ebda., S.156.

44 Zitate aus: Gerlach, Aufzeichnungen I, S. 518f.

45 Vgl. Kraus, Gerlach I, S. 400.

46 Ebda., S. 404.

47 WA I, S. 171.

48 Ebda., S. 182.

49 Vgl. Gall, Bismarck, S. 69.

50 WA I, S. 36f.

51 Ebda., S. 42 mit *-Anmerkung.

52 Zitate aus: WA VIIIa, S. 69 (Bismarck nahm dieses Schreiben in seine Gedanken und Erinnerungen auf).

53 Zitate aus: WA I, S. 184f.

54 Ebda., S. 194.

55 Ebda., S. 200.

56 Ebda., S. 199.

57 Vgl. Kraus, Gerlach I, S. 443ff.

58 Zitate aus: WA I, S. 216–219.

59 Die Zitate: Ebda., S. 240f.

60 Wolter (Hrsg.): Otto von Bismarck, S. 95.

61 WA I, S. 335.

62 Ebda., S. 343.

63 WA VIIIa, S. 36; siehe ebenfalls den Bericht Motleys, abgedruckt in: WA I, S. 373, Anm. 84.

64 Vgl. die Darstellung in WA VIIIa, S. 65f.;

65 Kraus, Gerlach II, S. 710.

66 Grypa, Der Diplomatische Dienst, S. 202.

67 Busch I, S. 414.

68 Alle Zitate aus: W I, S. 375.

69 Dies berichtet Motley, siehe oben Anm. 63.

70 WA I, S. 380.

71 Vgl. Gall, Bismarck, S. 134f.

72 WA I, S. 559.

73 Alle Zitate aus: Ebda., S. 386.

74 Gall, Bismarck, S. 129.

75 WA I, S. 399.

76 Ebda., S. 389.

77 Zitate aus: GW I, S. 296.

78 Wolter, Otto von Bismarck, S. 105.

79 WA I, S. 443.

80 Vgl. Gall, Bismarck, S. 143.

81 Vgl. zum Folgenden Engelberg, Bismarck I, S. 387ff.

82 WA I, S. 555f.

83 Zitate aus: Ebda., S. 560.

84 WA VIIIa, S. 90.

85 Ebda., S. 92.

86 Alle Zitate aus: WA II, S. 3.

87 Ebda., S. 13.

88 Zitate aus: WA VIIIa, S. 93.

89 Zitate aus: WA II, S. 89f.

90 Rochau, Grundsätze der Realpolitik, S. 2.

91 WA VIIIa, S. 40.

92 Alle Zitate aus: Ebda., S. 121–123.

93 Alle Zitate aus: Ebda., S. 124f.

94 Kohl (Hrsg.): Briefe des Generals Leopold von Gerlach, S. 206.

95 WA VIIIa, S. 126–146, 720–725.

96 Alle Zitate aus: Ebda., S. 129.

97 Alle Zitate aus: Ebda., S. 130.

98 Ebda., S. 133–138.

99 Zitate aus: Ebda., S. 134f.

100 Zitate aus: Ebda., S. 137.

101 Zitate aus: Ebda., S. 139, 141.

102 Zitate aus: Ebda., S. 143, 142.

103 Siehe den im Anhang abgedruckten Antwortbrief Gerlachs vom 5. Juni 1857, ebda., S. 722–725.

104 Zitate aus: Ebda., S. 723f.

105 Abdruck unter dem Titel »Einige Bemerkungen über Preußens Stellung im Bunde«, datiert »Ende März 1858«, u. a. in WA II, S. 204–231, und in GW II, S. 302–322.

106 WA II, S. 203.

107 Alle Zitate aus: Ebda., S. 222–224.

108 Vgl. Engelberg, Bismarck I, S. 459.

109 Vgl. WA II, S. 248, Anm. 58.

110 Zum Folgenden vgl. Huber, Deutsche Verfassungsgeschichte III, S. 258ff.

111 Gall, Bismarck, S. 163.

112 Alle Zitate aus: WA II, S. 255–257.

113 Ebda., S. 275.

114 Vgl. WA VIIIa, S. 183.

115 Zitate aus: Keudell, Fürst und Fürstin Bismarck, S. 75f.
116 WA II, S. 265, 290.
117 Siehe die Abbildungen in: Engelberg, Bismarck II, S. 59.
118 WA VIIIa, S. 171.
119 Vgl. die anschauliche Charakterisierung Gortschakovs in: Ebda., S. 173.
120 GW III, S. 1–361.
121 Ebda., S. 266–270.
122 WA II, S. 438.
123 Vgl. Fürst Nikolai Orloff, Bismarck und Katharina Orloff, S. 51ff., passim.
124 WA VIIIa, S. 204.

Kapitel 2
1 Ich folge hier einigen schon vor längerer Zeit angestellten Überlegungen: Hans-Christof Kraus: Otto von Bismarck. Einige Variationen über »historische Größe«, in: Heidenreich/Kraus/Kroll (Hrsg.): Bismarck und die Deutschen, S. 11–19.
2 Burckhardt: Weltgeschichtliche Betrachtungen, S. 211.
3 Ebda., S. 229.
4 Ebda., S. 233.
5 Ebda., S. 230.
6 Gall: Bismarck. Der weiße Revolutionär; Kissinger: Der weiße Revolutionär.
7 Burckhardt: Weltgeschichtliche Betrachtungen, S. 210.
8 Ebda., S. 233f.
9 WA VIIIa, S. 205.
10 Zitate aus: Ebda., S. 206.
11 Diese Zahlen nach Parisius: Deutschlands politische Parteien, S. 62.
12 Beide Texte in: Wolter (Hrsg.): Otto von Bismarck, S. 165f.
13 Keudell: Fürst und Fürstin Bismarck, S. 117.
14 Vgl. hierzu Kraus: Ursprung und Genese der »Lückentheorie«, passim.
15 Zitate aus: WA III, S. 59.
16 Zitate aus: Ebda., S. 60, 62f.
17 Ebda., S. 3.
18 Text der »Alvenslebenschen Konvention« (6. 2. 1863) in: Linke (Hrsg.): Quellen, S. 115f.
19 WA III, S. 68f.
20 Ebda., S. 79.
21 Ebda., S. 85.
22 GW X, S. 168.
23 Abdruck der österreichischen Reformdenkschrift vom 31. 7. 1863 in: Huber (Hrsg.): Dokumente II, S. 135–139, hier S. 137.
24 WA VIIIa, S. 261.
25 Ebda., S. 267.
26 Zitate aus: Busch I, S. 187f.
27 WA III, S. 164.
28 Zitate aus: WA VIIIa, S. 291f.
29 Busch II, S. 483.
30 Zitate aus: WA III, S. 239.
31 Ebda., S. 278.
32 Ebda., S. 307.
33 Ebda., S. 373.
34 Ebda., S. 457.
35 Ebda., S. 472.
36 Ebda., S. 567.
37 Ebda., S. 575.
38 Text der Konvention in: Huber (Hrsg.): Dokumente II, S. 212–214.
39 WA III, S. 585.
40 Vgl. WA VIIIa, S. 302f.
41 Ebda., S. 299.
42 Zitate aus: WA III, S. 583f.
43 Zitate aus: Ebda., S. 651f.
44 Ebda., S. 652 (Kursivierung im Original).
45 Huber (Hrsg.): Dokumente II, S. 224.
46 Diwald (Hrsg.): Von der Revolution zum Norddeutschen Bund II, S. 1265f.

47 Heyderhoff/Wentzcke (Hrsg.): Deutscher Liberalismus I, S. 277.
48 Huber (Hrsg.): Dokumente II, S. 241.
49 Pflanze: Bismarck I, S. 309.
50 GW VII, S. 127.
51 WA I, S. 22.
52 WA VIIIa, S. 319.
53 Zitate aus: WA III, S. 771.
54 WA VIIIa, S. 321.
55 Huber (Hrsg.), Dokumente II, S. 250.
56 WA III, S. 797.
57 Vgl. hierzu und zum Folgenden Pflanze, Bismarck I, S. 319.
58 Ebda., S. 310; ähnlich auch Gall, Bismarck, S. 401f.
59 Beide Zitate aus: Treitschke, Briefe II, S. 477, 481.
60 WA VIIIa, S. 341.
61 WA III, S. 783f.
62 Vgl. Huber, Deutsche Verfassungsgeschichte III, S. 354–358.
63 WA VIIIa, S. 341.
64 Vgl. den Abdruck in WA III, S. 724–728.
65 Abdruck in: WA IV, S. 7–10.
66 Die Entstehung dieser Verfassung ist äußerst detailliert rekonstruiert bei Becker, Bismarcks Ringen, S. 211f. u. passim.
67 WA IV, S. 7.
68 Ebda., S. 9.
69 Alle Zitate aus: Ebda., S. 130f.
70 Zitate aus: Ebda., S. 133.
71 Zitate aus: Ebda., S. 115f.
72 Ebda., S. 126.
73 Treitschke, Briefe III, S. 103, Anm. 1.
74 Treitschke, Zehn Jahre I, S. 122.
75 Vgl. die Hinweise bei Rein, Die Revolution, S. 169ff.
76 Gall, Bismarck, S. 381.
77 WA VIIIa, S. 340.
78 Zwei sprechende Belege z. B. bei Wolter (Hrsg.), Otto von Bismarck, S. 203f., 217f.; siehe auch Engelberg, Bismarck I, S. 760.
79 WA IV, S. 130.
80 Gall, Bismarck, S. 391.
81 WA IV, S. 127.
82 Pflanze, Bismarck I, S. 371.
83 Zitate aus: WA IV, S. 203.
84 Ebda., S. 201.
85 Hohenlohe-Schillingsfürst, Denkwürdigkeiten I, S. 287; siehe auch ebda., S. 283ff.
86 WA IV, S. 244.
87 Ebda., S. 246.
88 Ebda., S. 309.
89 Ebda., S. 242.
90 So sehr treffend Gall, Bismarck, S. 425; ähnlich und m. E. ebenfalls sachlich zutreffend argumentiert Kolb, Kriegsausbruch 1870, S. 19ff. u. passim.
91 So treffend Pflanze, Bismarck I, S. 465; zum Folgenden ebda., S. 465ff.
92 WA VIIIa, S. 354.
93 Zitate aus: Ebda., S. 355.
94 WA IV, S. 475; ebenfalls WA VIIIa, S. 359.
95 Zitate aus: WA IV, S. 492.
96 Zitate aus: WA VIIIa, S. 381.
97 Vierhaus, Handlungsspielräume, S. 37.
98 GW X, S. 197.
99 WA V, S. 140.
100 WA VIIIa, S. 492.
101 GW X, S. 473.
102 WA VII, S. 96.
103 WA II, S. 143.
104 Ebda., S. 142.
105 WA VIIIa, S. 674.
106 Engelberg: Bismarck I, S. 455.
107 Kohl (Hrsg.), Kaiser Wilhelm I. und Bismarck, S. 217.
108 Zitate aus: WA VIIIa, S. 222; ähnlich auch Busch II, S. 484f.
109 WA VIIIa, S. 223.
110 Ebda., S. 125.

111 Zitate aus: GW VII, S. 235f.
112 Vgl. Schoeps, Bismarck über Zeitgenossen, S. 67.
113 WA VIIIa, S. 276–285.
114 Pflanze I, S. 503.
115 Die früher umstrittenen Vorgänge sind nun eindeutig geklärt durch Albrecht, König Ludwig II. von Bayern und Bismarck, bes. S. 53ff.
116 Heyderhoff/Wentzcke (Hrsg.), Deutscher Liberalismus I, S. 492.
117 GW IX, S. 49.
118 WA VIIIa, S. 216f.
119 Etwa: WA II, S. 109.
120 WA IV, S. 309.
121 WA II, S. 5.
122 Zitate aus: WA VIIIa, S. 260f.
123 Siehe die Hinweise bei Kraus, Gerlach II, S. 769f.
124 Wolter (Hrsg.), Otto von Bismarck, S. 181.
125 Mayer, Bismarck und Lassalle, S. 61.
126 Zitate aus: Ebda., S. 81.
127 Zitate aus: WA VIIIa, S. 292.
128 WA III, S. 523.
129 Vgl. Huber, Deutsche Verfassungsgeschichte III, S. 526–528; Pflanze, Bismarck I, S. 301f.
130 Pflanze, Bismarck I, S. 302.
131 GW IX, S. 50.
132 WA I, S. 335.
133 WA VIIIa, S. 360.
134 WA VIIIb, S. 117.
135 Aus dem Bericht von Jules Herbette, in: Documents Diplomatiques Français, 1. Ser., Bd. VI, S. 350; deutsche Übersetzung in: Ingrim, Bismarck selbst, S. 145.
136 GW IX, S. 50.
137 Poschinger, Bismarck und die Parlamentarier III, S. 284f.
138 Zitate aus: Busch II, S. 468.
139 Aus Metternich's nachgelassenen Papieren, hrsg. v. Richard Metternich-Winneburg, Bd. 1, Wien 1880, S. 155.

140 WA VII, S. 242.
141 Zitate aus: WA VIIIa, S. 363.
142 Guter Überblick bei Neitzel, Bismarck und die Generale, passim.
143 Zitate aus: WA VIIIa, S. 365, 364.
144 Kolb, Gezähmte Halbgötter?, S. 60.
145 Zitate aus: WA VIIIa, S. 314.
146 WA VI, S. 348.
147 WA VIIIa, S. 146.
148 GW XIII, S. 331.
149 Brauer, Bismarcks Schreibweise, S. 228.
150 Masur, Bismarcks Sprache, S. 100.
151 Kroll, Der intellektuelle Bismarck, S. 159.
152 WA I, S. 98.
153 Ebda., S. 95.
154 Ebda., S. 100.
155 WA VIIIa, S. 332
156 Busch I, S. 415.
157 WA IV, S. 636.
158 WA VIIIa, S. 416.
159 Gundolf, Bismarcks »Gedanken und Erinnerungen«, S. 302.
160 Heyderhoff/Wentzcke (Hrsg.), Deutscher Liberalismus I, S. 250.
161 GW XIII, S. 131.
162 Brauer, Im Dienste Bismarcks, S. 35.
163 Jansen, Otto von Bismarck, S. 82f.

Kapitel 3
1 Franz, Kulturkampf, S. 9f., 295.
2 Pflanze, Bismarck I, S. 691.
3 Lucius von Ballhausen, Bismarck-Erinnerungen, S. 21f.
4 WA V, S. 148
5 Vgl. Pflanze, Bismarck I, S. 698f.
6 Vgl. Ebda., S. 708.
7 Vgl. Ebda., S. 711ff., sowie grundlegend Bornkamm, Die Staatsidee, S. 41ff. u. passim.
8 Hierin folge ich Huber, Deutsche Verfassungsgeschichte IV, S. 694ff.
9 WA V, S. 193.
10 Ebda., S. 303.

11 Vgl. Morsey, Der Kulturkampf, S. 88 ff.

12 Ebda., S. 92.

13 Zitate aus: Reichle, Zwischen Staat und Kirche, S. 328.

14 Zitate aus: GW VIII, S. 115 f.

15 Zitate aus: WA VIIIa, S. 390.

16 Ebda., S. 392.

17 Vgl. hierzu u. a. Huber, Deutsche Verfassungsgeschichte IV, S. 767 ff.

18 Morsey, Der Kulturkampf, S. 106.

19 Bebel, Aus meinem Leben II, S. 185.

20 Zitate aus: WA V, S. 654 f.

21 Zit. nach Engelberg, Bismarck II, S. 212.

22 Vgl. (auch zum Folgenden) Pflanze, Bismarck II, S. 122 f.

23 Protokoll der Staatsministerialsitzung vom 14.5.1878, hier zit. nach ebda., S. 122.

24 Zitate nach: Oncken, Rudolf von Bennigsen II, S. 368 f.

25 Tiedemann, Aus sieben Jahrzehnten II, S. 263.

26 Ebda., S. 265.

27 Grundlegend hierzu: Huber, Deutsche Verfassungsgeschichte IV, S. 1160 ff.

28 Huber, Dokumente II, S. 464.

29 Engelberg: Revolutionäre Politik, S. 147.

30 Hierzu ausführlich: Ebda., S. 172 ff.

31 Zitate nach: Vierhaus (Hrsg.), Das Tagebuch der Baronin Spitzemberg, S. 172 f.

32 Ebda., S. 173.

33 WA VI, S. 191.

34 Ebda., S. 192.

35 Vgl. Pflanze, Bismarck II, S. 401.

36 Vgl. WA VII, S. 131 ff.

37 Ebda., S. 138.

38 Zit. nach Engelberg, Bismarck II, S. 210.

39 Siehe oben, Abschnitt II (S. 108)

40 WA VIIIa, S. 130.

41 Vgl. Gall, Bismarck, S. 438.

42 Zitate aus: WA IV, S. 515 f.

43 Treitschke, Zehn Jahre I, S. 326.

44 Vgl. Pflanze, Bismarck I, S. 489.

45 WA IV, S. 539.

46 Pflanze, Bismarck I, S. 490.

47 WA IV, S. 636.

48 Keudell, Fürst und Fürstin Bismarck, S. 457.

49 Janorschke, Bismarck, Europa und die »Krieg-in-Sicht«-Krise.

50 WA VII, S. 234.

51 Aus dem Bericht von Courcel, in: Documents Diplomatiques Français, 1. Ser., Bd. V, S. 471; dt. Übers. in: Ingrim, Bismarck selbst, S. 55.

52 Documents Diplomatiques Français, 1. Ser., Bd. II, S. 476; dt. Übers. in: Ingrim, Bismarck selbst, S. 60.

53 WA VIIIb, S. 64.

54 WA VI, S. 588.

55 Vgl. hierzu und zum Folgenden auch Pflanze, Bismarck II, S. 447 ff.

56 WA VII, S. 353–378, auch für die folgenden Zitate.

57 Burckhardt, Weltgeschichtliche Betrachtungen, S. 245.

58 Keudell, Fürst und Fürstin Bismarck, S. 136

59 WA V, S. 661.

60 Vgl. Pflanze, Bismarck I, S. 710.

61 Abeken, Ein schlichtes Leben, S. 490.

62 »Niemals zurück«.

63 Tiedemann, Aus sieben Jahrzehnten II, S. 476 f.

64 Vgl. hierzu und zum Folgenden auch Hartung, Bismarck und Graf Harry Arnim.

65 Ebda., S. 352.

66 Schoeps, Bismarck über Zeitgenossen, S. 93.

67 Schweinitz, Denkwürdigkeiten I, S. 308.

68 Baumgart (Hrsg.), General Albrecht von Stosch, S. 201.

69 Heyderhoff, Julius (Hrsg.), Im Ring der Gegner Bismarcks, S. 223.

70 Vgl. GW VIc, S. 395–397.

71 Helmolt (Hrsg.), Gustav Freytags Briefe an Albrecht von Stosch, S. 215.

72 Pflanze, Bismarck II, S. 550.

73 Zitate aus: GW XI, S. 42.

74 Tiedemann, Aus sieben Jahrzehnten II, S. 477.

75 Bülow, Denkwürdigkeiten IV, S. 456.

76 Aus unterschiedlicher Perspektive schildern den Vater-Sohn-Konflikt einerseits Eyck, Bismarck III, S. 389 ff.; und Engelberg, Bismarck II, S. 352 ff.

77 Eulenburg-Hertefeld, Aus 50 Jahren, S. 92.

78 Ebda., S. 93.

79 Eyck, Bismarck III, S. 391.

80 Steinberg, Bismarck, S. 563.

81 Zitate aus: Engelberg, Bismarck II, S. 355, 357, 356.

82 Schweinitz, Denkwürdigkeiten II, S. 270.

83 Vgl. zu den Einzelheiten Stern, Gold und Eisen, v. a. S. 348 ff.

84 Pflanze, Bismarck I, S. 588.

85 Stern, Gold und Eisen, S. 143.

Kapitel 4

1 Keudell: Fürst und Fürstin Bismarck, S. 33.

2 WA IV, S. 297.

3 GW VI, S. 255 f.

4 Vgl. hierzu und zum Folgenden die Hinweise bei Pflanze: Bismarck I, S. 763 f.

5 WA VI, S. 509

6 Pflanze: Bismarck I, S. 610.

7 Vgl. hierzu und auch zum Folgenden Morsey: Die oberste Reichsverwaltung, S. 63 ff., und Huber: Deutsche Verfassungsgeschichte III, S. 820 ff.

8 WA V, S. 506 f.

9 Huber: Deutsche Verfassungsgeschichte III, S. 822 f.

10 Ebda., S. 823.

11 Pflanze: Bismarck I, S. 649.

12 Vgl. Huber: Deutsche Verfassungsgeschichte III, S. 814.

13 Die Zitate: WA IV, S. 395 f.

14 Viel aufschlussreiches Material hierzu enthält: Poschinger: Bismarck und die Parlamentarier, Bde. I–III, passim.

15 Pflanze: Bismarck I, S. 670.

16 Vgl. Huber: Deutsche Verfassungsgeschichte IV, S. 1054.

17 Ebda., S. 141.

18 Etwa von Zechlin: Staatsstreichpläne, insb. S. 3–84.

19 Dieses Zitat (vom 2.3.1890) aus: Ebda., S. 180.

20 Huber: Deutsche Verfassungsgeschichte IV, S. 218; zur Gesamtproblematik vgl. auch ebda., S. 202–228.

21 Vgl. hierzu und zum Folgenden auch die zusammenfassenden Bemerkungen bei Morsey: Die oberste Reichsverwaltung, S. 313 ff.

22 Ebda., S. 318.

23 Ebda., S. 317.

24 Vgl. Pflanze: Bismarck I, S. 288 ff.; einige Dokumente hierzu bei Rothfels (Hrsg.): Bismarck und der Staat, S. 314 ff.

25 Rothfels (Hrsg.): Bismarck und der Staat, S. 318.

26 Die Zitate: WA III, S. 466 f.

27 Schmoller: Vier Briefe, S. 41.

28 Bismarcks Reden VIII, S. 314.

29 Alle Zitate: Poschinger: Bismarck und die Parlamentarier I, S. 199–201.

30 Zitate aus: WA VI, S. 521, 526, 531.

31 Huber: Deutsche Verfassungsgeschichte IV, S. 1193; vgl. auch zum Folgenden S. 1192 ff.

32 Busch III, S. 44.
33 Die Zitate: WA VI, S. 702f.
34 Ebda., S. 628.
35 Vgl. Huber: Deutsche Verfassungsgeschichte IV, S. 1201.
36 WA VII, S. 91–107.
37 Zitate aus: Ebda., S. 98f., 101.
38 Ebda., S. 107.
39 Vgl. Pflanze: Bismarck II, S. 412f.
40 Huber: Deutsche Verfassungsgeschichte IV, S. 1202.
41 Obst (Hrsg.): Die politischen Reden Kaiser Wilhelms II., S. 23.
42 Zitate aus: GW XIII, S. 394f.
43 Zitate aus: WA VII, S. 706, 710f., 712.
44 Vgl. Huber: Deutsche Verfassungsgeschichte IV, S. 1203.
45 WA VI, S. 631.
46 So Huber: Deutsche Verfassungsgeschichte IV, S. 1207.
47 Engelberg: Bismarck II, S. 415.
48 Pflanze: Bismarck II, S. 411.
49 Vogel: Bismarcks Arbeiterversicherung, S. 169.
50 Pflanze: Bismarck II, S. 422.
51 Hansard Parliamentary Debates, 3. Serie, Bd. 201, Sp. 81.
52 Zitate aus: Pflanze: Bismarck I, S. 765f.
53 Zitate aus: WA VIIIa, S. 499f.
54 Vgl. Lutz: Österreich-Ungarn und die Gründung des Deutschen Reiches, S. 196ff.
55 GP I, S. 161
56 Vgl. Urbach: Bismarck's Favourite Englishman, S. 110ff.
57 Zitate aus: WA VIIIa, S. 467.
58 Lucius von Ballhausen: Bismarck-Erinnerungen, S. 69.
59 WA V, S. 631.
60 Zitate aus: WA VIIIa, S. 426f.
61 Vgl. hierzu vor allem: Lappenküper: Die Mission Radowitz; zusammenfassend Canis: Bismarcks Außenpolitik, S. 89ff.
62 WA V, S. 565.
63 Zitate aus: Kohl (Hrsg.): Kaiser Wilhelm I. und Bismarck, S. 255.
64 Vgl. GW VIc, S. 60.
65 Pflanze: Bismarck I, S. 790.
66 Zitate aus: WA VI, S. 51.
67 WA V, S. 735.
68 GP II, S. 76.
69 Hassell: Im Wandel der Außenpolitik, S. 161.
70 WA V, S. 774.
71 Zitate ebda., S. 775.
72 WA VI, S. 51.
73 Pflanze: Bismarck II, S. 161.
74 WA VI, S. 125.
75 Ebda.
76 Vgl. Pflanze: Bismarck II, S. 162.
77 Zitate aus: Wolter (Hrsg.): Otto von Bismarck, S. 325.
78 GW VIII, S. 285.
79 Die recht aufschlussreichen Protokolle und Dokumente des Kongresses sind gesammelt in: Geiss (Hrsg.): Der Berliner Kongreß 1878.
80 Vgl. Pflanze: Bismarck II, S. 731, Anm. 21.
81 Vgl. Linke (Hrsg.): Quellen zu den deutsch-russischen Beziehungen, S. 163f.
82 Vgl. Baumgart: Europäisches Konzert, S. 425ff.
83 Vgl. Canis: Bismarcks Außenpolitik 1870–1890, S. 138.
84 Zitate aus: Geiss (Hrsg.): Der Berliner Kongreß 1878, S. 364f.
85 WA VIIIa, S. 460.
86 Linke (Hrsg.): Quellen zu den deutsch-russischen Beziehungen, S. 167f.
87 Zitate aus: Schweinitz: Denkwürdigkeiten II, S. 60.
88 WA VIIIa, S. 461.
89 Alle Zitate aus: Poschinger: Bismarck und die Parlamentarier II, S. 253.

90 Zitate aus: GP III, S. 50.
91 Vgl. Langer: European Alliances and Alignments, S. 180.
92 WA VI, S. 350 f.
93 Zitate aus: Ebda., S. 351.
94 Zitate aus: Ebda., S. 352.
95 Ebda., S. 355.
96 GP III, S. 92
97 Schweinitz: Denkwürdigkeiten II, S. 79.
98 Zitate aus: WA VIIIa, S. 479.
99 Ebda., S. 480.
100 Vgl. Redlich: Kaiser Franz Joseph, S. 353 f.
101 Alle Zitate aus: WA VIIIa, S. 484.
102 Orloff: Bismarck und Katharina Orloff, S. 168; fast wortgleich acht Jahre später in: WA VII, S. 455.
103 Windelband: Bismarck und die europäischen Großmächte, S. 94.
104 GP III, S. 130.
105 Zitate aus: Ebda., S. 175.
106 Vgl. Pflanze: Bismarck II, S. 352 ff.
107 Poschinger: Bismarck und die Parlamentarier III, S. 54.
108 WA VII, S. 249.
109 Vgl. hierzu besonders Gall: Bismarck, S. 620 ff.
110 Vgl. Riehl: Der »Tanz um den Äquator«.
111 Vgl. Gründer: Geschichte der deutschen Kolonien, S. 58.
112 WA VII, S. 318 f.
113 GW VIII, S. 646.
114 Vgl. die Dokumente in: GP III, S. 381–454.
115 WA VII, S. 235.
116 Vgl. Kennan: Bismarcks europäisches System, S. 142 ff.
117 Simpson: The Saburov Memoirs, S. 155.
118 Lucius von Ballhausen: Bismarck-Erinnerungen, S. 359.
119 Vgl. Irvine: The Boulanger Affair Reconsidered, S. 27 ff.
120 Zitate nach Kennan: Bismarcks europäisches System, S. 203 f.
121 Busch III, S. 232 f.
122 Pflanze: Bismarck II, S. 475.
123 Vgl. Rassow: Die Stellung Deutschlands. S. 186 ff.; Groepper: Bismarcks Sturz, S. 24 ff.
124 Linke (Hrsg.): Quellen zu den deutsch-russischen Beziehungen, S. 190 f.
125 WA VII, S. 567.
126 Pflanze: Bismarck II, S. 498.
127 Noack: Bismarcks Friedenspolitik, S. 275.
128 WA VII, S. 455.
129 Vgl. Pflanze: Bismarck II, S. 477.
130 WA VII, S. 432–460.
131 Alle Zitate aus: Ebda., S. 434–436, 439 f., 441, 444, 451, 454.
132 SEG 1887, S. 8.
133 Ebda., S. 57.
134 Ebda., S. 7.
135 Vgl. Heffter: Die Kreuzzeitungspartei und die Kartellpolitik, S. 82 ff.
136 Die genauen Zahlen in: SEG 1887, S. 84 f.
137 SEG 1887, S. 93.
138 Vgl. Heffter: Die Kreuzzeitungspartei und die Kartellpolitik, S. 90 ff.
139 So Pflanze: Bismarck II, S. 478.
140 Vgl. Ebda., S. 516 f.
141 WA VII, S. 617.
142 Lucius von Ballhausen: Bismarck-Erinnerungen, S. 457.
143 WA VIIIa, S. 548.
144 Siehe die Fußnoten in: Ebda., S. 544 ff.
145 Lucius von Ballhausen: Bismarck-Erinnerungen, S. 465.
146 Zitate aus: Ebda., S. 470.
147 Vierhaus (Hrsg.): Das Tagebuch der Baronin Spitzemberg, S. 264.
148 GP VI, S. 311–314.

149 Vgl. Richter: Friedrich von Holstein, S. 42ff.; sehr detailliert Krausnick: Holsteins Geheimpolitik.

150 Pflanze: Bismarck II, S. 551.

151 Vgl. Waldersee: Denkwürdigkeiten II, S. 27ff.

152 Vgl. Hildebrand: Das vergangene Reich, S. 136ff.

153 GP IV, S. 406.

154 Hildebrand: Das vergangene Reich, S. 137.

155 Vgl. SEG 1890, S. 28f.

156 Mommsen: Otto von Bismarck, 149.

157 WA VIIIa, S. 623; vgl. WA VII, S. 761.

158 Zitate aus: Wilhelm II.: Ereignisse und Gestalten, S. 44, 32.

159 Canis: Bismarcks Außenpolitik, S. 382.

160 Conte Corti / Sokol: Der alte Kaiser Franz Joseph I., S. 150.

161 Ausführlich hierzu: Hank: Kanzler ohne Amt; Stribrny: Bismarck und die deutsche Politik.

162 Vgl. Hofmann: Fürst Bismarck 1890–1898.

163 Vgl. Pflanze: Bismarck II, S. 651.

164 Vgl. Studt: Lothar Bucher, S. 322ff.

165 Vgl. Kraus: Von Hohenlohe zu Papen, S. 111.

166 WA VIIIa, S. 537.

167 WA VIIIb, S. 207–209.

168 Guter Überblick bei Stickler: »denn wo du bist, ist Deutschland«, S. 171ff.

169 Vgl. Pflanze: Bismarck II, S. 662ff.

170 Ulrich von Hassell: Tagebücher 1938–1944. Aufzeichnungen vom Anderen Deutschland, hrsg. v. Friedrich Freiherr Hiller von Gaertringen, Berlin 1988, S. 436.

171 Reinhard Müller: Deutsches Jahrhundert?, in: Frankfurter Allgemeine Zeitung, 28. 7. 2014, S. 1.

172 Burckhardt: Weltgeschichtliche Betrachtungen, S. 10.

www.klett-cotta.de

Sie möchten mehr über das Sachbuch-Programm von Klett-Cotta erfahren?

Noch mehr Bücher mit Leseproben, Rezensionen, Terminen u. v. m. finden Sie auf unserer Homepage **www.klett-cotta.de/sachbuch**

Erhalten Sie per E-Mail regelmäßig aktuelle Informationen zu Ihren Interessengebieten: **www.klett-cotta.de/newsletter**

Hier finden Sie einen Überblick unserer Online-Auftritte: **www.klett-cotta.de/im-netz**

Schauen Sie vorbei!

Klett-Cotta